LUXEMBG

ALLEMAGNE

SUISSE

ITALIE

ESPAGNE

# French

*Listening*
*Speaking*
*Reading*
*Writing*

FOURTH EDITION

# French

*Listening*
*Speaking*
*Reading*
*Writing*

## THOMAS H. BROWN

*Brigham Young University*

## McGRAW-HILL BOOK COMPANY

New York  St. Louis  San Francisco  Auckland  Bogotá  Hamburg  Johannesburg
London  Madrid  Mexico  Montreal  New Delhi  Panama  Paris
São Paulo  Singapore  Sydney  Tokyo  Toronto

# French

LISTENING, SPEAKING, READING, WRITING

34567890  VNHVNH  898765

ISBN 0-07-008411-4

**Library of Congress Cataloging in Publication Data**

Brown, Thomas Harold.
    French, listening, speaking, reading, writing.

    Includes index.
    1. French language—Grammar—1950–   .  2. French
language—Text-books for foreign speakers—English.
I. Title.
PC2112.B688   1984       448.2′421      83-17528
ISBN 0-07-008411-4

This book was set in Palatino by Monotype Composition Company, Inc.
The editors were Marian D. Provenzano and John M. Morriss;
the designer was Joan E. O'Connor;
the production supervisor was Dennis J. Conroy.
The photo editor was Alan J. Forman.
New drawings were done by Tom Huffman.
Von Hoffmann Press, Inc., was printer and binder.

CHAPTER-OPENING PHOTO CREDITS

1 Helena Kolda/Photo Researchers; 2 Peter Menzel; 3 David Burnett/Contact Press Images,
Inc.; 4 Richard Kalvar/Magnum; 5 Martine Franck/Magnum; 6 François Hers/VIVA/Woodfin
Camp and Associates; 7 and 8 Peter Menzel; 9 French Embassy Press and Information
Division; 10 Hugh Rogers/Monkmeyer Press Photo; 11, 12, and 13 Peter Menzel; 14 Eric
Kroll/Taurus Photos; 15 René Burri/Magnum Photos, Inc.; 16 Peter Menzel; 17 Elton Erwitt/
Magnum Photos, Inc.; 18 Henri Cartier-Bresson/Magnum Photos, Inc.; 19 and 20 René Burri/
Magnum Photos, Inc.

# Table des Matières

# Preface

*French: Listening, Speaking, Reading, Writing,* fourth edition, is a basic first-year course which continues, as in previous editions, to emphasize communication in French through development of the basic language skills: listening, speaking, reading, and writing.

**Changes in the fourth edition**  The new book has been shortened and is thus more manageable. Twenty-two lessons have been trimmed to twenty with four optional review units. In the third edition, the introductory dialogue and *suppléments et variations* were separate sections. In the fourth edition, these have been combined into a single presentation phase (vocabulary based on a lesson theme and practice of the vocabulary) entitled *Préparation.* The dialogue still serves to introduce new material for some of the lessons, but it is not the only presentation device employed. Narrative and short descriptions are also used and thus provide more variety.

  Most of the exercises have been rewritten and given a title which suggests a context or sense of purpose for the drilling. The repetition and simple substitution drills have all been deleted. Amusing and humorous exercises are intended to enliven the class and maintain student interest and motivation. The students are constantly challenged by personalized activities and exercises so that they will express their own opinions, ideas, and feelings.

In the previous edition, the future perfect, the pluperfect, and the conditional perfect were presented near the end of the book in lesson twenty-one. In the fourth edition, they appear earlier so they may be drilled more and ensure mastery. The future perfect is introduced in lesson eleven after presentation of the future, the pluperfect in lesson thirteen after the imperfect, and the conditional perfect in lesson seventeen after presentation of the conditional. There are other changes in the order of grammar presentation, such as the introduction of negative words and phrases in lesson fourteen (lesson seventeen in the third edition). Grammar distinctions between oral and written forms are still made, as in previous editions, but the earlier format with oral forms described on the left-hand side of the page and the written forms on the right has been abandoned. The fourth edition features the standard verb paradigm presentation with endings shown in boxes in order to facilitate learning. To aid in the development of the listening skill, listening comprehension exercises and suggestions for their use are provided in the instructor's manual.

**Format** The first fifteen lessons begin with a situational dialogue, a narrative, or description, and lessons five through fifteen end with graded reading selections. Units sixteen through twenty are introduced by cultural readings. Four review units reinforce spoken patterns, categorize verbs, and clarify certain problems in meaning (*heure, temps, fois,* for example). The twenty lessons of the book contain the following features:

1. *Préparation.* The vocabulary, given, not in isolated units, but in meaningful context, is presented in the form of dialogues, narratives, and descriptions and is based on the lesson theme. Whenever appropriate, vocabulary is grouped into word families (food, clothes, etc.). Visual cues in the form of line drawings convey meaning. Each drawing has a label or a number reference which associates it with a specific word, line, or scene. Drawn *à la française* with meticulous attention to detail, the drawings bring life and humor to the settings and create an authentic French atmosphere which keeps the student in the context of the target language without recourse to English. Practice of the new vocabulary is provided immediately. Personalized questions focus on the students and encourage them to tell about themselves, their lives, their opinions, and their activities. The preparation phase is to be perceived as a starting point, a setting for vocabulary building, grammar treatment, and personalization of the situation. The dialogues, narratives, and descriptions are simple by design because the emphasis is not on them, but on creative and imaginative development of them.

2. *Commentaires culturels.* These commentaries, which have been updated and expanded, explain facets of French life which contrast with life in the United States and give the student an insight into the uses of

language which go beyond the mere speaking of words. This feature is a casual presentation of cultural information rather than a stress on the "quaint" aspects of French life.

3. *Prononciation*. Exercises featuring minimal pair drills highlight the most frequent pronunciation problems and drill them systematically. Intonation patterns, stress, and syllabification are described and drilled throughout the text. A table of phonetic symbols is printed inside the back cover of the book for convenient reference.

4. *Explications et exercices*. The grammar notes clearly separate the problems of spoken language from those of the written idiom. In French, many of these problems are simply orthographic, while others involve more complex differences. Simple, clear, precise grammatical explanations alert the student to an intelligent awareness of how language functions. The drills for every grammar point move from simple to progressively more complicated exercises in which the student is finally brought to challenging, personalized, and creative expression. This progression of skill development is intended to bring students to success. The first drills develop those initial controlled manipulations necessary for the beginning of acquisition. These are followed by exercises which individualize language through a great variety of question-answer drills, brief oral and written exposés, conversations, games, *causeries*, and discussions.

5. *Lectures*. These are not mere dialogue recombinations, but rather interesting and adult reading selections about French-speaking peoples, their cultures, and their language. All the readings are structured so that no new vocabulary or structures are introduced in the selections except those found in the *vocabulaire*, the *side notes*, and the *structures à noter* for the reading passage. The dosage of these new items is small enough so that easy assimilation may occur. A preparation phase presents new vocabulary and reading difficulties to be encountered in the selections. Drills on the vocabulary are provided so that the students may learn the new words immediately. This preparation phase enables the student to read, not decode. A questionnaire and interesting, relevant, personalized discussion questions follow the reading selections.

**Supplements**  A student workbook which is self-correcting and challenging is available to assist in teaching the writing skill. It includes an abundance of drills for writing practice and directed compositions. Word lists of the lessons and answer sheets for the listening comprehension exercises are provided. The workbook is designed so that every lesson of the text is reviewed twice. An instructor's manual and a cassette program are also available.

I express my appreciation to all who helped in the preparation of the materials: to students, secretaries, proofreaders, and native French who served as helpers, consultants, and voices for taped materials; to Chantal Thompson, Brigham Young University; Maura Daly, University of Notre Dame; Alan Q. Steinecke, University of Texas; and James D. Fife, University of Oklahoma; who carefully reviewed the manuscript and furnished valuable recommendations. Finally, I express thanks to my family, friends, and colleagues at Brigham Young University who encouraged my work; to teaching assistants, professors, and students from many colleges and universities throughout the United States who have used this book in previous editions and who have offered numerous suggestions for improving the fourth edition.

Thomas H. Brown

# French

*Listening*
*Speaking*
*Reading*
*Writing*

# Première Leçon

## RENCONTRES

# Préparation

**1.**

—Bonjour, Anne.
—Salut! Ça va?
—Pas mal, et toi?   *He лロخ0, ати?*
—Comme ci comme ça.

**2.**

—Bonsoir, madame.
—Bonsoir, monsieur.
Comment allez-vous?
—Je vais très bien, merci.

**3.**

—Je m'appelle Henri Poirier.
Comment vous appelez-vous?
—Je m'appelle Solange
Arnaud.

—Parlez-vous français?
—Non, je ne parle pas français.
—Mais, vous parlez anglais, n'est-ce pas?
—Oui, je parle anglais. Les autres parlent anglais aussi.

—Merci beaucoup, Marc.
—De rien.

—Au revoir, mademoiselle.
—A bientôt.

*L'alphabet français*

| | | | | | |
|---|---|---|---|---|---|
| a | /a/ | j | /ʒi/ | s | /ɛs/ |
| b | /be/ | k | /ka/ | t | /te/ |
| c | /se/ | l | /ɛl/ | u | /y/ |
| d | /de/ | m | /ɛm/ | v | /ve/ |
| e | /ə/ | n | /ɛn/ | w | /dublə ve/ |
| f | /ɛf/ | o | /o/ | x | /iks/ |
| g | /ʒe/ | p | /pe/ | y | /igrɛk/ |
| h | /aʃ/ | q | /ky/ | z | /zɛd/ |
| i | /i/ | r | /ɛr/ | | |

As you study the pronunciation of French vowels and consonants, you will find that the sounds are often indicated by the use of phonetic symbols between slash marks; for example: /i/, /e/, /a/.

A table of phonetic symbols appears inside the back cover. Note that these symbols represent sounds; they are not intended to represent spelling.

**a. Répétez.**

1. ´ accent aigu[1]       3. ˆ accent circonflexe
2. ` accent grave       4. ¸ cédille

**b. Epelez.** (Spell.)

1. français       5. psychologie
2. jockey       6. excellent
3. zéro       7. hôpital
4. très       8. votre nom (*your name*)

**c. Vrai ou faux?** (True or false?) **Répondez selon les modèles donnés.**

MODÈLES:   Vous allez bien.
               C'est vrai. Je vais bien.

               Vous vous appelez Suzanne.
               Mais non! Je m'appelle _____.

1. Vous vous appelez Monique.
2. Vous vous appelez Jean.
3. Je m'appelle Luc.
4. Je m'appelle Mlle Martin.
5. Vous allez mal.

---

[1] Because they cause typographical difficulties, accent marks other than the cedilla are usually omitted on capital letters. The circumflex ˆ indicates that the letter *s* existed in earlier spelling. This information will help you recognize certain words. Compare: modern French: *forêt, hôpital;* old French: *forest, hospital.*

6. Je vais bien.
7. Je ne parle pas français.
8. Je parle anglais.
9. Vous parlez anglais.
10. Vous parlez français.

d. **Répondez.**

1. Bonjour, _____.
2. Bonsoir, _____.
3. Salut, _____.
4. Comment vous appelez-vous?
5. Ça va?
6. Comment ça va?
7. Comment allez-vous?
8. Parlez-vous français?
9. Vous parlez anglais, n'est-ce pas?
10. Merci, _____.
11. Merci beaucoup, _____.
12. Au revoir, mademoiselle.
13. A bientôt, monsieur.

## COMMENTAIRES CULTURELS

French is spoken in many parts of the world—including France; Belgium; Luxembourg; Switzerland; Quebec; North, West, and Central Africa; Vietnam; Tahiti; and the West Indies. Study the map on pages 310 and 311 to discover the worldwide importance of the French language. Because of its widespread use, French is a valuable asset to anyone considering entering the fields of international business or politics. In addition, a knowledge of French has been recognized for centuries as the mark of an educated person. Through the language, literature, and art of France and other French-speaking countries, this learning adventure can open to you a variety of exciting ideas and worthwhile experiences that will enrich your life.

Shaking hands is more common in France than in the United States. Even close friends who see each other often usually greet one another with a short handshake. Very close friends, relatives, and members of the same family sometimes exchange brief kisses, one on each cheek. In some parts of France and other places where French is spoken, this kind of greeting consists of three short kisses on the cheeks. In Belgium, for example, there are three kisses in the greeting.

In an English greeting, "Mr." or "Mrs." is usually used with the last name of the person ("Hello, Mr. Hansen"). In French, one usually omits the last name when using **monsieur, madame,** or **mademoiselle** in greeting (**Bonjour, monsieur). M., Mme,** and **Mlle** are the abbreviations for **monsieur, madame,** and **mademoiselle.** Note that neither **Mme** nor **Mlle** requires a period. Abbreviations that end in the same letter as the word they represent do not require a period.

**Comment ça va?** and **Ça va?** are used informally in place of the more formal expression **Comment allez-vous? Salut** is less formal than **Bonjour** or **Bonsoir.**

The subject pronoun **tu** (you) is used in the familiar context (with a member of one's family, a close friend, or a child). Use the subject pronoun **vous** (you) when addressing an older person or someone who is not a close friend. **Vous** is also used as the plural form (in formal or familiar context).

Young people use the **tu** form more and more. Youngsters usually will say **tu** immediately to a new acquaintance of about the same age.

When counting on the fingers, the French start with the thumb. The thumb indicates one, the index finger two, and so on.

## PRONONCIATION

*French vowels*  Unlike English vowels, French vowels are not relaxed or diphthongized but are pure vowels. A vowel sound is said to be pure when the tongue, jaws, and lips are not moved during its emission.

Pronounce the following English words: *try, key, day, see, go, do, toy.* Notice that in every instance the jaw, lips, and tongue move; therefore, there is diphthongization. Note, too, that the muscles are relaxed when speaking. Avoid carrying these habits over into French.

*French vowel /i/*  /i/ is the second vowel sound in *merc***i**. It is usually represented in spelling as *i* or *y*. There is no diphthong.

Repeat: *Par***i***s, merc***i***, N***i***ce, Henr***i***, comme c***i *comme ça, auss***i***.

*French vowel /u/*  /u/ is the vowel sound in *vo***u**s. It is usually represented in spelling as *ou*. There is no diphthong.

Pronounce the following words which contain the sound /u/: *vo***u***s, no***u***s, bonj***ou***r, beauc***ou***p*.

*Café Deux Magots*
(Helena Kolda/Photo
Researchers)

*French vowel* /y/   /y/ is the first vowel sound in *Suzanne*. It is usually represented in spelling as *u*. /y/ is not like any English sound. It can be produced easily if you can say /i/ and /u/, for it is a combination of the two. The lips are in position for /u/; the tongue is in position for /i/.

1. Say /i/ several times. When the instructor signals, change the lip position to /u/ without moving the tongue. You will have said /y/. The secret is in retaining the tongue in the /i/ position.
2. Put your lips in position for /u/. Without moving your lips, try to say /i/. You will have said /y/.
3. Pronounce the following words which contain the sound /y/: *tu*, *du*, *lu*, *vu*, *su*, *bu*.
4. The instructor will pronounce the sounds /u/ and /y/. Designate /u/ by saying "first" if this is the sound you hear. Say "second" if /y/ is the sound you hear.
5. Pronounce and contrast the following pairs of words containing /u/ and /y/: *tout*, *tu*; *vous*, *vu*; *sous*, *su*; *nous*, *nu*; *joue*, *jus*; *doux*, *du*; *loup*, *lu*.
6. /u/ or /y/? Say the following words. Use /u/ or /y/ appropriately: *tu*, *vous*, *où*, *ou*, *russe*, *Suzanne*, *bonjour*, *utile*.

*French semivowel* /j/   /j/ is the second sound in *bien*. /j/ is like the initial sound in "yellow." It is a short transition sound, not a separate syllable.

Pronounce the following words which contain the sound /j/: *bien*, *bientôt*, *étudiant*, *monsieur*.

*French semivowel* /w/     /w/ is the initial sound in **oui**. /w/ is like English "w." It is a short transition sound, not a separate syllable.

Pronounce the following words which contain the sound /w/ (note the spelling combination **oi** which gives /wa/): **oui** /wi/, *voilà, au revoir, bonsoir, mademoiselle.*

*French semivowel* /ɥ/     /ɥ/ is the initial sound in **huit**. /ɥ/ has no English equivalent. The lips, jaws, and tongue are in position for /y/. There is a tightening in order to make the passage of air smaller; a glide is produced, which is /ɥ/. If you pronounce this sound with the organs of speech in the same position as for /y/, you will produce the glide properly.

1. In the following drill, work across the columns horizontally, increasing the speed in each group. Phonetic symbols are given in the first three columns. The last column gives the French spelling.

   | | | | |
   |---|---|---|---|
   | /sy/ | /sy-i/ | /sɥi/ | **suis** |
   | /ny/ | /ny-i/ | /nɥi/ | **nuit** |
   | /py/ | /py-i/ | /pɥi/ | **puis** |
   | /ly/ | /ly-i/ | /lɥi/ | **lui** |
   | /fy/ | /fy-i/ | /fɥi/ | **fuis** |

2. Pronounce the following words which contain the glide /ɥ/: **huit**, *je suis, puis, lui, fuis.*
3. Pronounce and contrast the following pairs of words containing /w/ and /ɥ/: *Louis, lui; oui, huit; soif, suave; noix, nuage; mouette, muette; douelle, duel.*
4. /w/ or /ɥ/? Say the following words. Use /w/ or /ɥ/ appropriately: **oui, huit, soir, lui, suave, moins.**

*French* /r/     The French /r/ is like no English sound. When /r/ is pronounced properly, the air rushes through a small opening at the back of the mouth between the tongue and the back of the roof of the mouth, or the uvula. The sound is voiced.

1. Say "ah." Prolong the sound while closing the passage between the back of the tongue and the back of the roof of the mouth. You have said /r.
2. Say "ug" several times. Allow friction to be made in the back of the mouth where "ug" is pronounced. Retain voicing. You have said /r/.
3. Pronounce the following words which contain /r/.

   Between vowel sounds: *Paris, Henri, Marie, américain, Henriette*
   Preceding a consonant: *Marc, parle, Martin, merci, Bordeaux*
   In final position: *Leclerc, bonjour, bonsoir, au revoir, Londres, quatre, rencontre*
   After a consonant: *français, très, trois, travaille, grand*
   In initial position: *rencontre, Rome, rien, russe*

## EXPLICATIONS ET EXERCICES

*Numbers 0 to 10*

| 0 | zéro | 2 | deux | 4 | quatre | 6 | six | 8 | huit |
|---|------|---|------|---|--------|---|-----|---|------|
| 1 | un, une | 3 | trois | 5 | cinq | 7 | sept | 9 | neuf |
| | | | | | | | | 10 | dix |

*Un* is used before masculine nouns, *une* before feminine nouns. The other numbers have only one form.

un étudiant    une étudiante
sept étudiants    sept étudiantes

When used before words beginning with consonant sounds, the final consonant letters of *un, deux, trois, cinq, six, huit, dix* are silent.

cinq /sɛ̃/ livres
six /si/ livres

You will discover that the final written consonant of a word, with a few exceptions, is not pronounced. However, when followed by a vowel sound, the final consonant may be pronounced. This phenomenon is called *liaison*. Thus, the final consonants of all the numbers are pronounced when followed by words beginning with vowel sounds. In liaison the final *x* or *s* of *deux, trois, six,* and *dix* is connected to a following word with a /z/ sound.

dix étudiants /di·ze·ty·djɑ̃/

Note that the consonant which makes the liaison is pronounced with the vowel of the following syllable.

deux‿étudiants /dø·ze·ty·djɑ̃/

When used with words beginning with a consonant, the *e* in *quatre* is pronounced.

quatre livres /katrə livr/

When used with words beginning with a vowel, the final *e* sound is dropped and there is a linking between *quatre* and the following word.

quatre étudiants /ka·tre·ty·djɑ̃/

a.   **Combien de leçons?** (How many lessons?) **Répétez.**

1.   une leçon          une‿autre leçon
2.   deux leçons        deux‿autres leçons
3.   trois leçons       trois‿autres leçons
4.   quatre leçons      quatre‿autres leçons
5.   cinq leçons        cinq‿autres leçons

6. six leçons     six‿autres leçons
7. sept leçons     sept‿autres leçons
8. huit leçons     huit‿autres leçons
9. neuf leçons     neuf‿autres leçons
10. dix leçons     dix‿autres leçons

**b. Comptez de zéro à dix.**

**c. Comptez à rebours** (backwards) **de dix à zéro.**

**d. Les mathématiques.**

MODÈLE:   $2 + 2 = 4$     Deux et deux font quatre.
          $7 - 5 = 2$     Sept moins cinq font deux.
          $3 \times 2 = 6$     Trois fois deux font six.

1. $4 + 3 = ?$      4. $9 - 1 = ?$      7. $5 \times 2 = ?$
2. $2 + 6 = ?$      5. $10 - 7 = ?$     8. $3 \times 3 = ?$
3. $5 + 4 = ?$      6. $8 - 2 = ?$      9. $6 \times 1 = ?$

*Subject pronouns*

| je, j' | *I* | nous | *we* |
|---|---|---|---|
| tu | *you* | vous | *you* |
| il | *he, it* | ils | *they (m.)* |
| elle | *she, it* | elles | *they (f.)* |
| on | *one, people* | | |

*Je* is used before words beginning with a consonant sound, *j'* before a vowel.

    je parle      j'ai

The dropping of *e* as in *j'ai* is called *elision*.

The final consonants of *nous, vous, ils, elles* are not pronounced when the following word begins with a consonant.

    nous parlons /nu·par·lɔ̃/

Liaison occurs with *nous, vous, ils, elles* when the following word begins with a vowel sound.

    nous allons /nu·za·lɔ̃/

*Tu* is the "you" form used in familiar context, that is, in addressing a member of one's family, a close friend, or a child. *Vous* is used in formal situations and in addressing people one does not know well. *Vous* is used also as the plural form in familiar context.

*Place de la Sorbonne*
(Helena Kolda/Photo
Researchers)

*Ils* is used to refer to groups in which all or some members are masculine. *Elles* is used for groups in which all members are feminine. *On*, depending on context, may have a singular or plural meaning. It usually refers to no specific person but is used in a general sense. Its English equivalents include "one," "people," "they," and "we." Nevertheless, *on* is always conjugated in the third person singular, the same as *il* or *elle*.

> elle parle
> on parle

*Regular -er verbs* Certain large groups of verbs are conjugated in the same way. Any verbs that follow the pattern of a particular conjugation group are said to be regular verbs. Many verbs whose infinitives end in *er* follow such a pattern, and so we group them together and call them regular *-er* verbs. *Parler* (to speak) belongs to this group.

| Sing | Plur |
|------|------|
| 1 je parle | nous parlons |
| 2 tu parles | vous parlez |
| 3 il, elle, on parle | ils, elles parlent |

Note that the endings *e, es, e, ons, ez, ent* are added to the stem *parl*, which is found by dropping the infinitive ending *er* from the infinitive *parler*.

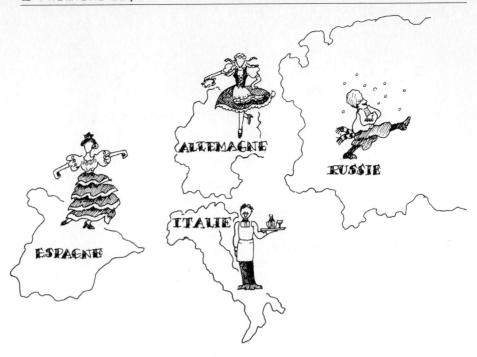

The written forms *je parle, tu parles, il (elle, on) parle, ils (elles) parlent* all have the same spoken form /parl/.

Equivalent nouns may be used with the same verb forms as *il, elle, ils, elles*.

| | |
|---|---|
| Il parle. | Robert parle. |
| Elle parle. | Anne parle. |
| Ils parlent. | Marc, Marie et Joseph parlent. |
| Elles parlent. | Marie et Nicole parlent. |

*Je parle* may have the following meanings in the present: "I speak" (all the time, as a habit), "I am speaking" (right now), "I do speak" (emphatic present).
   The present tense may also express a near future action.

   M. Thierry parle demain.    *Mr. Thierry is speaking tomorrow.*

a.   **Répétez et identifiez.** Identify the language by the nationality of the name.

1. Ivan parle russe.
2. Giovanni parle italien.
3. Maria parle espagnol.
4. Hilde parle allemand.
5. Taro parle japonais.

b. **Qui parle** _____? (Who speaks _____?) The following people can serve as interpreters. State the languages they can speak. **Formez des phrases selon le modèle donné.**

MODÈLE:  Monique / anglais, espagnol, russe
Monique parle anglais, espagnol et russe.

1. Joseph / anglais, allemand, japonais
2. Nous / français, italien, espagnol
3. Vous / russe, anglais, allemand
4. Je / français, japonais, russe
5. Tu / italien, espagnol, allemand
6. Ana et Maria / espagnol, anglais, français

c. **Mais non!** Contradict the following statements. **Répondez selon le modèle donné.**

MODÈLE:  Fabien parle russe? (français)
Mais non! Il parle français.

1. Giuseppe parle japonais. (italien)
2. Tu parles français. (anglais)
3. Hans et Heinrich parlent russe. (allemand)
4. Ana parle italien. (espagnol)
5. Vous parlez allemand. (Nous ... russe)
6. Monique et Danielle parlent anglais. (français)

_The irregular verb_
aller _(to go)_

Some verbs have little or no similarity to other groups of verbs and cannot, therefore, follow an established pattern. They are termed irregular verbs and must be memorized separately.

Note that the irregular verb _aller_ is used in expressions such as _Comment allez-vous?_ (How are you?) and _Je vais bien_ (I'm fine).

|               |                 |
|---------------|-----------------|
| je vais       | nous allons     |
| tu vas        | vous allez      |
| il, elle, on va | ils, elles vont |

Note that liaison occurs with the _nous_ and _vous_ forms. Divide the syllables for _nous_ and _vous_ forms as follows:

/nu·za·lɔ̃/ and /vu·za·le/

a. **Où allez-vous?** (Where are you going?) Plans for a trip are being made. Note the different cities to be visited. **Répondez selon le modèle donné.**

MODÈLE:   Joseph va à Boston? (New York, Washington)
          Oui. Il va aussi à New York et à Washington.

1. Tu vas à Avignon? (Nîmes, Arles)
2. Les autres vont à Orléans? (Blois, Tours)
3. Nous allons à Montréal? (Trois Rivières, Québec)
4. Josette va à Bruxelles?[1] (Waterloo, Bastogne)
5. Je vais à Tanger? (Rabat, Casablanca)
6. Roger va à Genève? (Lausanne, Montreux)

b.   **Comment allez-vous?** Make a brief report about the health of you and your friends. **Formez des phrases selon le modèle donné.**

MODÈLE:   Louis / très bien.
          Louis va très bien.

1. Marie-France / mal.
2. Marc / très mal.
3. Vous / bien.
4. Les autres / bien aussi.
5. Tu / très bien.
6. Nous / très mal.
7. Jacqueline et Monique / mal.
8. Je / ?

c.   **Répondez.** State the cities to be visited during a vacation.

1. Où allez-vous? (Nous …)
2. Où vont les autres?
3. Où vont Michel et Jean?
4. Où va Hélène?
5. Où vas-tu?

d.   **Je parle _____. Je vais à _____.** State that you speak a certain language and that you are going to a city where that language is spoken. **Formez des phrases selon le modèle donné.**

MODÈLE:   Je / français / Paris
          Je parle français. Je vais à Paris.

1. Je / allemand / Berlin
2. Antoine / russe / Moscou
3. Nous / japonais / Tokyo
4. Tu / italien / Rome
5. Elles / espagnol / Madrid

---

[1] In France, *Bruxelles* is pronounced /bryksɛl/, in Belgium /brysɛl/.

6. Véronique / anglais / New York
7. Vous / français / Montréal

*Negative forms of the present tense*

The negative is formed in French by placing *ne* before the verb and *pas* after it. Before a verb beginning with a vowel, *ne* becomes *n'*.

> Je ne parle pas.      Nous n'allons pas.
> Ils ne parlent pas.    Vous n'allez pas.

With the subject pronouns *je*, *tu*, *nous*, and *vous*, the vowel sound of *ne* is usually dropped from pronunciation; thus *je ne* is pronounced /ʒən/, *tu ne* /tyn/, *nous ne* /nun/, *vous ne* /vun/. The vowel sound of *ne* is retained with the subject pronouns *il, elle, ils,* and *elles*; thus *il ne* is pronounced /il nə/, *elle ne* /ɛl nə/, *ils ne* /il nə/, *elles ne* /ɛl nə/.

The tendency in spoken French is to have every syllable end in a vowel sound. If two consonants come together, the syllable division is generally between them. Note the syllable division in the negative *nous* and *vous* forms for *parler* (a verb form beginning with a consonant) and *aller* (a verb form beginning with a vowel sound).

| | |
|---|---|
| nous ne parlons pas | /nun·par·lɔ̃·pɑ/ |
| vous ne parlez pas | /vun·par·le·pɑ/ |
| nous n'allons pas | /nu·na·lɔ̃·pɑ/ |
| vous n'allez pas | /vu·na·le·pɑ/ |

Liaison with the word *pas* is optional. Thus *pas allemand* may be said /pɑ·zal·mɑ̃/ or /pɑ·al·mɑ̃/.

**a.  Non! Répondez négativement.**

1. Tu vas à Avignon?
2. Tu vas à Nîmes?
3. Je vais à Blois? (Non, vous …)
4. Je vais à Tunis? (Non, tu …)
5. Georges va à Waterloo?
6. Serge va à Bastogne?
7. Chantal et Marie parlent allemand?
8. Guy et Paul parlent espagnol?
9. Vous parlez espagnol? (Non, nous …)
10. Vous parlez russe? (Non, nous …)

**b.  Oui et non. Formez des phrases selon les modèles donnés.**

MODÈLE:  Yves / français / allemand
               Yves parle français, mais il ne parle pas allemand.

1. Jacqueline / japonais / russe
2. Marcel et Michel / italien / japonais
3. Nous / anglais / espagnol
4. Je / russe / espagnol
5. Vous / italien / allemand
6. Tu / français / anglais

MODÈLE:  Tu / Montréal / Québec
Tu vas à Montréal, mais tu ne vas pas à Québec.

7. Je / Casablanca / Rabat
8. Elles / Philadelphie / Washington
9. Nous / Genève / Lausanne
10. Jean / Paris / Bruxelles
11. Vous / Tunis / Sousse
12. Tu / Nice / Cannes

*Interrogative sentences*   1.  Regular declarative statements may be changed into questions by changing the intonation from a descending to a rising pattern.

Tu vas à Chicago?
Vous parlez français?

This is a familiar pattern, and implies the answer "yes" or "no."

2.  The expression *est-ce que* /ɛskə/ (before consonant sounds), *est-ce qu'* /ɛsk/ (before vowel sounds), may be placed before regular declarative sentences to make questions. The intonation pattern is usually a rising pattern.

Est-ce qu'on va à Chicago?
Est-ce que vous parlez français?

3.  The expression *n'est-ce pas* /nɛspɑ/ is used after declarative statements to form questions. The intonation for *n'est-ce pas* is a rising pattern, following the normal intonation of the declarative statement.

Il va à Londres, n'est-ce pas?      *He's going to London, isn't he?*
Vous parlez français, n'est-ce pas?  *You speak French, don't you?*
Ils parlent bien, n'est-ce pas?      *They speak well, don't they?*

4. Declarative sentences having pronoun subjects may be made interrogative by inverting the pronoun subject and its verb. A hyphen is written between the inverted pronoun subject and the verb.

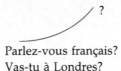

Parlez-vous français?
Vas-tu à Londres?

This pattern is generally used in a more formal context.

When inverting a verb and subject pronoun in the third person singular, if the verb ends in a vowel, a *t* must be inserted between the inverted verb and its subject.

| | |
|---|---|
| Il va à Londres. | Va-t-il à Londres? |
| Elle parle français. | Parle-t-elle français? |
| Il parle. | Parle-t-il? |

*Je* and its verb are normally not inverted. When you want to make a question using *je*, use *est-ce que* or intonation.

Est-ce que je vais à Chicago?
Je vais à Chicago?

a. **Posez des questions selon le modèle donné.** You ask these questions in order to get more information.

MODÈLE: Je vais à Tanger. (Rabat)
Tu vas à Rabat aussi?

1. Je vais à Strasbourg. (Colmar)
2. Je vais à Metz. (Nancy)
3. Guy va à Compiègne. (Reims)
4. Anne va à Arles. (Nîmes)

b. **Posez des questions selon le modèle donné.**

MODÈLE: Nous parlons italien. (espagnol)
Est-ce que vous parlez espagnol aussi?

1. Nous parlons anglais. (allemand)
2. Nous parlons français. (espagnol)
3. Solange et Marc parlent russe. (japonais)
4. Francis et Monique parlent français. (italien)

c. **Posez des questions selon le modèle donné.** These questions ask for contradictory information.

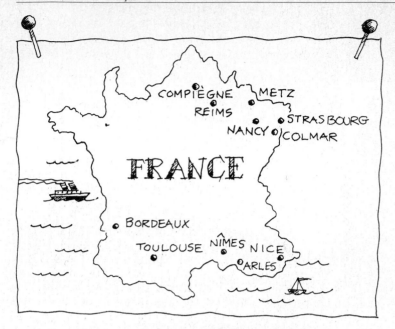

MODÈLE:  Henri ne va pas à Bordeaux. (Toulouse)
Mais il va à Toulouse, n'est-ce pas?

1.  Roger ne va pas à Toronto. (Montréal)
2.  Thérèse ne va pas à Oran. (Alger)
3.  Christine ne parle pas français. (anglais)
4.  Emile ne parle pas espagnol. (allemand)

**d.  Posez des questions selon le modèle donné.** You want to determine if a person going to a certain city can speak the language spoken there.

MODÈLE:  Aller / tu / Florence?
Vas-tu à Florence? Parles-tu italien?

1.  Aller / tu / Leningrad?
2.  Aller / elle / Chicago?
3.  Aller / ils / Kyoto?
4.  Aller / vous / Québec?

**e.  Interview. Demandez à _____.**

1.  Comment vous appelez-vous?
2.  Comment allez-vous?
3.  Parlez-vous _____?
4.  Allez-vous à _____?
Merci. Au revoir.

# Deuxième Leçon

## LES NATIONALITÉS

# Préparation

Je suis américain(e).[1] Vous êtes
américain(e) aussi. Nous
sommes de _____ aux Etats-
Unis.

[1] Names of nationalities are capitalized only when
used as nouns to refer to people.
    C'est un Américain.    *He is an American.*
In all other cases, no capital is used.
    Il est français.       *He is French.*
    une maison française  *a French house*
    le français         *the French language*

Hans n'est pas américain. Il est
allemand. (C'est un
Allemand.) Gertrude est
allemande aussi. (C'est une
Allemande). Hans et Gertrude
habitent à Bonn en Allemagne.

Voilà Elizabeth. Elle est
anglaise. (C'est une Anglaise.)
Elle habite à Londres en
Angleterre.

Neuchâtel 4.

Leningrad

Voilà Jean-Claude. Il est
suisse. D'où est-il? Il est de
Neuchâtel en Suisse. Leonid
est russe. Il habite à Leningrad
en Russie (en U.R.S.S.).[2]

[2] U.R.S.S. = Union des républiques socialistes soviétiques.

Spa

5.

Voilà Véronique. Elle n'est pas
hollandaise. Elle est belge et
habite à Spa en Belgique.

Nancy

6.

Jeanne et Thérèse sont
françaises. Paul et Yves sont
français aussi. Ils habitent à
Nancy en France.

un professeur   un tableau   un mur   une fenêtre   une carte   une porte   un sac   un étudiant   une chaise   un livre   une serviette   un bureau   une édudiante   une lampe   un stylo   une table   un crayon   une gomme

Dans la salle de classe. Qu'est-ce que c'est?

### a. Vrai ou faux? Répondez selon les modèles donnés.

MODÈLES:   Tokyo est au Japon.
C'est vrai. Tokyo est au Japon.

Florence est en Espagne.
Mais non! Florence est en Italie.

1. Genève est en Suisse.
2. Bruxelles est en Angleterre.
3. Vichy est en France.
4. Londres est en Hollande.
5. Rotterdam est en Allemagne.
6. Cannes est en Russie.

7. El Paso est au Mexique.
8. Rabat est au Maroc.
9. Heidelberg est au Luxembourg.
10. Vous êtes de Montréal.
11. Je suis de Des Moines.
12. _____ est de Boston.
13. _____ et _____ sont italiens.
14. Je suis canadienne.
15. Nous sommes belges.
16. Nous habitons à Neuchâtel.
17. Vous habitez à St. Paul.
18. J'habite à Omaha.
19. _Elle_ habite à Washington.
20. _John_ et _Paul_ habitent à Los Angeles.

b. Répondez.

1. Vous êtes américain(e)?
2. Etes-vous canadien(ne)?
3. Vous êtes belge, n'est-ce pas?
4. Est-ce que Gertrude est américaine?
5. Hans est américain, n'est-ce pas?
6. Où habitent Hans et Gertrude?
7. Où habite Elizabeth?
8. Elle est canadienne, n'est-ce pas?
9. D'où est Jean-Claude?
10. Il est suisse, n'est-ce pas?
11. Où habite Leonid?
12. Est-il français?
13. Véronique est hollandaise, n'est-ce pas?
14. Où habite-t-elle?
15. Elle est belge, n'est-ce pas?
16. Où habitent Jeanne, Thérèse, Paul et Yves?
17. Ils sont suisses, n'est-ce pas?

c. **Conversation.** Using the expressions which are given, ask your neighbors on your right and left what their names are. Then introduce them to each other and have them continue the conversation.

Comment vous appelez-vous?
Je m'appelle _____.
Anne, voici _____.
Georges, _____.
Enchantée; très heureuse.   (replies for females)
Enchanté; très heureux.   (replies for males)
D'où êtes-vous?
Où habitez-vous?

## COMMENTAIRES CULTURELS

In Belgium, there are three national languages. Flemish **(le flamand),** a variant of Dutch, is spoken in the north and west of Belgium. German is used by a few German speakers in the extreme east of the country near Germany. French is the native language of the Belgians of Wallonie, the south and east of Belgium. Spa is located in this part of the country.

In Switzerland, French is spoken in the southwestern part of the country. Italian is the national language in southeastern Switzerland, and German is spoken in the north of the country. Neuchâtel is located in the French-speaking part of Switzerland.

Nancy, an important cultural and industrial city, is located in Lorraine in northeastern France. There is a major university in Nancy.

## PRONONCIATION

*French vowel* /e/    /e/ is the sound of *ez* in *par*l*ez*, *er* in *par*l*er*, *et* in **et**, *ed* in *pi*ed, *é* in *caf*é. There is no diphthong.

Repeat: *caf*é, *enchant*é, *cahi*er, *vous par*l*ez*, *vous all*ez, *il pr*é*sente*, *am*éricain, *d*élicieux.

*French vowel* /o/    /o/ is the final sound in *styl*o. There is no diphthong.

Repeat: *styl*o, *bur*eau, *tabl*eau, **au** *Canada*, **aux** *Etats-Unis*.

*French vowel* /ø/    /ø/ is a combination of /e/ and /o/ as in **d**eux. The tongue is in position for /e/. The lips are in position for /o/.

1. Say /e/ several times. When the instructor signals, round your lips for /o/. Do not change the tongue position for /e/. You will have said /ø/.
2. Say /o/. Without moving your lips, try to say /e/. You will have said /ø/.
3. Repeat: *d*eux, *d*euxi*è*me, *bl*eu, *c*eux, *f*eu, *p*eu.
4. Pronounce and contrast the sounds /y/ and /ø/ in the following pairs of words: *d*u, *d*eux; *s*u, *c*eux; *p*u, *p*eu; *f*ut, *f*eu; *v*u, *v*eut; *b*u, *b*œufs.
5. Pronounce and contrast the sounds /u/ and /ø/ in the following pairs of words: *d*oux, *d*eux; *s*ous, *c*eux; *f*ou, *f*eu; *v*ous, *v*eut; *c*oup, *qu*eue; *n*ous, *n*œud.

*Stress*    Unlike English patterns of stress, every syllable in French receives approximately the same degree of stress, except the last one in a phrase group, which should receive a slightly longer stress. For practical purposes, it is best to practice giving every syllable approximately the same degree of stress.

1. Pronounce the following English words and notice how stress differs from syllable to syllable: *animal, anniversary, geography, electricity, satellite.* Did you observe that all those syllables receiving the least stress (in these words, the next to the last syllable) approximated the sound "uh"? Never allow French syllables to be given so little stress as to sound like a weak, indistinct "uh." Pronounce these French cognates of the preceding words: *animal, anniversaire, géographie, électricité, satellite.*

2. Pronounce the following, taking care to give each syllable the same degree of stress.

| *Two syllables* | *Three syllables* | *Four syllables* |
|---|---|---|
| Bonjour. | Bonjour, Georges. | Bonjour, Hélène. |
| Bonsoir. | Bonsoir, Paul. | Bonsoir, Marie. |
| Ça va. | Ça va, Jean. | J'habite à Rome. |
| Voilà. | Voilà Anne. | J'habite à Nice. |
| Merci. | Merci bien. | américain |
| | | américaine |

*More than four syllables*
Très heureux, mademoiselle.
Enchantée, monsieur.
C'est Marie Dubois.
C'est Mademoiselle Marie Dubois.
Oui, j'habite à San Francisco aux Etats-Unis.

*Intonation patterns in declarative sentences*

Intonation is the rise and fall in the pitch of the voice as one speaks. The following diagram indicates the usual pattern for short declarative sentences. You will note that the pattern consists of a rising and a falling group.

The voice rises in pitch at the end of the rising group and descends at the end of the falling group.

Pronounce the following sentences with rising and then descending intonation as indicated.

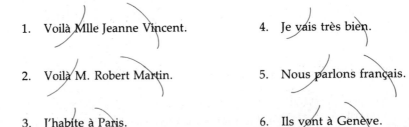

1. Voilà Mlle Jeanne Vincent.

2. Voilà M. Robert Martin.

3. J'habite à Paris.

4. Je vais très bien.

5. Nous parlons français.

6. Ils vont à Genève.

7. Ils ne vont pas à Genève.

8. Elle ne parle pas italien.

In long declarative sentences, there may be several rising groups until the high point of the sentence (generally the next to last word group) is reached. The rest of the sentence falls in pitch progressively.

Pronounce the following sentences with rising and falling intonation as indicated.

1. Paul va à Paris.

2. Paul va à Paris, à Londres et à Genève.

3. Paul va à Paris, à Londres, à Genève et à Bordeaux.

4. Il parle français.

5. Il parle français et allemand.

6. Il parle français, allemand et anglais.

7. Voilà un livre.

8. Voilà un livre et un crayon.

9. Voilà un livre, un crayon et un cahier.

## EXPLICATIONS ET EXERCICES

*Numbers 11 to 20*

| | | | |
|---|---|---|---|
| 11 | onze | 16 | seize |
| 12 | douze | 17 | dix-sept |
| 13 | treize | 18 | dix-huit |
| 14 | quatorze | 19 | dix-neuf |
| 15 | quinze | 20 | vingt |

a. **Comptez de zéro à vingt.**

b.  **Comptez à rebours de vingt à zéro.**

c.  **Donnez les nombres pairs** (even numbers) **de zéro à vingt.**

d.  **Donnez les nombres impairs de un à dix-neuf.**

e.  **Les mathématiques.**

| | | |
|---|---|---|
| 1. $8 + 5 = ?$ | 5. $19 - 4 = ?$ | 9. $3 \times 5 = ?$ |
| 2. $3 + 11 = ?$ | 6. $17 - 1 = ?$ | 10. $4 \times 3 = ?$ |
| 3. $7 + 9 = ?$ | 7. $17 - 6 = ?$ | 11. $7 \times 2 = ?$ |
| 4. $12 + 6 = ?$ | 8. $20 - 3 = ?$ | 12. $5 \times 4 = ?$ |

*The irregular verb*
être *(to be)*

| je suis | nous sommes |
|---|---|
| tu es | vous êtes |
| il, elle, on est | ils, elles sont |

As you would expect, elision occurs with *ne* when followed by a vowel sound.

tu n'es pas
il n'est pas
vous n'êtes pas

a.  **Des contradictions. Répondez négativement et puis affirmativement.**

MODÈLE:   Daniel est de Québec? (Montréal)
Non, il n'est pas de Québec. Il est de Montréal.

1.  Paulette est de Bordeaux? (Toulouse)
2.  Jean-Pierre est de Cannes? (Nice)
3.  Charles et Joseph sont de Metz? (Nancy)
4.  Dominique et Agnès sont de Liège? (Spa)
5.  Vous êtes de Boston? (Nous / Salem)
6.  Vous êtes de Washington? (Nous / Baltimore)
7.  Tu es de San Francisco? (Non …)
8.  Tu es de Portland? (Non …)

b.  **Ici et là.** (Here and there.) You are on a trip. Explain where you and others are today (*aujourd'hui*) and where you are going tomorrow (*demain*). **Formez des phrases selon le modèle donné.**

MODÈLE:   Vous / Berne / Genève
Aujourd'hui vous êtes à Berne. Demain vous allez à Genève.

1.  Jean-Jacques / Casablanca / Tanger
2.  Sylvie / Lyon / Chamonix

3. Nous / Toulon / Marseille
4. Nous / Strasbourg / Colmar
5. Je / Versailles / Chartres
6. Je / Lourdes / Carcassonne
7. Tu / Bruxelles / Amsterdam
8. Tu / Londres / Stratford
9. Jacqueline et Nicole / Nantes / Rennes
10. Monique et Arlette / Bordeaux / Biarritz
11. Vous / Tunis / Alger
12. Vous / Madrid / Segovia

*The indefinite article*

There are two ways to write "a (an)" in French. The gender of the noun (masculine or feminine) determines which form will be used. If the noun is masculine, use *un*; if the noun is feminine, use *une*.

| | |
|---|---|
| un stylo | *a pen* |
| une porte | *a door* |

Liaison occurs when *un* is followed by a word beginning with a vowel sound.

un étudiant /œ·ne·ty·djā/

The plural form of *un* and *une* is *des*. It is pronounced /de/ before a noun beginning with a consonant sound. Liaison occurs when *des* is followed by a word beginning with a vowel sound.

In the following examples, notice that with plural nouns *c'est* becomes *ce sont*.

| *Singular* | *Plural* |
|---|---|
| C'est un garçon. | Ce sont des garçons. |
| C'est une table. | Ce sont des tables. |
| C'est un͜ hôtel. | Ce sont des͜ hôtels. |
| C'est une étudiante. | Ce sont des͜ étudiantes. |

There really is no dependable rule for learning the gender of nouns. Therefore, the best way to acquire mastery is to practice using nouns with corresponding indefinite articles which show the gender (*un livre, une carte*, and so on). Occasionally, you may need to refer to the dictionary at the end of the book, which gives the gender of all nouns.

**a. Répondez affirmativement selon les indications du professeur.**

1. C'est un stylo? (crayon, bureau, livre, tableau)
2. C'est un Américain? (Anglais, Espagnol, Italien, Allemand)
3. C'est une table, n'est-ce pas? (chaise, lampe, porte, fenêtre)
4. C'est une Américaine? (Allemande, Anglaise, Italienne, Espagnole)
5. Ce sont des stylos? (cahiers, murs, gommes, serviettes)

*Paris bookstore called
"Shakespeare and Co."
(Jacques Minassian/
VIVA/Woodfin Camp
and Associates)*

b. **Qu'est-ce que c'est? Regardez et répondez.**

MODÈLES:　(Le professeur montre une chaise.) Qu'est-ce que c'est?
　　　　　C'est une chaise.

　　　　　(Le professeur montre deux ou trois sacs.) Qu'est-ce que c'est?
　　　　　Ce sont des sacs.
　　　　　Continuez!

c. **Des contradictions. Regardez et répondez.**

MODÈLES:　(Le professeur montre un cahier.) C'est un livre?
　　　　　Non, c'est un cahier.

　　　　　(Le professeur montre deux ou trois serviettes.) Ce sont des
　　　　　cartes?
　　　　　Non, ce sont des serviettes.
　　　　　Continuez!

d. **Description de la salle de classe. Répondez selon le modèle donné.**

MODÈLE:　Voilà un tableau. Ce sont des étudiants.
　　　　　Continuez!

*Omission of the*
*indefinite article*

The indefinite article (*un, une*) is not used before a predicate adjective or unmodified predicate noun indicating nationality, religion, or profession.

| | |
|---|---|
| Il est français. | *He is French.* |
| Elle est catholique. | *She is Catholic.* |
| Je suis professeur. | *I am a professor.* |

*Ce* (*C'*) is sometimes used as the subject in place of *il* (*ils*) or *elle* (*elles*) when reference is made to nationality, religion, or profession. In such cases, the indefinite article is not omitted.

| | |
|---|---|
| Il est français. | C'est un Français. |
| Elle est protestante. | C'est une protestante. |
| Ils sont professeurs. | Ce sont des professeurs. |

*Gender and number of*
*nouns and adjectives*

1.  Most nouns and adjectives are made feminine by adding *e* to the masculine form.

| *Masculine* | *Feminine* |
|---|---|
| un Américain | une Américaine |
| Il est français. | Elle est française. |

Nouns referring to nationality are capitalized, adjectives are not. The names of languages are not capitalized.

| | |
|---|---|
| un Français | *a Frenchman* |
| Il est français. | *He's French.* |
| Il parle français. | *He speaks French.* |

2.  Nouns and adjectives ending in *e* in the masculine do not change in the feminine.

| *Masculine* | *Feminine* |
|---|---|
| un Belge | une Belge |
| Il est russe. | Elle est russe. |

3.  The noun and adjective ending *ien* becomes *ienne* in the feminine.

| *Masculine* | *Feminine* |
|---|---|
| un Canadien | une Canadienne |
| Il est canadien. | Elle est canadienne. |
| un Italien | une Italienne |
| Il est italien. | Elle est italienne. |

4.  Nouns and adjectives are made plural by adding *s* to the singular forms.

| *Singular* | *Plural* |
|---|---|
| un Américain | des Américains |
| un livre russe | des livres russes |

5. Nouns and adjectives ending in s in the singular are the same in the plural.

| *Singular* | *Plural* |
|---|---|
| un Français | des Français |
| un livre français | des livres français |

**a. La nationalité. Répondez négativement selon le modèle donné.**

MODÈLE:  Alain est français, et Mathilde aussi? (allemand)
  Non, elle est allemande.

1. Thomas est anglais, et Maria aussi? (espagnol)
2. Suzanne est belge, et François aussi? (suisse)
3. Nicole est canadienne, et Robert aussi? (américain)
4. David est japonais, et Sophia aussi? (italien)
5. Karl est allemand, et Anne aussi? (hollandais)
6. Joseph est russe, et Janine aussi? (français)

**b. Des contradictions. Répondez selon le modèle donné.**

MODÈLE:  Robert est français? (Suisse)
  Non, il n'est pas français. C'est un Suisse.

1. Anne est catholique? (protestant)
2. Marc Leblanc est professeur? (étudiant)
3. Georges Dubois est français? (Belge)
4. Thérèse est canadienne? (Italien)
5. Chantal est espagnole? (Français)
6. Jules est protestant? (catholique)

**c. La forme plurielle, s'il vous plaît! Répondez selon le modèle donné.**

MODÈLE:  Voilà un professeur.
  Mais non! Ce sont des professeurs.

1. Voilà un étudiant.
2. Voilà une étudiante.
3. Voilà une Française.
4. Voilà un Français.

**d. C'est ou il (elle) est? Répondez selon les modèles donnés.**

MODÈLES:  anglais
  Il est anglais.

  une Hollandaise
  C'est une Hollandaise.

1. japonaise
2. un étudiant
3. une catholique
4. canadien
5. un professeur
6. protestante

*Verbs like* parler

The verb *habiter* (to live, to dwell) is a regular *-er* verb conjugated like *parler*.

|  | |  | |
|---|---|---|---|
| j'habit | e | nous habit | ons |
| tu habit | es | vous habit | ez |
| il, elle, on habit | e | ils, elles habit | ent |

Since *habiter* begins with a vowel sound, *je* drops the *e* and becomes *j'*. There is liaison between *nous, vous, ils, elles* and a verb beginning with a vowel.

Note that the pronunciation of *s* /z/ in *ils* and *elles* marks the distinction between singular and plural for third person regular *-er* verbs beginning with a vowel sound.

il habite /i·la·bit/    ils‿habitent /il·za·bit/

In the negative, *je* remains unchanged. *Ne* becomes *n'* before all the forms of *habiter*.

Je n'habite pas.
Nous n'habitons pas.

a. **Où habites-tu? Répondez négativement et puis affirmativement selon le modèle donné.**

MODÈLE:    Tu habites à Boston? (Cambridge)
Non, je n'habite pas à Boston. J'habite à Cambridge.

1. Tu habites à Lexington? (Concord)
2. Tu habites à Denver? (Cheyenne)
3. Les autres habitent à Liège? (Bruxelles)
4. Janine et Nicole habitent à Saint-Denis? (Paris)
5. Marthe habite à Paris? (Versailles)
6. Guy habite à Genève? (Lausanne)
7. Vous habitez à Oakland? (nous / San Francisco)
8. Vous habitez à Minneapolis? (nous / St. Paul)

b. **Un défi.** (A challenge.) These verbs are all conjugated like *parler*: *présenter* (to introduce, to present), *montrer* (to show), *regarder* (to look at, to watch), *travailler* (to work), *aimer* (to like, to love), *arriver* (to arrive), and *apporter* (to bring). Using the pattern you have learned, do the following exercises. Remember to make the proper liaisons with the verbs beginning with vowel sounds.

*Two Tunisian students (Jason Laure/ Woodfin Camp and Associates)*

MODÈLE:  Georges / Joseph / Marc
Georges aime Joseph, mais il n'aime pas Marc.

1.  Elizabeth / Guy / Francis
2.  Tu / Monique / Nicole
3.  Nous / Pauline / Thérèse
4.  Je / Michel / Pierre
5.  Ils / Janine / Jacqueline
6.  Vous / Robert / Yves

MODÈLE:  Georges / livre
Georges arrive et il apporte un livre.

7.  Nana / sac
8.  Charles et Louis / carte
9.  Jeanne et Elizabeth / lampe
10.  Un étudiant / cahier
11.  Je / serviette
12.  Nous / chaise

MODÈLE:  Vous / regarder / Anne?
Vous regardez Anne?

13.  Janine / regarder / une leçon?
14.  Tu / regarder / une carte?
15.  Vous / montrer / des livres à Paul?
16.  Claude / montrer / des livres à Sylvie?

17. Nous / présenter / Jeanne à Robert?
18. Elles / présenter / Jeanne à Robert?
19. Je / travailler / très bien?
20. Yvon et Henri / travailler / beaucoup?

*Prepositions with geographical names*

The preposition *à* (to, in, at) is used before the name of a city.

| | |
|---|---|
| Je vais à Philadelphie. | *I am going to Philadelphia.* |
| Paul va à Chicago. | *Paul is going to Chicago.* |
| Je suis à Paris. | *I am in Paris.* |

*En* (to, in, at) is used before the names of countries which are feminine. Most countries whose names end in *e* are feminine. *Le Mexique* is an exception. Liaison occurs with *en* when it is followed by a word beginning with a vowel sound (*en Italie*).

| | |
|---|---|
| Nous allons en France. | *We are going to France.* |
| Paul est en Allemagne. | *Paul is in Germany.* |
| Ils vont en Russie. | *They are going to Russia.* |

*En* is also used before the names of countries (masculine or feminine) which begin with a vowel sound.

en Israël
en Iran

*Au* /o/ (to, in, at) is used before the names of countries which are masculine.

| | |
|---|---|
| Je vais au Canada. | *I am going to Canada.* |
| Paul est au Mexique. | *Paul is in Mexico.* |

Liaison occurs with *aux* in *aux /z/ Etats-Unis*.

| | |
|---|---|
| Nous sommes aux Etats-Unis. | *We are in the United States.* |
| Paul va aux Etats-Unis. | *Paul is going to the United States.* |

a. **Les vacances.** State where the following people are going for their vacation. **Formez des phrases selon le modèle donné.**

MODÈLE: Antoine / Chine / Japon
Antoine va en Chine et au Japon.

1. Marcel / Mexique / Brésil
2. Nous / Allemagne / Suisse
3. M. et Mme Poirier / France / Italie / Espagne / Portugal
4. Véronique / Etats-Unis / Canada
5. Je / Angleterre / Belgique / Hollande

**b.** **Où parle-t-on _____? Répondez selon le modèle donné.**

MODÈLE: Brésil

On parle portugais au Brésil.

| | | | |
|---|---|---|---|
| 1. | Allemagne | 7. | Russie |
| 2. | Canada | 8. | Etats-Unis |
| 3. | Angleterre | 9. | Belgique |
| 4. | Italie | 10. | Brésil |
| 5. | Suisse | 11. | Portugal |
| 6. | Mexique | 12. | Japon |

**c.** **Encore les vacances.** Imagine the trip of your dreams and indicate where you are going.

Troisième Leçon

OÙ SE TROUVE ...?

# Préparation

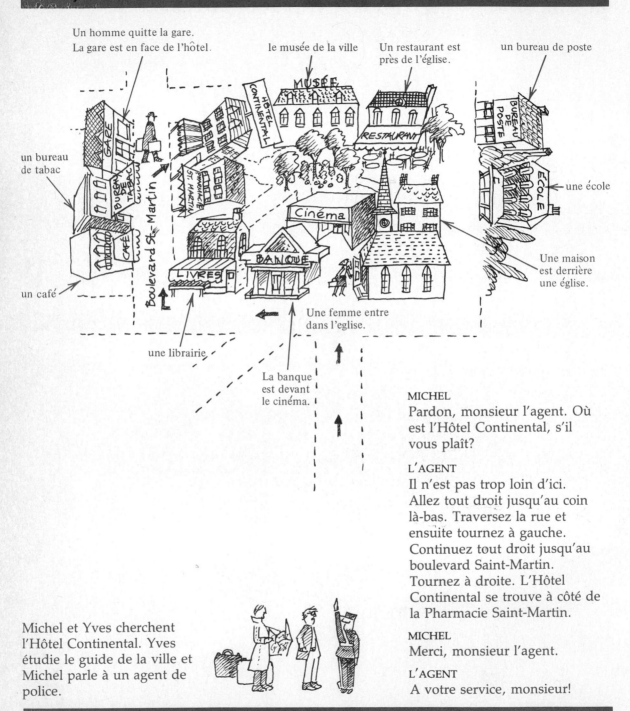

Un homme quitte la gare.
La gare est en face de l'hôtel.

le musée de la ville

Un restaurant est
près de l'église.

un bureau de poste

un bureau
de tabac

une école

un café

une librairie

Une maison
est derrière
une église.

Une femme entre
dans l'église.

La banque
est devant
le cinéma.

Michel et Yves cherchent
l'Hôtel Continental. Yves
étudie le guide de la ville et
Michel parle à un agent de
police.

MICHEL
Pardon, monsieur l'agent. Où
est l'Hôtel Continental, s'il
vous plaît?

L'AGENT
Il n'est pas trop loin d'ici.
Allez tout droit jusqu'au coin
là-bas. Traversez la rue et
ensuite tournez à gauche.
Continuez tout droit jusqu'au
boulevard Saint-Martin.
Tournez à droite. L'Hôtel
Continental se trouve à côté de
la Pharmacie Saint-Martin.

MICHEL
Merci, monsieur l'agent.

L'AGENT
A votre service, monsieur!

La cathédrale est loin de la gare.

Michel et Yves vont à l'Hôtel Continental. Ils parlent au gérant de l'hôtel.

**YVES**
Avez-vous une chambre pour deux personnes?

**LE GÉRANT**
Oui, j'ai une belle chambre pour deux personnes.

**YVES**
Combien est-ce?

**LE GÉRANT**
48 francs 50.

a.  **Questionnaire. Regardez les images et répondez.**

VOCABULAIRE:  Qui ...? *Who, Whom . . .?*
Que ...? *What . . .?*
Qu'est-ce que ...? *What . . .?*
Il y a ... *There is, There are . . .*
Y a-t-il ...? *Is there, Are there . . .?*
Il n'y a pas ... *There isn't, There aren't . . .*
Combien coûte _____? *How much does _____ cost?*

1.  Que cherchent Michel et Yves?
2.  Qui étudie le guide de la ville?
3.  Qui parle à un agent de police?
4.  Où est l'Hôtel Continental?
5.  Est-il loin?
6.  Où est le bureau de tabac?
7.  Où se trouve la gare?
8.  Où est la maison?
9.  Où est la banque?
10. Où se trouve le bureau de poste?
11. Où se trouve le restaurant?
12. Est-ce que la cathédrale est près du restaurant?
13. Y a-t-il une librairie?
14. Où est-elle?
15. Y a-t-il un café?
16. Où se trouve le café?
17. Où se trouve le musée de la ville?
18. Y a-t-il une école?
19. Qui entre dans l'église?
20. Où est l'église?
21. Qui quitte la gare?
22. Où vont Michel et Yves?
23. A qui parlent-ils dans l'hôtel?
24. Que désirent-ils?
25. Combien coûte la chambre?

b.  **Description.** Describe the pictures on page 38.

MODÈLE:  Il y a.... Le bureau de poste est....
Continuez!

## COMMENTAIRES CULTURELS

There are several types of police officers in France. An **inspecteur de police** hired by the government is in some ways comparable to an FBI officer. An **inspecteur de police** hired by a city is the chief of police of the local police department. The **gendarme,** who is hired by the government, has a position similar to that of an American highway patrolman. He does not, however, deal with crimes in the cities. This work is performed by **agents de police,** who also are in charge of traffic control within their own areas.

A **librairie** is a store where books, city road maps, tourist maps, calendars, and writing materials such as stationery and pens are sold. A **bibliothèque** is a library or a lending library.

One **franc** (French) is 100 **centimes.** Currencies fluctuate, but at this writing (1983) seven French **francs** = approximately one dollar.

A **pharmacie** is a drugstore, but only drugs, medicines, cosmetics, and articles for personal hygiene are sold there. Food is not served in a French **pharmacie.**

**Le bureau de tabac** is a tobacco store. In addition to tobacco, one may buy stamps, candy, greeting cards, magazines, pocket books, and stationery. One may also have letters weighed for postage in **le bureau de tabac.**

## PRONONCIATION

*French vowel /ɛ/*

/ɛ/ is the vowel sound in *sept*. There is no diphthong.

Repeat: *cher, Michel, Robert, vous êtes, l'hôtel, Hélène, merci, restaurant, librairie, combien est-ce?*

*Distinction between /e/ and /ɛ/*

It is important to distinguish between /e/ and /ɛ/. Note that in French the tendency is to use /e/ in open syllables (syllables ending in a vowel sound), and /ɛ/ in closed syllables (syllables ending in a consonant sound).

1. Your instructor will say words containing /e/ and /ɛ/. When /e/ occurs, say *un*. When /ɛ/ occurs, say *deux*.
2. Pronounce and contrast the sounds /e/ and /ɛ/ in the following pairs of words: *fée, faire; tes, taire; chez, cher; mes, mère; clé, clair; quai, quel; thé, tel; bée, belle.*
3. /e/ or /ɛ/? Repeat the following words. Use /e/ or /ɛ/ appropriately: *les, sept, belge, et, aller, chaise, répétez, elle.*

*French vowel /ɔ/*

/ɔ/ is the vowel sound in *porte* and *Paul*. Take care not to pronounce the vowel sound of English "up," "but," "sup," or "Paul," instead of /ɔ/.

Repeat: *Paul, Georges, école, un bureau de poste, restaurant, Monique, Rome, Bordeaux, Georgette, joli, Robert, police, comme ci comme ça.*

*Distinction between* | Be sure to distinguish between /o/ and /ɔ/. Note spellings for these sounds.
*/o/ and /ɔ/*

*Spellings for the sound* /o/
o (final sound): *stylo, trop*
o plus *se*: *rose, pose*
au (except before *r* and in *Paul*): *faux, au, aux*
ô: *hôtel, dôme, côté*
eau: *tableau, bureau*
o before *tion*: *lotion, potion*

*Spelling for the sound* /ɔ/
All cases except those for /o/: *comment, japonais, forme, police*
au: *Paul*
au plus *r*: **au** *revoir,* **au***rore*

1.  Your instructor will say words containing /o/ and /ɔ/. When /o/ occurs, say *un*. When /ɔ/ occurs, say *deux*.
2.  Pronounce and contrast the sounds /o/ and /ɔ/ in the following pairs of words: *sot, sotte; nos, notre; beau, botte; vos, vote; Beaune, bonne; saule, sol; gauche, gosse; pôle, Paul*
3.  /o/ or /ɔ/? Say the following words. Use /o/ or /ɔ/ appropriately: *aussi, école, bientôt, château, gomme, zéro, posez, comme ci comme ça, restaurant, porte.*

*French vowel /œ/* | /œ/ is the vowel sound in *neuf*. For /œ/ the lips are in position for /ɔ/; the tongue assumes the position for /ɛ/.

1.  Say /ɛ/ several times. Without changing the position of the tongue, round the lips for /ɔ/. You will say /œ/.
2.  Say /ɔ/ several times. While keeping the lip position unchanged, try to say /ɛ/. You will then say /œ/.
3.  Repeat: *neuf, dix-neuf, vingt-neuf, trente-neuf, jeune fille.*

*Distinction between* | You should distinguish between /ø/ and /œ/. The tendency in French is to use /ø/
*/ø/ and /œ/* | in open syllables (syllables ending in a vowel sound), and /œ/ in closed syllables (syllables ending in a consonant sound.)

1.  Your instructor will say words containing /ø/ and /œ/. When /ø/ occurs, say *un*. When /œ/ occurs, say *deux*.
2.  Pronounce and contrast /ø/ and /œ/ in the following pairs of words: *eux, heure; peu, peur; queue, cœur; ceux, sœur; bœufs, bœuf; deux, deuil; feu, feuille; pleut, pleuve; veut, veulent.*
3.  /ø/ or /œ/? Say the following words. Use /ø/ or /œ/ appropriately: *monsieur, deux, heure, peu, inspecteur, neuf.*

## EXPLICATIONS ET EXERCICES

*Numbers 20 to 69*

| | | | | | |
|---|---|---|---|---|---|
| 20 | vingt | 30 | trente | 40 | quarante |
| 21 | vingt et un | 31 | trente et un | 41 | quarante et un |
| 22 | vingt-deux | 32 | trente-deux | 42 | quarante-deux |
| 23 | vingt-trois | 33 | trente-trois | 43 | quarante-trois |

| | | | |
|---|---|---|---|
| 50 | cinquante | 60 | soixante |
| 51 | cinquante et un | 61 | soixante et un |
| 52 | cinquante-deux | 62 | soixante-deux |
| 53 | cinquante-trois | 69 | soixante-neuf |

Note that the word *et* is used with *vingt et un, trente et un, quarante et un, cinquante et un, soixante et un*. Hyphens are not used with these numbers, but are used in other number combinations such as *vingt-deux, trente-quatre,* and *cinquante-cinq*.

See page 9 for the pronunciation of numbers 1 through 9 when used alone and when used before vowel and consonant sounds. The pronunciation of these numbers is the same when they occur in combination with *vingt, trente,* and so on.

Be sure to pronounce the final *t* of *trente, quarante, cinquante, soixante. Vingt* is pronounced /vɛ̃/ when used alone or before words with consonant sounds. Before vowels and with *vingt-deux, vingt-trois, vingt-quatre, vingt-cinq, vingt-six, vingt-sept, vingt-huit, vingt-neuf,* it is pronounced /vɛ̃t/.

a.  **Comptez de 20 à 69.**

b.  **Donnez les nombres pairs de 0 à 68.**

c.  **Donnez les nombres impairs de 1 à 69.**

d.  **Au téléphone.** In France, Belgium, and Switzerland telephone numbers are given in the following manner: 68 23 45 (*soixante-huit, vingt-trois, quarante-cinq*). 05 as part of a telephone number is stated *zéro cinq*. Say the following telephone numbers.

| | | | |
|---|---|---|---|
| 1. | 43 18 25 | 4. | 37 14 58 |
| 2. | 51 02 34 | 5. | 25 69 07 |
| 3. | 66 29 42 | 6. | 56 63 31 |

e.  **Combien coûte _____? Vous êtes à la librairie. Répondez selon le modèle.**

*Public telephone booth*
(Peter Menzel)

MODÈLE:   Combien coûte le livre? (19, 25)
          Il coûte dix-neuf francs vingt-cinq.

1.   Combien coûte le guide de la ville? (17, 35)
2.   Combien coûte le cahier? (3, 60)
3.   Combien coûte la gomme? (1, 24)
4.   Combien coûte le sac? (48, 50)
5.   Combien coûte la serviette? (64, 15)

**f.  Les mathématiques.**

1.  $21 + 33$ ?        4.  $61 - 40$ ?        7.  $7 \times 3$ ?
2.  $45 + 20$ ?        5.  $54 - 24$ ?        8.  $9 \times 4$ ?
3.  $17 + 18$ ?        6.  $69 - 15$ ?        9.  $8 \times 8$ ?

| *The irregular verb* | j'ai | nous‿avons |
|---|---|---|
| avoir *(to have)* | tu as | vous‿avez |
| | il, elle, on a | ils, elles‿ont |

Since the forms of *avoir* begin with a vowel sound, be sure to make proper *liaisons*.

Do not pronounce the final consonants of *nous, vous, ils,* and *elles* with the negative forms of *avoir*. J' /ʒ/ becomes je /ʒə/ in the negative.

Je n'ai pas.
Elles n'ont pas.

a. **J'ai ... Tu as ...** Say what classroom objects you and others have. **Formez des phrases selon le modèle donné.**

MODÈLE:  Je / stylo
J'ai un stylo.

1. Tu / serviette
2. Nous / livres
3. Vous / crayon
4. Elles / cahiers
5. Je / gomme
6. Francis / sac

b. **Combien d'argent?** (How much money?) **Répondez négativement et ensuite affirmativement selon le modèle donné.**

MODÈLE:  Paul a 48 francs? (53)
Non, il n'a pas 48 francs. Il a 53 francs.

1. Hélène a 27 francs? (36)
2. Roger et André ont 64 francs? (52)
3. Vous avez 47 dollars? (nous / 61)
4. J'ai 18 dollars? (16)
5. Tu as 33 dollars? (21)
6. Nous avons 35 francs? (vous / 29)

c. **Conversation. Continuez la conversation selon le modèle donné.**

MODÈLE:  (Henri montre un cahier et dit) —J'ai un livre, n'est-ce pas?
(Suzanne répond) —Non, tu as un cahier.
(Henri montre le sac de Suzanne et dit) —Qu'est-ce que tu as?
(Suzanne répond) —J'ai un sac.
(Henri montre la gomme de Roger et dit) —Il a une serviette, n'est-ce pas?
(Suzanne répond) —Non, il a une gomme.
Continuez!

*The definite article*  Before masculine singular nouns or adjectives beginning with a consonant, use

le
le café

Before feminine singular nouns or adjectives beginning with a consonant, use

la
la chaise

Before a singular noun or adjective beginning with a vowel sound, elision occurs; therefore, use

l'
l'église

Before all plural nouns, use

les
les cafés
les chaises

Before a plural noun or adjective beginning with a vowel sound, liaison occurs. The *s* of *les* is pronounced /z/.

les‿églises

The sound of the article signals singular or plural in spoken language.

| le livre | les livres |
| la table | les tables |
| l'hôtel | les hôtels |

**a. Indéfini, spécifique. Répondez selon le modèle donné.**

MODÈLE:   Un sac? (Roger)
          Oui, c'est un sac. C'est le sac de Roger.

1.  Un cahier? (Jacqueline)
2.  Un stylo? (André)
3.  Un crayon? (Marc)
4.  Un livre? (Chantal)
5.  Une serviette? (Jean-Claude)
6.  Une gomme? (Marie-Louise)
7.  Une chaise? (Georges)
8.  Une maison? (Anne)
9.  Une école? (Nadine)
10. Un hôtel? (M. Trudeau)
11. Une auto? (Pauline)
12. Une autre auto? (Pauline)
13. Des autos? (M. Bouvier)
14. Des maisons? (Mme Charpentier)
15. Des cahiers? (Alain)
16. Des crayons? (Janine)

b. **Où est ...? Où sont ...? Formez des phrases selon le modèle donné.**

MODÈLE:   bureau de tabac / devant / librairie
Le bureau de tabac est devant la librairie.

1. hôtel / devant / cinéma
2. autres restaurants / dans / rue Saint-Martin
3. bureau de poste / derrière / église
4. maisons / derrière / gare
5. école / devant / bibliothèque
6. autres pharmacies / dans / autre rue
7. café / derrière / musées
8. cinémas / sur / boulevard
9. librairie / sur / avenue de la Paix

*Forms of* à *and the* | à + *le* contract to *au.*
*definite article* | à + *les* contract to *aux.*
 | à + *la* do not contract.
 | à + *l'* do not contract.

Je vais *au* restaurant.
Il parle *aux* garçons.
Je vais *à la* gare.
Ils vont *à l'*hôtel.

Liaison occurs with *aux* when it is followed by a word beginning with a vowel sound. Final *x* is pronounced /z/.

Le professeur parle aux⁽ᶻ⁾étudiants.

*Forms of* de *and the* | de + *le* contract to *du.*
*definite article* | de + *les* contract to *des.*
 | de + *la* do not contract.
 | de + *l'* do not contract.

Il parle *du* garçon.
Il parle *des* jeunes filles.
Je parle *de la* jeune fille.
Jacques parle *de l'*homme.

Liaison occurs with *des* when it is followed by a word beginning with a vowel sound. Final *s* is pronounced /z/.

Il parle des⁽ᶻ⁾étudiants.

a. **Vous êtes au téléphone.** Someone wants to know where you are. You state how you can be located. **Répondez selon les modèles donnés.**

MODÈLE:   Le restaurant?
          Oui. Allez tout droit jusqu'au restaurant.

1.  Le musée?
2.  Le bureau de tabac?
3.  La bibliothèque?
4.  La librairie?
5.  L'école?
6.  L'université?

MODÈLE:   Le café?
          Non. Je suis en face du café.

7.  Le bureau de poste?
8.  Le cinéma?
9.  La pharmacie?
10.  La banque?
11.  L'hôtel?
12.  L'église?

**b.   Où êtes-vous? Répondez selon le modèle donné.**

MODÈLE:   Où êtes-vous? cinéma / hôtel
          Je suis au cinéma à côté de l'hôtel.

1.  école / bibliothèque
2.  pharmacie / café
3.  restaurant / gare
4.  musée / université

*More verbs like* parler   *Chercher* (to look for), *continuer* (to continue), *entrer* (to enter), *étudier* (to study), *quitter* (to leave a place or a person), *tourner* (to turn), *traverser* (to cross, to cross over) are all regular -*er* verbs and therefore have the same forms as the verb *parler*. Since the forms of *entrer* and *étudier* begin with vowel sounds, be sure to make the needed liaisons.

nous/z/entrons
vous/z/étudiez
elles/z/étudient

Remember that *je* and *ne* when followed by a vowel become *j'* and *n'*.

j'entre
je n'entre pas

Take special care with *continuer* and *étudier*. Note that the stems of *continuer* (*continu-*) and *étudier* (*étudi-*) end in vowel sounds which must be pronounced in the conjugations of the verbs.

je continue
elle étudie

The verb form which follows a conjugated verb is the infinitive. With some verbs, the infinitive is preceded by the preposition *à*; with others the infinitive is preceded by the preposition *de*; still other verbs require no preposition when followed by an infinitive. Note:

Il continue *à* parler.
Il décide *d'*habiter à Paris.
Il va habiter à Paris.

*De* followed by a vowel sound becomes *d'*.

a. **Beaucoup ou peu?** (*Peu* **est le contraire de** *beaucoup*.) **Etudiez-vous beaucoup ou peu? Répondez selon le modèle donné.**

MODÈLE:   André étudie beaucoup. Et Danielle?
Elle étudie peu.

1.   André étudie beaucoup. Et Hélène?
2.   Et Jean?
3.   Et toi?
4.   Et vous deux?
5.   Et Anne et Marie?
6.   Et moi?

b. **Tu travailles? Répondez selon le modèle donné.**

MODÈLE:   Tu travailles?
Oui, je continue à travailler.

1.   Christine travaille?
2.   Vous travaillez?
3.   Les autres travaillent?
4.   Tu travailles?

c. **Où se trouve le musée d'art moderne? En employant les expressions suivantes, préparez une causerie** (*short talk*).

Chercher le musée d'art moderne; donc (*therefore*) étudier le guide de la ville. Le musée n'est pas loin. Quitter l'hôtel et traverser la rue; continuer tout droit jusqu'au coin; ensuite, tourner à gauche; continuer jusqu'à la place de la gare à côté du restaurant Saint-Michel. Entrer dans le musée et regarder les peintures (*paintings*).

MODÈLE:   Je cherche le musée d'art moderne.
Continuez!

Nous cherchons le musée d'art moderne.
Continuez!

*Viewing art in the
Louvre*
(Jim Anderson/
Woodfin Camp and
Associates)

**Aller** *plus the
infinitive* (le futur
proche)

The present tense of *aller* plus an infinitive may be used to indicate an action which is to take place in the near future.

Paul va arriver demain.           *Paul is going to arrive tomorrow.*
Jean ne va pas regarder la télévision.    *John is not going to watch television.*

**a.** **Qu'est-ce que vous allez faire?** (What are you going to do?) **Formez des phrases selon le modèle donné.**

MODÈLE:   Je / étudier / regarder la télévision
           Je vais étudier et ensuite je vais regarder la télévision.

1. Je / travailler / aller au cinéma
2. Jean / étudier / aller au café
3. Vous / étudier / aller au musée
4. Tu / travailler / étudier
5. Nous / étudier / regarder la télévision
6. Janine et Chantal / aller au bureau de poste / aller à la pharmacie

b.  **Non, oui. Formez des phrases selon le modèle donné.**

MODÈLE:  Je / étudier / regarder la télévision
Je ne vais pas étudier. Je vais regarder la télévision.

1.  Nous / habiter en Italie / habiter en Suisse
2.  Anne-Marie / travailler / aller au musée
3.  Tu / arriver aujourd'hui / arriver demain
4.  André et Marc / aller au cinéma / travailler
5.  Je / aller au café / étudier
6.  Vous / regarder la télévision / étudier

*Commands (vous form, regular)*

Present tense verb forms used without the subject pronoun *vous* signify a command or a request. Compare:

Vous traversez la rue.        *You're crossing the street.*
Traversez la rue!             *Cross the street!*
Vous allez à l'église.        *You go to church.*
Allez à l'église!             *Go to church!*

Répétez!

Following are some frequently used classroom commands:
Répétez! *Repeat!*
Répétez ensemble, s'il vous plaît. *Please repeat together.*
Répondez. *Answer.*
Répondez en français. *Answer in French.*
Ouvrez les livres à la page _____. *Open your books to page _____.*
Lisez le dialogue, s'il vous plaît. *Please read the dialog.*
Fermez les livres. *Close your books.*
Levez-vous. *Stand up.*
Allez au tableau. *Go to the blackboard.*
Ecrivez les phrases suivantes. *Write the following sentences.*
Dites les phrases en français. *Say the sentences in French.*
Asseyez-vous, s'il vous plaît. *Please sit down.*
Parlez plus vite. *Speak faster.*
Parlez plus lentement. *Speak more slowly.*
Parlez plus haut. *Speak louder.*

a.  **Non, allez ...!** Contradict the speaker. **Répondez selon le modèle donné.**

MODÈLE:  Je vais aller à l'école. (à la bibliothèque)
Non, allez à la bibliothèque.

1.  Je vais tourner à gauche. (à droite)
2.  Je vais traverser le boulevard. (la place)

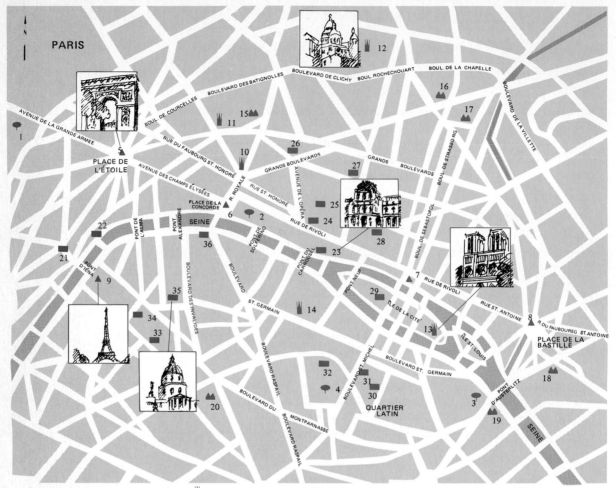

PARIS

PLACE DE L'ÉTOILE

PLACE DE LA CONCORDE

PLACE DE LA BASTILLE

QUARTIER LATIN

SEINE

AVENUE DE LA GRANDE ARMÉE
AVENUE DES CHAMPS ÉLYSÉES
RUE DU FAUBOURG ST. HONORÉ
BOUL. DE COURCELLES
BOULEVARD DES BATIGNOLLES
BOULEVARD DE CLICHY
BOUL. ROCHECHOUART
BOUL. DE LA CHAPELLE
BOULEVARD DE LA VILLETTE
BOUL. DE STRASBOURG
GRANDS BOULEVARDS
AVENUE DE L'OPÉRA
RUE ST. HONORÉ
R. ROYALE
RUE DE RIVOLI
BOUL. DE SÉBASTOPOL
RUE ST. ANTOINE
R. DU FAUBOURG ST. ANTOINE
RUE DE RIVOLI
PONT DE L'ALMA
PONT ALEXANDRE
PONT DE SOLFÉRINO
PONT DU CARROUSEL
PONT NEUF
ÎLE DE LA CITÉ
ÎLE ST. LOUIS
BOULEVARD DES INVALIDES
BOULEVARD ST. GERMAIN
ST. GERMAIN
BOULEVARD RASPAIL
BOULEVARD DU MONTPARNASSE
BOULEVARD ST. MICHEL
BOULEVARD ST. GERMAIN
PONT D'AUSTERLITZ
PONT D'IÉNA
SEINE

PARCS
1 Bois de Boulogne
2 Jardin des Tuileries
3 Jardin des Plantes
4 Jardin du Luxembourg

MONUMENTS
5 Arc de Triomphe
6 Obélisque
7 Tour St. Jacques
8 Bastille
9 Tour Eiffel

ÉGLISES
10 Madeleine
11 St. Augustin
12 Sacré Coeur
13 Notre Dame
14 St. Germain des Prés

GARES
15 Gare St. Lazare
16 Gare du Nord
17 Gare de l'Est
18 Gare de Lyon
19 Gare d'Austerlitz
20 Gare Montparnasse

BÂTIMENTS
21 Palais de Chaillot
22 Musée d'Art Moderne
23 Louvre
24 Palais Royal
25 Bibliothèque Nationale
26 Opéra
27 Bourse
28 Les Halles (ancien site)
29 Palais de Justice
30 Panthéon
31 Sorbonne
32 Palais du Luxembourg
33 UNESCO

34 École Militaire
35 Hôtel des Invalides
36 Assemblée Nationale
   (Chambre des députés)

3.  Je vais aller à gauche. (tout droit)
4.  Je vais aller jusqu'à la gare. (jusqu'à la place)
5.  Je vais aller jusqu'à l'avenue. (jusqu'au coin)
6.  Je vais aller au café. (au cinéma)
7.  Je vais traverser la rue. (l'avenue)
8.  Je vais continuer jusqu'à l'hôtel. (jusqu'à la gare)
9.  Je vais continuer jusqu'au bureau de tabac. (jusqu'à la pharmacie)

b.  **Où se trouve _____, s'il vous plaît? Vous êtes à la place de la Concorde. Regardez le plan de Paris et donnez les explications.**

1.  Pardon, monsieur, où est l'Arc de Triomphe?
2.  Pardon, madame, je cherche le Louvre.
3.  Où est la gare Saint-Lazare, s'il vous plaît?
4.  Où est Notre-Dame?
5.  Où se trouve l'Opéra?
6.  Où est le boulevard Raspail, s'il vous plaît?

c.  **Un jeu.** (A game.) **Où suis-je?**

1.  Je suis à table avec Roger. Le garçon apporte un bifteck et une salade. Où suis-je?
2.  Il y a un professeur, des étudiants, un tableau et une carte. On étudie. Où suis-je?
3.  Je parle au pharmacien. Je désire des aspirines. Où suis-je?
4.  Je parle au gérant. Je cherche une chambre pour deux personnes. Où suis-je?
5.  Je suis sur le campus. Dans la salle où je suis, il y a beaucoup de livres. On ne parle pas. On étudie. Où suis-je?
6.  Je vais à Bordeaux par le train. Le train arrive. Je dis « au revoir » à Monique et à André. Où suis-je?

Quatrième Leçon

LE TEMPS,
LES SAISONS ET L'HEURE

# Préparation

Quel temps fait-il?
Au printemps, il pleut.
Il fait du vent.

En été, il fait beau. Il fait chaud.

En automne, il fait frais.

En hiver, il neige et il fait froid.

Ce matin, le ciel est couvert.

Cet après-midi, il fait du soleil.

Ce soir, il fait du brouillard.

Demain, il va faire mauvais. Il va neiger et pleuvoir.

---

[1] The spoken forms of *préférer* (to prefer) are regular like those of *parler*. Although the endings are like those of *parler* in spelling, this verb has some irregularities in the stem:

| je préfèr|e | nous préfér|ons |
| tu préfèr|es | vous préfér|ez |
| il, elle, on préfèr|e | ils, elles préfèr|ent |

Quelle saison préfères[1]-tu?
Je préfère l'automne (*m.*).

Anne aime l'été (*m.*).

Nous préférons le printemps et
Josette et Marc préfèrent
l'hiver parce qu'ils aiment le
ski.

Qu'est-ce que vous faites
aujourd'hui?
Je fais une promenade.

Roxanne fait du ski.

Julie et Monique font les
devoirs pour demain.

Au pique-nique.

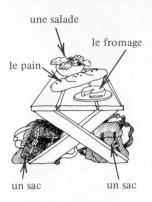

une salade

le fromage

le pain

un sac          un sac

Il fait beau! On fait un pique-nique. Le pain est sur la table. Quel pain? Ce pain-là. Le fromage est à côté du pain. Quel fromage? Ce camembert-ci. Et voilà une salade. Quelle salade? Cette salade-là. Les sacs sont sous la table. Quels sacs? Ces sacs-ci.

**a. C'est vrai. C'est faux. Corrigez les phrases fausses.**

1. Au Minnesota, il fait chaud en hiver.
2. A Seattle, il pleut souvent.
3. Ici, il fait bon en automne.
4. Roger aime faire du ski. Il est content quand il neige.
5. Quand il fait mauvais, on aime faire un pique-nique.
6. Il fait du vent et le ciel est couvert. Il fait beau, n'est-ce pas?
7. Le camembert est un très bon pain français.

**b. Répondez aux questions.**

VOCABULAIRE:   chez vous = où vous habitez
chez moi = où j'habite
la neige (neiger)
la pluie (pleuvoir)

1. Quel temps fait-il aujourd'hui?
2. Quel temps fait-il ici en hiver? au printemps? en automne? en été?
3. Où habitez-vous?
4. Quel temps fait-il chez vous?
5. Quel temps fait-il chez vous en été? en automne? en hiver? au printemps?
6. Aimez-vous l'hiver? l'automne? le printemps? l'été?
7. Aimez-vous la neige? la pluie? le vent? le soleil?
8. Quelle saison préférez-vous?
9. Aimez-vous les pique-niques?
10. Est-ce que les camarades aiment les pique-niques?
11. Aimez-vous le ski?
12. Est-ce que vous faites des promenades quelquefois?
13. Aimez-vous faire des promenades?

**c. Activité. Vous faites les annonces à la radio. Donnez le bulletin-météo** (weather forecast).

MODÈLE:   Aujourd'hui il va ... Demain ... Pour le week-end ....

## COMMENTAIRES CULTURELS

French bread is delicious. It and wine are the symbols of French food. The loaves are of various sizes and shapes. **Baguettes** or **flûtes** are long and slender. **Petits pains** are small and round, something like American hard rolls. **Boules** are round, flat loaves. At a meal, the bread may be served in a basket or simply placed on the table. Pieces of bread, often broken rather than cut from a loaf, are usually eaten without butter. These pieces may be placed on the tablecloth beside one's bowl or plate.

*French teens eating French bread (Hugh Rogers/ Monkmeyer)*

France is first in the world for the number and variety of cheeses. There are more than 300 different kinds of cheese made from cow's milk, not to mention those made from goat and sheep milk. **Camembert, pont-l'évêque, brie, gruyère,** and **roquefort** are a few famous types of French cheese.

A French picnic is often more formal than picnics in the United States. With other good things to eat, French people usually include bread, wine, and cheese. Portable tables, tablecloths, place settings, and chairs are brought along on the trip, and the table is set for the meal. The meal is eaten much as at home—leisurely and with appropriate discussion and conversation. Most often, knives, forks, and spoons (not fingers) are used to eat.

## PRONONCIATION

*French vowel /a/*

/a/ is the vowel sound in *la.* There is no diphthong. The sound may be recognized by the spelling *à* or *a.* The spelling combination *oi* is pronounced /wa/.

Repeat: **à**, *là*, *b***a***l*, *t***a***rd*, *ret***a***rd*, *progr***a***mme*, *ciném***a***, *opér***a***, *Paul v***a***, Jeanne, **a***vance*, *ballet*, *vas-tu*, *s***oi***r*, *m***oi***, *pleuv***oi***r*.

*Vowels without /r/ and vowels followed by /r/*

Pronounce and contrast the pronunciation of vowels without /r/ and vowels followed by /r/: *si*, *sire*; *mais*, *mère*; *ta*, *tard*; *tout*, *tour*; *du*, *dur*; *pu*, *pur*; *nos*, *nord*; *pot*, *port*; *eux*, *heure*; *ceux*, *sœur*.

*Syllabication*    The tendency in spoken French is to have every syllable end in a vowel sound, wherever possible. The division between spoken syllables is clear-cut. If two consonant sounds come together, the division is generally made between the consonants except when the second consonant is *l* or *r*. In such cases, the *r* or *l* is not separated from the preceding consonant.

Pronounce the following, making syllable divisions as indicated by the dots.

| | |
|---|---|
| ce·t a·près·-mi·di | en·trez |
| vou·s a·llez· bien | a·près |
| i·l ha·bi·te i·ci | ta·bleau |
| les· ca·ma·rades | an·glais |
| à· que·lle heure | An·gle·terre |
| le· cie·l est· cou·vert | qua·tre heures |
| neu·f é·tu·diants | qua·tre é·tu·diants |
| vou·s a·vez | qua·tre hommes |
| e·n au·tomne | qua·tre a·mis |
| pique·-nique | au·tre é·tu·diant |
| une· ser·viette | au·tre homme |
| | au·tre a·mi |

# EXPLICATIONS ET EXERCICES

*Telling time*    **a.  Quelle heure est-il?**

1.    Il est quatre heures dix de l'après-midi.

2.    Il est sept heures moins cinq du soir.

3.    Il est dix heures et quart du matin.

4.  Il est une heure moins le quart.

5.  Il est cinq heures et demie.[1]

6.   Il est midi vingt, minuit vingt.

**b.  Quelle heure est-il?**

1.  Il est une heure. (4, 2, 6, 9, 10)
2.  Il est onze heures vingt-cinq. (et quart, moins le quart, et demie, moins cinq)

**c.  Avancez l'heure.** Your clock is slow. Keep adding five minutes. **Répondez selon le modèle donné.**

MODÈLE:  Il est une heure.
Non, il est une heure cinq.
Non, il est une heure dix.
Continuez!

1.  Il est une heure.
2.  Il est neuf heures.

**d.  Quelle heure est-il?**

---

[1] In writing, take care to note the following: *une heure et demie; cinq heures et demie*, etc.; but *midi et demi; minuit et demi; une demi-heure.*

To avoid ambiguity in telling time, the French sometimes use a 24-hour system rather than the 12-hour system used by Americans. For example, 2 P.M. and 4 P.M. are *14* and *16 heures*, respectively. The 24-hour system is used in railway stations, airports, and on radio and TV.

**e.  A quelle heure _____? Répondez.**

1.  A quelle heure allez-vous à l'université?
2.  A quelle heure étudiez-vous?
3.  A quelle heure travaillez-vous?
4.  A quelle heure regardez-vous la télévision?
5.  A quelle heure allez-vous regarder la télévision ce soir?
6.  A quelle heure quittez-vous l'université?

*The irregular verb* **faire** *(to do, to make)*

| | |
|---|---|
| je fais | nous faisons /fəzɔ̃/ |
| tu fais | vous faites |
| il, elle, on fait | ils, elles font |

Notice the irregularity in the pronunciation of the *nous* form.

Note that the verb *faire* is used in expressions referring to the weather.

Il fait beau.
Il fait du soleil.

Following are some other common expressions with the verb *faire*:

| | |
|---|---|
| faire de la bicyclette | *to go bike riding* |
| faire du camping | *to camp out* |
| faire les courses | *to run errands* |
| faire la cuisine | *to do the cooking* |
| faire du jogging | *to jog* |
| faire le marché | *to shop, to do the marketing* |
| faire le ménage | *to do the housework* |
| faire de la moto | *to go motorcycle riding* |
| faire du ski (nautique) | *to go (water) skiing* |
| faire la vaisselle | *to do the dishes* |
| faire un voyage | *to take a trip* |

a. **Les amusements. Qu'est-ce que vous faites? Formez des phrases selon le modèle donné.**

MODÈLE:  Je / du ski
Je fais du ski.

1. Tu / une promenade
2. Nous / du jogging
3. Henri / de la moto
4. Thérèse et Lise / du camping
5. Vous / un voyage
6. Je / du ski nautique

b. **Qui fait le travail? Formez des phrases selon le modèle donné.**

MODÈLE:  Roger / la cuisine
Roger fait la cuisine.

1. Vous / les courses
2. Nous / les devoirs
3. Je / la vaisselle
4. Mme Legrand / le marché
5. Tu / le ménage
6. Janine et Michel / la cuisine

c. **Qui fait le travail chez vous? Répondez.**

1. Qui fait les courses chez vous?
2. Qui fait la vaisselle?
3. Qui fait la cuisine?
4. Qui fait le ménage?
5. Qu'est-ce que vous faites?
6. Que font les autres camarades de chambre (roommates)?

d. **Les loisirs.** (Leisure time.) **Répondez.**

1. Quand vous avez des loisirs, qu'est-ce que vous faites? et Jean-Claude? et Suzanne et Chantal?
2. Aimez-vous le ski?
3. Est-ce que vous aimez le ski nautique?
4. Aimez-vous faire des pique-niques?
5. Quand vous faites un pique-nique, où allez-vous?
6. Vous faites du camping?
7. Quand vous faites du camping, où allez-vous?
8. Est-ce que vous faites du jogging?
9. Faites-vous des promenades?
10. Quand vous faites un voyage, où aimez-vous aller?

*The irregular verb*  
savoir *(to know, to*  
*know about)*

| | |
|---|---|
| je sais | nous savons |
| tu sais | vous savez |
| il, elle, on sait | ils, elles savent |

When followed by an infinitive, *savoir* means "to know how."

Elle sait travailler.    *She knows how to work.*

**a. Un(e) étudiant(e) sérieux(-se). Formez des phrases selon le modèle donné.**

MODÈLE:   Anne / les verbes  
               Anne sait les verbes.

1. Je / le vocabulaire
2. Nous / la leçon
3. Vous / les leçons
4. Georges et Thérèse / les réponses
5. Tu / le verbe *faire*
6. Cosette / la réponse correcte

**b. Une personne mystérieuse. State what is known about this person. Formez des phrases selon le modèle donné.**

MODÈLE:   Je / l'adresse de la personne  
               Je sais l'adresse de la personne.

1. Nous / comment elle s'appelle
2. Roger / où elle travaille
3. Tu / le numéro de téléphone
4. Je / où elle travaille
5. Vous / quand elle va à l'université
6. Les autres / quand elle quitte l'université

**c. Personne ne sait. (No one knows.) Répondez négativement selon le modèle.**

MODÈLE:   Sais-tu qui va à l'université avec la personne mystérieuse?  
               Non, je ne sais pas.

1. Est-ce que les autres savent qui fait des voyages avec elle?
2. Savez-vous qui fait du jogging avec elle? (nous)
3. Est-ce qu'Anne sait qui fait des promenades avec la personne mysté-rieuse?
4. Sais-tu qui travaille avec elle?

**d.** **Je sais faire _____. Formez des phrases selon le modèle donné.**

MODÈLE:   Je / faire du ski
Je sais faire du ski.

1. Nathalie / faire du ski nautique
2. Nous / faire le ménage
3. Vous / faire la cuisine
4. Roger et Paul / faire de la moto
5. Tu / faire les devoirs

*Forming questions by inverting nouns and verbs*

Noun subjects and their verbs may be inverted in order to make questions. Here is the procedure: state the noun subject; then invert the verb and the pronoun equivalent of the noun subject. Observe the following examples of this kind of inversion.

Paul va à Paris.                    Paul va-t-il à Paris?
Roger et Marie parlent français.    Roger et Marie parlent-ils français?

**a.** **Posez les questions selon le modèle donné.**

MODÈLE:   Roger va mal. (Joséphine)
Joséphine va-t-elle mal aussi?

1. Robert parle italien. (Nicole)
2. Jacques travaille ce soir. (Guy et Paul)
3. Les autres arrivent cet après-midi. (Georges)
4. Rodolphe fait du ski. (Marie-Louise et Anne)
5. Janine a une auto. (Monique)
6. Hélène habite ici. (Jean)

**b.** **Demandez à un(e) camarade si:**

1. Frédéric fait de la moto.
2. Micheline et Marcel aiment le ski.
3. Thérèse et Lise font une promenade.
4. Suzanne va au cinéma.

*Interrogative adjectives (Which? What?)*

|              | **Singular** | **Plural** |
|--------------|--------------|------------|
| Masculine:   | quel         | quels      |
| Feminine:    | quelle       | quelles    |

Liaison occurs with *quels* and *quelles* when these words are followed by words beginning with a vowel sound.

quels hôtels?      /kɛl·zo·tɛl/
quelles églises?   /kɛl·ze·gliz/

*French pastoral scene
on river*
(Henri Cartier-Bresson/
Magnum)

The interrogative adjective is used before a noun.

Quelle heure est-il? *What time is it?*
Quels stylos a-t-il? *Which pens does he have?*

The forms of *quel* may be separated from the noun modified by conjugated forms
of the verb *être*.

Quelle est la nationalité d'Ivan? *What is Ivan's nationality?*
Quelle est l'adresse de Pierre? *What is Peter's address?*

Like all adjectives, the written forms of *quel* must agree in number and gender
with the nouns modified.

Quel cahier a-t-il?
Quels livres a-t-elle?
Quelle est la nationalité de Pierre?
Quelles saisons préférez-vous?

**a. Posez des questions selon le modèle donné.**

MODÈLE: Les livres sont sur la table.
Quels livres?

1. L'hôtel est derrière le restaurant.
2. La librairie est près d'ici.
3. Les écoles sont près d'ici.
4. Le café est en face du bureau de tabac.

5. Les maisons sont derrière la gare.
6. Les autos sont dans la rue.

**b. Demandez à un(e) camarade:**

1. quel temps il fait ici en hiver.
2. quel temps il fait ici en été.
3. quelle saison il (elle) préfère.
4. quelle heure il est.
5. à quelle heure il (elle) va à l'université.
6. à quelle heure il (elle) va au cinéma ce soir.
7. à quelle heure le concert commence.

*Demonstrative adjectives (this, that, these, those)*

|                              | Singular | Plural |
| ---------------------------- | -------- | ------ |
| Masculine before a consonant | ce       | ces    |
| Masculine before a vowel     | cet      | ces    |
| Feminine                     | cette    | ces    |

Liaison occurs with *ces* when it is followed by a word beginning with a vowel sound. Compare:

| ces garçons | /se·gar·sɔ̃/ |
| ces hommes  | /se·zɔm/    |

The demonstrative adjective, like all other adjectives, must agree in gender and number with the noun modified.

| ce cahier        | *this (that) notebook*  |
| cette jeune fille | *this (that) girl*     |
| ces crayons      | *these (those) pencils* |
| ces maisons      | *these (those) houses*  |

*Ce, cet,* or *cette* means "this" or "that"; *ces* means "these" or "those." The emphatic "this" or "these" is indicated by adding *-ci* to the demonstrative adjective and its noun, "that" or "those" by adding *-là.*

| Ce livre est difficile.                              | *This (that) book is difficult.*                    |
| Je préfère ce livre-ci et Paul préfère ce livre-là. | *I prefer this book and Paul prefers that book.*    |

**\*a. Répondez selon les modèles donnés.**

MODÈLE: J'aime le film.
Quel film?
Ce film-là.

(restaurant / livre / sac / café)

MODÈLE:  Marc préfère l'église.
Quelle église?
Cette église-là.

(hôtel / enfant / école / auto)

MODÈLE:  J'ai les cahiers.
Quels cahiers?
Ces cahiers-là.

(serviettes / crayons / stylos / gommes)

MODÈLE:  Nous aimons bien ces enfants.
Quels enfants?
Ces enfants-ci.

(autres maisons / hôtels / autos / étudiants)

*b.  **Répondez selon le modèle donné.**

MODÈLE:  Voici deux livres.
Je préfère ce livre-ci et Brigitte préfère ce livre-là.

1.  Voici deux sacs.
2.  Voici deux chaises.
3.  Voici deux autos.
4.  Voici deux hôtels.
5.  Voici deux maisons.
6.  Voici deux restaurants.

# Cinquième Leçon

## LES COURS

# *Préparation*

Marcel suit des cours de littérature, d'histoire et de philosophie. Ses amis, Michel et André, suivent des cours de chimie, de physique et de mathématiques. Leurs cours et leurs professeurs sont intéressants. Marcel parle à André.

ANDRÉ
Avez-vous votre cours de littérature cet après-midi, Marcel?
MARCEL
Non, mais j'ai mon cours de philosophie à quatre heures.

ANDRÉ
Vous ne venez donc pas au café?
MARCEL
Les autres viennent?

ANDRÉ
Oui.

MARCEL
Je voudrais bien venir, mais
…. Non, je ne viens pas
aujourd'hui.

Un professeur fait le cours. Il
enseigne. L'étudiant apprend.
Nous apprenons le français.
Nos amis apprennent le latin.

Un bon professeur[1] est
intelligent, organisé,
intéressant, tolérant et juste.
Il est formidable.

Un mauvais professeur est
désorganisé, monotone, mal
préparé, intolérant et injuste.
Il est terrible.

[1] The word *professeur*, even when referring to a woman, is
always masculine. *Mme Dujardin est formidable. C'est un bon
professeur.*

Les jours de la semaine: lundi, mardi, mercredi, jeudi, vendredi, samedi, dimanche.

—Quel jour est-ce aujourd'hui?

—Aujourd'hui c'est mardi. (Nous sommes mardi.)

—Le lundi,[1] le mercredi et le vendredi à dix heures, vous avez votre cours d'anglais, n'est-ce pas?

—Oui. Nous avons notre cours de bactériologie le mardi et le jeudi à dix heures.

Les mois de l'année: janvier, février, mars, avril, mai, juin, juillet, août, septembre, octobre, novembre, décembre.

—Quel mois sommes-nous?

—Nous sommes en mars. (Nous sommes au mois de mars.)

**a.   Les cours et les professeurs. Répondez.**

LES COURS:   l'anthropologie (*f.*), l'art (*m.*), la biologie, la botanique, la comptabilité (*bookkeeping, accounting*), le droit (*law*), le génie (*engineering*), la géographie, la géologie, la gymnastique, la médecine, la musique, la psychologie, la zoologie.

1.   Quel cours avez-vous à huit heures? à onze heures? à une heure? etc.
2.   Quel cours avez-vous le lundi? le mardi? le vendredi? le lundi, le mercredi et le vendredi? le mardi et le jeudi?

[1] When the definite article precedes the name of a day of the week, repeated occurrence is indicated: *le lundi* (on Mondays), *lundi* (Monday, one Monday).

3. Aimez-vous votre cours de géographie? de musique? de comptabilité? etc.
4. Quels cours préférez-vous?
5. Comment est votre professeur d'anglais? et votre professeur de mathématiques? etc.

**b.  Pourquoi? Parce que! Répondez selon le modèle donné.**

MODÈLE:  Pourquoi Micheline aime-t-elle son professeur? (Il est formidable.)
Elle aime son professeur parce qu'il est formidable.

1. Pourquoi Janine aime-t-elle son professeur? (Il est intéressant et bien préparé.)
2. Pourquoi Jacques a-t-il ses cours le lundi, le mercredi et le vendredi? (Il travaille le mardi et le jeudi.)
3. Pourquoi Marcel ne vient-il pas au café cet après-midi? (Il a un cours à quatre heures.)
4. Pourquoi Pauline ne vient-elle pas ce soir? (Elle va au cinéma.)
5. Pourquoi aimez-vous votre cours de botanique? de zoologie? de chimie? etc.
6. Pourquoi n'aimez-vous pas votre cours de mathématiques? de littérature? de génie? etc.
7. Pourquoi aimez-vous votre professeur d'anglais? de géologie? de psychologie? etc.

*Mathematics students working in a group* (Martine Franck/ Magnum)

8. Pourquoi n'aimez-vous pas votre professeur d'histoire? d'art? de gymnastique? etc.

c. **Un jeu. Les jours et les mois. Répondez selon les modèles.**

MODÈLE: 3
C'est aujourd'hui mercredi.

1, 4, 5, 2, 6, 7, 3

MODÈLE: 3
Nous sommes en mars.

6, 7, 8, 2, 9, 11, 12, 4, 3, 1, 5, 10

d. **Use causerie. Parlez des cours et des professeurs que vous avez ce semestre.**

MODÈLE: Le mardi et le jeudi à neuf heures, j'ai un cours de _____.
Continuez!

## COMMENTAIRES CULTURELS

The role of the French university professor is primarily that of lecturer. He or she does not call a roll, and students need not attend lectures. However, if students decide not to attend a lecture, they must find the information by themselves. Most lectures are duplicated in written form on a **polycopié.**

Very early, French children are exposed to rigorous studies. The tendency is to set and maintain a standard of excellence which only the very best students attain. Competition is keen and many fail.

Monday **(lundi)** is considered the first day of the week and appears first in French calendars. Note that the names of the days of the week and the months of the year are not capitalized.

The **café** in France is different from an American café or bar, although it has characteristics of both. Various kinds of beverages and drinks are served there. Some **cafés** also serve meals. In addition to its usual functions, the **café** in France also is a very important social institution. In the neighborhood of a big city or in a small village, the **café** is often the center of much of the activity of the area. Men go there to have a drink and play cards; students, politicians, writers, and artists go to the **café** of their preference to meet others and talk about their own particular interests.

*Frenchman and his dog
sealed al a café table*
(Henri Cartier-Bresson/
Magnum)

The **café** in a small village serves as a kind of information bureau for the inhabitants of the village and surrounding area. Tournaments and athletic contests may be organized there, and on special occasions dances are held in the **café**. In some instances the **café** serves as a movie theater.

## PRONONCIATION

*Vowel production*

Most vowels are produced while air passes through the chambers of the mouth only. To make a vowel nasal, one allows air to rush through both mouth and nose chambers during the duration of the vowel. English does not have nasal vowels; however, they are characteristic of French.

Distinguish between vowels which are nasal and those which are not. Your instructor will repeat several vowels, some nasalized, some not. Say *un* if the vowel is not nasalized, *deux* if it is.

*French
nasal vowel /ɑ̃/*

/ɑ̃/ is the sound of *en*. It is French /ɑ/ made nasal. It is spelled *an, en, am, em*.

1. Say /ɑ/ several times. Say /ɑ/ again, this time allowing air to pass through nasal passages as well as mouth chambers. You have said /ɑ̃/.

2. Repeat: *cent, comment, dimanche, apprend, comprend, épatant, soixante, cinquante, septembre, novembre, décembre, vendredi, français, janvier,* **en** *quel mois.*

*French nasal vowel /ɔ̃/*

/ɔ̃/ is the vowel sound of *bon.* It is /o/ made nasal. It is spelled *on* and *om.*

1. Say /o/ several times (remember to avoid a diphthong). Say /o/ again, allowing air to rush through nose and mouth chambers at the same time. You have said /ɔ̃/.
2. Repeat: *ton, mon, sont, bon, vont, font, non.*

*French nasal vowel /ɛ̃/*

/ɛ̃/ is the vowel sound of *vingt.* It is spelled *in, ain, ein, im, aim, eim, ym, yn.* Note that *ien* is /jɛ̃/. Note that *oin* is /wɛ̃/.

1. Say the vowel sound in "bad" several times. Nasalize the vowel sound in "bad" by allowing air to pass through both nose and mouth. Avoid making a diphthong. You have said /ɛ̃/.
2. Repeat: *juin, sympathique, examen, vin, bien, tient, vient.*

*French nasal vowel /œ̃/*

/œ̃/ is the sound of the article *un.* It is a combination of two sounds which you know. The tongue is placed in position for /ɛ̃/; the lips are rounded as for /ɔ/. The sound is spelled *un* or *um.*

1. Pronounce /ɛ̃/ several times. When the instructor signals, round your lips for /ɔ/. You have said /œ̃/. The secret is in keeping the tongue position for /ɛ̃/ while rounding the lips, and in retaining the nasal quality throughout.
2. Repeat: **un** *cours de chimie,* **un** *cours de biologie,* **un** *professeur,* **un** *crayon,* **un** *stylo,* **un** *zéro,* **lun***di, le* **lun***di, vingt et* **un***, cent* **un.**

*Contrasts between nasal vowels*

Distinctions must be made between some of the nasal vowels.

1. Pronounce and contrast the sounds /ɔ̃/, /ɑ̃/, /ɛ̃/ in the following sets of words: *bon, banc, bain; son, sans, sain; font, fend, faim; mon, ment, main; vont, vend, vin; ton, temps, teint.*
2. /ɔ̃/, /ɑ̃/, /ɛ̃/, or /œ̃/? Say the following words. Use the appropriate nasal vowel: *temps,* **un***, ton,* **lun***di, pain,* **on***cle, dans, bien.*

*Distinction between nasal and nonnasal vowels*

Contrasts and distinctions need to be made between nasal vowels and nonnasal vowels. Also, one should not pronounce /n/ or /m/ after a vowel sound when *n* or *m* is followed by a consonant sound other than /n/ or /m/. For example, *lampe* is /lɑ̃p/; *tante* is /tɑ̃t/.

Pronounce and contrast the vowel sounds of the following words: *la, lent, lente; la, lent, lampe; ta, temps, tante; ma, ment, menthe; beau, bon, bonde; l'eau, l'on, l'onde; taux, ton, tombe; maux, mon, monde.*

As you have seen, a vowel has a nasal quality when followed by *n* or *m* alone, or when followed by *n* plus a consonant or *m* plus a consonant. When a vowel is followed by *n* or *m* plus a vowel, or *nn* plus a vowel, or *mm* plus a vowel, the nasal quality of the vowel is lost and the *n* (or *nn*) and the *m* (or *mm*) are pronounced.

Pronounce and contrast the following pairs of words: *b*on, *b*onne; *d*on, *d*onne; *n*on, *n*onne; *b*aron, *b*aronne; *s*on, *s*onne; *e*n, *A*nne; *p*an, *p*anne; *q*uand, *C*annes; *J*ean, *J*eanne; *Améric*ain, *Améric*aine; *Ital*ien, *Ital*ienne; *Paris*ien, *Paris*ienne; *v*ient, *v*iennent; *s*ien, *s*ienne; *m*ien, *m*ienne; *v*ain, *v*aine; *s*ain, *s*aine.

When the letters *in-* and *inn-* are followed in a word by a vowel sound, they are pronounced /in/. When *im-* and *imm-* are followed by a vowel sound, they are pronounced /im/. When *in-* or *im-* are followed in a word by a consonant sound, they are pronounced /ɛ̃/.

1.  Repeat and contrast the following pairs of words: in*correct*, in*exact*; in*dépendant*, in*epte*; in*diquer*, in*erte*; in*tonation*, in*adapté*; in*tolérant*, in*apte*; in*capable*, in*né*; in*différent*, in*nocent*; in*justice*, in*nocence*; im*peccable*, im*aginaire*; im*plorer*, im*iter*; im*pression*, im*age*; im*patience*, im*matériel*; im*perfection*, im*médiat*; im*bécile*, im*mense*; im*portant*, im*mobile*; im*poser*, im*mortalité*.
2.  Nasal or nonnasal vowel? Repeat. Select the appropriate nasal or nonnasal vowel: *améric*aine, *d*onne, *v*ient, *J*eanne, *Canad*ien, in*capable*, in*epte*, im*bécile*, in*correct*, im*age*.

*French vowel /ə/*  The vowel /ə/ may be considered the equivalent of /ø/. However, during its emission the vocal organs are less tense. /ə/ is the vowel sound of many monosyllables with the spelling *e*. It is the vowel sound of the first syllable of many words which have the spelling *e*. In conversation, /ə/ is dropped from pronunciation whenever the phrase is easily pronounced without it.

When two pronounced consonants precede the /ə/ and one follows, the /ə/ must be pronounced. For example *appartement* /apartəmã/.

1.  Repeat: *le, te, de, ne, que, ce, je, v*enir, *il r*etourne, *l*eçon, *d*emeurer.
2.  Say the following sentences, taking care to drop /ə/ from pronunciation as indicated.

    | | |
    |---|---|
    | Il est d*e̸* Marseille. | Comment va l*e̸* français? |
    | Le lundi et l*e̸* vendredi. | A d*e̸*main, Hélène. |
    | Tiens, nous avons l*e̸* même cours à midi. | Non, ça n*e̸* va pas, mad*e̸*moiselle. |
    | Il neige au mois d*e̸* décembre. | Je n*e̸* comprends pas tout. |
    | Je n*e̸* vais pas à G*e̸*nève. | Non, je n*e̸* viens pas aujourd'hui. |
    | Au r*e̸*voir, Paul. | |

3.  Pronounce and contrast expressions in which /ə/ is retained and those in which /ə/ is dropped from pronunciation. Work across the page.

| *Retain* /ə/ | *Drop* /ə/ |
|---|---|
| Nous sommes de Poitiers. | Il est dé Poitiers. |
| Vous êtes de Chicago. | Elle est dé Chicago. |
| Il ne sait pas. | Je né sais pas. |
| Elle ne va pas à Paris. | Tu né vas pas à Paris. |
| Ils ne cherchent pas.... | Nous né cherchons pas.... |
| Elles ne cherchent pas.... | Vous né cherchez pas.... |
| Il étudie mal le français. | Comment va lé français? |
| Il va en Bretagne demain. | A démain, Hélène. |
| La Place de la gare.... | L'avenue dé la Paix.... |

4. Pronounce the following words, taking care to retain /ə/ when three consonants would come together if it were dropped: *appartement, exactement, quelquefois, entrecôte, justement, département.*

5. /ə/ or not? Repeat the following phrases using or deleting /ə/ as appropriate: *Marc ne vient pas; Je ne sais pas; près de la gare; une leçon; quelquefois; à côté de l'hôtel.*

## EXPLICATIONS ET EXERCICES

*Numbers 70 to 1,000,000*

| | | | |
|---|---|---|---|
| 70 | soixante-dix | 100 | cent |
| 71 | soixante et onze | 101 | cent un |
| 72 | soixante-douze | 102 | cent deux |
| 80 | quatre-vingts | 200 | deux cents |
| 81 | quatre-vingt-un | 203 | deux cent trois |
| 82 | quatre-vingt-deux | 450 | quatre cent cinquante |
| 90 | quatre-vingt-dix | 1.000 | mille |
| 91 | quatre-vingt-onze | 1.236 | mille deux cent trente-six |
| 92 | quatre-vingt-douze | 1.000.000 | un million |

1. Note that *et* is used in the numbers 21, 31, 41, 51, 61, and 71 but not in the numbers 81 and 91. The *t* of *et* in 21, 31, 41, 51, 61, and 71 is never pronounced.

| | |
|---|---|
| vingt et un | /vɛ̃teœ̃/ |
| soixante et onze | /swasɑ̃teɔ̃z/ |

2. The *gt* of *vingt* in the numbers 80 to 99 is not pronounced.

| | |
|---|---|
| quatre-vingt-un | /katrəvɛ̃œ̃/ |
| quatre-vingt-deux | /katrəvɛ̃dø/ |
| quatre-vingt-onze | /katrəvɛ̃ɔ̃z/ |
| quatre-vingt-douze | /katrəvɛ̃duz/ |

3.   The *t* of *cent* is not pronounced before another number.

> | cent un | /sãœ̃/ |
> |---|---|
> | cent deux | /sãdø/ |
> | cent onze | /sãɔ̃z/ |

4.   Hyphens are written in all number combinations under 100 except 21, 31, 41, 51, 61, and 71. The multiples of 100, 1,000, and 1,000,000 are not hyphenated.

> | vingt-deux | deux cents |
> |---|---|
> | dix-neuf | deux mille |
> | quatre-vingt-onze | soixante et onze |
> |  | deux cent dix-neuf |

5.   The letter *s* is added to *vingt* in *quatre-vingts* and *cent* in *deux cents* and *trois cents*. However, when *quatre-vingts* and multiples of *cent* (*deux cents, trois cents,* for example) are followed by another number, *s* is dropped. *Mille* never has an *s*.

> | quatre-vingts | quatre-vingt-douze |
> |---|---|
> | trois cents | trois cent cinquante |
> | mille | deux mille |
> |  | deux mille cinq cents |

6.   In French, decimals are set off by a comma and thousands are shown by a period. This practice is the reverse of the English punctuation.

English:   1,375.25
French:   1.375,25

In handwriting, *un* is **1**; *sept* is **7**.

a.   **Comptez de zéro à 100 par dix.**

b.   **Comptez de 60 à 100 par cinq.**

c.   **Prononcez en français les nombres suivants.**

1.   21, 31, 41, 51, 61, 71, 81, 91, 101.
2.   17, 77, 1.777.
3.   14, 24, 48, 88.
4.   5, 55, 555.
5.   6, 16, 66, 376.
6.   1.435, 1.319

d.   **Les mathématiques.**

| | | |
|---|---|---|
| 1.   44 + 34 = | 4.   93 − 22 = | 7.   9 × 9 = |
| 2.   63 + 26 = | 5.   86 − 75 = | 8.   12 × 6 = |
| 3.   71 + 18 = | 6.   79 − 26 = | 9.   40 × 4 = |

*The use of* de
*to show possession*

The preposition *de* and the name of the possessor indicate possession ('s in English).

Le livre de Paul — *Paul's book*
L'auto de Georges et de Robert — *George's and Robert's car*

Note that the preposition *de* must be repeated before each possessor.

*Possessive adjectives*

| | Singular | | Plural |
|---|---|---|---|
| | **Masculine** | **Feminine** | |
| *my* | mon | ma (mon) | mes |
| *your (fam.)* | ton | ta (ton) | tes |
| *his, her, its* | son | sa (son) | ses |
| *our* | | notre | nos |
| *your* | | votre | vos |
| *their* | | leur | leurs |

Liaison occurs with *mon, ton, son, mes, tes, ses, nos, vos, leurs* when these words are followed by vowel sounds. Compare:

mon ami — /mɔ̃·na·mi/ — mon frère — /mɔ̃·frɛr/
leurs oncles — /lœr·zɔ̃kl/ — leurs sœurs — /lœr·sœr/

Compare also:

votre ami — /vɔ·tra·mi/
votre père (*your father*) — /vɔ·trə·pɛr/

A possessive adjective must agree in gender and in number with the noun modified.

mon frère — *my brother* — ma chaise — *my chair*
mes frères — *my brothers* — mes chaises — *my chairs*

A possessive adjective must agree with what is owned, not with the owner.

Elle a son livre. — *She has her book.*
Il a son livre. — *He has his book.*

Note that the feminine adjectives *ma, ta, sa* become *mon, ton, son* when the feminine noun modified begins with a vowel.

ma sœur — *my sister* — mon école — *my school*
ta sœur — *your sister* — ton école — *your school*
sa sœur — *his or her sister* — son école — *his or her school*

a.  **C'est ton frère? Ce sont tes amis?** Clarify the identity of certain people.

MODÈLE:   C'est la tante de Marc?
               Oui, c'est sa tante.

1.  C'est le père d'Isabelle?
2.  C'est la mère de Charles?
3.  Ce sont les parents de Gérard?
4.  Ce sont les sœurs de Jacqueline?

MODÈLE:   C'est l'ami de Solange et de Marie?
               Oui, c'est leur ami.

5.  C'est l'oncle des enfants?
6.  Ce sont les oncles de Patrick et de Yolande?
7.  Ce sont les tantes de Marc et de Joseph?
8.  C'est la sœur d'André et de Jean-Marie?

MODÈLE:   C'est votre oncle?
               Oui, c'est notre oncle.

9.  C'est votre père?
10.  C'est votre mère?
11.  Ce sont vos parents?
12.  Ce sont vos amis?

MODÈLE:   C'est ta sœur?
               Oui, c'est ma sœur.

13.  C'est ton professeur?
14.  Ce sont tes amis?
15.  Ce sont tes parents?
16.  C'est ta mère?

MODÈLE:   C'est mon père?
               Oui, c'est ton père.

17.  C'est mon amie?
18.  C'est mon frère?
19.  Ce sont mes tantes?
20.  Ce sont mes professeurs?

MODÈLE:   C'est ma tante?
               Oui, c'est ta tante.

21.  C'est mon oncle?
22.  Ce sont mes amis?
23.  Ce sont mes frères?
24.  C'est ma mère?

b.   **J'aime … Formez des phrases selon le modèle donné.**

MODÈLE:   Je / professeur
Je   J'aime mon professeur.

1.   Vous / parents
2.   Les parents / enfants
3.   Patrick / tante
4.   Je / mère
5.   Tu / oncles
6.   Nous / sœur

c.   **Regardez et répondez.**

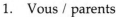

MODÈLES:   UN CAMARADE (montre son crayon): C'est mon crayon?
UNE CAMARADE: Oui, c'est ton crayon.
UN CAMARADE (montre le crayon de Robert): C'est mon crayon?
UNE CAMARADE: Non, ce n'est pas ton crayon. C'est le crayon
de Robert. C'est son crayon.
Continuez!

*The irregular verb*
*venir (to come)*

| | |
|---|---|
| je viens | nous venons |
| tu viens | vous venez |
| il, elle, on vient | ils, elles viennent |

Note that *venir* is a three-stem verb in the present tense. These stems are:

a singular stem: *vien-* /vjɛ̃/
a third person plural stem: *vienn-* /vjɛn/
a *nous-vous* stem: *ven-* /vən/

a.   **Qui vient à notre fête (party)? Répondez.**

MODÈLE:   Toi? (Oui)
Oui, je viens à la fête.

1.   Vous? (Oui, nous)
2.   Les camarades? (Oui)
3.   Marie-France? (Non)
4.   Jacques? (Non)
5.   Moi? (Oui, tu)
6.   Toi? (Non)

b.   **Quand? Répondez.**

MODÈLE:   Ton oncle vient cet après-midi? (ce soir)
Non, il ne vient pas cet après-midi. Il vient ce soir.

1. Tu viens à six heures? (huit heures)
2. Tes amis viennent aujourd'hui? (demain)
3. Vous venez plus tard? (Nous ... tout de suite)
4. Notre tante vient ce matin? (ce soir)
5. Nous venons à sept heures? (Vous ... sept heures et demie)

*The irregular verb*
suivre *(to follow,*
*to come after,*
*to take a course)*

|            |                  |
|------------|------------------|
| je suis    | nous suivons     |
| tu suis    | vous suivez      |
| il, elle, on suit | ils, elles suivent |

The /v/ sound of *suivent* (third person plural) signals the difference of this form from the third person singular *suit* since the pronouns (*il* and *ils*, *elle* and *elles*) sound alike in spoken language.

Note that *je suis* may mean "I follow" or "I am." The context will show the meaning.

**a. Quels cours? Répondez.**

MODÈLE:  A midi, je suis un cours d'anglais, et Henri? (histoire)
Il suit un cours d'histoire.

1. A dix heures, je suis un cours d'anglais, et Marie? (espagnol)
2. A deux heures, Jean suit un cours d'histoire, et Roger? (mathématiques)
3. A trois heures, Roger suit un cours de psychologie, et toi? (chimie)
4. A une heure, je suis un cours de philosophie, et Georges et Monique? (histoire)
5. A neuf heures, Hélène suit un cours de littérature, et vous? (géographie)
6. A huit heures, je suis un cours de chimie, et vous, Paul et Suzanne? (français)

**b. Demandez à un(e) camarade:**

1. quels cours il (elle) suit aujourd'hui.
2. quels cours il (elle) suit le mardi et le jeudi.
3. s'il[1] (si elle) aime ses cours.
4. quels cours il (elle) préfère.

*The irregular verb*
prendre *(to take)*

*Apprendre* (to learn and *comprendre* (to understand) are conjugated like *prendre*.

|            |                  |
|------------|------------------|
| je prends  | nous prenons     |
| tu prends  | vous prenez      |
| il, elle, on prend | ils, elles prennent |

[1] *Si* (if) becomes *s'* when followed by *il* or *ils*: *s'il, s'ils* (if he, if they). *Si* does not elide before other words: *si elle*.

*Prendre* (*comprendre, apprendre*), like *venir*, is a three-stem verb in the present tense. These stems are:

a singular stem: *prend-* /prã/
a third person plural stem: *prenn-* /prɛn/
a *nous-vous* stem: *pren-* /prən/

**a. Enseigner — apprendre. Formez des phrases selon le modèle donné.**

MODÈLE:  Je / vous
J'enseigne et vous apprenez.

1. Le professeur / les étudiants
2. Vous / nous
3. Nous / l'étudiant
4. Je / tu
5. Les professeurs / vous
6. Tu / je

**b. Ce n'est pas clair. Répondez négativement.**

1. Tu comprends?
2. Et les autres?
3. Et Jean-Claude?
4. Et vous deux?
5. Et Anne-Marie?
6. Et moi?

**c. A quelle heure et où? (Notez: On prend le petit déjeuner le matin, le déjeuner à midi ou à une heure et le dîner le soir.) Répondez.**

1. A quelle heure ton père prend-il le petit déjeuner?
2. A quelle heure tes camarades prennent-ils le déjeuner?
3. A quelle heure ta famille prend-elle le dîner?
4. A quelle heure prenez-vous le petit déjeuner, le déjeuner et le dîner? (Nous)
5. A quelle heure prends-tu le petit déjeuner? le déjeuner? le dîner?
6. Où prends-tu ton déjeuner? ton petit déjeuner? ton dîner?

## LECTURE

*Vocabulaire*[1]  **études supérieures** *f.*  cours universitaires. On fait des *études supérieures* à l'université.
**fin** *f.* ≠ le commencement. Nous sommes *fin* mars.
**fois** *f.*  Mon père fait une promenade une *fois* par jour. Ma mère fait du jogging trois *fois* par semaine.

[1] In the *Vocabulaire* sections and sidenotes for the readings, antonyms will be designated by the symbol ≠ .

**chez** à la maison de. Paul habite *chez* ses parents.
**bibliothèque** *f.* bâtiment où il y a une collection de livres. Je cherche des livres à la *bibliothèque*.
**salle de cours** *f.* salle de classe. Le professeur est dans la *salle de cours*.
**de bonne heure** ≠ en retard. Le concert commence à huit heures; il est huit heures moins le quart. Vous êtes *de bonne heure*.
**petit, -e** ≠ grand, -e. Un éléphant est grand; un bébé est *petit*.
**beaucoup de** une grande quantité de. Il y a *beaucoup d'*étudiants ici.
**dernier, -ère** ≠ premier, -ère. Décembre est le *dernier* mois de l'année.
**là** ≠ ici. Ton livre est *là* sur la table. Mon livre est ici.

## EXERCICES DE VOCABULAIRE

**a. Trouvez des antonymes pour les mots en italique.**

1. Jean-Jacques est *le premier* de sa classe.
2. Ils arrivent toujours *au commencement* du programme.
3. Les salles de cours sont très *grandes* ici.
4. Placez les livres *ici* sur la table.
5. Il y a *un petit nombre de* parents ici ce soir.

**b. Répondez selon les modèles donnés.**

MODÈLE: Où habite Germaine? (Nice)
Elle habite à Nice chez ses parents.

1. Où habite Jean? (Marseille)
2. Où habitent Monique et Nadine? (Bordeaux)
3. Où habites-tu?

MODÈLE: Roger est à l'université? (Harvard)
Oui, il fait ses études supérieures à Harvard.

4. Ton frère et ta sœur sont à l'université? (Stanford)
5. Sylvie est à l'université? (l'Université d'Illinois)
6. Vous êtes à l'université?

MODÈLE: Toi?
J'étudie à la bibliothèque.

7. Guy?      9. Vous deux?
8. Janine?   10. Tes amis?

**c. Les salles de cours. Formez des phrases selon le modèle donné.**

MODÈLE: Je / psychologie
J'ai mon cours de psychologie dans la salle de cours de psychologie.

1. Anne / chimie
2. Nous / littérature
3. Vous / mathématiques
4. Ils / géologie

**d. De bonne heure ou en retard?**

MODÈLE: Il est midi vingt et le match commence à midi.
Je suis en retard.

1. Il est dix heures moins le quart et le film commence à neuf heures et demie.
2. Il est huit heures et quart et le train arrive à huit heures dix-neuf.
3. Il est sept heures vingt et le dîner commence à sept heures et demie.
4. Il est une heure cinq et mon cours de français commence à une heure.

e. _____ **fois par** _____. Indicate how many times per _____ certain things are done.

MODÈLE: Je / faire du jogging / 1 / jour
Je fais du jogging une fois par jour.

1. Nous / faire une promenade / 3 / semaine
2. Vous / faire du ski / 2 / semaine
3. Mes parents / faire de la bicyclette / 2 / semaine
4. Mon frère / faire de la moto / 6 / jour

# Un Premier Cours en Sorbonne

**la Sorbonne** *les facultés des Lettres et des Sciences de l'Université de Paris*

Anne est une étudiante américaine qui commence ses études supérieures de lettres en Sorbonne. Nous sommes fin octobre et elle va à la Sorbonne pour la première fois. Elle habite à Versailles chez des amis français de ses parents. Elle vient à Paris par le train. Puis elle prend l'autobus. Elle arrive à la Sorbonne à neuf heures moins le quart. Où sont ses cours? Anne est perplexe. Elle demande à un étudiant français: « Où sont nos cours? Où est l'amphithéâtre Descartes, s'il vous plaît? »

**amphithéâtre** *salle de cours en forme d'amphithéâtre* **la cour** *(courtyard, yard); le cours (class, course)*

—L'amphi Descartes? Traversez la cour. La porte est à gauche près de la bibliothèque. Vous n'êtes pas française?

—Non, je suis américaine.

—Bon. Voici une suggestion. Si vous désirez avoir une place, venez de bonne heure. Les salles de cours sont petites et il y a beaucoup d'étudiants.

—Où est le restaurant universitaire?

—Ici, il n'y a pas de campus, vous savez. Mais le restaurant n'est pas loin d'ici, près de Saint-Germain-des-Prés…. Tiens! Voilà François! J'ai ses notes de cours de la semaine dernière. Si vous voulez, venez à midi au café de la Sorbonne. Je suis toujours à la table du fond avec mes amis. C'est là que nous travaillons. Au revoir! A bientôt.

**voulez** *désirez*
**du fond** ≠ *du devant*

## QUESTIONNAIRE SUR LA LECTURE

1. Qui est Anne?
2. Quel mois sommes-nous?
3. Où va Anne pour la première fois?
4. Où habite-t-elle?
5. Comment vient-elle à Paris?
6. A quelle heure arrive-t-elle à la Sorbonne?
7. Pourquoi Anne est-elle perplexe?
8. A qui Anne parle-t-elle?
9. Où est l'amphi Descartes?
10. Quelle est la nationalité d'Anne?
11. Comment sont les salles de cours à la Sorbonne?
12. Où est le restaurant universitaire?
13. Qui a les notes de cours de François?
14. Où travaillent l'étudiant français et ses amis?
15. A quelle université faites-vous des études supérieures?
16. Etes-vous à l'université pour la première fois?
17. Est-ce que vous aimez la vie (*life*) universitaire?
18. Où habitez-vous?
19. Comment venez-vous à l'université?
20. Où sont vos cours?
21. Comment sont les salles de cours? Sont-elles grandes ou petites?
22. Y a-t-il beaucoup d'étudiants dans vos cours?
23. Où est le restaurant universitaire?
24. Comment est le campus?
25. Où étudiez-vous?
26. Travaillez-vous avec des camarades?

# PREMIÈRE RÉVISION

*Révision du vocabulaire*

Etudiez le vocabulaire de chaque leçon. (Voir aussi les listes de vocabulaire dans le *cahier d'exercices*.) Etudiez aussi le vocabulaire pour la lecture de la Cinquième Leçon.

*Révision des verbes réguliers (-er)*

aimer, apporter, arriver, chercher, commencer[1] (à), continuer (à), coûter, demander, désirer, enseigner, entrer (dans), étudier, habiter, montrer, neiger (il neige), parler, placer,[1] préférer (see footnote p. 56), présenter, quitter, regarder, tourner, travailler, traverser, trouver (se trouver)

**a. Des préférences. Formez des phrases selon le modèle donné.**

MODÈLE:   Yves / restaurant
              Yves aime ce restaurant-ci, mais il préfère ce restaurant-là.

1. Monique / cours
2. Je / stylo
3. Vous / école
4. Mes amis / hôtel
5. Nous / pharmacie
6. Tu / guitare

**b. On ne trouve pas. Formez des phrases selon le modèle donné.**

MODÈLE:   Guy / le café
              Guy cherche mais il ne trouve pas le café.

1. Nous / l'hôtel
2. Marie et Marc / la gare
3. Tu / le musée
4. Vous / l'église
5. Paul / la banque
6. Je / la salle de cours

**c. Dites à un(e) camarade:**

1. de traverser le boulevard.
2. de tourner à droite.
3. de continuer tout droit.
4. de présenter Janine à Robert.

**d. Demandez à un(e) camarade:**

1. où il (elle) habite.
2. s'il (si elle) regarde la télévision.
3. s'il (si elle) désire ce stylo-ci ou ce stylo-là.
4. combien coûte un stylo. (un cahier, un crayon)

---

[1] The cedilla (¸) is used with the *c* of *-cer* verbs when the verb ending begins with *o* or *a*. Compare: *je commence, nous commençons; ils placent, nous plaçons.* C followed by *o, a,* or *u* is pronounced /k/; when *c* has the cedilla or is followed by *e* or *i*, it is pronounced /s/.

5. quelle saison il (elle) préfère.
6. où se trouve le restaurant.

*Révision des verbes*   aller, avoir, être, faire (faire beau, etc.), pleuvoir (il pleut), prendre (apprendre,
*irréguliers*          comprendre), savoir, suivre, venir

a. **Des voyages. Formez des phrases selon le modèle donné.**

MODÈLE: Joseph / les autres / Londres
Joseph vient et les autres vont à Londres.

1. Tu / je / New York
2. Nous / vous / Paris
3. Ma tante / mon oncle / Genève
4. Vous / nous / Boston
5. Mes parents / tes parents / San Francisco
6. Je / tu / Philadelphie

b. **On est riche! Formez des phrases selon le modèle donné.**

MODÈLE: Claude / 20
Claude est riche! Il a vingt dollars.

1. Je / 50
2. Vous / 1.000
3. Henri et Paul / 100
4. Nous / 80
5. Pierre / 40
6. Tu / 25

c. **Répondez selon le modèle donné.**

MODÈLE: Marc est un bon étudiant?
Oui. Il sait et comprend tout.

1. Jacqueline?
2. Toi et Solange?
3. Joseph et Georges?
4. Thérèse et Françoise?
5. Serge?
6. Toi?

d. **Demandez à un(e) camarade:**

1. s'il (si elle) fait du ski.
2. s'il (si elle) fait de la guitare.
3. s'il (si elle) suit un cours d'anglais.
4. s'il (si elle) suit un cours de psychologie.
5. s'il (si elle) vient souvent à la bibliothèque.
6. s'il (si elle) va au cinéma ce soir.
7. à quelle heure il (elle) prend le petit déjeuner. (le déjeuner, le dîner)
8. s'il (si elle) est riche.
9. s'il (si elle) a vingt dollars.

*Révision des*
*nombres et*
*des heures*

**a.** **Lisez en français les nombres suivants.**

1. 1, 3, 14      6. 4, 6, 13
2. 2, 43, 11      7. 25, 8, 15
3. 66, 7, 12      8. 87, 78, 18
4. 54, 17, 16      9. 9, 99, 100
5. 5, 32, 19      10. 473, 782, 2.194

**b.** **Donnez l'équivalent français des heures indiquées ci-dessous.**

1.

3.       4.

5.

*Révision des articles et des contractions*

**a.** **Répondez selon le modèle donné.**

MODÈLE: (*indiquant le stylo de Jacques*) Qu'est-ce que c'est? (stylo… Jacques)
C'est un stylo.
A qui est-ce? (*Whose is it?*)
C'est le stylo de Jacques.

1. Qu'est-ce que c'est? (crayon… Jean)
2. Qu'est-ce que c'est? (crayons… Sylvie)
3. Qu'est-ce que c'est? (serviette… Georges)
4. Qu'est-ce que c'est? (livre… Anne)
5. Qu'est-ce que c'est? (gommes… Alain)
6. Qu'est-ce que c'est? (cahiers… Julie)
7. Qu'est-ce que c'est? (gomme… Chantal)
8. Qu'est-ce que c'est? (livres… Guy)

**b.** **Formez des questions selon le modèle donné.**

MODÈLE: Je vais au bureau de poste. (banque)
Est-ce que vous allez à la banque aussi?

Je vais au bureau de poste.
(banque / pharmacie / café / cinéma / université / cathédrale / école / hôtel / restaurant / bibliothèque)

**c.** **Répondez aux questions suivantes selon le modèle donné.**

MODÈLE: Où est le café? (cinéma)
Il est en face du cinéma.

Où est le café?
(cinéma / bureau de tabac / pharmacie / école / université / banque / restaurant / bureau de poste / cathédrale)

*Révision d'aller avec l'infinitif*

**a.** **Plus tard. Répondez selon le modèle donné.**

MODÈLE: Etudiez tout de suite.
Non, je vais étudier ce soir.

1. Etudiez tout de suite.
2. Travaillez tout de suite.
3. Commencez tout de suite.
4. Venez tout de suite.

**b.** **Répondez négativement aux questions suivantes.**

1. Tu vas travailler cet après-midi?

*Le Mont-Saint-Michel*
*in Normandy*
(Peter Menzel)

2. Vos parents vont venir?
3. Je vais arriver ce soir? (Non, vous...)
4. Nous allons arriver demain? (Non, nous...)

*Révision des*
*prépositions*
*employées avec*
*les noms*
*géographiques*

**Répondez aux questions suivantes selon l'indication donnée.**

1. Où habitent vos parents? (Canada)
2. Où allez-vous? (Rome)
3. Où sont vos amis? (Espagne)
4. Où est M. Dubois? (Angleterre)
5. Où habite Mlle Martin? (Etats-Unis)
6. Où est Robert? (Genève)

*Révision des*
*adjectifs*
*interrogatifs,*
*démonstratifs et*
*possessifs*

**a. Demandez à un(e) camarade:**

1. quelle heure il est.
2. quels étudiants il (elle) aime.
3. quel cours il (elle) a à neuf heures.
4. quels cours il (elle) a ce semestre.

b.    Répondez aux questions suivantes selon les modèles donnés.

MODÈLE:    Quel stylo préfères-tu?
            Je préfère ce stylo-là.

1.    Quel café préfères-tu?                5.    Quel restaurant préfères-tu?
2.    Quel hôtel préfères-tu?               6.    Quelle auto préfères-tu?
3.    Quelle église préfères-tu?            7.    Quelles autos préfères-tu?
4.    Quelle pharmacie préfères-tu?         8.    Quels hôtels préfères-tu?

MODÈLE:    Roger aime ses cours ce semestre, et toi?
            J'aime mes cours aussi.

 9.    Chantal aime ses cours ce semestre, et toi?
        (et Hélène? et vous? et vos amis? et Robert?)
10.    Nous faisons notre travail, et les autres?
        (et toi? et Pauline? et Jean-Pierre? et Madeleine et Claudine?)

c.    Répondez selon le modèle donné.

MODÈLE:    (*indiquant son propre* [own] *stylo*) C'est votre stylo?
            Non, ce n'est pas mon stylo. C'est votre stylo.
            (*indiquant les crayons de Jean*) Ce sont mes crayons?
            Non. Ce ne sont pas vos crayons. Ce sont les crayons de Jean.
            Ce sont ses crayons.

Continuez!

*Révision des noms*    **Répondez aux questions suivantes selon les modèles donnés.**
*et des adjectifs*
*(masculins,*    MODÈLE:    Paul est américain, et Henriette?
*féminins, pluriels)*               Elle est américaine aussi.

1.    Georges est espagnol, et Marie?
2.    Marie est française, et Jean?
3.    Les autres sont étudiants, et Hélène?
4.    Roger est italien, et Suzanne?
5.    M. Leblanc est professeur, et M. Dubois et M. Martin?
6.    Jacqueline est catholique, et les autres?

MODÈLE:    Anne est française? (Anglaise)
            Non. C'est une Anglaise.

7.    Mlle Martin est anglaise? (Canadienne)
8.    M. Leroy est français? (Belge)

9. Joseph est russe? (Allemand)
10. Marie-France est italienne? (Française)

Voilà *(there is, there are)*; voici *(here is, here are)*; il y a *(there is, there are)*

a. **Etudiez les phrases suivantes.**

1. Voilà mes amis.
2. Voici notre auto.
3. Il y a trente étudiants dans la classe.

Note that *voilà* and *voici* are used to point out things or persons. *Il y a* merely indicates the existence of someone or something.

b. **En employant « voilà (voici) » ou « il y a », selon le cas, complétez les phrases suivantes.**

1. _____ mon oncle Bernard. Il est pilote.
2. _____ un bon restaurant dans ce village.
3. _____ le restaurant français de l'oncle Jules.
4. _____ deux cahiers, un livre, trois gommes et une serviette sur la table.

# Sixième Leçon

## AU RESTAURANT

Au restaurant.

GARÇON
Qu'est-ce que vous désirez, madame?

MADAME
**1.** J'aime bien le bœuf bourgignon.

GARÇON
Je suis désolé, madame, mais nous n'avons plus de bœuf bourgignon.

MONSIEUR
On peut prendre un bifteck frites, si tu veux.

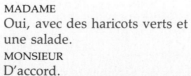

MADAME
Oui, avec des haricots verts et une salade.

MONSIEUR
**3.** D'accord.

**GARÇON**
Et comme boisson, monsieur?
**MONSIEUR**
Oh, apportez-nous une bouteille de vin rouge, s'il vous plaît.

une bouteille d'eau minérale

de la bière

du lait

du café

du thé

citron pressé

un cola

un jus d'orange

une tasse de chocolat

un verre d'eau

du vin blanc

Quand j'ai soif, je prends comme boisson:

un rôti de veau

du rosbif

du poulet

du poisson

une côtelette de porc

du jambon

Quand j'ai faim, je prends comme plat de viande:

avec:

des pommes de terre

frites

au gratin

en purée

des pâtes (des nouilles)

du riz

et comme légumes

des carottes

des petits pois

des tomates

et comme dessert

un gâteau

de la glace

à la vanille

au chocolat

à la fraise

un fruit

un yaourt

Un couvert à table.

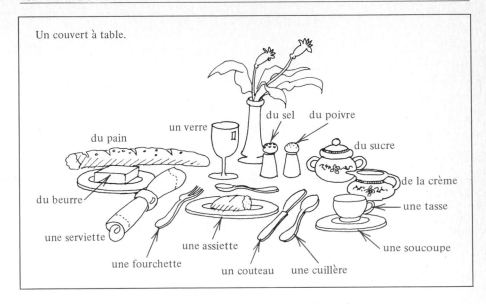

Un couvert à table.

du sel    du poivre

un verre

du pain

du sucre

de la crème

du beurre

une tasse

une serviette

une assiette

une soucoupe

une fourchette

un couteau    une cuillère

**a.   On a faim. Formez des phrases selon le modèle donné.**

MODÈLE:   je
Quand j'ai faim, je mange.[1]

1.   vous        4.   mes amis
2.   tu          5.   je
3.   nous        6.   mon oncle

**b.   On a soif. Formez des phrases selon le modèle donné.**

MODÈLE:   Henri / de la bière
Henri a soif. Il va prendre de la bière.

1.   Nous / de l'eau minérale
2.   Je / un jus d'orange
3.   Vous / un coca-cola
4.   Dominique et Agnès / un citron pressé
5.   Robert / du vin blanc
6.   Tu / du lait

**c.   Que prenez-vous comme plat de viande?**

MODÈLE:   Je / du poulet
Je prends du poulet.

[1] *Manger* is conjugated like a regular -er verb but in the *nous* form of the present indicative, e must be inserted before the *ons* ending: *nous mangeons*. The letter g followed by a, o, or u is pronounced /g/, as in *garçon*. When followed by e or i, g is pronounced /ʒ/, as in *je mange*.

1. M. Laurier / un bifteck
2. Tu / du poisson
3. Vous / une côtelette de porc
4. Je / du rosbif
5. Nous / du rôti de veau
6. Les autres / du jambon

**d.   Qu'est-ce que vous préférez?**

MODÈLE:   Jean / le vin blanc / le vin rouge
          Jean aime le vin blanc, mais il préfère le vin rouge.

1. Nous / le porc / le veau
2. Mes parents / l'eau minérale / le vin blanc
3. Vous / le lait / le chocolat
4. Tu / le rosbif / le bifteck
5. Je / le café / le thé
6. Mme Henri / le poisson / le jambon

**e.   Répondez.**

1. Aimez-vous le rosbif? le rôti de veau? le bifteck?
2. Qu'est-ce que vous préférez, le café ou le thé? le vin rouge ou le vin blanc? le lait ou le chocolat?
3. Aimez-vous la salade? les haricots verts? les tomates? les carottes?
4. Quelle boisson préférez-vous? Quel plat de viande?
5. Avez-vous faim?
6. Avez-vous soif?

## COMMENTAIRES CULTURELS

The French dinner is served in courses starting with **hors-d'œuvre,** which may include sliced hard-boiled eggs, cold **charcuterie** (delicatessen meats or cold cuts), radishes, olives, artichoke hearts, and sliced tomatoes; the **entrée,** a meat dish and cooked vegetables; the salad (usually lettuce with a dressing of oil and vinegar); the dessert, consisting of cheese, cakes, tarts, puddings, or fresh fruits, and sometimes ice cream. Cheese is important. France is one of the largest cheese-producing nations in the world. The French usually drink wine with their meals, and coffee afterward. Bread (without butter) is eaten throughout the meal.

French people enjoy many different kinds of mineral water (**eau de Vichy, Périer, Contrexéville, Vittel,** etc.) Contrary to a common belief in the United States, tap water in France is usually good to drink unless labeled **eau non-potable,** which is water not intended for drinking. Those who

*French family eating in Honfleur (Eric Kroll/ Taurus Photos)*

prefer water with a meal or who wish to mix their wine with water, may ask for **une carafe d'eau** (a pitcher of water). Drinks are not usually served ice-cold; there is a belief among French people that very cold and very hot drinks are bad for the health.

**Salade** means both "salad" and "lettuce." Thus, when one orders **une salade** it is understood that one wishes a lettuce salad.

**Un bifteck frites** is a common dish in France; **frites** here refers to **pommes frites (pommes de terre frites),** "French fries."

A **litre** (liter) equals 1.0567 quarts.

In French-speaking countries, the morning meal is called **le petit déjeuner;** the noon meal, **le déjeuner;** the evening meal, **le dîner. Le souper** refers to a meal taken later at night (after a show or a concert, for example). In French Canada, the morning meal is sometimes called **le déjeuner;** the noon meal, **le dîner;** the evening meal, **le souper.**

## PRONONCIATION

*French consonants*

The pronunciation of French consonants is simpler than the mastery of French vowels because many of the consonants are almost identical to corresponding English consonants. The phonetic symbols pose little difficulty, since most of them are like letters with which you are already familiar; for example: /b/, /m/, /n/, /f/, and /v/.

*French consonants* /ʃ/ and ʒ/ are new symbols. They are like the English sounds of **sh**ip and *plea**s**ure*.
/ʃ/, /ʒ/, *and* /g/ You may recognize /ʃ/ from the French spelling *ch*; /ʒ/ in French spelling may be
*j, ge,* or *gi; g* followed by *a, o,* or *u* is /g/ as in **g**arçon.

1. Pronounce the following words containing /ʃ/, /ʒ/, and /g/: **ch**aud, **Ch**arles, *ça*
*mar**ch**e, four**ch**ette;* **j**e, **J**eanne, **j**ambon, au**j**ourd'hui, rou**g**e, nei**g**e, bon**j**our; **g**arçon,
**g**arage, à **g**auche, an**g**lais.

2. /ʒ/ or /g/? Repeat the following words using /ʒ/ or /g/ appropriately: *il nei**g**e,*
*man**g**eons, **g**arage, **j**ambon, **g**arçon, **g**omme.*

*French consonants* The French consonants /t/, /d/, and /n/ correspond to the English consonants *t, d,*
/t/, /d/, *and* /n/ and *n*; however, there is a major difference in sound. In English, the tip of the
tongue is placed on the ridge behind the upper front teeth (the alveolar ridge). In
French, the tongue should be placed, not on the alveolar ridge, but further forward
behind the upper front teeth.

Pronounce the following words which contain /t/, /d/, and /n/: **t**able, **t**errasse, **t**rès,
**t**omates, appor**t**ez, bif**t**eck, caro**tt**es; **d**eux, **d**es, **d**u, **d**ouze, ma**d**emoiselle, étu**d**iant, il **d**ésire;
**n**ous, **n**os livres, **n**otre stylo, **n**euf, vous pre**n**ez, mi**n**érale, u**n**e.

*Liaison* In French, the final consonants in most words are silent. Sometimes, however,
the final consonant, normally silent, is pronounced, or linked, with the initial
vowel of a following word. Final *x* and *s* are linked as /z/. Final *d* is /t/ when
linked. This phenomenon, as you have learned, is called liaison. But liaison does
not always occur when a final consonant is followed by a vowel sound. There are
certain cases where liaison always takes place, other cases where it is optional,
and still others where liaison should never occur.

*Cases in which liaison usually occurs*

Between an article and a noun: *un‿enfant*
Between an article and an adjective: *un‿autre garçon*
Between an adjective and a noun when the adjective precedes: *un bon‿hôtel*
Between a pronoun subject and a verb: *nous‿allons*
Between a verb and a subject pronoun: *vient-elle? prend-elle?*
In certain fixed idiomatic expressions: *Comment‿allez-vous?*
Between monosyllabic prepositions and nouns: *en‿hiver; dans‿une heure*

On page 276 you will find cases in which liaison never occurs.

1. Pronounce the following phrases and make the liaison as indicated.

Between article and noun: *les‿hôtels, un‿hôtel, des‿enfants, les‿églises, un‿étudiant*

Between article and adjective: *un‿autre hôtel, les‿autres stylos, un‿autre enfant,*
*aux‿autres garçons*

Between adjective and noun when the adjective precedes: *cet_hôtel, son_argent, ces_enfants, mes_amis, nos_amis, leurs_étudiants, ses_enfants, leurs_églises, vos_enfants*

Between pronoun subject and verb: *nous_avons, ils_ont, vous_avez, vous_allez, nous_habitons, vous_habitez, on_habite*

Between verb and pronoun subject: *ont_ils, vont-elles, a-t-elle, a-t-il*

2. Pronounce the following sentences. Make the liaison as indicated.

Comment_allez-vous?     Vous_avez cinq francs, n'est-ce pas?
Nous_allons à Nice demain.     Quelle heure est-il?
Vont-ils à Bordeaux?     Les_hôtels sont modernes.
Il neige tant ici en_hiver.     Les_autres_hôtels sont loin d'ici.
Il commence à six_heures.     Tout_est bien.

NOTE: Do not link the *t* of *et* (and). Do not make the liaison before the word *haricots* or *hors-d'œuvre*, which have the so-called aspirate *h*.

Donnez-mois des haricots et des hors-d'œuvre.
Donnez-moi un stylo et un livre.

## EXPLICATIONS ET EXERCICES

*The irregular verbs* vouloir *(to want) and* pouvoir *(to be able)*

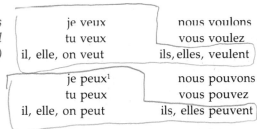

| je veux | nous voulons |
| tu veux | vous voulez |
| il, elle, on veut | ils, elles, veulent |

| je peux[1] | nous pouvons |
| tu peux | vous pouvez |
| il, elle, on peut | ils, elles peuvent |

*Vouloir* and *pouvoir*, like *venir* and *prendre* (*comprendre, apprendre*), are three-stem verbs in the present tense. These stems are:

singular stems: *veu-, peu-*
third person plural stems: *veul-, peuv-*
nous-vous stems: *voul-, pouv-*

**a. Il veut venir, mais il ne peut pas. Répondez selon le modèle donné.**

MODÈLE:   Robert vient?
           Il veut venir, mais il ne peut pas.

[1] Two verb forms are used with *je* in the present: *je peux* and *je puis* /pɥi/. *Je peux* is the more common. The expression *puis-je* /pɥiʒ/ (may I, can I) is used frequently but is formal.

1. Chantal vient?
2. Vous venez? (Nous)
3. Tu viens?
4. Tes amis viennent?

b. **Non! Répondez selon le modèle donné.**

MODÈLE:  Nathalie va travailler?
Non, elle ne peut pas travailler ce soir.

1. Jean va travailler?
2. Vous allez travailler? (nous)
3. Tu vas aller au cinéma?
4. Je vais regarder la télévision? (tu)
5. Tes camarades vont regarder la télévision?
6. Nous allons aller au cinéma? (vous)

c. **Ce livre-ci ou ce livre-là? Répondez selon le modèle donné.**

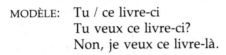

MODÈLE:  Tu / ce livre-ci
Tu veux ce livre-ci?
Non, je veux ce livre-là.

1. Tu / ce stylo-ci
2. Vous / cet hôtel-ci
3. Vos parents / cette maison-ci
4. Pierre / ces cahiers-ci

*The partitive (some, any)*

The partitive (some, any) is formed by combining *de* with the definite article (*le, la, l', les*).

1. *Du* is used before masculine singular nouns when the following word begins with a consonant.

    du pain    *some bread*

2. *De la* is used before feminine singular nouns when the following word begins with a consonant.

    de la salade    *some salad*

3. *De l'* is used before masculine or feminine singular nouns when the following word begins with a vowel sound.

    de l'eau    *some water*

4. *Des* is used before all plural nouns.

>| des livres | *some books* |
>| des amis | *some friends* |

Liaison occurs with *des* when the following word begins with a vowel sound.

des hôtels /de·zo·tɛl/

Often the partitive (some) is implied in English but not stated. It is always stated in corresponding cases in French. Compare the following two sentences:

("Some salad" is implied.)
Marie apporte *de la* salade.     *Marie is bringing salad.*

Note that the singular forms of "some" (*du, de la, de l'*) are used with noncount or mass nouns (*du beurre*, some butter; *de l'essence*, some gasoline; *de la soupe*, some soup). The plural form of "some" (*des*) is used before plural count nouns, (*des cahiers*, some notebooks; *des enfants*, some children). *Un, une* are the indefinite markers before singular count nouns (*un cahier, une serviette*).

*Comparison of the definite article and the partitive*

Aside from signaling the specific meaning "the," the definite article may be used in French to designate nouns used in a general sense. In English, the article is usually omitted with nouns used abstractly, or in a general sense. The definite article is not omitted in French in such instances. Consider the following:

*La* patience est une vertu.   *Patience is a virtue.* (no article before abstract noun "patience")

J'aime *les* haricots verts.   *I like green beans.* (no article before "green beans" used in a general sense).

*L'*homme est mortel.   *Man is mortal.* (no article before "man" used in a general sense)

Nouns used in a general sense (requiring the definite article in French) are not to be confused with nouns used in a partitive sense. Use the definite article, not the partitive, with the verbs *aimer, préférer,* and *détester*; with these verbs, a general, not a partitive sense, is conveyed. Compare:

Il aime le café.     *He likes coffee.*
("All coffee" not "some"; "coffee" is used in a general sense.)

Donnez-moi du café.     *Give me coffee.*
("Some coffee" is implied even if not stated in English.)

*French menu (sign),*
*Avignon*
*(Peter Menzel)*

Je déteste les haricots verts.     *I hate green beans.*
("All green beans" not "some"; "green beans" is used in a general sense.)

Le garçon apporte des haricots verts.     *The waiter is bringing green beans.*
("Some green beans" is implied even if not stated in English.)

Elle préfère le rosbif.     *She prefers roast beef.*
("All roast beef" not "some"; "roast beef" is used in a general sense.)

**a.   Qu'est-ce que vous voulez? Formez des phrases selon le modèle donné.**

MODÈLE:   Je / du rôti de veau / des haricots verts / de la bière
               Je veux du rôti de veau, des haricots verts et de la bière.

1.   Je / du fromage / du pain / du vin rouge
2.   René / de la soupe / de la salade / de l'eau minérale
3.   Nous / du rosbif / des pommes frites / des carottes / de l'eau

b.   **Voulez-vous \_\_\_\_\_? Posez des questions selon le modèle donné.**

MODÈLE:   Je n'aime pas le thé. (café)
          Voulez-vous du café, alors?

1.   Je n'aime pas le rôti de veau. (rosbif)
2.   Je n'aime pas le poivre. (sel)
3.   Je n'aime pas les haricots verts. (carottes)
4.   Je n'aime pas l'eau minérale. (bière)
5.   Je n'aime pas le lait. (eau)
6.   Je n'aime pas les tomates. (pommes frites)
7.   Je n'aime pas la viande. (soupe)
8.   Je n'aime pas le vin. (eau minérale)

c.   **Je déteste \_\_\_\_\_. Je préfère \_\_\_\_\_. Répondez selon les modèles donnés.**

MODÈLE:   Voulez-vous de la bière?
          Non, je déteste la bière.

1.   Voulez-vous du thé?               4.   Voulez-vous du fromage?
2.   Voulez-vous des haricots verts?   5.   Voulez-vous de la salade?
3.   Voulez-vous de l'eau minérale?    6.   Voulez-vous des carottes?

MODÈLE:   Voulez-vous du thé? (café)
          Non, je préfère le café.

7.    Voulez-vous de l'eau minérale? (bière)
8.    Voulez-vous du jambon? (poulet)
9.    Voulez-vous des tomates? (haricots verts)
10.   Voulez-vous du vin blanc? (lait)

*Exceptions to the rule for using the partitive*   The partitive forms and the indefinite articles (*du, de la, de l', des, un, une*) normally reduce to the form *de* after negative expressions such as *ne ... pas* and *ne ... plus* (no more, no longer). When followed by a word beginning with a vowel sound, *de* becomes *d'*. At normal conversational speed, the *e* of *de* is dropped from pronunciation. Thus, *pas de* as in *pas de pain* is pronounced /pɑd/.

| | |
|---|---|
| J'ai du pain. | *I have some bread.* |
| Je n'ai pas de pain. | *I don't have any bread.* |
| Je n'ai plus de pain. | *I don't have any more bread.* |
| Tu as une chaise. | *You have a chair.* |
| Tu n'as pas de chaise. | *You don't have a chair.* |
| J'ai des amis. | *I have some friends.* |
| Je n'ai pas d'amis. | *I have no friends.* |

After expressions of quantity such as *un litre, un verre* (a glass), *une douzaine* (a dozen), *beaucoup* (a lot, much, many), *assez* (enough), *un peu* (a little), *trop* (too much, too many), and *combien* (how much, how many), the partitive becomes *de*. *De* when followed by a vowel sound becomes *d'*.

| | |
|---|---|
| Apportez-nous du vin rouge. | *Bring us some red wine.* |
| Apportez-nous un litre de vin rouge. | *Bring us a liter of red wine.* |
| Marie apporte de l'eau. | *Mary is bringing some water.* |
| Marie apporte un peu d'eau. | *Mary is bringing a little water.* |

Two other expressions of quantity are *quelques* and *plusieurs*.

| | |
|---|---|
| quelques livres | *a few books* |
| quelques‿amis | *a few friends* |
| plusieurs livres | *several books* |
| plusieurs‿amis | *several friends* |

*Quelques* and *plusieurs* have the same forms for both masculine and feminine nouns. They are used with plural nouns. Note that *plusieurs* and *quelques* do not require the partitive forms. Compare:

| | | |
|---|---|---|
| | beaucoup de livres | *a lot of (many) books* |
| | assez de livres | *enough books* |
| BUT: | plusieurs livres | *several books* |
| | quelques livres | *a few books* |

*Plusieurs* and *quelques* are used only with count nouns, that is, nouns that may be counted.

| | |
|---|---|
| plusieurs étudiants | *several students* |
| quelques étudiants | *a few students* |

*Beaucoup de, assez de, trop de,* and *combien de* may be used with count nouns and noncount (mass) nouns.

| | |
|---|---|
| beaucoup de beurre | *much (a lot of) butter* |
| beaucoup de livres | *many (a lot of) books* |
| assez de pain | *enough bread* |
| assez de livres | *enough books* |

*Un peu de* (a little . . .) is used only with noncount nouns.

| | |
|---|---|
| un peu de lait | *a little milk* |
| un peu de vin blanc | *a little white wine* |

Note the difference between *quelques* (a few), which is used only with count nouns, and *un peu de* (a little), which is used only with noncount nouns. Compare:

| | |
|---|---|
| quelques livres | *a few books* |
| un peu de sucre | *a little sugar* |

**a.   Répondez selon les modèles donnés.**

MODÈLE:   Je voudrais du rosbif, s'il vous plaît.
Je n'ai pas de rosbif aujourd'hui.

1.   Je voudrais du jambon.       3.   Je voudrais des pommes frites.
2.   Je voudrais de la soupe.     4.   Je voudrais une côtelette de veau.

MODÈLE:   Apportez-moi du thé, s'il vous plaît.
Je suis désolé(e), mais nous n'avons plus de thé.

5.   Apportez-moi du café, s'il vous plaît.
6.   Apportez-moi de la bière, s'il vous plaît.
7.   Apportez-moi de l'eau minérale, s'il vous plaît.
8.   Apportez-moi des tomates, s'il vous plaît.

MODÈLE:   Avez-vous des livres? (beaucoup)
Oui, j'ai beaucoup de livres.

9.    Avez-vous des amis? (beaucoup)
10.   Avez-vous de l'argent? (beaucoup)
11.   Avez-vous de l'eau minérale? (assez)
12.   Avez-vous de la salade? (assez)
13.   Avez-vous de la bière? (un peu)
14.   Avez-vous du fromage? (un peu)
15.   Avez-vous du rosbif? (trop)
16.   Avez-vous du sucre? (trop)
17.   Avez-vous du vin rouge? (une bouteille)
18.   Avez-vous du vin blanc? (une bouteille)

**b.   Répondez aux questions suivantes selon les modèles donnés.**

MODÈLE:   Y a-t-il des étudiants ici? (plusieurs)
Oui, il y a plusieurs étudiants ici.

1.   Y a-t-il des restaurants ici? (plusieurs)
2.   Est-ce qu'il y a des cinémas ici? (plusieurs)
3.   Y a-t-il des musées ici? (quelques)
4.   Est-ce qu'il y a des hôtels derrière la gare? (quelques)

MODÈLE:   Est-ce qu'il y a un restaurant ici?
Non, il n'y a pas de restaurant ici.

5.   Y a-t-il un hôtel ici?
6.   Y a-t-il une pharmacie ici?
7.   Est-ce qu'il y a un bureau de poste ici?

8. Est-ce qu'il y a un cinéma ici?
9. Y a-t-il une banque ici?

c. **Répondez aux questions suivantes en employant « un peu de » ou « quelques », selon le cas.**

MODÈLE:  Avez-vous du pain?
            J'ai un peu de pain.
            Avez-vous des livres?
            J'ai quelques livres.

1. Avez-vous de l'eau?
2. Avez-vous des livres?
3. Paul a des amis, n'est-ce pas?
4. As-tu de la salade?
5. As-tu du beurre?
6. Ils ont des crayons, n'est-ce pas?

d. **Causerie. Vous êtes au restaurant. Commandez votre repas.**

## LECTURE

*Vocabulaire*  **un crème**  un café avec de la crème ou du lait. Garçon, apportez-moi *un crème*, s'il vous plaît.
**cela ne fait rien**  cela n'a pas d'importance.
    —Nous n'avons plus de rosbif.
    —Oh, *cela ne fait rien.*
**autre chose**  quelque chose d'autre. Je ne veux pas de bière. Je vais prendre *autre chose.*
**parfait**  ici, très bien.
    —Allons au cinéma.
    —*Parfait.*
**être en colère**  être irrité, -e. Attention. Le professeur *est* très *en colère* aujourd'hui.
**patron, patronne** *m. and f.*  propriétaire. M. Dubois est *patron* de ce café; Mme Dubois est la *patronne.*
**vers**  dans la direction de. Voilà Paul. Il va *vers* le bureau de poste.
**être fâché, -e**  être en colère; être irrité, -e. Ne parlez pas à Jacqueline; elle *est* très *fâchée.*

### EXERCICES DE VOCABULAIRE

a. **En employant des mots du Vocabulaire, complétez les phrases suivantes.**

1. Si vous allez dans la direction de la gare, vous allez _____ la gare.

*Man eating alone
in woods in Bretagne*
(Guy Le Querrec/
Magnum)

2. Donnez-moi une tasse de café avec du lait, c'est-à-dire donnez-
   moi _____.
3. Le propriétaire d'un café est _____.
4. —Je regrette, mais je ne peux pas venir ce soir. — _____.

**b. Répondez selon les modèles donnés.**

MODÈLE:  Tu prends du café?
         Non, je vais prendre autre chose.

1. Yvette prend de la bière?        3. Les camarades prennent du thé?
2. Vous prenez du whisky?           4. Jean-Jacques prend du vin rouge?
   (Non, nous...)                   5. Tu prends un chocolat?

MODÈLE:  Le patron est en colère?
         Oui. Il est très fâché.

6. La patronne est en colère?       8. Les autres sont en colère?
7. Vous êtes en colère? (Oui, nous...)  9. Tu es en colère?

# Les Croissants

Fernand entre dans le café.

FERNAND: —Garçon, s'il vous plaît, apportez-moi un crème, avec deux croissants.

**croissant** *petit pain au beurre*

LE GARÇON: —Je suis désolé, monsieur, mais nous n'avons plus de croissants.

FERNAND: —Bon, cela ne fait rien. Voyons, vous avez du thé?

LE GARÇON: —Oui, monsieur.

FERNAND: —Eh bien alors, apportez-moi un thé... avec deux croissants...!

LE GARÇON: —Monsieur, je vous dis, nous n'avons plus de croissants!

FERNAND: —C'est bien. Je ne suis pas difficile, et s'il n'y a plus de croissants, je vais prendre autre chose.... Je ne sais pas, moi.... Si vous avez du chocolat, je vais prendre un chocolat. Vous avez du chocolat?

LE GARÇON: —Oui, monsieur.

FERNAND: —Parfait. Apportez-moi donc un chocolat.... Humm... avec deux croissants...!

LE GARÇON, très en colère: —Je vous dis, monsieur: IL N'Y A PLUS DE CROISSANTS!

Le patron du café regarde la scène depuis quelques instants. Il vient vers le monsieur; le patron est aussi très fâché.

LE PATRON: —Monsieur! IL N'Y A PLUS DE CROISSANTS! Comprenez-vous? PLUS — DE — CROIS-SANTS!

(Il dit alors au garçon):

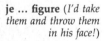

**je ... figure** (*I'd take them and throw them in his face!*)

—Garçon, vous avez de la patience! A votre place, moi, les croissants, je les prendrais et lui jetterais à la figure!...

(raconté par Fernand Raynaud)

## QUESTIONNAIRE SUR LA LECTURE

1. Où Fernand entre-t-il?
2. Que demande-t-il au garçon?
3. Y a-t-il des croissants?
4. Quelles boissons Fernand aime-t-il?
5. Que demande-t-il au garçon?
6. Le garçon est-il en colère?
7. Qui regarde la scène?
8. Que fait le patron et que dit-il à Fernand?
9. Que dit-il au garçon?
10. Alors, y a-t-il ou n'y a-t-il pas de croissants?
11. Que prenez-vous d'ordinaire au petit déjeuner?

# Septième Leçon

## À LA GARE

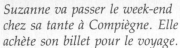

Suzanne va passer le week-end chez sa tante à Compiègne. Elle achète son billet pour le voyage.

SUZANNE
Quand part le prochain train pour Compiègne?

L'EMPLOYÉ
A quinze heures précises du quai trois.

SUZANNE
Bon. Donnez-moi un aller et retour.

L'EMPLOYÉ
Première ou deuxième classe, mademoiselle?

**SUZANNE**
Deuxième classe, s'il vous plaît.

*Paul arrive. Il vient dire au revoir à Suzanne.*

**SUZANNE**
Tu as ton billet de quai?
**PAUL**
Oui, je l'ai.

**SUZANNE**
Et les fleurs pour Tante Alice?
**PAUL**
Je les ai aussi.
**SUZANNE**
Oh, des roses jaunes. Qu'elles sont belles! Merci bien, Paul.

*Les nombres ordinaux*

| | | | |
|---|---|---|---|
| (1) | premier (*m.*) | (10) | dixième |
| | première (*f.*) | (11) | onzième |
| (2) | deuxième | (12) | douzième |
| (3) | troisième | (20) | vingtième |
| (4) | quatrième | (21) | vingt et unième |
| (5) | cinquième | (22) | vingt-deuxième |
| (6) | sixième | (30) | trentième |
| (7) | septième | (31) | trente et unième |
| (8) | huitième | (32) | trente-deuxième |
| (9) | neuvième | | |

*Les couleurs*

En été, quand il fait beau, le ciel est bleu, le soleil est jaune et l'arbre devant ma maison est vert.

A minuit, le ciel est noir et la lune est blanche.

En automne, les arbres sont jaunes, oranges et rouges.

En hiver, ils sont bruns. S'il neige, le ciel est gris.

rouge + blanc = rose
rouge + bleu = violet

Notez:

| | |
|---|---|
| un arbre vert | une plante verte |
| un sac brun | une serviette brune |
| un mur blanc | une table blanche |
| un vase rouge | une fleur rouge |
| un stylo violet | une chaise violette |

**a.  C'est vrai. C'est faux. Corrigez les phrases fausses.**

1. Je passe le jeudi et le vendredi chez mes parents. C'est le week-end que je passe chez moi.
2. Le train part à quinze heures précises. J'arrive à trois heures moins dix de l'après-midi. Je suis en retard.
3. J'ai mon billet de quai. Je peux donc aller dire au revoir à Janine qui part par le train pour Bordeaux ce soir.
4. Les roses sont vertes.
5. Mardi est le deuxième jour de la semaine.
6. Samedi est le cinquième jour de la semaine.
7. Janvier est le premier jour de la semaine.
8. Juin est le sixième mois de l'année.
9. La neige est blanche.
10. Votre livre est bleu.
11. Votre sac est rouge.
12. Votre auto est noire.
13. Vos cahiers sont jaunes.
14. Quand il fait mauvais, le ciel est gris.

**b.  Répondez selon les modèles donnés.**

MODÈLE:  Le train de Marseille est-il à l'heure? (Non,... en retard)
          Non, il est en retard.

1. Le train de Strasbourg est-il à l'heure? (Non,... en avance)
2. Le train de Paris est-il à l'heure? (Oui,... en gare)
3. Le train de Lyon est-il à l'heure? (Non,... en retard)
4. Le train de Bordeaux est-il à l'heure? (Oui)

MODÈLE:  Quand part le train pour Nice? (quatre heures précises)
          Il part à quatre heures précises.

5. Quand part le train pour Compiègne? (trois heures précises)
6. Quand part le train pour Strasbourg? (seize heures précises)
7. Quand part le train pour Poitiers? (six heures précises)

c. **Complétez selon le modèle donné.**

MODÈLE: Mardi…
Mardi est le deuxième jour de la semaine.
Mars…
Mars est le troisième mois de l'année.

1. Lundi…
2. Jeudi…
3. Samedi…
4. Mercredi…
5. Dimanche…
6. Mai…
7. Août…
8. Février…
9. Septembre…
10. Novembre…

d. **Les associations. Quelle est votre opinion? De quelle couleur est:**

1. le froid?
2. la jalousie?
3. la joie?
4. l'envie (f.)?
5. la colère?
6. la tendresse?
7. la pureté?
8. le pessimisme?
9. la monotonie?
10. l'amour (m.)?
11. la haine? (La haine est le contraire de l'amour.)
12. la chaleur? (La chaleur est le contraire du froid.)

e. **Les voyelles et les couleurs.** In a poem entitled *Voyelles,* the French poet Arthur Rimbaud (1854–1891) associated colors with the French vowels. **Quelle est votre opinion? Quelle couleur correspond à la voyelle:**

1. A?    2. E?    3. I?    4. U?    5. O?

(Voilà les réponses du poète: A noir, E blanc, I rouge, U vert, O bleu.)

## COMMENTAIRES CULTURELS

**Compiègne,** which is 47 miles from Paris, is well known for its palace and forest. Joan of Arc was captured at Compiègne in 1430 by the Burgundians.

There are two classes of travel on a French train. The first class costs more, and there is room for six in a compartment. Some modern trains have American-style cars. The seats are upholstered. The second-class compartments are not so comfortable and accommodate eight people. Because the second-class cars are less expensive, they are often filled, and people sometimes stand in the corridors. The first-class compartments are rarely full. New train designs make the second-class compartments quite comfortable. There is a smoker and a nonsmoker section in each car.

*Château de Compiègne*
(French Embassy Press
and Information
Division)

A car on a French train has a long hall on one side and on the other side a series of rooms or compartments with two seats facing each other. There is space for three or four people on each seat, depending on the class. Each compartment can be closed off from the hall by a sliding glass door. There are blinds that can be drawn at night to close off the compartment.

The railroad ticket must be shown to the gatekeeper and punched by him before the bearer enters the train area. It is shown to the ticket taker on the train, and then given at the place of destination to the gatekeeper when the passenger leaves the train area. If a passenger has misplaced or lost the ticket, he or she must buy another.

A platform ticket **(billet de quai)** is usually required of every person who goes past the gatekeeper into the train area to wait for trains with friends. It costs very little.

There is a new French train which has set the world record of 238 m.p.h. This train, known as the **TGV (train à grande vitesse** or "high-speed train"), makes a run between Paris and Lyon at a cruising speed of 165 m.p.h. On the **TGV,** an on-board computer picks up messages from laser beams along the track for traffic information up to six miles ahead. Only four people are needed to staff the entire train of 386 passengers: an engineer, a conductor, and two service people.

## PRONONCIATION

*French consonants*
*/p/, /t/, /k/*

These consonants are similar to the corresponding English sounds, but not exactly like them. In English, a puff of air is emitted after each of these sounds, as you will see if you perform this experiment. Hold a piece of paper in front of your mouth; say "pat," "tooth," "coop." Note that the paper moves. In pronouncing the French /p/, /t/, and /k/, the puff of air characteristic of the English sounds must be avoided. In English, /p/, /t/, and /k/ are not aspirated after the sound /s/. Try the experiment described above. Say "span," "steak," "scare." You will note that the paper doesn't move or only moves slightly. Thus, if you continue to have difficulty saying /p/, /t/, /k/ without aspiration, it may be helpful to first say /s/ before words beginning with these consonants; then say the words without /s/, and without aspiration (/s/ *Paul* /spɔl/, *Paul*; /s/ *temps* /stɑ̃/, *temps*; /s/ *quand* /skɑ̃/, *quand*). Remember that /t/ is pronounced with the tongue behind the upper front teeth, not on the alveolar ridge (upper teeth ridge), as in English.

1. Repeat and contrast the words in the following word pairs. In the words beginning with /p/, say /p/ without a breathy puff of air as /b/ is pronounced without a puff of air: b*ar*, p*ar*; b*ol*, P*aul*; b*as*, p*as*; b*ain*, p*ain*; b*oule*, p*oule*.
2. Repeat and contrast words beginning with /d/ and /t/. In the words beginning with /t/, say /t/ without a breathy puff of air as /d/ is pronounced without a puff of air: d*ans*, t*emps*; d*es*, t*es*; d*u*, t*u*; d*oux*, t*out*; d*on*, t*on*.
3. Repeat and contrast words beginning with /g/ and /k/. In the words beginning with /k/, say /k/ without a breathy puff of air as /g/ is pronounced without a puff of air: g*ant*, q*uand*; g*ai*, q*uai*; g*are*, c*ar*; g*uy*, q*ui*; g*omme*, c*omme*.

*Consonant release in final position*
In the final position, consonants in English are usually not released. In French, take care to release (explode) final consonants. Consonant release is especially important since a consonant in the final position may signal grammatical differences. Compare *il vient* /ilvjɛ̃/ and *ils viennent* /ilvjɛn/. The distinct release of /n/ in the plural form communicates the plural meaning.

Pronounce and contrast words ending in vowel sounds (no consonant release) and those ending in consonants (consonant release): *il suit, ils suivent; vert, verte; gris, grise; il vient, ils vie*nn*ent; il veut, ils veulent; il part, ils partent; tout, toute.*

*Intonation patterns for questions*
If the question begins with *est-ce que* or inversion or if it has the form of a declarative sentence, the intonation usually rises.

If the question begins with an interrogative word such as *comment, quand, à quelle heure,* the intonation usually descends in pitch at the end of the utterance.

1.  Pronounce the following questions with rising intonation.

    > Parlez-vous français?
    > Etes-vous américain, monsieur?
    > Est-ce que vous allez à la conférence cet après-midi?
    > Tu vas à Compiègne?

2.  Repeat the following questions with descending intonation.

    > Comment va Suzanne aujourd'hui?
    > Où habitez-vous?
    > Que prenez-vous comme boisson?
    > A quelle heure part le prochain train pour Paris?

3.  Rising or descending intonation? Say the following sentences using appropriate intonation.

    > Vont-ils à Rome?
    > Quand partent-ils?
    > Pourquoi ne viennent-elles pas?
    > Maman arrive ce soir?
    > Est-ce que David travaille?

## EXPLICATIONS ET EXERCICES

*Verbs like* partir (*to leave, to go away*)

| | |
|---|---|
| je par\|s | nous part\|ons |
| tu par\|s | vous part\|ez |
| il, elle, on par\|t | ils, elles part\|ent |

*Mentir* (to lie, to tell a lie), *sentir* (to smell, to feel), *sortir* (to leave, to go out), *servir* (to serve), *dormir* (to sleep) are conjugated like *partir*. The final consonant before the infinitive ending (*-ir*) is written and pronounced in the plural forms but not in the singular forms.

| Infinitive | Plural | | Singular | |
|---|---|---|---|---|
| partir | ils partent | /part/ | il part[1] | /par/ |
| dormir | vous dormez | /dɔrme/ | tu dors | /dɔr/ |
| servir | nous servons | /sɛrvɔ̃/ | je sers | /sɛr/ |

a.  **Formez des phrases selon les modèles donnés.**

MODÈLE:   Nous / Tours / ce soir
          Nous allons à Tours. Nous partons ce soir.

---

[1] The *t* in this form is the ending and not the last consonant of the stem.

1. Leurs amis / Rennes / 10 h[1] 10
2. Vous / Bordeaux / 23 h 18
3. Je / Lyon / aujourd'hui
4. Tu / Nancy / 17 h 25
5. Anne / Reims / six heures précises
6. Nous / Bruxelles / cet après-midi

b. **La fatigue. Répondez selon le modèle donné.**

MODÈLE: le bébé
Quand le bébé est fatigué, il dort.

1. je          4. les enfants
2. vous        5. tu
3. nous        6. on

c. **On est honnête. Dites « Non » aux remarques suivantes.**

MODÈLE: Anne ment!
Non! Elle ne ment pas.

1. Tu mens!
2. Jean-Jacques ment aussi!
3. Vous mentez!
4. Vos camarades mentent aussi!

d. **A quelle heure sert-on les repas? Répondez aux questions suivantes.**

1. A quelle heure servez-vous le petit déjeuner? le déjeuner? le dîner?
2. A quelle heure votre mère sert-elle les repas?
3. A quelle heure les garçons servent-ils le dîner ce soir?
4. A quelle heure servez-vous le déjeuner aujourd'hui? (Nous)

e. **Non, oui. Répondez selon le modèle donné.**

MODÈLE: Monique sort ce soir?
Non, elle ne sort pas ce soir, mais elle sort demain soir.

1. Tu sors ce soir?
2. Vous sortez ce soir? (nous)
3. Marc et Nathalie sortent ce soir?
4. Jacqueline sort ce soir?
5. Paul sort ce soir?

[1] h = heures

*Direct object pronouns le, la, l', les*

|  | Before consonants | Before vowels |  |
|---|---|---|---|
| Masculine singular | le | l' | *him, it* |
| Feminine singular | la | l' | *her, it* |
| Plural | les | les | *them* |

Elision occurs with *le* and *la* when they are followed by vowel sounds.

—Tu aimes le thé?
—Non, je *le* déteste.
—Marc *l'*aime.

Liaison occurs with *les* when followed by a vowel sound.

—Tu as les livres?
—Oui. Je les⁽ᶻ⁾ai.

The final *e* of *le* is usually dropped from pronunciation after the pronouns *je, tu, nous,* and *vous.* It is pronounced after *il, elle, ils,* and *elles.*

Je le cherche.
Nous le regardons.
BUT: Elle le cherche.
Ils le regardent.

Direct object nouns follow the verb in French; direct object pronouns precede the verb except when used with the imperative in the affirmative.[1]

| Je comprends la leçon. | *I understand the lesson.* |
|---|---|
| Je la comprends. | *I understand it.* |
| Nous cherchons Paul et Jean. | *We are looking for Paul and John.* |
| Nous les cherchons. | *We are looking for them.* |

When a verb is used with an infinitive, the direct object pronoun precedes the infinitive.

| Il veut regarder le livre. | *He wants to look at the book.* |
|---|---|
| Il veut le regarder. | *He wants to look at it.* |
| Nous allons étudier la leçon. | *We're going to study the lesson.* |
| Nous allons l'étudier. | *We're going to study it.* |

*Ne* precedes the direct object pronoun in a negative statement.

Je ne le regarde pas.     *I am not looking at him (it).*

---

[1] The following is an example of a direct object pronoun used with the imperative in the affirmative: *Apportez-le.* This use of pronouns will be studied in Lesson 19.

In questions, the direct object pronouns come immediately before the verb (in inversion or with *est-ce que*).

Est-ce que Marie l'aime?     *Does Marie like (love) him?*
Marie l'aime-t-elle?         *Does Marie like (love) him?*

*Voici* and *voilà* are preceded by the direct object pronouns.

Voici le garçon.     *Here's the boy.*
Le voici.            *Here he is.*

Voilà les maisons.   *There are the houses.*
Les voilà.           *There they are.*

**a.   Tu cherches _____? Répondez selon le modèle donné.**

MODÈLE:   L'hôtel?
          Oui, je le cherche.

1.  Le restaurant?     3.  La pharmacie?     5.  Les musées?
2.  L'université?      4.  Le café?          6.  Les autres écoles?

**b.   Un garçon difficile. Répondez selon le modèle donné.**

MODÈLE:   La bière?
          Non, il ne l'aime pas.

1.  Les carottes?     4.  Les haricots verts?
2.  Le poisson?       5.  Le vin?
3.  La salade?        6.  Le fromage?

**c.   Tu ne comprends personne.** (You don't understand anyone.) **Répondez selon le modèle donné.**

MODÈLE:   Le professeur?
          Je ne peux pas le comprendre.

1.  Oncle Robert?     3.  Tante Emilie?        5.  Tes parents?
2.  Ton ami Jean?     4.  Ton amie Suzanne?    6.  Tes camarades?

**d.   Une fille exclusive. Répondez selon le modèle donné.**

MODÈLE:   Alain?
          Non, elle ne va pas l'inviter.

1.  Georges?          3.  Claudine et Josette?    5.  Marcel?
2.  Guy et Marc?      4.  Nathalie?               6.  Nicole et Jacques?

*Mother prepares dinner
in French kitchen*
(Sybil Shelton/
Monkmeyer
Press Photo)

**e.  Où est _____? Répondez selon le modèle donné.**

MODÈLE:  Où est le livre?
            Le voilà.

1.  Où est la serviette?
2.  Où est le sac?
3.  Où sont les stylos?
4.  Où sont les cahiers?
5.  Où est la tasse?
6.  Où est le crayon?

**f.  Maman prépare _____? Posez des questions selon le modèle donné.**

MODÈLE:  Maman prépare le dîner.
            Elle le prépare maintenant?
            Est-ce qu'elle le prépare maintenant?
            Le prépare-t-elle maintenant?

1.  Maman prépare le déjeuner.
2.  Maman prépare la soupe.
3.  Maman prépare les plats.

4. Maman prépare la salade.
5. Maman prépare les tomates.
6. Maman prépare le poisson.

*Descriptive adjectives*

1. Adjectives agree in number and gender with a noun modified. In French, most adjectives follow the noun modified.

    un professeur intéressant     *an interesting professor*

2. Most adjectives become feminine by adding *e* to the masculine form.

    un livre gris     une serviette grise

3. If an adjective ends in *e* in the masculine, its feminine form remains the same.

    un crayon jaune     une chaise jaune

4. Adjectives ending in *x* change *x* to *se* in the feminine.

    un bifteck délicieux     une salade délicieuse

5. If an adjective ends in *f* in the masculine, its feminine form is *ve*.

    un garçon actif     une jeune fille active

6. Adjectives ending in *ien* in the masculine become *ienne* in the feminine.

    un étudiant italien     une étudiante italienne

7. The masculine and feminine forms *brun* /brœ̃/ and *brune* /bryn/ may be compared to *un* /œ̃/ and *une* /yn/.

    un crayon brun /brœ̃/     une porte brune /bryn/

8. The feminine of *blanc* is *blanche*.

    un stylo blanc     une maison blanche

9. Most adjectives become plural by adding *s* to the singular form.

    un livre vert       des livres verts
    une chaise verte    des chaises vertes

10. If an adjective ends in *s* or *x* in the masculine singular, its plural form remains the same.

    un livre gris         des livres gris
    un pain délicieux     des pains délicieux

    The feminine plural of adjectives ending in *eux* is *euses*.

    des salades délicieuses

11. Note the forms of adjectives ending in *al*.

un garçon amical      une jeune fille amicale
des hommes amicaux      des femmes amicales

**a. De quelle couleur? Répondez selon le modèle donné.**

MODÈLE:    Le sac est gris, et la serviette?
             Elle est grise aussi.

1. Le mur est jaune, et la porte?
2. Le garage est blanc, et la maison?
3. Le bureau est brun, et la table?
4. Le vase est vert, et la lampe?

**b. Comment est _____? Répondez selon le modèle donné.**

MODÈLE:    Anne est généreuse, et Robert?
             Il est généreux aussi.

1. Mme Dufresne est formidable, et M. Martin?
2. Janine est intéressante, et David?
3. Suzanne est active, et Yves?
4. Nathalie est ambitieuse, et Michel?
5. Julie est sympathique, et Roger?
6. Chantal est intelligente, et Olivier?
7. Anita est imaginative, et Paul?
8. La jeune fille est heureuse, et le garçon?

**c. Comment est le repas? Formez des phrases selon le modèle donné.**

MODÈLE:    La soupe / mauvais
             La soupe est mauvaise.

1. La salade / délicieux
2. Le pain / terrible

*Vallouise Dauphiné France*
(Peter Arnold)

3. La viande / excellent
4. Les haricots verts / bon
5. Les carottes / mauvais
6. Le poisson / formidable
7. Le fromage / délicieux
8. Les vins / excellent

**d. Décrivez un ami, une amie, un oncle, une tante.**

VOCABULAIRE ( = synonyme; ≠ antonyme)

gros, grosse ≠ maigre
stupide = bête (foolish)
drôle = comique ≠ sérieux, -euse
beau, belle ≠ laid, -e
heureux, -euse ≠ triste
obstiné, -e = têtu, -e
optimiste ≠ pessimiste
formidable = épatant, -e ≠ terrible
sympathique ≠ méchant, -e
agréable ≠ désagréable
travailleur, -euse ≠ paresseux, -euse
fort, -e ≠ faible
riche ≠ pauvre

généreux, -euse ≠ avare
patient, -e ≠ impatient, -e
égoïste
énergique
timide
impulsif, -ve
imaginatif, -ve
ambitieux, -euse
charmant, -e
élégant, -e
jaloux, -se
sentimental, -e

| *Adjectives which precede nouns* | Contrary to English usage, in which adjectives usually precede the nouns modified, adjectives in French generally follow the nouns modified. There are, however, a few adjectives which normally precede a modified noun. Here is a list of these. Notice that many of these adjectives are irregular in pronunciation and spelling.[1] |
|---|---|

|  | Singular | | | Plural | |
|---|---|---|---|---|---|
|  | **Masculine** Before a consonant | **Before a vowel**[2] | **Feminine** | **Masculine** | **Feminine** |
| **Adjectives pronounced the same in the masculine and the feminine** | *young* | jeune /ʒœn/ | jeune /ʒœn/ | jeune /ʒœn/ | jeunes[3] /ʒœn/ | jeunes[3] /ʒœn/ |
| | *other* | autre /otr/ | autre /otr/ | autre /otr/ | autres /otr/ | autres /otr/ |
| | *same* | même /mɛm/ | même /mɛm/ | même /mɛm/ | mêmes /mɛm/ | mêmes /mɛm/ |
| | *pretty, handsome* | joli /ʒɔli/ | joli /ʒɔli/ | jolie /ʒɔli/ | jolis /ʒɔli/ | jolies /ʒɔli/ |
| **Adjectives with final consonant pronounced in the feminine and final consonant silent in the masculine** | *bad* | mauvais /movɛ/ | mauvais /movɛz/ | mauvaise /movɛz/ | mauvais /movɛ/ | mauvaises /movɛz/ |
| | *small* | petit /pəti/ | petit /pətit/ | petite /pətit/ | petits /pəti/ | petites /pətit/ |
| | *good* | bon /bɔ̃/ | bon /bɔn/ | bonne[5] /bɔn/ | bons /bɔ̃/ | bonnes[5] /bɔn/ |
| | *big, tall* | grand /grɑ̃/ | grand /grɑ̃t/[4] | grande /grɑ̃d/ | grands /grɑ̃/ | grandes /grɑ̃d/ |
| | *long* | long /lɔ̃/ | long /lɔ̃k/[4] | longue[5] /lɔ̃g/ | longs /lɔ̃/ | longues[5] /lɔ̃g/ |
| | *nice* | gentil /ʒɑ̃ti/ | gentil /ʒɑ̃tij/ | gentille[5] /ʒɑ̃tij/ | gentils /ʒɑ̃ti/ | gentilles[5] /ʒɑ̃tij/ |
| **Adjectives with irregular forms** | *beautiful, handsome* | beau /bo/ | bel /bɛl/ | belle /bɛl/ | beaux /bo/ | belles /bɛl/ |
| | *new* | nouveau /nuvo/ | nouvel /nuvɛl/ | nouvelle /nuvɛl/ | nouveaux /nuvo/ | nouvelles /nuvɛl/ |
| | *old* | vieux /vjø/ | vieil /vjɛj/ | vieille /vjɛj/ | vieux /vjø/ | vieilles /vjɛj/ |

[1] In addition to the adjectives listed, note that ordinal numbers (*premier*, *deuxième*, for example) also precede the noun modified.
[2] Please be aware of proper syllable division of these adjectives when followed by words beginning with a vowel sound: *jeune homme* /ʒœ·nɔm/, *autre enfant* /o·trɑ̃·fɑ̃/, *grand enfant* /grɑ̃·tɑ̃·fɑ̃/, *bel hôtel* /bɛ·lo·tɛl/.
[3] Liaison occurs when the plural adjectives are followed by vowel sounds: *de beaux‿hôtels, les autres‿étudiants*.
[4] Note the special pronunciation of *grand* and *long* in liaison.
[5] Be aware of the spelling irregularities in these forms.

a. **Les adjectifs opposés. Formez des phrases selon le modèle donné.**

MODÈLE:  La dame / beau / le monsieur
La dame est belle, mais le monsieur est laid.

1. Le vase / laid / les fleurs
2. Le pain / mauvais / la soupe
3. Jacqueline / petit / Monique
4. Les haricots verts / bon / la salade
5. La table / beau / la lampe
6. Les filles / grand / les enfants

b. **Vous êtes d'accord.** Agree with the following remarks. **Répondez selon le modèle donné.**

MODÈLE:  Le garçon est gentil.
En effet, c'est un gentil garçon.

1. La fille est gentille.
2. L'enfant est gentil.
3. L'avenue est longue.
4. Le boulevard est long.
5. L'appartement est nouveau.
6. L'église est nouvelle.
7. La femme est jolie.
8. L'homme est jeune.
9. La maison est vieille.
10. L'hôtel est vieux.
11. Le restaurant est vieux.
12. La dame est belle.
13. Le monsieur est beau.
14. L'enfant est beau.

c. **Commentez sur les différents plats et boissons.**

MODÈLE:  Le vin est bon.
C'est vrai. C'est un bon vin.

1. Le poisson est beau.
2. La salade est délicieuse.
3. Le fromage est excellent.
4. La soupe est mauvaise.
5. Le poulet est joli.
6. Le rosbif est formidable.
7. La bière est terrible.

**d. Répondez aux phrases suivantes selon les modèles donnés.**

MODÈLES:  La leçon est importante.
En effet, c'est une leçon importante.
La valise est jolie.
En effet, c'est une jolie valise.

1. La jeune fille est sympathique.
2. Le garçon est intéressant.
3. La jeune fille est jolie.
4. Le garçon est petit.
5. La soupe est bonne.
6. L'étudiant est gentil.
7. La salade est délicieuse.
8. Le livre est intéressant.
9. Le professeur est bon.
10. La jeune fille est active.

**e. Comment sont les personnes que vous aimez? Répondez selon le modèle donné.**

MODÈLE:  Comment sont tes camarades? (formidable)
J'ai des camarades formidables.

1. Comment sont tes amis? (épatant)
2. Comment sont tes professeurs? (intelligent)
3. Comment sont tes parents? (bon)
4. Comment sont tes oncles? (sympathique)
5. Comment sont tes tantes? (très joli)

## LECTURE

*Vocabulaire*  **départ** *m.*  Le train part à cinq heures; le *départ* est à cinq heures.
**difficile** ≠ facile. Si j'étudie maintenant les dernières leçons de mon livre, je ne les comprends pas; elles sont trop *difficiles* pour moi.
**vedette** *f.*  acteur ou actrice célèbre. Brigitte Bardot et Steve McQueen sont des *vedettes.*
**raconter**  dire, rapporter une scène, une histoire. Le professeur *raconte* aux étudiants l'histoire de Jeanne d'Arc.

**guichet** *m.*  Voilà un guichet:
J'achète mon billet au *guichet*; ensuite, je vais sur le quai prendre le train.

[1] SNCF = Syndicat National des Chemins de Fer (National Syndicate of Railroads).

**acheter**[2]  Avec six mille dollars, on peut *acheter* une nouvelle auto.

**à peu près**  approximativement. Il y a *à peu près* trente étudiants dans la classe.

**vite**  rapidement. Cet homme parle très *vite*.

**voyageur, -euse** *m. and f.*  personne qui voyage. Les *voyageurs* ne peuvent pas partir ce soir.

**fou, folle** ≠ raisonnable. Cet homme ne sait pas ce qu'il fait. Il est complètement *fou*.

**journée** *f.*  le temps entre le matin et le soir; un jour marqué d'un événement important. A la fin de la *journée*, il est fatigué.

**en avoir assez**  Je mange des haricots verts midi et soir du lundi au samedi; j'*en ai assez*. Je voudrais manger autre chose!

*Structure à noter*    Study the use of *pour* with a noun and with an infinitive.

| | |
|---|---|
| Il achète le livre pour Jean. | *He's buying the book for John.* |
| Il va au guichet pour acheter son billet. | *He's going to the ticket window to (in order to) buy his ticket.* |

**EXERCICES DE VOCABULAIRE**

**a.  Répondez selon les modèles donnés.**

MODÈLE:    Pourquoi va-t-on au guichet?
            On va au guichet pour acheter un billet.

1.  Pourquoi va-t-on au restaurant?
2.  Pourquoi va-t-on à la librairie?
3.  Pourquoi va-t-on à l'université?

MODÈLE:    Cet homme ne comprend rien.
            C'est vrai. Il est complètement fou.

4.  Cette fille ne comprend rien.
5.  Ces messieurs ne comprennent rien.
6.  Ces dames ne comprennent rien.

MODÈLE:    Le patron est très fâché?
            Oui. Il en a assez.

7.  Tu es très fâché(e)?
8.  Vous êtes très fâchés? (Nous...)

---

[2] *Acheter* has regular *-er* verb endings, but it has the following changes in the stem: *j'achète* /aʃɛt/, *tu achètes* /aʃɛt/, *il, elle, on achète* /aʃɛt/, *nous achetons* /aʃtɔ̃/, *vous achetez* /aʃte/, *ils, elles achètent* /aʃɛt/.

9.  Janine est très fâchée?
10.  Vos amis sont très fâchés?

b.  **Trouvez des synonymes pour les mots en italique.**

1.  Vous mangez trop *rapidement*.
2.  Il y a *approximativement* cent personnes ici ce soir.

c.  **En employant des mots du *Vocabulaire*, complétez les phrases suivantes.**

1.  Catherine Deneuve est une grande _____ du cinéma français.
2.  Comment avez-vous passé la _____?
3.  Cette leçon est trop _____. Je ne la comprends pas.
4.  Nous partons demain matin. Le _____ est fixé à 7 h 35.
5.  Je ne peux pas trouver de place. Il y a trop de _____ ce matin.
6.  Chaque soir ma mère _____ une histoire à mon petit frère.

# Un Départ difficile

Une grande vedette française raconte cette scène délicieuse: un monsieur arrive à la gare. Il va au guichet pour acheter son billet. Voici à peu près le dialogue qui s'engage:

LE MONSIEUR: —Bonjour, monsieur. Je voudrais un billet pour Caen.

L'EMPLOYÉ: —Pour quand, monsieur? C'est à moi que vous demandez cela? Je ne sais pas, moi, monsieur. Ce n'est pas moi qui vais vous dire quand vous partez!

LE MONSIEUR: —Je dis Caen: C-A-E-N, la ville de Caen.

L'EMPLOYÉ: —Ah! bien, monsieur. Je comprends!

LE MONSIEUR: —C'est un billet pour trois, s'il vous plaît.

L'EMPLOYÉ, en colère: —Alors, monsieur, c'est CAEN ou c'est TROYES? Ce n'est pas la même direction! Est-ce que vous savez où vous allez?

LE MONSIEUR: —Monsieur, comprenez-moi: Je voudrais un billet pour trois personnes, pour aller à Caen.

L'EMPLOYÉ: —Bien! Expliquez-vous!… Voilà votre billet, monsieur. Mais si vous voulez prendre le prochain train, faites vite! Il est cinq heures une, et le train part à trois.

(Cette fois, le monsieur comprend: Troyes, la ville)

LE MONSIEUR, en colère: —Non pas TROYES, je répète encore une fois, mais CAEN!

(L'employé comprend: Quand?)

L'EMPLOYÉ: —A trois, monsieur, exactement. Allez, vite! J'ai de la patience, mais si les autres voyageurs font comme vous, je vais être fou à la fin de la journée! Vous ne comprenez rien à rien! J'en ai assez! Au revoir et bon voyage, monsieur!

---

*Margin glosses:*

**s'engage** *commence*

**Caen** *ville en Normandie. « Caen » et « quand » sont prononcés de la même façon.*

**Troyes** *ville en Champagne. « Troyes » et « trois » sont prononcés de la même façon.*

**Expliquez-vous** *parlez avec précision*

**trois** *ici, cinq heures trois minutes*

**rien à rien** *absolument rien, pas même un mot*

**QUESTIONNAIRE SUR LA LECTURE**

1. Quelle est la scène?
2. Le dialogue s'engage entre qui et qui?
3. Que demande le voyageur?
4. L'employé comprend-il? Qu'est-ce qu'il comprend?
5. Où est la ville de Caen?
6. Combien de voyageurs voyagent avec ce billet?
7. L'employé comprend-il le nombre *trois*? Qu'est-ce qu'il comprend?
8. La ville de Troyes est-elle près de Caen? Où est-elle?
9. A quelle heure part le train? Quelle heure est-il maintenant?
10. Le monsieur comprend-il le nombre *trois*? Qu'est-ce qu'il comprend?
11. L'employé comprend-il: *Caen*?
12. Si les autres voyageurs font comme ce monsieur, comment va être l'employé à la fin de la journée?
13. Qui en a assez?
14. Le monsieur en a-t-il assez aussi?

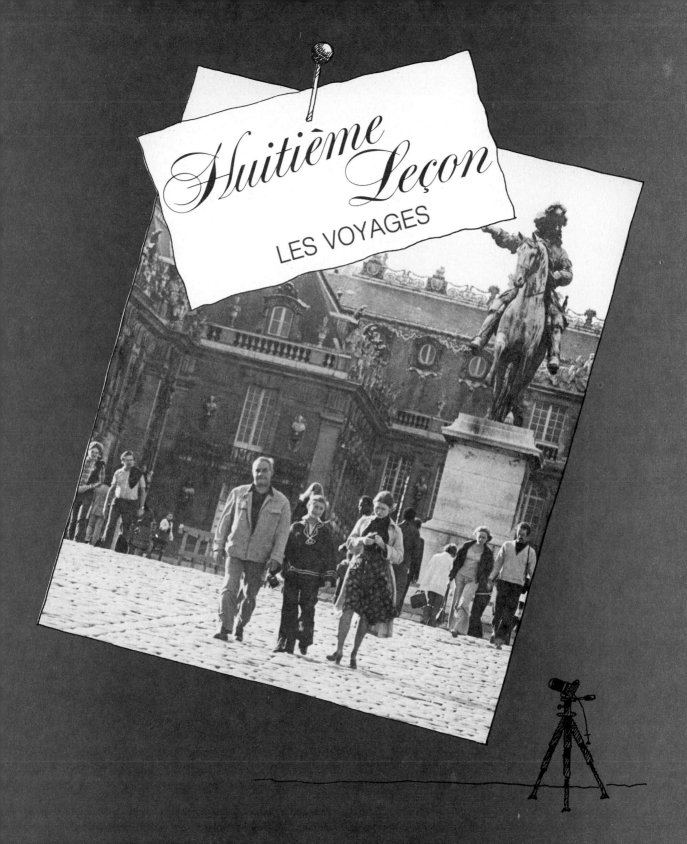

# Huitième Leçon

## LES VOYAGES

# *Préparation*

M. et Mme LeClerc sont très riches. Ils vont faire un voyage en Espagne, au Portugal, aux îles Canaries et au Maroc. C'est en bateau qu'ils vont faire leur voyage.

Mon oncle Jérôme est un homme d'affaires. Il va visiter un bureau de sa compagnie à Lucerne. Il va faire son voyage en avion.

Anne a des cours à la Sorbonne et elle vient en ville par le train. Nous allons au centre-ville en métro ou en autobus.

L'été prochain, mes amis Victor et Serge vont passer leurs vacances en Normandie et en Bretagne. Pendant six semaines ils vont visiter ces provinces à bicyclette (en vélo).[1] Ils vont dormir dans des auberges de jeunesse.

[1] You may also hear *à vélo; en vélo* is used more frequently.

Notre cousin Marc est ingénieur. Il habite la banlieue de Paris à treize kilomètres du centre-ville. Il va à son travail à motocyclette. Son ami Joseph vient au travail en voiture (en auto). Un autre collègue a son appartement tout près du bureau. Il vient au travail à pied.

Suzanne et Paul vont au cinéma ce soir. Ils attendent un taxi.

PAUL (à Suzanne)
On attend ici depuis un quart d'heure. Enfin! Voilà un taxi qui arrive! (au chauffeur de taxi) A la place Pigalle, s'il vous plaît, et vite, monsieur. Nous sommes pressés.

A la place Pigalle, Paul paie[1] le chauffeur et lui donne un pourboire. Après le cinéma, Paul et Suzanne sont au restaurant. Ils finissent de prendre un bon souper.

PAUL
Quel dessert choisis-tu, Suzanne?

SUZANNE
Prenons une glace au chocolat, Paul.

PAUL
Encore du vin?

SUZANNE
Oui, un tout petit peu.
Paul remplit son verre, et ainsi finit une soirée agréable.

[1] *Payer* (to pay) has regular *-er* endings. Note the following spelling changes in the stem: *je paie, tu paies, il paie, elle paie, ils paient, elles paient.* But: *nous payons, vous payez.* (However, the *y* may be preserved throughout as an optional spelling.)

**a. Questionnaire.**

1. Qui est riche? Qui va aux îles Canaries? Comment?
2. Qui va à Lucerne? Pourquoi? Comment?
3. Qui a des cours à la Sorbonne?
4. Comment vient-elle en ville?
5. Où Victor et Serge vont-ils passer les vacances?
6. Où vont-ils dormir?
7. Où habite Marc? Comment va-t-il au travail?
8. Comment Joseph vient-il au travail?
9. Où Suzanne et Paul vont-ils ce soir?
10. Où est le cinéma?
11. Où vont Paul et Suzanne après le cinéma?

**b. Vrai ou faux? Corrigez les phrases fausses.**

1. On va au centre-ville en bateau.
2. On peut aller d'une ville à une autre en autocar[1] ou par le train.
3. Les auberges de jeunesse sont des hôtels de luxe.
4. Nous allons au concert ce soir et nous avons le temps de prendre un verre. Nous sommes pressés.
5. J'aime bien la glace au chocolat comme hors d'œuvre.
6. M. Dujardin habite à vingt kilomètres de son bureau. Il va au travail à pied.

**c. Comment voyage-t-on? Complétez les phrases suivantes.**

1. Pour aller au centre-ville, on…
2. Pour aller au concert ce soir, on…
3. Pour aller en Europe l'été prochain, mes parents…
4. Pour aller à l'école, mon petit frère…
5. Pour aller à Bordeaux, M. Leblanc…
6. Pour aller en Californie, ma famille…
7. Pour visiter les villages et les villes d'Alsace, mes amis…
8. Pour aller de la place Pigalle à la rue de Rivoli, on…
9. Pour aller en ville, tante Bernadette…
10. Pour traverser l'océan Atlantique, on…

**d. A quelle distance…? Vous allez visiter quelques sites importants près de Paris et vous voulez savoir les distances pour les voyages. Formez des phrases selon le modèle donné.**

MODÈLE:  Chantilly / 40
Chantilly est à quarante kilomètres de Paris.

1. Saint-Denis / 11      3. Malmaison / 16
2. Versailles / 21        4. Fontainebleau / 61

[1] *L'autocar* (*le car*) is the bus which goes from town to town. *L'autobus* is the bus which goes from place to place within the city.

e.  **Je suis pressé(e). Répondez selon le modèle donné.**

MODÈLE:  Tu peux attendre?
Non. Je suis en retard et je suis très pressé(e).

1.  Jean peut attendre?
2.  Marie peut attendre?
3.  Vos parents peuvent attendre?

4.  Vous pouvez attendre? (Nous)
5.  Tu peux attendre?

f.  **Une interview sur les voyages.**

1.  Aimez-vous voyager?
2.  Où aimez-vous aller pour les vacances?[1]
3.  Où allez-vous passer les vacances cet été?
4.  Quand allez-vous partir?
5.  Où allez-vous? Avec qui?
6.  Qu'est-ce que vous allez faire?
7.  Prenez-vous le train? l'avion? le bateau?
8.  Comment préférez-vous voyager?

## COMMENTAIRES CULTURELS

A youth hostel **(une auberge de jeunesse)** is located in or near almost every important city and town in Europe. Because lodging, which is usually dormitory style, and meals (when they are available) are inexpensive, young people often stay in youth hostels when traveling. Generally, one part of the hostel is assigned to girls and women and the other to boys and men. Showers are usually available, but sometimes there is an extra charge for the bathing facility. Each lodger is expected to bring sheets and towels or pay extra for these services. Usually blankets are furnished, but each person makes his or her own bed. Most people who stay in youth hostels bring their own sleeping bags.

One kilometer is approximately 0.6 mile.

**Le souper** is the late evening meal after a movie or the theater.

Since François Mitterand's socialist government came to power in France in June 1981, all tips are included by law in the bill at cafés or restaurants. In other French-speaking countries, this practice may not hold. In that case, a tip of about 15 percent should be given to waiters and waitresses. Tips should also be given to ushers in a theater, movie, or opera house (about 10 percent), and to taxi drivers (about 15 percent). The service is usually included in a hotel bill. If you are unsure about the tip, you may ask: **Le service est-il compris?** ("Is the tip included?")

---

[1] *Vacances* (f.) is always plural in French.

*Students outside the
tourist office, Gare de
Nice*
(Hugh Rogers/
Monkmeyer)

At Chantilly, a town near Paris, there are a forest, a castle, and a racecourse.
The castle, a fortress during the Middle Ages, was rebuilt during the
period from 1527 to 1532 and embellished in later periods by various kings.
The word *chantilly* on a menu refers to a kind of whipped cream with
extra sugar. *Chantilly* is also a very fine lace.

Versailles is the location of the magnificent palace and gardens built by
the famous Sun King, Louis XIV (reign, 1643–1715). At Saint-Denis, there
is a famous gothic basilica, the burial place of French kings and queens.
St. Denis, a Christian martyr (died about 280 A.D.), was the first bishop
of Paris and is the patron saint of France. In medieval paintings, St. Denis
is usually shown carrying his head under his arm.

The château of Malmaison was the residence of Napoleon's wife Joséphine.
Near the town of Fontainebleau in a dense forest, the king François Ier
(reign, 1515–1547) built a lovely palace and surrounded it with formal
gardens.

## PRONONCIATION

*Intonation patterns in commands*

The melody pattern for commands, or imperatives, descends in pitch at the end of the utterance.

*1.  Repeat the following commands with descending intonation.

> Allez tout droit jusqu'au coin là-bas!
> Traversez le boulevard là-bas!
> Tournez à droite!
> Etudiez votre leçon!
> Faites une promenade dans le parc!
> Partez tout de suite!

*2.  Rising or descending intonation? Repeat the following sentences.

> Vous faites vos devoirs?
> Henri fait son devoir.
> Fais ton devoir!
> Va au travail!
> Tu vas au travail?
> Anne va au travail.

## EXPLICATIONS ET EXERCICES

*Regular -ir verbs (finir -iss-)*

Observe the following forms of the present tense of regular *-ir* verbs. *Finir* (to finish), *choisir* (to choose), *remplir* (to fill), *maigrir* (to lose weight), and *grossir* (to gain weight) belong to this group.

| | |
|---|---|
| je fin**is** | nous fin**issons** |
| tu fin**is** | vous fin**issez** |
| il, elle, on fin**it** | ils, elles fin**issent** |

*Finir* and verbs like it have two stems in the present tense. These stems are:

> a singular stem *fin-* to which the endings *is, is, it* are added
> a plural stem *finiss-* to which the endings *ons, ez,* and *ent* are added

**a.  Quand finit-on? Répondez.**

1.  Tu finis à six heures ou à sept heures? (six)
2.  Jean-Jacques finit cet après-midi ou ce soir? (ce soir)

3. Tes amis finissent tout de suite[1] ou plus tard? (tout de suite)
4. Vous finissez à une heure ou à une heure et demie? (Nous... une)

**b. Maigrir ou grossir? Complétez les phrases suivantes. Employez la forme correcte de « maigrir » ou de « grossir », selon le cas.**

1. Quand je travaille beaucoup, je...
2. Quand Maman est en vacances, elle...
3. Quand tu fais de longues promenades, tu...
4. Quand nous faisons du jogging, nous...
5. Quand vous mangez trop, vous...
6. Quand mes parents mangent beaucoup, ils...

**c. J'ai les yeux plus grands que l'estomac! Formez des phrases selon le modèle donné.**

MODÈLE:   Je / ce dessert
          Je choisis ce dessert, mais je ne le finis pas.

1. Nous / cette salade
2. Vous / ce fromage
3. Yolande / les carottes
4. Les enfants / ce plat
5. Je / les haricots verts
6. Tu / la viande

*Regular -re verbs*

Observe the following forms of the present tense of regular *-re* verbs. *Attendre* (to wait, to wait for), *répondre* (to answer), *entendre*[2] (to hear), *perdre* (to lose), and *vendre* (to sell) belong to this group.

| | |
|---|---|
| j'attend|s | nous attend|ons |
| tu attend|s | vous attend|ez |
| il, elle, on attend|- | ils, elles attend|ent |

In this conjugation the endings *s, s, -, ons, ez, ent* are added to the stem, which is found by dropping *re* from the infinitive.

**a. Est-ce que tu perds ton temps? Complétez les phrases suivantes. Employez la forme correcte du verbe « perdre (son) temps ».**

1. Je regarde trop la télévision; je...
2. Tu étudies beaucoup; tu...
3. Marcel dort toujours; il...
4. Nous travaillons beaucoup; nous...
5. Anne et Michelle sont de bonnes étudiantes; elles...
6. Vous faites toujours du ski; vous...

---

[1] *Tout de suite* is pronounced /tut·sʉit/, in two syllables.
[2] *Entendre* means "to hear"; *écouter*, a regular *-er* verb, means "to listen to."

**b. Je n'ai pas d'argent, donc je vends mon vélo. Formez des phrases selon le modèle donné.**

MODÈLE: Je / mon vélo
Je vends mon vélo.

1. Je / mes livres
2. Jean / sa voiture
3. Vous / votre bicyclette
4. Tu / ta motocyclette
5. Mes parents / leur maison
6. Nous / notre auto

**c. Qui attendez-vous? Répondez.**

1. Attendez-vous Guy? (Non... Charles)
2. Chantal attend Robert? (Oui)
3. Les camarades attendent Anne? (Oui)
4. Tu attends Joseph? (Non... Nicole)
5. Vous attendez Nathalie, n'est-ce pas? (Oui, nous...)

**d. Qui répond aux questions du professeur?**

MODÈLE: Toi?
Mais oui, je réponds à ses questions.

1. Vous deux?
2. Yves?
3. Monique et Thérèse?
4. Suzanne?
5. Toi?

*Use of prepositions with verbs*
The following verbs are used with prepositions in English but not in French:

attendre (*to wait for*) Il attend Paul.
chercher (*to look for*) Il cherche l'hôtel.
regarder (*to look at*) Il regarde le livre.
écouter (*to listen to*) Il écoute la radio.
demander (*to ask for something or someone*)
Il demande la permission.

The following verbs are used with prepositions in French but not in English:

entrer dans (*to enter*) Elle entre dans l'église.
répondre à (*to answer*) Il répond aux questions.
demander a[1] (*to ask a person something*) Il demande à Paul de venir.
changer de[2] (*to change*) Il change de train.

---

[1] Do not use *demander* with the word *question. Poser une question* is the correct expression. *Poser* is a regular -*er* verb.
[2] The oral forms of *changer* are regular. An *e* must be inserted before the ending *ons* of the *nous* form: *nous changeons.*

Note that with *demander*, the preposition *de* must be used before a following infinitive.

Note also that the English expression "to change one's mind" is *changer d'avis* in French.

Je change d'avis.     *I change my mind.*

a.   **Dans la salle de classe. Formez des phrases avec les mots suggérés. Donnez les prépositions nécessaires.**

1.   Les étudiants / attendre / le professeur
2.   Enfin / il / arriver / et entrer / la salle de classe
3.   Il / chercher / son livre / son crayon / et ses cahiers
4.   Les étudiants / regarder / le professeur
5.   Ils / écouter / la leçon
6.   Le professeur / poser / beaucoup / questions
7.   Il / demander / Georges / répondre / ses questions

b.   **Changer de _____. Répondez selon le modèle donné.**

MODÈLE:   Tu viens directement ici? (train / Lyon)
          Non, je change de train à Lyon.

1.   Tes parents viennent directement ici? (train / Nancy)
2.   Roger vient directement ici? (autobus / le boulevard Saint-Michel)
3.   Anne vient directement ici? (métro / la gare Saint-Lazare)
4.   Vous venez directement ici? (nous / avion / Washington)

c.   **Qui vient? Répondez selon le modèle donné.**

MODÈLE:   Qui vient cet après-midi? (Joseph)
          Je vais demander à Joseph de venir.

1.   Qui vient la semaine prochaine? (Marceline)
2.   Qui vient demain? (Robert)
3.   Qui vient demain soir? (le professeur)
4.   Qui vient aujourd'hui? (les autres)

*Commands*   The command, or imperative, forms of verbs are the *tu*, *nous*, and *vous* forms of the present tense minus the subject pronouns. Note that regular *-er* verbs drop the *s* from the *tu* form: *tu parles* becomes *parle* in the imperative. Note, too, that *tu vas* becomes *va* in the imperative.

Finis!          *Finish!*
Finissons!      *Let's finish!*
Finissez!       *Finish!*

| | |
|---|---|
| Ne réponds pas. | *Don't answer.* |
| Ne répondons pas. | *Let's not answer.* |
| Ne répondez pas. | *Don't answer.* |
| | |
| Parle. | *Speak.* |
| Parlons. | *Let's speak.* |
| Parlez. | *Speak.* |
| | |
| Va! | *Go!* |
| Allons! | *Let's go!* |
| Allez! | *Go!* |
| | |
| Ne pars pas. | *Don't leave.* |
| Ne partons pas. | *Let's not leave.* |
| Ne partez pas. | *Don't leave.* |

Three verbs which you have studied are irregular in the imperative. Here are their imperative forms:

### être

| | | |
|---|---|---|
| sois /swa/ | Sois sage! | *Be good!* |
| soyons /swajɔ̃/ | Soyons ici à midi. | *Let's be here at noon.* |
| soyez /swaje/ | Soyez gentil! | *Be nice!* |

### avoir

| | | |
|---|---|---|
| aie /ɛ/ | Aie de la patience. | *Have patience.* |
| ayons /ɛjɔ̃/ | Ayons de la patience. | *Let's have patience.* |
| ayez /ɛje/ | Ayez de la patience. | *Have patience.* |

### savoir

| | | |
|---|---|---|
| sache /saʃ/ | Sache les verbes. | *Know the verbs.* |
| sachons /saʃɔ̃/ | Sachons la leçon. | *Let's know the lesson.* |
| sachez /saʃe/ | Sachez leur adresse. | *Know their address.* |

Please review classroom commands listed in Lesson Three, p. 51.

a. **Un jeu. Jacques a dit.** (Simon says.) **Si « Jacques a dit », exécutez les ordres. N'exécutez pas les autres ordres.**

1. Levez-vous, s'il vous plaît.
2. Allez au tableau.
3. Retournez à votre place.
4. Asseyez-vous, s'il vous plaît.
5. Ouvrez votre livre à la page _____.
6. Ouvrez la porte, s'il vous plaît.
7. Ouvrez la fenêtre.
8. Fermez la fenêtre.
9. Fermez la porte, s'il vous plaît.

b.  **Les ordres. Répondez selon le modèle donné.**

MODÈLE:  J'ouvre mon cahier?
         D'accord. Ouvre ton cahier.

1.  Je tourne à la page 172?       4.  Je retourne à ma place?
2.  Je ferme mon livre?            5.  J'ouvre la fenêtre?
3.  Je vais au tableau?            6.  Je ferme la porte?

c.  **Non! Répondez selon le modèle donné.**

MODÈLE:  J'ouvre la fenêtre?
         Non. N'ouvrez pas la fenêtre.

1.  J'ouvre la porte?              4.  Je vais au tableau?
2.  Je ferme la porte?            5.  J'apporte mes cahiers?
3.  Je ferme la fenêtre?

d.  **L'esprit de contradiction. Ripostez selon le modèle donné.**

MODÈLE:  Nous allons partir cet après-midi.
         Non. Partons ce matin.

1.  Nous allons étudier cet après-midi.
2.  Nous allons travailler cet après-midi.
3.  Nous allons finir cet après-midi.
4.  Nous allons jouer cet après-midi.

e.  **Dites à:**

1.  Sylvie de venir.
2.  Marie de venir aussi.
3.  Guy d'être à l'heure.
4.  Yves d'être à l'heure aussi.
5.  Solange d'avoir de la patience.
6.  François de savoir les verbes.

*Indirect object pronouns* lui (*to him, to her*), leur (*to them*)

Indirect object pronouns precede the verb. Indirect object nouns are preceded by *à* and follow the verb.

Il lui parle.        *He's speaking to him.*
Il parle à Jean.     *He's speaking to John.*

When a verb is used with an infinitive, the indirect object pronoun precedes the infinitive.

Nous allons parler à Brigitte.     *We're going to speak to Brigitte.*
Nous allons lui parler.            *We're going to speak to her.*

In negative sentences in the present tense involving the indirect object pronoun, *ne* precedes the indirect object pronoun.

Je ne lui parle pas.     *I'm not speaking to him* (*her*).

In questions, the indirect object precedes the verb in inversion or with *est-ce que*.

Paul leur parle-t-il?        *Is Paul speaking to them?*
Est-ce que Paul leur parle?  *Is Paul speaking to them?*

*Lui* (singular) and *leur* (plural) refer to nouns which may be masculine or feminine.

**a.**   « Bien sûr! » **Répondez selon le modèle donné.**

MODÈLE:   Anne demande à ton ami de venir?
          Oui, bien sûr, elle lui demande de venir.

1.   Joseph demande à Marianne de venir?
2.   Jean-Claude demande à Guy de venir?
3.   Votre mère demande à vos amis de venir?
4.   Janine demande aux autres de venir?
5.   Yolande demande à ton amie Suzanne de venir?

**b.**   **Vous êtes fâché(e) contre votre famille. Donc vous répondez néga- tivement aux questions suivantes.**

MODÈLE:   Tu ne parles pas à ta tante?
          Non, je ne lui parle pas.

1.   Tu ne parles pas à ton oncle?      4.   Tu ne réponds pas à ta sœur?
2.   Tu ne parles pas à tes frères?     5.   Tu ne réponds pas à tes parents?
3.   Tu ne parles pas à ta mère?

**c.**   **Récapitulation. Répondez aux questions suivantes en employant, selon le cas, le pronom complément d'object direct « le, la, l', les » ou le pronom complément d'objet indirect « lui, leur » qui convient.**

1.   Est-ce que tu aimes l'opéra?
2.   Est-ce que tu préfères le cinéma?
3.   Tu vas demander à Georges de venir?
4.   Tu vas demander aux autres de venir aussi?
5.   Tu prends cette boisson?
6.   Est-ce que tu prends les haricots verts aussi?
7.   Tu vas parler à Josette?
8.   Tu vas parler à Anne et à Monique aussi?
9.   Tu vends tes skis, n'est-ce pas?

*The idiomatic present*

An action begun in the past and continuing to the present time requires the present perfect tense in English. In French, the present tense is used with the expressions *depuis* (for, since), *il y a... que* (for), *voilà... que* (for), *ça fait... que* (for), and *depuis quand* (how long?).

| | |
|---|---|
| Depuis quand attendez-vous le taxi? | *How long have you been waiting for the taxi?* |
| Nous attendons le taxi depuis une heure. | *We have been waiting for the taxi for an hour.* |
| Il y a une heure que nous attendons le taxi. | *We have been waiting for the taxi for an hour.* |
| Voilà (Voici) une heure que nous attendons le taxi. | *We have been waiting for the taxi for an hour.* |
| Ça fait une heure que nous attendons le taxi. | *We have been waiting for the taxi for an hour.* |

Note that *une heure, deux heures,* may mean "one hour," "two hours," or "one o'clock," "two o'clock." So, if you want to say "for an hour" or "for two hours," you may use the *il y a... que* construction in order to avoid ambiguity. If you want to say "since one o'clock" or "since two o'clock," you may use *depuis.* Compare:

| | |
|---|---|
| J'attends Paul depuis une heure. | *I have been waiting for Paul since one o'clock.* |
| Il y a une heure que j'attends Paul. | *I have been waiting for Paul for an hour.* |

*Il y a... que, voilà... que,* and *ça fait... que* always come at the beginning of a sentence. *Depuis* comes after the verb.

**a.   Depuis quand _____? Répondez selon le modèle donné.**

MODÈLE:   Depuis quand habitez-vous ici? (un mois)
           J'habite ici depuis un mois.

1.   Depuis quand êtes-vous ici? (huit jours)[1]
2.   Depuis quand étudiez-vous? (une demi-heure)
3.   Depuis quand apprenez-vous le français? (trois mois)
4.   Depuis quand attendez-vous un taxi? (un quart d'heure)
5.   Depuis quand attendez-vous Pauline? (dix minutes)
6.   Depuis quand cherchez-vous un appartement? (quinze jours)

**b.   Posez des questions selon le modèle donné.**

MODÈLE:   Jules habite à Londres.
           Ah? Depuis quand habite-t-il à Londres?
           Il habite à Londres depuis un an.

[1] *Huit jours* is an expression meaning one week; *quinze jours* means two weeks. *Aujourd'hui en huit* (a week from today) and *aujourd'hui en quinze* (two weeks from today) are commonly used expressions.

1. Georges habite en France.
2. Madeleine étudie le français.
3. Paul étudie l'espagnol.
4. Mme Martin est en Italie.
5. Robert est en Suisse.
6. M. Leclerc cherche un appartement.

**c. Répondez aux questions suivantes selon le modèle donné.**

MODÈLE: Brigitte est ici? (une semaine)
Oui, il y a une semaine qu'elle est ici.
Oui, voilà une semaine qu'elle est ici.
Oui, ça fait une semaine qu'elle est ici.

1. Philippe est ici? (vingt minutes)
2. M. Roland est à Londres? (deux mois)
3. Germaine est à Genève? (huit jours)
4. Tes amis sont ici? (trois semaines)
5. Paul et Suzanne sont au café? (deux heures)

## LECTURE

*Vocabulaire*   **pays** *m.*   une nation. La France est un *pays*. L'Espagne est un *pays*.
**campagne** *f.* ≠ ville *f.*   Mes amis vont passer une semaine à la *campagne*.
**assez**   en quantité suffisante. Cette leçon est *assez* difficile.
**côté** *m.*   Voici les *côtés* d'un triangle:
Un rectangle a quatre *côtés*.
Un hexagone a six *côtés*.

**côte** *f.*   rivage de la mer ou de l'océan.
Voici la *côte* de l'ouest de la France:

la côte
de l'ouest
de la France

Voici les points cardinaux:
Strasbourg se trouve en Alsace
dans l'*est* de la France.

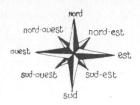

**haut** ≠ bas, basse. Voici deux monuments:
Le premier est *haut*. Le second est bas.

**montagne** *f.*   Les Alpes sont des *montagnes*.
**fleuve** *m.*   une grande rivière. Le Mississippi est un *fleuve*. La Seine est
un *fleuve*.
**mer** *f.*   vaste quantité d'eau: la *mer* Méditerranée.
**ligne** *f.*   Voici une *ligne*: _____. Le garçon trace une *ligne* sur son papier.
**presque**   J'ai tous mes livres excepté un seul. J'ai *presque* tous mes livres.
**blé** *m.*   Voici du *blé*:
Le *blé* est une céréale.
Le pain est fait avec du *blé*.

**raisin** *m.*   un fruit. Voici le *raisin*:
Avec le *raisin* on fait du vin.

**le monde entier**   tous les pays et tous les continents du monde. La France
exporte ses produits dans *le monde entier*.
**chaque année** *f.* = toutes les années. *Chaque année* nous allons au Québec.[1]
**étranger, -ère** *n. or adj.*   une personne qui est d'une autre nation. Pour
les Français, un Américain est un *étranger*.
**surtout**   principalement. J'aime *surtout* cette soupe.
**paysage** *m.*   panorama, vue. Les *paysages* en France sont très beaux et très
variés.
**triste** ≠ heureux, -se. Elle est toujours *triste*.
**sec, sèche**   aride; qui a peu ou pas d'humidité. L'Arizona a un climat *sec*.
**peintre** *m.*   un artiste qui peint. Voici un *peintre*:

**chanter**   (to sing). Les enfants aiment *chanter*.

[1] *Au Québec* refers to the province of Québec; *à Québec*, the city.

*Structures à noter*   The term *cognate* is used to designate a word which is similar in two languages and which has approximately the same meaning in both. There are many cognates in French and English. Here are a few:

a.   Words spelled alike in French and English—words ending in *able, al, ance, ion, ible, ude: capable, probable; national, continental; importance; communication, situation; terrible, possible; certitude, fortitude.*

b.   Words spelled differently in French and English but easily recognized — words ending in *ain, aire, ance, eur, eux, ien, ique, iste, té: Américain, Africain; contraire, anniversaire; indépendance; acteur, conducteur; délicieux, pernicieux; théologien, Canadien; artistique, musique; pianiste, artiste; charité, nécessité.*

c.   Many recognizable words which cannot be classified according to ending: *forme, hexagone, régulier, plaine, naturel, frontière, traverser, défendre, transport, moderne, utile, différent, tunnel, automobile, fertile, richesse.*

d.   Scientific and technical terms: *oxygène, radium, cancer, géologie, psychologie, médecine, hydrate, hydrogène, hybride.*

e.   The circumflex accent on a French vowel often indicates that in English an *s* follows the vowel. Knowing this fact helps to recognize some words: *forêt* (forest), *hôpital* (hospital), *hâte* (haste).

The past participle of regular *-er* verbs, as you will discover in this reading, is formed by adding *é* to the stem of the verb: *parler — parlé.* The past participle may function as an adjective; in such cases, it agrees in gender and in number with the noun modified.

Comparée aux Etats-Unis, la France...
*Compared to the United States, France . . .*

Un côté de l'hexagone est formé...
*One side of the hexagon is formed . . .*

Les touristes sont attirés...
*Tourists are attracted . . .*

*Plus... que* means *more . . . than.*

L'Union soviétique est *plus* grande *que* la France.
*The Soviet Union is bigger than France.*

Note the use of *que* (*qu'*) as conjunction.

On voit *que* la France a la forme d'un hexagone.
*One sees that France has the shape of a hexagon.*

The expressions *les uns... les autres* (some . . . others), although related, usually occur separated from each other as follows:

*Les uns* aiment le ski. *Les autres* ne l'aiment pas.
Some *like skiing.* Others *don't like it.*

Study the following sentences. Note the meaning of the preposition *à.* Remember
that *à + le = au, à + les* becomes *aux.*

Les touristes aiment visiter ce village *aux* paysages pittoresques.
*Tourists like to visit this village* of *picturesque landscapes.*

C'est une région *aux* panoramas grandioses.
*It's a region* of *grandiose panoramas.*

La dame *au* chapeau vert.
*The lady* with *the green hat.*

### EXERCICES DE VOCABULAIRE

**a.** **Répondez selon les modèles donnés.**

MODÈLE:  Cette fille est pressée.
Oui, elle est assez pressée.

1.  La leçon est difficile.
2.  Cette lecture est facile.
3.  Le problème est compliqué.
4.  Le climat ici est sec.
5.  La viande est sèche.
6.  Ta mère est triste.

MODÈLE:  Le Japon... des automobiles
Le Japon exporte des automobiles dans le monde entier.

7.  L'Allemagne... des caméras
8.  Les Etats-Unis... du blé
9.  La France... du vin
10.  La France... des fromages

MODÈLE:  Boston
Boston se trouve dans le nord-est des Etats-Unis.

11.  San Francisco
12.  La Nouvelle-Orléans
13.  Chicago
14.  Seattle
15.  Philadelphie
16.  Denver

MODÈLE:  Où passez-vous les vacances? (à la mer)
Chaque année nous passons nos vacances à la mer.

17. Où passes-tu les vacances? (à la campagne)
18. Où les Frangel[1] passent-ils les vacances? (dans les montagnes)
19. Où Tante Marie passe-t-elle les vacances? (chez ses enfants)
20. Où tes parents passent-ils leurs vacances? (en Italie)

**b. En employant des mots du Vocabulaire, complétez les phrases suivantes.**

1. Quel beau _____! On va faire du bon vin avec ça.
2. Un triangle a trois _____.
3. L'Amazone est un grand _____ de l'Amérique du Sud.
4. Le Mexique est un _____ important de l'Amérique du Nord.
5. Tous les garçons excepté Yves et Jean-Marc sont ici, c'est-à-dire _____ tous les garçons sont ici.
6. L'océan Pacifique forme la _____ de la Californie.
7. Van Gogh est un _____ impressionniste important.
8. Eric vient de Belgique; il est en Espagne. Il est donc _____ en Espagne.
9. Les Alpes, de hautes _____, forment la frontière entre la France et l'Italie.
10. Pour former un triangle, tracez les _____ entre les points a, b, c.
11. C'est un ténor qui _____ très bien.
12. Les montagnes, le ciel, tout est magnifique. Quel beau _____!
13. De tous les plats je préfère le poisson; j'aime _____ le poisson.

## La France sur la carte

Comparée aux Etats-Unis ou à l'Union soviétique, la France est un pays très petit; en réalité, elle n'est pas plus grande que l'état du Texas. Sur la carte, on voit que la France a la forme d'un hexagone assez régulier. Un côté de l'hexagone est formé par la côte qui est en face de l'Angleterre; un autre est formé par la côte atlantique; le troisième par les Pyrénées, de hautes montagnes qui marquent la frontière avec l'Espagne; un côté encore donne sur la Méditerranée. D'autres montagnes, les Alpes et le Jura, et un grand fleuve, le Rhin, forment le cinquième côté de l'hexagone. Le dernier côté est formé par une ligne plus ou moins conventionnelle qui traverse la grande plaine du nord. La France a des frontières avec six autres pays européens (la Belgique, le Luxembourg, l'Allemagne, la Suisse, l'Italie et l'Espagne).

On peut tracer une ligne imaginaire du coin nord-est au coin sud-

*donne sur* a une vue sur
**plus ou moins** *approximativement, à peu près, presque*

---

[1] Family names in the plural take the plural article without adding s to the name. *Les Frangel* — The Frangels.

ouest de la France: presque toutes les montagnes se trouvent au sud de cette ligne, presque toutes les plaines au nord. La terre est plus fertile dans les régions de plaines, mais il y a plus de richesses minières dans les régions montagneuses.

La France est un pays riche du point de vue agricole et du point de vue industriel. Elle produit du blé et du raisin: le pain et le vin sont les symboles de l'alimentation française. La France exporte des fruits et des légumes, et ses fromages sont justement réputés. Elle fabrique également des avions, des locomotives, des instruments de précision qu'elle exporte dans le monde entier.

Chaque année un grand nombre de touristes étrangers viennent passer leurs vacances en France. Ils sont attirés, bien sûr, par ses musées, par ses châteaux, par sa cuisine, mais surtout par la variété de son climat et de ses paysages. Les uns aiment la Bretagne, cette province rude et un peu triste, aux côtes rocheuses. Les autres préfèrent la Provence, avec son climat sec, son ciel toujours bleu et cette lumière si pure qui inspire toujours tant de peintres. D'autres encore vont dans les Alpes aux panoramas grandioses ou dans la vallée de la Loire, où le paysage calme et harmonieux explique pourquoi les poètes aiment chanter la « douce France. »

**minières** *qui viennent des mines*

**alimentation** *nourriture*
**fabrique** *produit, fait*
**également** *aussi*

**sont attirés** *ont une attraction*
**rude** *sauvage*
**rocheuses** *couvertes de roches*
**lumière** *qui éclaire, par exemple: la lumière du soleil*
**douce** *d'une saveur agréable*

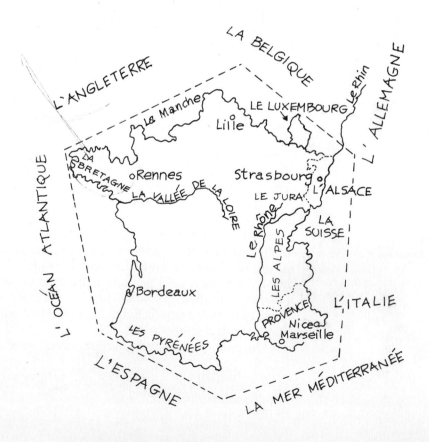

*Looking at a metro map*
(J. P. Paireault/
Magnum)

## QUESTIONNAIRE SUR LA LECTURE

**Expression interrogative**

Qu'est-ce qui (subject) …? (*What . . .?*)

1. Regardez une carte de la France. Quelle forme a la France?
2. Montrez les six côtés de la France. (Voici le premier côté, etc.…)
3. Où se trouvent les Pyrénées?
4. Qu'est-ce qui marque la frontière entre la France et l'Espagne?
5. Qu'est-ce qui marque la frontière entre la France et la Suisse?
6. Qu'est-ce qui marque la frontière entre la France et l'Allemagne?
7. Quels sont les pays qui ont des frontières avec la France?
8. Trouvez ces pays sur la carte.
9. Où se trouvent les montagnes en France?
10. Aimez-vous les montagnes?
11. Y a-t-il des montagnes près de chez vous?
12. Où se trouvent les plaines en France?
13. Quels sont les symboles de l'alimentation française?
14. Les Français aiment-ils les fromages?
15. Les fromages français sont-ils réputés?

16. Aimez-vous les fromages?
17. Où est la vallée de la Loire?
18. Où sont les Alpes françaises?
19. Pourquoi les touristes aiment-ils aller en France?
20. Voulez-vous aller en France?
21. Quelles villes voulez-vous visiter?
22. Trouvez ces villes sur la carte.
23. Où est Bordeaux? (Bordeaux est dans le sud-ouest de la France.)
24. Etes-vous attiré(e) par la France? Pourquoi?
25. Aimez-vous les musées?
26. Quels musées voulez-vous visiter en France?
27. Etes-vous attiré(e) par la cuisine française? par les châteaux? par le climat en France? par ses monuments? par la vie artistique?

## CAUSERIE

VOCABULAIRE: pour apprendre, étudier, parler, visiter les monuments, les musées, les villes, apprécier la cuisine, la culture, les gens, faire les voyages

Vous allez faire un voyage en France. Dites pourquoi vous allez en France et indiquez les villes et les endroits que vous allez visiter. Montrez des photos et des images aux étudiants de la classe.

# Neuvième Leçon

## LES PASSE-TEMPS ET LES SPORTS

# Préparation

Mon ami Henri fait de l'alpinisme. Anne et Robert font du canotage. Quand il fait beau mon père aime aller à la pêche. Mon oncle Antoine va souvent à la chasse.

Ma mère aime jouer au tennis,[1] mon père aime le golf et mon frère joue au football. Ma sœur Janine joue au basketball. Toute la famille fait du sport!

Quelqu'un pour la musique? Elizabeth joue du violon.[1] Paul joue du piano.

[1] Use *jouer à* with games and sports, *jouer de* with musical instruments. Compare:
> *Les enfants jouent.*
> *Marc joue de la flûte.*
> *Je joue au tennis.*

4. Marc est doué en musique. Il joue de la trompette, du trombone et du cor.

Josette est une bonne musicienne aussi. Elle joue de la flûte, de la clarinette, du saxophone et du hautbois.

5.

6. —Jouez-vous du violoncelle?
—Non, mais je joue de la guitare.

a. **Questionnaire.**

1. Qui fait de l'alpinisme?
2. Que font Anne et Robert?
3. Quand le père aime-t-il aller à la pêche?
4. Qui va souvent à la chasse?
5. Qui joue au tennis?
6. Qui aime le golf?
7. A quoi Janine joue-t-elle?
8. Qui joue du violin?
9. Qui joue du piano?
10. Qui est une bonne musicienne? Expliquez.

b. **Que faites-vous quand vous avez un jour de congé** (holiday)? **Répondez.**

1. Aimez-vous les sports? Quels sports?
2. Aimez-vous faire des promenades?
3. Est-ce que vous faites souvent des promenades?
4. Faites-vous de l'alpinisme? du canotage? Où?
5. Aimez-vous la chasse et la pêche?
6. Où allez-vous pour pratiquer ces sports?
7. Jouez-vous au tennis? au base-ball? au basketball? au football? au football américain?
8. Nagez-vous[1] beaucoup?
9. Nagez-vous bien ou mal?
10. Aimez-vous la musique?
11. Jouez-vous du piano? du violon?
12. De quel instrument de musique jouez-vous?
13. Préférez-vous Chopin ou Beethoven? Ravel ou Stravinski? le jazz, le rock ou la musique classique? Quel compositeur préférez-vous?
14. Aimez-vous mieux (Préférez-vous) Bob Marley ou Frank Zappa? Georges Moustaki ou Jacques Brel?
15. Quand vous avez un jour de congé, qu'est-ce que vous aimez faire?

## COMMENTAIRES CULTURELS

While the French enjoy many of the same sports as Americans (tennis, basketball, swimming, skiing, fishing, hunting, etc.), sports do not have as dominant a role in France as here. Soccer, as in many other countries, is the national sport, and hiking and cycling are also very popular. The **Tour de France** is one of the biggest sporting events of the year in France.

[1] *Nager* (to swim) is a regular *-er* verb. Note that in a verb ending in *ger*, *e* is inserted before an ending beginning with *o* or *a*. Thus: *nous nageons*.

*The game of* boules
(C. Raimond-Dityvon/
VIVA/Woodfin Camp
and Associates)

This great bicycle race all around France begins and ends in Paris, and the cyclists cover approximately 3,820 kilometers in 24 days. **Boules** is a game Frenchmen like. To play it, a small wooden ball **(le cochonnet)** is thrown on the playing area. Then the players on each team lag or throw heavy steel balls **(les boules)** toward **le cochonnet.** The object is to throw the **boules** as close as possible to the **cochonnet.** Sometimes a player will try to knock away an opponent's **boule** which has been thrown close to the **cochonnet.** Baseball and football are not played in France.

## PRONONCIATION

*French consonant /ɲ/*

The French consonant /ɲ/ is somewhat similar to the English sound of "can**y**on." In English the tip of the tongue touches the alveolar ridge at the beginning of this sound. In order to pronounce French /ɲ/, the tip of the tongue is placed behind the lower front teeth; the middle of the tongue is placed on the alveolar ridge and the hard palate (the part of the roof of the mouth directly behind the alveolar ridge). When the letters *gn* come together, the sound in French is /ɲ/.

Repeat: *ga**gn**er, je ga**gn**e, monta**gn**eux, si**gn**e, pei**gn**e, l'Allema**gn**e, oi**gn**on, champi**gn**on, Compiè**gn**e.*

*French consonant /l/*

The French consonant /l/ differs from English "l" in two ways. The tip of the tongue is pointed down and is placed behind the upper front teeth rather than on the alveolar ridge as in English. Final French /l/ should be pronounced exactly like initial French /l/, that is, with the tip of the tongue touching the upper front teeth and the middle of the tongue pushed forward. English "l" in the final position is pronounced with the back of the tongue raised and has a dark, resonant quality which does not belong in French final /l/.

Repeat. Work down each column.

| Initial | Midposition | After a consonant | Final position |
|---------|-------------|-------------------|----------------|
| le | couleur | plaît | il |
| la | voilà | blanc | ils |
| les | quelle heure | blanche | belle |
| long | quel livre | Fontainebleau | ville |
| longue | village | bleu | Paul |
| l'opéra | Pauline | classe | table |
| lentement | police | plat | noble |
| l'homme | bel homme | | double |

## EXPLICATIONS ET EXERCICES

*The* passé composé
(*the conversational
past*)

The conversational past tense, or *passé composé*, for most verbs is formed by using the present tense of *avoir* plus the past participle of the verb in question.

For regular *-er* verbs (verbs with endings like *parler*), the past participle is formed by adding *é* to the stem (*parl-*) of the verb: *parler — parlé* /parle/.

For regular *-ir* verbs (verbs with endings like *finir*), the past participle is formed by adding *i* to the stem (*fin-*) of the verb: *finir — fini* /fini/.

For regular *-re* verbs (verbs with endings like *attendre*), the past participle is formed by adding *u* to the stem (*attend-*) of the verb: *attendre — attendu* /atãdy/.

For verbs with endings like *dormir, sentir, partir, mentir*, the past participle is formed by adding *i* to the stem (*dorm-*) of the verb: *dormir — dormi* /dɔrmi/.

Observe the following forms of the *passé composé* of regular verbs.

$$
\text{j'ai} \begin{cases} \text{parlé} \\ \text{fini} \\ \text{attendu} \\ \text{dormi} \end{cases} \qquad \text{nous avons} \begin{cases} \text{parlé} \\ \text{fini} \\ \text{attendu} \\ \text{dormi} \end{cases}
$$

$$
\text{tu as} \begin{cases} \text{parlé} \\ \text{fini} \\ \text{attendu} \\ \text{dormi} \end{cases} \qquad \text{vous avez} \begin{cases} \text{parlé} \\ \text{fini} \\ \text{attendu} \\ \text{dormi} \end{cases}
$$

$$\text{il, elle, on a} \begin{cases} \text{parlé} \\ \text{fini} \\ \text{attendu} \\ \text{dormi} \end{cases} \qquad \text{ils, elles ont} \begin{cases} \text{parlé} \\ \text{fini} \\ \text{attendu} \\ \text{dormi} \end{cases}$$

*J'ai parlé* may be translated as "I spoke," "I did speak," "I have spoken."

The negative of the *passé composé* is formed by making the forms of *avoir* negative and adding the past participle.

Je n'ai pas fini.
Nous n'avons pas parlé.
Ils n'ont pas aimé le concert.

Questions function with the *passé composé* as with the present tense.

1.  Questions by intonation (The voice rises at the end of the utterance.)

    Tu as travaillé ce matin?

2.  *Est-ce que*

    Est-ce que vous avez aimé le concert?

3.  *N'est-ce pas*

    Yves a acheté une nouvelle auto, n'est-ce pas?

4.  Inversion (Invert *avoir* and the subject, as you have learned, and then add the past participle.)

    Avez-vous fini la leçon?
    Marie a-t-elle étudié?

Short adverbs used with the *passé composé* usually come between the auxiliary verb and the past participle. Compare:

Il parle déjà (*already*)      Il a déjà parlé.
Il parle lentement (*slowly*).   Il a parlé lentement.

Adverbs of time and place come after the past participle.

Il a travaillé hier.
Il a attendu ici.

*Meaning of the passé composé*   The *passé composé* (conversational past) indicates that the action of the verb took place in the past. It corresponds to both the simple past in English (I spoke, I finished, I waited) and the present perfect (I have spoken, I have finished, I have waited). Do not confuse the use of the *passé composé* and the idiomatic use of the present tense with *depuis* and *il y a... que*. Compare the following sentences:

| | |
|---|---|
| Paul a attendu le taxi pendant une demi-heure. | *Paul waited for the taxi for half an hour.* |
| Paul attend le taxi depuis une demi-heure. | *Paul has been waiting for the taxi for half an hour.* |
| Il y a une demi-heure que Paul attend le taxi. | *Paul has been waiting for the taxi for half an hour.* |

In the first of the preceding examples, the action in the past is completed, and accordingly the *passé composé* is used. The word for "for" before the expression of time in this context is *pendant*.

In the next two examples, the action has begun in the past, but comes up to the present and continues (Paul has been waiting and is still waiting). In such cases, the present tense is used in French. *Depuis* and *il y a… que* mean "for" in this context.

*Il y a* (without *que*) and an expression of time may be used with the *passé composé* with the meaning "ago." Compare:

| | |
|---|---|
| Il y a longtemps que j'habite ici. | *I have been living here for a long time.* |
| J'ai habité à Londres il y a longtemps. | *I lived in London a long time ago.* |

**a. Révision du verbe « avoir ». Formez des phrases selon le modèle donné.**

MODÈLE:  je / crayon / stylo
J'ai un crayon mais je n'ai pas de stylo.

1. Tu / livre / cahier
2. Vous / guitare / violon
3. Nous / piano / violoncelle
4. Jean / trombone / trompette
5. Mes amis / vélo / motocyclette
6. Je / bicyclette / voiture

**b. Qu'est-ce que vous avez fait hier? Répondez selon le modèle donné.**

MODÈLE:  travailler
Hier j'ai travaillé.

1. étudier
2. regarder la télévision
3. finir mes devoirs
4. dormir pendant une heure
5. attendre Roger au café
6. répondre à la lettre de maman

c. **Pas encore. Répondez selon le modèle donné.**

MODÈLE:   Avez-vous déjà mangé?
            Non, je n'ai pas encore (*yet*) mangé.

1.   Avez-vous déjà décidé?
2.   Avez-vous déjà étudié?
3.   Avez-vous déjà travaillé?
4.   Avez-vous déjà dîné?

d. **Avez-vous fini? Répondez selon le modèle donné.**

MODÈLE:   Avez-vous fini?
            J'ai commencé mais je n'ai pas fini.

1.   George a-t-il fini?
2.   Marie a-t-elle fini?
3.   Brigitte et Chantal ont-elles fini?
4.   Est-ce que j'ai fini?
5.   As-tu fini?
6.   Vous deux, avez-vous fini?

e. **Mais si.[1] Répondez selon le modèle donné.**

MODÈLE:   Ces étudiants n'ont pas étudié.
            Mais si, ils ont étudié pendant deux heures.

1.   Jacques n'a pas étudié non plus (*either*).
2.   Tu n'as pas bien travaillé.
3.   Nathalie n'a pas attendu Paul.
4.   Vous n'avez pas préparé le devoir.

f. **Depuis quand? Répondez selon le modèle donné.**

MODÈLE:   Depuis quand es-tu ici? (un mois)
            Je suis ici depuis un mois.

1.   Les Vincent? (un an)
2.   Anita? (quinze jours)
3.   Vous et votre famille? (quinze ans)
4.   Georges? (huit jours)

---

[1] *Si* (yes) is used after negative statements to contradict the negative remark.

g.  **Il y a longtemps. Répondez selon le modèle donné.**

MODÈLE:  M. Frangel habite ici?
Non, mais il a habité ici il y a longtemps.

1.  Isabelle habite ici?        3.  Les Martin habitent ici?
2.  Vous habitez ici?           4.  Tu habites ici?

h.  **Une interview. Demandez à un (une) camarade:**

1.  comment il (elle) a passé la matinée, l'après-midi.
2.  s'il (si elle) a étudié hier.
3.  s'il (si elle) a travaillé.
4.  s'il (si elle) a regardé la télévision hier soir.
5.  s'il (si elle) a joué au tennis hier.
6.  s'il (si elle) a nagé hier.
7.  s'il (si elle) a joué au golf ce matin.
8.  si Joseph a joué au golf aussi.
9.  si les autres ont joué au basketball.

*Some irregular verbs in the* passé composé

Memorize the irregular past participles used in the following examples of the *passé composé.*

| | | | |
|---|---|---|---|
| être | j'ai été | tu as été | il a été |
| faire | j'ai fait | tu as fait | il a fait |
| suivre | j'ai suivi | tu as suivi | il a suivi |
| prendre | j'ai pris | tu as pris | il a pris |
| comprendre | j'ai compris | tu as compris | il a compris |
| apprendre | j'ai appris | tu as appris | il a appris |
| avoir | j'ai eu /ʒey/ | tu as eu /tyay/ | il a eu /ilay/ |
| savoir | j'ai su | tu as su | il a su |
| vouloir | j'ai voulu | tu as voulu | il a voulu |
| pouvoir | j'ai pu | tu as pu | il a pu |
| pleuvoir | — | — | il a plu |

*a.  **Dans les phrases suivantes, substituez les mots suggérés.**

1.  J'ai été malade hier.
    (Tu / Nous / Vous / Jacques)
2.  Tu as fait une promenade ce matin?
    (Christine et André / Vous / Jean-Luc)
3.  Anne n'a pas compris la leçon non plus.
    (Marc / Nous / Vous / Les autres)

**b.   Un temps variable. Répondez selon le modèle donné.**

MODÈLE:   Quel temps a-t-il fait hier? (faire frais)
              Il a fait frais.

1.   faire froid        4.   faire du soleil
2.   faire du vent      5.   neiger
3.   pleuvoir           6.   faire beau

**c.   Un garçon têtu. Répondez selon le modèle donné.**

MODÈLE:   Alain a étudié?
              Non, il n'a pas voulu[1] étudier.

1.   A-t-il mangé?
2.   Est-ce qu'il a travaillé?
3.   Il a fait son devoir, n'est-ce pas?
4.   A-t-il appris la leçon?

**d.   Je n'ai pas eu le temps. Répondez selon le modèle donné.**

MODÈLE:   As-tu joué au tennis aujourd'hui?
              Non, je n'ai pas eu le temps de jouer au tennis.

1.   As-tu fait du canotage?
2.   As-tu joué au golf?
3.   As-tu fini ton devoir?
4.   As-tu fait du jogging ce matin?

**e.   Déjà. Répondez selon le modèle donné.**

MODÈLE:   Tu suis un cours de psychologie?
              Non, je l'ai déjà suivi.

1.   Vous suivez un cours de chimie?
2.   Michel suit un cours d'allemand?
3.   Marie prend le déjeuner?
4.   Vos amis prennent le dîner?

**f.   Un effort admirable. Formez des phrases selon le modèle donné.**

MODÈLE:   Marc / venir
              Marc a voulu venir, mais il n'a pas pu.

---

[1] The negative of *vouloir* in the conversational past usually means "to refuse." Compare:
Il a voulu aller au cinéma.          *He wanted (tried) to go to the movies.*
Il n'a pas voulu aller au cinéma.   *He refused to (he wouldn't) go to the movies.*

1. Maman / préparer le dîner
2. Nous / travailler
3. Tu / dormir
4. Ils / être à l'heure

*Agreement of the past participle with* avoir

When *avoir* is the auxiliary verb in compound tenses, the past participle, as you have learned, is ordinarily invariable.

Il a parlé. Elle a parlé. Nous avons donné.

However, agreement of the past participle is required when the direct object precedes the past participle. The agreement, in gender and in number, is made with the preceding direct object.

Il a attendu *la jeune fille*.  Il *l'*a attendu*e*.
Voilà *la jeune fille* qu'il a attendu*e*.  Quelle *jeune fille* a-t-il attendu*e*?

The agreement of the past participle is primarily a writing problem since the endings added do not affect the pronunciation of most past participles. However, when a past participle ends in a consonant, the addition of the feminine ending *e* (*es*) will change the pronunciation of the past participle. Consider the following:

*le livre* qu'il a pris /pri/
*la photo* qu'il a prise /priz/
*les photos* qu'il a prise*s* /priz/

*le travail* qu'il a fait /fɛ/
*la promenade* qu'il a faite /fɛt/
*les promenades* qu'il a faite*s* /fɛt/

*les verbes* qu'il a appris /apri/
*la leçon* qu'il a apprise /apriz/
*les leçons* qu'il a apprise*s* /apriz/

*a. **Répétez les phrases suivantes.**

1. J'ai pris la photo; je l'ai prise.
2. Il a compris les leçons; il les a comprises.
3. Il n'a pas cherché les billets. Il ne les a pas cherchés.

b. **Robert a vendu... Répondez selon le modèle donné. Ensuite écrivez les phrases.**

MODÈLE:  Robert a vendu sa guitare?
Oui, il l'a vendue.

1. A-t-il vendu son vélo?
2. Il a vendu ses vieux livres, n'est-ce pas?
3. Est-ce qu'il a vendu sa voiture?
4. A-t-il vendu ses skis?

c. **Au self-service. Posez et écrivez des questions selon le modèle donné.**

MODÈLE:   J'ai pris cette salade-là.
            Quelle salade avez-vous prise?

1. J'ai pris ces pains-là.
2. J'ai pris cette soupe.
3. J'ai pris ce plat de viande.
4. J'ai pris cette boisson-là.

| *Direct and indirect object pronouns* me, te, nous, vous | | |
|---|---|---|
| me | *me, to me* | |
| te | *you, to you* | |
| nous | *us, to us* | |
| vous | *you, to you* | |

When *me* or *te* follow *je, tu, nous,* or *vous,* drop the unaccented *e* of *me* and *te.*

Vous mé cherchez?
Je té regarde.

*Me* and *te* become *m'* and *t'* when followed by a vowel sound.

Elle me cherche.      Elle m'aime.

Liaison occurs with *nous* and *vous* when followed by a vowel sound.

Ils vous détestent.      Ils nous‿aiment.

*Me, te, nous, vous* are used as direct object or indirect object pronouns.

Ils vous cherchent.
Il me demande de venir.

As you have learned, a direct or indirect object pronoun precedes its verb, *voici* and *voilà,* or the infinitive to which it is related.

Paul te cherche.
Te voilà enfin.
Ils vont vous inviter.

Likewise, in questions, the object pronoun precedes the verb.

Il vous invite?
Il vous invite, n'est-ce pas?
Est-ce qu'il vous invite?
Vous invite-t-il?

In negative sentences, *ne* precedes the object pronoun.

Il ne me comprend pas.

In the *passé composé*, object pronouns precede the auxiliary verb.

Il m'a donné l'argent.
Il ne m'a pas donné l'argent.
M'a-t-il donné l'argent?

**a.   Qui attend _____? Répondez selon le modèle donné.**

MODÈLE:   Qui attend Jacques? (Roger)
          Roger l'attend.

1.   Qui attend Suzanne? (Guy)
2.   Qui t'attend? (Josette)
3.   Qui m'attend? (Solange)
4.   Qui vous attend? (Nos amies)
5.   Qui attend vos parents? (Janine)

**b.   Les invitations. Répondez selon le modèle donné.**

MODÈLE:   Qui a invité Anne? (Paul)
          Paul l'a invitée.

1.   Qui a invité les autres? (Henri)
2.   Qui a invité Monique? (Brigitte)
3.   Qui t'a invité(e)? (Nathalie)
4.   Qui m'a invité(e)? (Alain)
5.   Qui nous a invités? (Germaine)

**c.   Au restaurant. Le garçon apporte _____. Répondez selon le modèle.**

MODÈLE:   Qu'est-ce que le garçon apporte à Tante Amélie? (du rosbif)
          Il lui apporte du rosbif.

1.   Qu'est-ce qu'il apporte à notre oncle? (du poulet)
2.   Qu'est-ce qu'il apporte à nos parents? (du jambon)
3.   Qu'est-ce qu'il t'apporte? (un bifteck frites)
4.   Qu'est-ce qu'il m'apporte? (du rôti de veau)
5.   Qu'est-ce qu'il nous apporte? (du poisson)

**d.   Les présentations. Répondez selon le modèle.**

MODÈLE:   Qui va présenter le professeur? (Mme La Fontaine)
          Mme La Fontaine va le présenter.

1.   Qui va nous présenter? (Suzanne)
2.   Qui va présenter tes amis? (Jean)

3. Qui va te présenter? (Yves)
4. Qui va présenter M. Ledoux? (M. Alain)
5. Qui va me présenter? (Anne)

**e.** **Une interview. Les confidences. Posez les questions suivantes à un(e) camarade.**

1. Tu aimes Joseph?
2. Tu aimes le professeur?
3. Est-ce que tu m'aimes?
4. Tu détestes Jacques?
5. Tu détestes tes cours?

6. Tu aimes Chantal?
7. Tu aimes tes cours?
8. Tu aimes _____?
9. Est-ce que tu détestes Anne?
10. Est-ce que tu détestes tes professeurs?

## LECTURE

*Vocabulaire*

**ainsi** de cette manière, donc. Madeleine est malade; *ainsi* elle ne vient pas en classe aujourd'hui.

**envoyer** expédier. Pour contacter quelqu'un, on *envoie* un télégramme ou une lettre.

**devenir** Mon ami Marc étudie la médecine pour *devenir* médecin.

**guerre** *f.* état de conflit entre deux ou plusieurs nations. Les Etats-Unis ont envoyé des soldats en Europe pendant la Première et la Deuxième *guerres* mondiales.

**contre** ≠ pour. On a voté *contre* le sénateur. J'ai placé mon vélo *contre* le garage.

**partout** M. Lemaire voyage dans le monde entier. Il va *partout*.

**sans** ≠ avec. Georges arrive *sans* argent et ne peut pas nous payer.

**seulement** J'ai un seul plat aujourd'hui; j'ai *seulement* le rosbif.

**rester** Jeanne ne part pas; elle *reste* ici. L'influence française persiste dans les colonies; elle *reste* forte dans ces pays-là.

**ressembler à** avoir de la ressemblance avec quelqu'un ou quelque chose. Ce garçon *ressemble à* son père.

*Structure à noter*

Y usually means "there." It precedes the verb except in affirmative commands.

—Vous allez en France?
—Oui, j'y vais.
—Je vais au cinéma ce soir?
—Oui. Allez-y. (Vas-y.)[1]

---

[1] Compare: *Va au travail. Vas⸝y.*

**EXERCICES DE VOCABULAIRE**

**a. Répondez selon les modèles donnés.**

MODÈLE:  Yolande… chimiste
Yolande va devenir chimiste.

1. Mon frère… pilote
2. Charles… médecin
3. Anne… dentiste
4. Jean-Paul et Françoise… avocats (*lawyers*)

MODÈLE:  Tu prends cet hôtel-ci?
Non. Je préfère rester dans l'autre.

5. Les Armand prennent cet hôtel-ci?
6. Vous prenez cette chambre? (Nous…)
7. M. Grandjean prend cet appartement?

MODÈLE:  Marc est le portrait de son père.
C'est vrai. Il lui ressemble beaucoup.

8. Anne est le portrait de sa mère.
9. Tu es le portrait de ton frère.
10. Michel est le portrait de son grand-père.

MODÈLE:  Jacques a trouvé sa lettre?
Non, et il a cherché partout.

11. Tu as trouvé ton argent?
12. Hélène a trouvé ses livres?
13. Vous avez trouvé vos cahiers? (nous…)

**b. Complétez les phrases suivantes, selon le modèle donné.**

MODÈLE:  J'ai le chèque et…
J'ai le chèque et je vais l'envoyer tout de suite.

1. Nous avons le chèque et…
2. Mes parents ont le chèque et…
3. Tante Lili a le chèque et…

**c. En employant des mots du Vocabulaire, complétez les phrases suivantes.**

1. Ils n'ont pas leurs cahiers aujourd'hui; ils sont donc _____ cahiers.
2. Ils ont leurs crayons et ils n'ont pas autre chose; ils ont donc _____

leurs crayons.

3. Les armées américaine et française ont été alliées pendant la Première et la Deuxième _____ mondiales.
4. Georges m'a aidé et _____ j'ai pu finir à l'heure.
5. Placez les livres là-bas dans le coin _____ le mur.

## Les Colonies françaises

**colons** *personnes qui fondent une colonie*
**richesse** *abondance de biens (wealth)*
**règne** *gouvernement d'un souverain*
**bords** *rivages (shores)*
**Saint-Laurent** (*Saint Lawrence River*)
**est née** *was born*
**Antilles** (*West Indies*)
**commerçants** *les personnes qui font le commerce*
**comptoir commercial** (*trading post*)
**l'Inde** (*India*)

Comme d'autres grands pays européens, la France a envoyé des explorateurs et des colons aux quatre coins du monde chercher la richesse et coloniser de nouveaux territoires.

En 1534, Jacques Cartier part vers l'Amérique pour explorer le Nord du Nouveau Monde. Pendant le règne de Henri IV (1589–1610), des colons français arrivent sur les bords du Saint-Laurent. C'est ainsi que la ville de Québec est née. Sous Louis XIV (1643–1715), Cavelier de La Salle explore la vallée du Mississippi et fonde la Louisiane. La colonie de Saint-Domingue (aujourd'hui Haïti) est établie aux Antilles, et en Asie, des commerçants français établissent un comptoir commercial à Pondichéry dans l'Inde.

*Ivory Coast hair dressing salon*
(Marc and Evelyne Bernheim/
Woodfin Camp and Associates)

Pendant les quarante premières années du règne de Louis XV (1715–1774), les colonies françaises développent leurs richesses. Au Canada, Québec et Montréal deviennent de grandes villes. Les plantations de la Martinique, de la Guadeloupe et de Saint-Domingue produisent du sucre, du café, du cacao et du tabac.

**cacao** *plante qui sert à faire le chocolat*

En 1763, la France, qui a perdu la guerre contre l'Angleterre, est obligée de donner le Canada et l'Inde aux Anglais, qui sont leurs voisins dans presque toutes les colonies. De 1815 à 1914, la France fonde de nombreuses autres colonies en Afrique et en Asie, notamment au Maroc, en Algérie et en Tunisie. Partout, le gouvernement a installé des écoles, et les enfants des colons et les petits indigènes étudient la littérature française, l'histoire et les traditions de la France.

**indigènes** (*natives*)

Depuis la Deuxième Guerre mondiale, les pays colonisés demandent, l'un après l'autre, leur liberté. Dans certains cas, l'indépendance a été accordée sans difficulté, dans d'autres, seulement après de longues et cruelles guerres. Aujourd'hui la France n'a plus de colonies, mais l'influence française reste forte dans ces pays où les colons ont vécu. On y parle toujours le français; leurs écoles ressemblent beaucoup aux écoles françaises; et plusieurs de leurs chefs d'Etat ont étudié en France.

**ont vécu** (*lived*)

**chefs d'Etat** (*chiefs of state, leaders*)

### QUESTIONNAIRE SUR LA LECTURE

1. Regardez une carte du monde. Trouvez les Antilles.
2. Où se trouve la Martinique? la Guadeloupe? Haïti?
3. Quelles sont les principales production de ces îles?
4. Indiquez sur la carte le Saint-Laurent.
5. Où se trouve Montréal? la ville de Québec?
6. Qui a exploré le Québec?
7. Quand les colons français arrivent-ils sur les bords du Saint-Laurent?
8. Qui a exploré la vallée du Mississippi?
9. Trouvez sur la carte la ville de Pondichéry.
10. Quand la France a-t-elle fondé ses colonies en Afrique?
11. Donnez les noms des principales colonies françaises en Afrique.
12. Montrez sur la carte les colonies françaises en Afrique et en Asie.
13. Qu'est-ce qu'on étudie dans les écoles des colonies?
14. Depuis quand est-ce que les colonies demandent leur indépendance?
15. Comment la France a-t-elle accordé l'indépendance à ses colonies?
16. Décrivez l'influence française dans les pays colonisés par les Français.

### DISCUSSION

Donnez quelques noms de lieu (*place names*) français aux Etats-Unis. Savez-vous l'origine de ces mots?

# Dixième Leçon

## LES ACHATS —
## LES VÊTEMENTS

BRIGITTE
Je viens de voir Janine. Elle dit
que vous êtes allées en ville
hier.
YOLANDE
C'est vrai. Nous sommes allées
faire des achats au Bon
Marché.

BRIGITTE
Qu'est-ce que tu as acheté?
YOLANDE
Ce chemisier et une jupe.

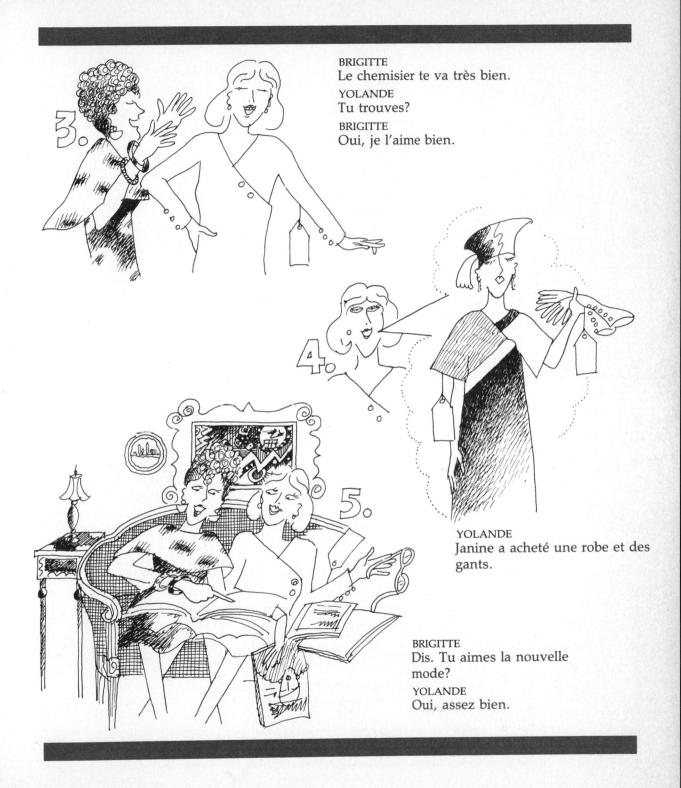

**BRIGITTE**
Le chemisier te va très bien.

**YOLANDE**
Tu trouves?

**BRIGITTE**
Oui, je l'aime bien.

**YOLANDE**
Janine a acheté une robe et des gants.

**BRIGITTE**
Dis. Tu aimes la nouvelle mode?

**YOLANDE**
Oui, assez bien.

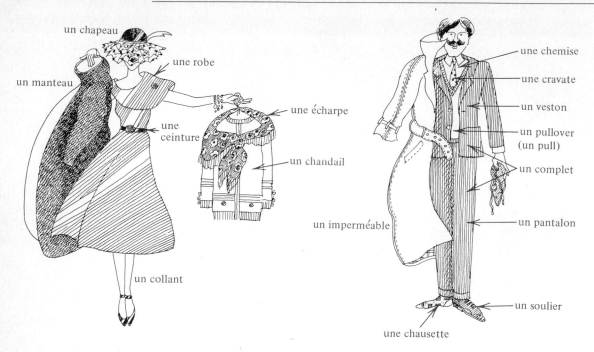

Voilà Mme Durand. Elle porte une belle robe.

Voilà M. Durand. Il porte un joli complet.

**a.   Vrai ou faux? Corrigez les phrases fausses.**

1.   D'ordinaire quand on va à la pêche, on porte une cravate.
2.   Si je fais souvent des achats, je dépense pas mal d'argent en vêtements.
3.   J'ai fini ma leçon il y a cinq minutes. Je viens de la finir.
4.   Claude porte une chemise orange, une cravate rouge, un pantalon jaune, des chaussettes bleues et des souliers bruns. Ses vêtements vont très bien ensemble.
5.   Le Bon Marché est un magasin où l'on vend des vêtements.
6.   D'ordinaire le président d'une compagnie porte un blue-jean et un tee-shirt pour aller au travail.
7.   Quand on dort, on porte généralement un pyjama.
8.   Si j'ai froid, je porte une ceinture et une cravate.

**b.   Ce pullover lui va très bien. Répondez selon les modèles donnés.**

MODÈLE:   Jacqueline aime bien ce chapeau.
          Oui, et il lui[1] va très bien.

[1] Note that the object of *aller* (meaning "to look good on someone" or "to be becoming to") is the indirect object.
     La robe lui va très bien.
     Ces souliers vous vont mal.

1. Paulette aime bien ce chemisier.
2. Roger aime bien ce veston.
3. Madeleine aime bien ces gants.
4. Georges aime bien ces souliers.
5. Mme Dubois aime bien cette écharpe.
6. M. Dubois aime bien ce complet.

MODÈLE: J'ai acheté cette cravate hier.
Elle vous va mal.

7. J'ai acheté ce manteau hier.
8. J'ai acheté ces souliers hier.
9. J'ai acheté cette chemise hier.
10. J'ai acheté ce complet hier.

c. **Regardez et répondez.** During this exercise, the professor points to articles of his or her own clothing and to those of some of the students.

1. Qu'est-ce que c'est, Philippe?
2. Et qu'est-ce que c'est, Germaine?
3. De quelle couleur est le chemisier de Suzanne?
4. De quelle couleur est le pantalon de Jean?
5. De quelle couleur est ma cravate (mon chemisier)?
6. De quelle couleur sont mes souliers? mes chaussettes?
7. De quelle couleur est la chemise de Roger?
8. Qu'est-ce que vous préférez, les complets bruns ou les complets bleus?
9. Aimez-vous la nouvelle mode?
10. Que porte Jacques aujourd'hui? (*Indicate articles of clothing and colors.*)
11. Quels vêtements Yvette porte-t-elle?
12. Aimez-vous faire des achats?
13. Avez-vous fait des achats ce matin? hier?
14. Qu'est-ce que vous avez acheté?
15. Allez-vous faire des achats aujourd'hui? demain? samedi?
16. Qu'est-ce que vous allez acheter?

## COMMENTAIRES CULTURELS

**Bon Marché** is a common name for department stores in many cities in French-speaking countries. Some other well-known department stores in France are **Le Printemps, La Samaritaine,** and **Les Nouvelles Galéries.**

**Tu trouves? (Vous trouvez?)** is the usual way of responding to a compliment. Compare this to our "Thank you." In general, the French custom is to play down compliments; thus avoid saying **merci** to every nice remark that is made to you.

*Euromarché, department store, Nice (Hugh Rogers/ Monkmeyer Press Photo)*

## PRONONCIATION

*French vowels /i/, /u/, and /y/*

See pages 6–7 for instruction concerning the French vowels /i/, /u/, and /y/.

1.   Repeat:

| /i/ | /u/ | /y/ |
|-----|-----|-----|
| ils | ou | tu |
| oui | où | elle continue |
| pris | nouveau | nous avons vu |
| cinéma | il trouve | une robe |
| film | tout | avez-vous vu |
| gris | pourquoi | une ceinture |
| chemise | nous | une jupe |
| pyjama | vous | une paire de chaussures |

Pronounce and contrast the pairs of words containing /u/ and /y/: *vous, vu; tout, tu; sous, su; pour, pur; joue, jus; doux, du; ou, il a eu.*

*French semivowels /j/, /w/, /ɥ/*

See pages 7–8 for instructions concerning the French semivowels /j/, /w/, /ɥ/.

1.   Repeat:

| /j/ | /w/ | /ɥ/ |
|-----|-----|-----|

| hier | oui | je suis |
|------|-----|---------|
| bien | noir | ensuite |
| chandail | au revoir | huit |
| tiens | moi | huitième |
| premier | mouchoirs | aujourd'hui |
| deuxième | bois | suivez-moi |
| monsieur | mademoiselle | une cuiller |
| kiosque | trois | dix-huit |

2. Pronounce and contrast the following pairs of words containing /w/ and /ɥ/: *Louis, lui; oui, huit; soif, suave; noix, nuage; mouette, muette.*

3. In final position, /j/ is sometimes dropped from pronunciation by American students. Also, the final sound /j/ is sometimes incorrectly added after the vowels /i/ and /e/. Care must be taken to avoid both of these errors. Pronounce and contrast the following pairs of words ending in a vowel sound and those containing /j/ in final position: *fi, fille; abbé, abeille; feu, feuille; queue, cueille; eux, œil; deux, deuil; gentil, gentille; papa, paille; il va, travaille.*

4. /u/, /y/, /w/, or /ɥ/? Say the following words. Use /u, /y/, /w/, or /ɥ/ appropriately: *soir, vous voulez, une, boule, ensuite, Etats-Unis, je suis, nous pouvons, ouest.*

*French /r/*   **See page 8 for instruction concerning the French /r/.**

Repeat:

Between vowel sounds: *intéressant, arriver, Henri, Paris, conférence, Marie, américain*

Preceding a consonant: *pourquoi, il parle, merci, Sorbonne, parc, chercher, arbre, jardin*

In final position: *hier, faire, noir, voir, pull-over, mouchoir, dire, au revoir*

After a consonant: *je prends, français, très, gris, je voudrais, cravate, après, printemps*

In initial position: *robe, rose, restaurant, Rome, russe, rien, Robert*

## EXPLICATIONS ET EXERCICES

*The irregular verbs*
*voir (to see) and*
*croire (to believe)*

|  |  | **voir** | | **croire** | |
|---|---|---|---|---|---|
| *présent* | je | voi | s | croi | s |
| | tu | voi | s | croi | s |
| | il, elle, on | voi | t | croi | t |
| | nous | vo | y ons | cro | y ons |
| | vous | vo | y ez | cro | y ez |
| | ils, elles | voi | ent | croi | ent |

*passé composé*   j'ai vu, tu as vu          j'ai cru, tu as cru

Note the use of prepositions with *croire* in the expression "to believe in . . ." Use *en* when there is no definite article or adjective preceding the noun; otherwise, use *à*.

Jean-Pierre croit en Dieu.     *Jean-Pierre believes in God.*

Il croit à l'existence de Dieu.     *He believes in the existence of God.*

**a. Est-ce une Citroën on une Peugeot? Identifiez les différents véhicules. Formez des phrases selon le modèle donné.**

MODÈLE:    Je / une auto / une Renault

            Je vois une auto. Je crois que c'est une Renault.

1. Marc / une auto / une Porsche
2. Nous / une motocyclette / une Honda
3. Anne / une bicyclette / une Peugeot
4. Les autres / une auto / une Ford
5. Je / une motocyclette / une Suzuki

**b. Une interview. Répondez.**

1. Voyez-vous souvent vos parents? vos frères et vos sœurs?
2. Quand les voyez-vous?
3. Quand voyez-vous vos amis?
4. Aimez-vous le cinéma?
5. Voyez-vous quelquefois des films étrangers?
6. Avez-vous vu des films français? Quels films?
7. Avez-vous vu un bon film récemment? Quel film?
8. Croyez-vous à l'astrologie?
9. Croyez-vous en Dieu?
10. Croyez-vous à l'existence de Satan?

*The irregular verb* mettre (*to put, to put on, to set*)

*présent*

| | |
|---|---|
| je met\|s | nous mett\|ons |
| tu met\|s | vous mett\|ez |
| il, elle, on met\| | ils, elles mett\|ent |

*passé composé*   j'ai mis, tu as mis

*Promettre* (to promise) and *permettre* (to permit) are conjugated like *mettre*.

**a. Qu'est-ce qu'on porte aujourd'hui? Formez des phrases selon le modèle donné.**

MODÈLE:    Je / un pull rouge

            Je mets un pull rouge.

1. Roger / un pantalon noir
2. Nous / un tee-shirt vert

3. Tu / complet brun
4. Vous / un blue-jean
5. Elles / une robe bleue
6. Je / ?

**b. Où se trouve...? Répondez selon le modèle donné.**

MODÈLE: L'auto? (Joseph... dans le garage)
Joseph l'a mise dans le garage.

1. Les livres? (Marie... sur la table)
2. Les skis? (Nous... dans le garage)
3. Le vélo? (Je... dans le garage)
4. Les disques? (Josette et Yves... sur la table)
5. L'argent? (Vous... sur la chaise)

**c. Une interview. Répondez.**

1. Chez vous, qui met la table pour le petit déjeuner? pour le déjeuner? pour le dîner?
2. Qui a mis la table pour le dîner hier soir?
3. Quand vous allez au cinéma, que mettez-vous d'ordinaire?
4. Qu'est-ce que vous mettez pour venir à l'université en général?
5. Qu'est-ce que vous avez mis aujourd'hui?
6. Avez-vous fait une promesse à quelqu'un? à qui? Qu'est-ce que vous avez promis de faire?

*Passé composé with* être *as the auxiliary verb*

The following verbs require *être* instead of *avoir* as the auxiliary verb in the formation of the *passé composé*.

Regular *-er* verbs which require *être* in compound tenses

| | |
|---|---|
| arriver (*to arrive*) | je suis arrivé(e) |
| | tu es arrivé(e) |
| | Paul est arrivé |
| | Marie est arrivée |
| entrer (*to enter*) | je suis entré(e) |
| | tu es entré(e) |
| | il est entré |
| | elle est entrée |
| monter (*to go up*) | je suis monté(e) |
| | tu es monté(e) |
| | Jean est monté |
| | Jeanne est montée |

| | |
|---|---|
| passer (*to pass by*) | je suis passé(e) |
| | tu es passé(e) |
| | Roger est passé |
| | Jacqueline est passée |
| rester (*to remain*) | je suis resté(e) |
| | tu es resté(e) |
| | Henri est resté |
| | Henriette est restée |
| retourner (*to return, to go back*) | je suis retourné(e) |
| | tu es retourné(e) |
| | il est retourné |
| | elle est retournée |
| rentrer (*to return home,*<br>   *to go home, to come back*) | je suis rentré(e) |
| | tu es rentré(e) |
| | il est rentré |
| | elle est rentrée |
| tomber (*to fall*) | je suis tombé(e) |
| | tu es tombé(e) |
| | Didier est tombé |
| | Marie est tombée |

Regular *-re* verb which requires *être* in compound tenses

| | |
|---|---|
| descendre (*to go down*) | je suis descendu(e) |
| | tu es descendu(e) |
| | il est descendu |
| | elle est descendue |

Other verbs which require *être* in compound tenses

| | |
|---|---|
| aller (*to go*) | je suis allé(e) |
| | tu es allé(e) |
| | il est allé |
| | elle est allée |
| venir (*to come*) | je suis venu(e) |
| | tu es venu(e) |
| | il est venu |
| | elle est venue |
| devenir (*to become*) | je suis devenu(e) |
| | tu es devenu(e) |
| | Paul est devenu |
| | Suzanne est devenue |

| | |
|---|---|
| revenir (*to come back*) | je suis revenu(e) |
| | tu es revenu(e) |
| | il est revenu |
| | Jeanne est revenue |
| mourir (*to die*) | il est mort |
| | elle est morte |
| naître (*to be born*) | je suis né(e) |
| | tu es né(e) |
| | il est né |
| | elle est née |
| partir (*to leave*) | je suis parti(e) |
| | tu es parti(e) |
| | Robert est parti |
| | Marie est partie |
| sortir (*to go out*) | je suis sorti(e) |
| | tu es sorti(e) |
| | Paul est sorti |
| | Marie est sortie |

When *être* is used as the auxiliary verb in the formation of the *passé composé*, the past participle must agree in gender and number with the subject.

| | |
|---|---|
| Paul est allé au concert. | *Paul went (has gone) to the concert.* |
| Marie est arrivée. | *Marie arrived (has arrived).* |
| Ils sont tombés. | *They fell (have fallen).* |
| Jeannette et Marie sont rentrées. | *Jeannette and Marie returned (have returned) home.* |

The following verbs may be used with direct objects: *descendre, sortir, monter, passer, rentrer*. When used with a direct object, these verbs are conjugated with *avoir*.

| | |
|---|---|
| Il a monté l'escalier. | *He climbed the stairs.* |
| Il a descendu la valise. | *He brought down the suitcase.* |
| Elle a passé un mois à Paris. | *She spent a month in Paris.* |

**a. Révision du verb « *être* ». Répondez selon le modèle donné.**

MODÈLE:   Madeleine est suisse? (belge)
         Non, elle n'est pas suisse. Elle est belge.

1.   Jean est italien? (français)
2.   Vous êtes français? (nous... américains)
3.   Vos amis sont allemands? (hollandais)
4.   Tu es anglais(e)?

b.  **Des voyages. Indiquez par où on est passé. Formez des phrases selon le modèle donné.**

MODÈLE:  Suzanne / le Portugal / l'Espagne
Suzanne est passée par le Portugal et l'Espagne.

1.  Tu / le Luxembourg / la Belgique
2.  Nous / la Suisse / l'Italie
3.  Mes parents / la Bretagne / la Normandie
4.  Vous / Strasbourg / Colmar
5.  Je / Avignon / Nîmes
6.  M. Dujardin / Philadelphie / Washington

c.  **A six heures ou à sept heures? Quand est-on arrivé? Répondez selon le modèle donné.**

MODÈLE:  Maman? (hier / ce matin)
Elle n'est pas arrivée hier. Elle est arrivé ce matin.

1.  Vous? (Nous… à huit heures / à neuf heures)
2.  Joseph? (hier / aujourd'hui)
3.  Nos amis? (hier soir / ce matin)
4.  Nicole? (cet après-midi / ce soir)
5.  Toi? (à midi / à une heure)
6.  Moi? (Tu… en mars / en avril)

d.  **Une interview. Demandez à un (une) camarade:**

1.  s'il (si elle) est resté(e) à la maison hier soir.
2.  s'il (si elle) est allé(e) au cinéma hier soir.
3.  s'il (si elle) est parti(e) de bonne heure.
4.  s'il (si elle) est arrivé(e) à l'heure ou en retard.
5.  s'il (si elle) est sorti(e) le week-end passé.
6.  avec qui il (elle) est sorti(e).
7.  s'il (si elle) est rentré(e) tard.

e.  **« Avoir » ou « être » comme verbe auxiliaire? Mettez au passé composé les verbes des phrases suivantes.**

Aujourd'hui je vais au restaurant. Je passe toute la soirée avec mes amis. Je prends du coq au vin; je mange trop. Je rentre chez moi à minuit et demi. Je monte l'escalier et j'entre dans ma chambre. Je prends une aspirine. Je dors mal.

f.  **Une causerie. Qu'est-ce que vous avez fait hier?**

MODÈLE:  Hier, je suis venu(e) à l'université. J'ai…
Continuez!

**Venir de**
*plus the infinitive*

The present tense of *venir* plus *de* plus an infinitive indicates an action which has just taken place. Think of *venir de* plus the infinitive as meaning "to have just. . . ."

| | |
|---|---|
| Je viens de finir ma leçon. | *I have just finished my lesson.* |
| Nous venons de déjeuner. | *We have just had our lunch.* |
| Ils viennent de parler à Jean. | *They have just spoken to John.* |

a. **Révision du verbe « venir ». Répondez affirmativement aux questions suivantes.**

1. Jacques vient?
2. Chantal vient?
3. Tu viens?
4. Vous venez? (Nous)
5. Les camarades viennent?

b. **J'ai déjà mangé. Répondez selon le modèle donné.**

MODÈLE:  Mangez votre salade.
Je viens de la manger.

1. Mangez votre soupe.
2. Mangez votre pain.
3. Mangez les haricots verts.
4. Mangez les carottes.

c. **Déjà. Répondez selon le modèle donné.**

MODÈLE:  Georges a déjà fini?
Oui, il vient de finir.

1. Mimi a déjà fini?
2. Vous avez déjà fini? (Oui, nous…)
3. Les autres ont déjà fini?
4. Tu as déjà mangé?
5. Philippe a déjà mangé?
6. Madeleine est déjà partie?
7. Vos parents sont déjà partis?
8. Jules est déjà arrivé?
9. J'ai déjà fini?

## LECTURE

*Vocabulaire*

**à cause de**   en considération de. Je suis heureux *à cause de* toi.
**dépasser**   ici, être plus grand. Montréal a *dépassé* Québec. L'enfant a grandi et il a *dépassé* son père.
**île** *f.*   New York est construit sur une *île*.
**bâtir, construire**   (to build). On a *construit* une nouvelle maison à Genève. Les Dubois ont *bâti* leur maison à la campagne.
**voiture** *f.*   auto; véhicule qui sert à transporter les personnes ou les choses. Une Peugeot est une bonne *voiture*.
**boule** *f.*   L'enfant lance des *boules* de neige. Voici une *boule*:

**quartier** *m.*   partie d'une ville. On a bâti de nouvelles maisons dans ce *quartier*.

**bois** *m.*   La table est construite en *bois*.

**gratte-ciel** *m.; pl.* **les gratte-ciel**   bâtiment avec un très grand nombre d'étages. Voici un *gratte-ciel*:   Il y a beaucoup de *gratte-ciel* à New York.

**boutique** *f.*   petit magasin. Entrons dans cette *boutique*.

*Structures à noter*   When the verb *faire* is followed by an infinitive, the subject of the verb causes an action to be done by someone else. Compare the following:

| | |
|---|---|
| M. Dubois a construit une belle maison. | *M. Dubois built a lovely home.* |
| M. Dubois a fait construire une belle maison. | *M. Dubois had a lovely home built.* |

*Faire une promenade* means "to take a walk," as you have learned. It may have other meanings depending on its use with other expressions. Consider the following:

| | |
|---|---|
| Hier nous avons fait une promenade. | *Yesterday we went for a walk.* |
| Ils vont faire une promenade en voiture. | *They're going for a ride in their car.* |
| Mes cousins ont fait une promenade à cheval hier. | *My cousins went horseback riding yesterday.* |
| Brigitte et Alain font une promenade en bateau. | *Brigitte and Alain are out for a boat ride.* |
| Nous allons faire une promenade en traîneau. | *We're going to go on a sleigh ride.* |

*Même* may be used as an adjective. Before the noun or pronoun modified, it means "same."

le même garçon   *the same boy*

After the noun or pronoun modified, *même* means "self" or "very."

lui-même   *himself*
ce soir même   *this very evening*

*Même* as a pronoun means "same, same one(s)."

Ce sont les mêmes.     *These are the same ones.*

*Même* as an adverb means "even."

Même Antoine sait jouer du piano.     *Even Anthony knows how to play the piano.*

### EXERCICES DE VOCABULAIRE

**a. Répondez selon les modèles donnés.**

MODÈLE:  Où habitent les Meunier? (Paris)
Ils habitent un beau quartier de Paris.

1.  Où habite Monique Noé? (Lyon)
2.  Où habite Georges Lenoir? (Nancy)
3.  Où habitent les Vienne? (Londres)

MODÈLE:  Pourquoi es-tu en retard? (neige)
A cause de la neige.

4.  Pourquoi restes-tu à la maison? (le mauvais temps)
5.  Pourquoi faites-vous une promenade? (le beau temps)
6.  Pourquoi aimes-tu cette promenade? (les beaux paysages)

MODÈLE:  Tu ne peux pas dépasser cette Peugeot!
Mais si! Je peux la dépasser.

7.  Tu ne peux pas dépasser cette Renault!
8.  Jacques ne peut pas dépasser cette Citroën!
9.  Mme Dujardin ne peut pas dépasser cette voiture!

**b. En employant des mots du Vocabulaire, complétez les phrases suivantes.**

1.  Nous avons passé nos vacances aux _____ hawaïennes.
2.  Le bureau de mon père se trouve au 45$^e$ étage d'un _____.
3.  Une Mercédès est une _____ que j'aime bien.
4.  J'ai acheté cette robe dans la jolie _____ là-bas.
5.  Marc préfère les maisons en briques; moi, je les aime mieux en _____.
6.  Où vont-ils faire _____ leur maison?
7.  Attention! L'enfant fait une _____ de neige et il va nous attaquer.

*The old city section of Montreal*
(Eric Kroll/
Taurus Photos)

## La Deuxième Ville française du monde

**au début** *au commencement*
**fourrures** (*furs*)

Montréal a été au début un petit village appelé Ville-Marie. Les missionnaires l'ont établi après Québec. On y a fait le commerce des fourrures. Au commencement du XIX<sup>e</sup> siècle, la ville a grandi à cause du port et du fleuve. Montréal est devenu le grand port du pays et la ville a dépassé Québec. Aujourd'hui, elle compte près de 2 millions d'habitants. Il y a seulement 5 millions d'habitants dans toute la province de Québec. Montréal est maintenant la deuxième ville française du monde; la première, c'est Paris.

**centenaire** *anniversaire de cent ans*

L'Exposition universelle de 1967 a été organisée en l'honneur du centenaire de la Confédération canadienne (1867–1967). On a construit sur le Saint-Laurent l'île Notre-Dame pour y installer des pavillons. Soixante-deux pays ont bâti des pavillons d'une architecture variée. Les Etats-Unis

**recouverte** (*covered*)

ont construit une boule de tubes métalliques recouverte de plastique transparent.

A l'occasion de l'« Expo », des ingénieurs de Paris, en collaboration avec des ingénieurs canadiens, ont construit le métro. La décoration de chaque station et le confort des voitures font de ce métro un des plus beaux du monde.

**disparaître** (*disappear*)

La modernisation de la ville à l'occasion de l'Expo a fait disparaître totalement de vieux quartiers. A la place des maisons de bois tombées en ruine, on a construit des gratte-ciel. D'élégantes boutiques ont donné à Montréal l'aspect d'une véritable « capitale » de la mode. On peut même y acheter les derniers modèles venus de Paris.

Montréal a trois universités. L'Université de Montréal est de langue française; l'Université McGill et l'Université Sir George Williams sont de langue anglaise.

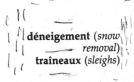

**déneigement** (snow removal)
**traîneaux** (sleighs)

Des théâtres, des cinémas, des restaurants, quelques cafés donnent à Montréal une certaine activité nocturne. Montréal est aussi la ville du monde qui dépense le plus d'argent pour le déneigement des rues en hiver. Dans cette ville moderne il y a encore des traîneaux et des chevaux qui invitent les touristes à faire de très belles promenades.

## QUESTIONNAIRE SUR LA LECTURE

1. Est-ce que Montréal a toujours été une grande ville?
2. Montréal compte combien d'habitants maintenant?
3. Quelle est la première ville française du monde? la deuxième?
4. A quelle occasion a-t-on fait l'Expo?
5. Pourquoi a-t-on construit l'île Notre-Dame?
6. Quel genre de pavillon les Etats-Unis ont-ils construit?
7. Qu'est-ce qu'on a construit à l'occasion de l'Expo?
8. Pourquoi ce métro est-il un des plus beaux du monde?
9. Qu'est-ce qu'on a fait des vieux quartiers?
10. Qu'est-ce qu'on a construit à leur place?
11. Pourquoi est-ce que Montréal est une véritable « capitale » de la mode?
12. Combien d'universités y a-t-il à Montréal?
13. A quelle université parle-t-on français?
14. A quoi la ville dépense-t-elle beaucoup d'argent?
15. A quoi servent les traîneaux et les chevaux?
16. Etes-vous allé(e) à l'« Expo »?
17. Quels pavillons avez-vous préférés?
18. Que pensez-vous du métro à Montréal? (Je pense qu'il...)
19. Aimez-vous Montréal? Pourquoi or pourquoi pas?

# DEUXIÈME RÉVISION

*Révision du
vocabulaire*

Etudiez le vocabulaire (Préparation et Lecture) des leçons 6–10. (Voir aussi les listes de vocabulaire dans le *cahier d'exercices*.)

*Révision des verbes
réguliers (-er, -ir
comme* partir, *-ir
comme* finir, *-re)*

*-er:* accorder, acheter[1], aider, apprécier, attaquer, attirer, changer[1], chanter, coloniser, comparer, contacter, corriger[1], créer, déjeuner, dépasser, dépenser, détester, développer, dîner, donner, écouter, engager[1], expliquer, explorer, exporter, fabriquer, fermer, fixer, fonder, former, indiquer, inspirer, installer, inviter (quelqu'un à), jouer (à + sports, de + instruments de musique), manger[1], marquer, monter, nager[1], obliger[1], organiser, passer, payer[1], persister, porter, poser (une question), pratiquer, préparer, raconter, rapporter, regretter, rentrer, répéter[1], ressembler (à quelqu'un), rester, retourner, tomber, tracer[1], transporter, visiter, voter, voyager[1]

*-ir* comme *partir:* dormir, mentir, partir, sentir, servir, sortir

*-ir* comme *finir:* bâtir, choisir, établir, finir, grandir, grossir, maigrir, remplir

*-re:* attendre, descendre, entendre, perdre, répondre, vendre

**Formez des phrases selon le schéma donné.** (Using the following table as a guide, make as many sentences as you can.)

MODÈLES:   Olivier / inviter Marc (présent)
Olivier invite Marc.

Nous / bâtir une nouvelle maison (futur proche)
Nous allons bâtir une nouvelle maison.

Mes amis / manger un bon repas (passé récent)
Mes amis viennent de manger un bon repas.

Marie-France / partir ce soir (passé composé)
Marie-France est partie ce soir.

| Sujets | Verbes | Temps |
|---|---|---|
| je | inviter Marc | présent |
| tu | monter dans l'autocar | futur proche |
| Olivier | jouer au tennis | passé récent |
| Marie-France | demander à Anne de venir | passé composé |
| nous | finir ce travail-là | |
| vous | choisir de bonnes places | |
| mes amis | bâtir une nouvelle maison | |
| | vendre cette voiture | |
| | descendre du train | |
| | perdre le match | |
| | sortir avec Alain | |
| | servir le petit déjeuner | |

[1] Regular *-er* verbs with stem spelling changes, see Appendix 2.

*Révision des verbes* ✳ **Répondez aux questions suivantes selon le modèle donné.**
*avec* avoir *et avec*
être *au passé*
*composé*
MODÈLE:  Tu manges maintenant?
Non, j'ai déjà mangé.

1. Vous étudiez maintenant? (Non, nous...)
2. Vos parents arrivent maintenant?
3. François travaille maintenant?
4. Chantal part maintenant?
5. Anne et Solange rentrent maintenant?
6. Vous dînez maintenant? (Non, nous...)
7. Josette descend maintenant?
8. Tu finis maintenant?

*Révision des verbes* **a. Révisez les verbes irréguliers des leçons 1 à 5.**
*irréguliers (croire,*
*devenir (revenir),[1]* **b. Formez des phrases selon le schéma donné.**
*mettre (permettre,*
*promettre), pouvoir,*
*voir, vouloir);*
*révision des participes*
*passés irréguliers*

| Sujets | Verbes | Temps |
|---|---|---|
| je | voir un bon film | présent |
| tu | revenir | futur proche |
| Suzanne | mettre le livre ici | passé récent |
| Yves | faire du ski | passé composé |
| nous | | |
| vous | | |
| mes parents | | |

**c. Les professions. Formez des phrases selon le modèle donné.**

MODÈLE:  Georges / chimiste
Georges croit qu'il va devenir chimiste.

1. Je / architecte       4. Nous / avocats
2. Vous / secrétaire     5. Mes amis / professeurs
3. Anne / pilote         6. Tu / docteur

**d. On ne peut pas. Répondez selon le modèle donné.**

MODÈLE:  Tu viens?
Je veux venir mais je ne peux pas.

1. Robert?        4. Toi et Jean?
2. Josette?       5. Hélène et Julie?
3. Tes amis?      6. Vous autres?

---

[1] *Devenir* and *revenir* are conjugated like *venir*.

e. **Mettez les verbes des phrases suivantes au passé composé et au futur proche selon le modèle donné.**

MODÈLE:  Aujourd'hui je vois Oncle Raymond. (Tante Lili, grand-mère)
Hier j'ai vu Tante Lili. Demain je vais voir grand-mère.

1. Aujourd'hui je peux finir à cinq heures. (quatre heures, trois heures)
2. Aujourd'hui Josette a ses livres. (ses cahiers, ses livres et ses cahiers)
3. Aujourd'hui il fait beau. (mauvais, du vent)
4. Aujourd'hui mes amis reviennent à six heures. (sept heures, huit heures)
5. Aujourd'hui tu vois un film français. (un film italien, un film américain)
6. Aujourd'hui vous venez en retard. (en avance, à l'heure)
7. Aujourd'hui nous sommes à l'heure. (en retard, en avance)
8. Aujourd'hui je prends le petit déjeuner à sept heures. (sept heures et demie, huit heures)
9. Aujourd'hui Nicole met un pull vert. (une jupe bleue, une robe rouge)

*Révision des compléments d'objet direct et indirect et l'accord du participe passé*

**✻Répondez aux questions suivantes selon l'indication donnée. Employez la forme convenable du pronom complément d'objet direct ou indirect et faites les accords nécessaires.**

1. Tu vois Robert? (Oui)
2. Est-ce qu'il nous voit? (Oui)
3. Robert voit Marie, n'est-ce pas? (Non)
4. Marie me voit-elle? (Non)
5. Avez-vous demandé à Georges de venir? (Oui)
6. Vous avez demandé à Pauline et à Jacqueline de venir aussi? (Oui)
7. Ce garçon ressemble à sa mère, n'est-ce pas? (Oui)
8. Paul vend son auto? (Oui)
9. Est-ce que Marc a vendu son auto? (Non)
10. As-tu compris la leçon? (Oui)
11. Avez-vous apporté les disques? (Oui, je...)
12. Qui a pris les photos? (C'est Yves...)

*Révision du partitif*

a. **Employez l'impératif selon le modèle donné.**

MODÈLE:  soupe
Apportez-moi de la soupe, s'il vous plaît.

(soupe / carottes / haricots verts / vin rouge / eau minérale / viande / rosbif / pain / salade)

b. **Répondez aux questions suivantes, selon l'indication donnée.**

1. Préfères-tu le lait ou le café? (lait)
2. As-tu de l'argent? (Oui)

3. As-tu du pain? (Non)
4. Est-ce que tu aimes les carottes? (Non)
5. As-tu des livres? (Oui... beaucoup)
6. As-tu des amis? (Oui... plusieurs)
7. As-tu de la soupe? (Oui... assez)
8. As-tu des crayons? (Oui... quelques)
9. As-tu de l'eau minérale? (Oui... un peu)
10. As-tu du rosbif? (Non)

*Révision*
*des adjectifs*

**a. Répondez aux questions suivantes selon le modèle donné.**

MODÈLE:  Le mur est vert, et la table?
Elle est verte aussi

1. Le sac est vieux, et la valise?
2. Madeleine est française, et Robert?
3. Marie est belle, et Roland?
4. Le bifteck est bon, et la salade?
5. Le crayon est blanc, et la serviette?
6. Les garçons sont intelligents, et les jeunes filles?
7. La table est brune, et le mur?
8. Le bureau est jaune, et les murs?

**b. Répondez aux questions suivantes selon l'indication donnée.**

1. Avez-vous un livre? (Oui,... bon)
2. Avez-vous un livre? (Oui,... intéressant)
3. Y a-t-il un hôtel ici? (Oui,... bon... moderne)
4. Avez-vous une auto? (Oui,... nouvelle... noire)
5. Y a-t-il un restaurant près d'ici? (Oui,... français)

*Révision de*
*depuis,*
*il y a... que,*
*depuis quand*

**Donnez l'équivalent français des phrases suivantes.**

1. How long have you been studying? I've been studying for an hour. The others have been studying for an hour, too.
2. How long have you been here? We've been here for a week. Our friends have been here for a month.

*Partir (partir de),*
*sortir, laisser, quitter*

**a. Etudiez les phrases suivantes.**

1. J'ai *laissé* mon livre sur la table. (laisser: *to leave a person or thing behind*)
2. Nous avons *quitté* la maison à dix heures. (quitter: *to leave a place or person*)
3. Vous êtes *sorti* avec Anne, n'est-ce pas? (sortir: *to leave, to go out*)
4. Je suis *parti* hier à sept heures. (partir: *to leave, to go away*)
5. Chantal est *partie* d'ici à huit heures.

b.   Dans les phrases suivantes, remplacez les tirets par la forme convenable du verbe.

1.   sortir / quitter
     Paul _____ avec Madeleine. (présent)
2.   laisser / quitter
     Les autres _____ leur appartement à huit heures. (passé composé)
3.   sortir / laisser
     Elle _____ ses livres chez elle. (passé composé)
4.   partir / quitter
     Nous allons _____ demain pour l'Afrique.
5.   quitter / partir
     Je _____ Paris demain. (présent)
6.   quitter / partir
     Je _____ de Paris demain. (présent)

Premier (première),   a.   Etudiez les phrases suivantes.
d'abord... ensuite
1.   Voilà Anne Dubois. C'est la *première* de sa classe. (premier: *first in importance.* Premier (première) *functions as an adjective or noun.*)
2.   *D'abord* je vais au bureau de poste et *ensuite* je rentre chez moi. (d'abord... ensuite: *first . . . then.* D'abord *functions as an adverb.*)

b.   En employant « premier (première) » et « d'abord », selon le cas, complétez les phrases suivantes.

1.   C'est la _____ fois qu'il est si malade, n'est-ce pas?
2.   _____ elle prépare la soupe et ensuite la viande et les légumes.
3.   Vous êtes les _____ qui avez fini.

Heure, temps, fois   a.   Etudiez les phrases suivantes.

1.   Quelle *heure* est-il? (*heure*: time, hour)
2.   Quel *temps* fait-il? (*temps*: weather)
3.   Je n'ai pas le *temps* de venir ce soir. (*temps*: time, in general)
4.   Elle vient quatre *fois* par semaine. (*fois [f]*: time, number of times)

b.   En employant « heure », « temps », « fois », selon le cas, complétez les phrases suivantes.

1.   C'est la première _____ qu'il est à Paris.
2.   Demandez à Jean quel _____ il fait chez sa tante.
3.   Je ne vais pas avoir _____ de faire mon travail.
4.   Tous les jours nous répétons le dialogue quatre _____.
5.   —Savez-vous quelle _____ il est?
     —Oui. Il est dix heures dix.

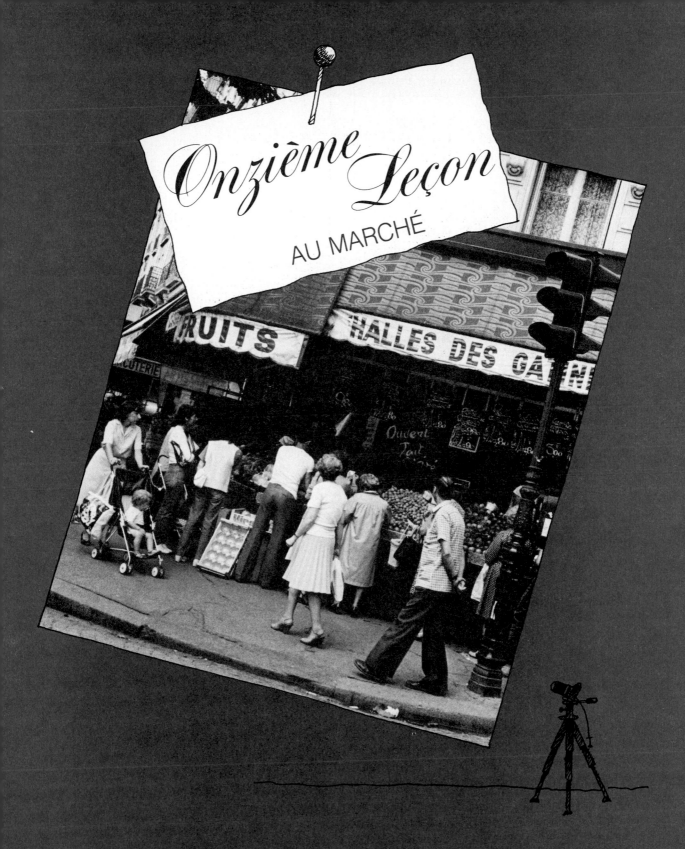

*Onzième Leçon*

AU MARCHÉ

*Mme Legrand est en train de faire le marché.*

MME LEGRAND (*à elle-même*)
J'aurai besoin de petits pois et de pommes de terre…
J'achèterai aussi des poires et des pêches.

LE MARCHAND
Bonjour, madame.[1] Vous désirez des fruits et des légumes?

MME LEGRAND
Qu'avez-vous comme fruits ce matin?

LE MARCHAND
J'ai les meilleures cerises de la ville. Goûtez-les, je vous en prie.

[1] The plural form of *madame* is *mesdames*. Also note the following: *monsieur* (singular), *messieurs* (plural); *mademoiselle* (singular), *mesdemoiselles* (plural).

MME LEGRAND
Avez-vous des pêches?

LE MARCHAND
Non, elles viennent du Midi et
seront ici demain.

MME LEGRAND (*à elle-même*)
Les asperges sont plus belles
que les artichauts, et ces
tomates-ci sont les plus
fraîches.[1]

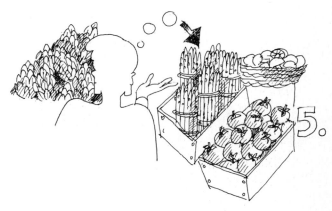

MME LEGRAND (*au marchand*)
Donnez-moi trois kilos de
poires, s'il vous plaît... Je
prendrai aussi un kilo
d'asperges et un kilo de
tomates.

[1] The masculine form of *fraîche* /frɛʃ/ is *frais* /frɛ/.

Au marché, on vend des cerises (*f.*), des abricots (*m.*), du raisin, des bananes (*f.*), des fraises (*f.*), des pommes (*f.*), des oranges (*f.*), des épinards (*m.*), des oignons (*m.*), des choux (*m.*).

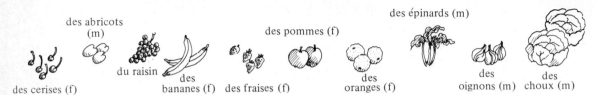

des abricots (m)

des pommes (f)

des épinards (m)

du raisin

des cerises (f)

des bananes (f)   des fraises (f)

des oranges (f)

des oignons (m)   des choux (m)

A la laiterie, la laitière[1] vend du lait, du beurre, du fromage et des œufs (*m.*).[2]

du lait        du beurre        du fromage      des œufs (m)

A la boulangerie, le boulanger vend du pain, des tartes (*f.*), des tartes aux pommes (aux cerises, aux abricots), des gâteaux (*m.*), de la pâtisserie (des choux à la crème, des mille-feuilles, des éclairs).

une tarte (f)        un chou à la crème

du pain        un gâteau      aux pommes, aux cerises, aux abricots       un mille-feuilles        un éclair

A l'épicerie (*f.*), l'épicier vend du café, du thé, du sel, du poivre, du sucre, des boissons, des boîtes (*f.*) de conserves, des fruits (*m.*), des légumes (*m.*), des pâtes, du riz, de la farine.

du café     du thé     du sel     du poivre     du sucre     des boissons (f)     des boîtes (f) de conserve     des pâtes (des nouilles et des spaghetti)

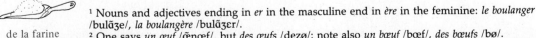

du riz     de la farine

[1] Nouns and adjectives ending in *er* in the masculine end in *ère* in the feminine: *le boulanger* /bulãʒe/, *la boulangère* /bulãʒɛr/.
[2] One says *un œuf* / œ̃nœf/, but *des œufs* /dezø/; note also *un bœuf* /bœf/, *des bœufs* /bø/.

A la boucherie, le boucher vend du bœuf, du veau, du mouton.

du bœuf      du veau      du mouton

A la charcuterie, le charcutier vend du porc et du jambon, du saucisson, du poulet et des plats préparés.

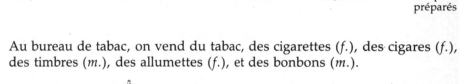

du porc      du jambon      du saucisson      du poulet      des plats préparés

Au bureau de tabac, on vend du tabac, des cigarettes (*f.*), des cigares (*f.*), des timbres (*m.*), des allumettes (*f.*), et des bonbons (*m.*).

du tabac      des cigarettes (f)      des cigares (f)      des timbres (m)

des allumettes      des bonbons

A la librairie, on vend des livres, du papier, du papier à lettres, des cahiers, des stylos, des crayons et de l'encre (*f.*)

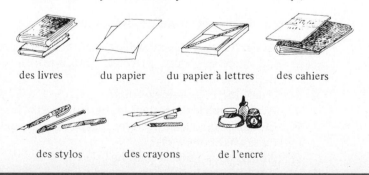

des livres      du papier      du papier à lettres      des cahiers

des stylos      des crayons      de l'encre

**a. Vrai ou faux? Corrigez les phrases fausses.**

1. Le marchand de tabac vend des timbres.
2. On vend des vêtements à la charcuterie.
3. Un kilo est l'équivalent d'une livre (*a pound*).[1]
4. Une cerise est plus grande qu'une pomme.
5. Les bananes sont jaunes.
6. On étudie à la librairie.
7. On vend des livres et des cahiers à la bibliothèque.
8. On vend des œufs à la gare.

**b. Répondez aux questions suivantes.**

1. Où est-ce qu'on vend du pain?
2. Où vend-on du lait?
3. Où est-ce qu'on vend des allumettes et du tabac?
4. Où vend-on de l'encre?
5. Où vend-on des œufs?
6. Où est-ce qu'on vend du jambon?
7. Qu'est-ce qu'on vend à la boucherie?
8. Qu'est-ce qu'on vend à la librairie?
9. Qu'est-ce qu'on vend à la boulangerie?
10. Que vend l'épicier?
11. Que vend la laitière?
12. Qu'est-ce qu'on vend au bureau de tabac?
13. Que vend le charcutier?

**c. Jeu de mémoire. Je suis allé(e) au marché et j'ai acheté… Chaque étudiant termine la phrase en répétant les produits alimentaires déjà mentionnés.**

MODÈLE:  —Je suis allé(e) au marché et j'ai acheté du jambon.
—Je suis allé(e) au marché et j'ai acheté du jambon et des asperges.
Continuez!

**d. Questions personnelles. Répondez.**

1. Aimez-vous les pommes? les cerises? les fraises? le raisin?
2. Qu'est-ce que vous préférez, les poires ou les abricots? les oranges ou les bananes?
3. Quels légumes aimez-vous?
4. Aimez-vous les carottes? les haricots verts? les épinards? les asperges?
5. Qu'est-ce que vous préférez, les petits pois ou les carottes? les tomates ou les haricots verts?
6. Aimez-vous faire le marché?

---

[1] Compare: *un livre* (a book), *une livre* (a pound).

*Shopping for fish in Rouen*
(Peter Menzel)

7. Avez-vous fait le marché?
8. Qu'est-ce que vous avez acheté?
9. Allez-vous faire le marché?
10. Qu'est-ce que vous allez acheter?
11. Quand vous avez un dîner à préparer pour des amis, qu'est-ce que vous préparez?

## COMMENTAIRES CULTURELS

French people today usually do their bulk shopping in supermarkets once or twice a week. However, many shoppers do daily shopping in the small neighborhood specialty shops. Bread is bought while still hot at the **boulangerie du coin.** Meat is considered fresher if cut right in front of the buyer by the **boucher du quartier.** In France, the size of refrigerators— somewhat smaller than in the U.S.—reflects an attitude still geared toward daily shopping and maximum freshness.

It is important to remember that at the open-air markets and small shops, the customers stand in line and wait for the merchant to wait on them. They indicate what they want, instead of getting it themselves, and the merchant gets it for them.

In France a net bag (**un filet**) is used to carry goods purchased at a market.

**Le Midi** is southern France.

One **kilo (kilogramme)** is approximately 2.2 pounds.

## PRONONCIATION

*Stress and the vowels /e/, /o/, and /ø/*

See page 24 for instruction concerning stress and the vowels /e/, /o/, and /ø/.

1.  Repeat:

| /e/ | /o/ | /ø/ |
|-----|-----|-----|
| préparer | bureau | monsieur |
| aller | pose | deux |
| tourner | aux Etats-Unis | feu |
| désirez | tableau | il veut |
| donnez | tableaux | un peu |
| idée | de l'eau | il pleut |
| mesdames | aussi | deuxième |

2.  Pronounce the following, taking care to give each syllable the same degree of stress.

| *Two syllables* | *Three syllables* | *Four syllables* |
|-----------------|-------------------|------------------|
| Robert | pour aller | Paul et Robert |
| bureau | mes parents | bien sûr, monsieur |
| concert | des bananes | une carte postale |
| des fruits | bureau de poste | Pardon, madame |
| parents | à l'hôtel | Que fais-tu donc? |
| aussi | au concert | vingt-cinq centimes |
| centimes | j'ai fini | à mes parents |
| une carte | merci bien | au bureau de poste |

*More than four syllables*
Avez-vous des pêches et des abricots?
Vous désirez des fruits et des légumes?

J'ai les meilleures cerises de la ville.
Les asperges sont plus belles que les artichauts.
Nous prendrons un kilo d'asperges et un kilo de tomates.
C'est un franc quarante.

## EXPLICATIONS ET EXERCICES

*The future tense*

|  | **parler** | **finir** | **attendre** |
|---|---|---|---|
| je | parlerai | finirai | attendrai |
| tu | parleras | finiras | attendras |
| il, elle, on | parlera | finira | attendra |
| nous | parlerons | finirons | attendrons |
| vous | parlerez | finirez | attendrez |
| ils, elles | parleront | finiront | attendront |

To form the future tense, the endings *ai, as, a, ons, ez, ont* are added to the infinitive. The *e* of infinitives ending in *re* is dropped before the endings are added.

In using the future tense, it is not necessary to consider the categories which have been called regular *-er, -ir,* and *-re* verbs, since the future endings are always regular. Following are different ways to express the future in French:

1. The present tense

   Je pars ce soir.     *I'm leaving tonight.*

2. The present of *aller* + the infinitive (*le futur proche*)

   Je vais partir ce soir.     *I'm going to leave tonight.*

3. The future tense

   Je partirai ce soir.     *I'll leave tonight.*

a. **Quand partirez-vous? Formez des phrases selon le modèle donné.**

MODÈLE:  Je / à dix heures
         Je partirai à dix heures.

1. Je / ce soir
2. Nous / demain
3. Vous / à une heure
4. Tu / à trois heures précises
5. Joseph / après demain
6. Vos parents / tout de suite

**b. Dans un instant. Répondez selon le modèle donné.**

MODÈLE:  Il va manger?
Oui, il mangera dans un instant.

1. Il va payer?
2. Il va décider?
3. Les autres vont arriver?
4. Les autres vont entrer?
5. Tu vas manger?
6. Tu vas répondre?
7. Vous allez étudier? (Oui, nous…)
8. Vous allez finir? (Oui, nous…)
9. Je vais arriver à l'heure? (Oui, vous…)
10. Je vais partir à l'heure? (Oui, vous…)

**c. Non! Répondez négativement selon le modèle donné.**

MODÈLE:  Partez tout de suite!
Non, je ne partirai pas!

1. Payez tout de suite!
2. Travaillez tout de suite!
3. Mangez tout de suite!
4. Sortez tout de suite!

**d. Hier, aujourd'hui et demain. Formez des phrases selon le modèle donné.**

MODÈLE:  Anne / porter / un pull rouge / un blue-jean / un tee-shirt noir
Hier Anne a porté un pull rouge. Aujourd'hui elle porte un blue-jean. Demain elle portera un tee-shirt noir.

1. tu / vendre / tes skis / ton vélo / ton auto
2. Chantal et Josette / préparer / le rosbif / le poulet / le poisson
3. nous / finir / tard / très tard / de bonne heure
4. je / arriver / en retard / à six heures / à l'heure
5. vous / détester / la soupe / la salade / ma tarte
6. Nicole / sortir / avec André / avec Michel / avec Didier

*Verbs with irregular stems in the future*  Some verbs have irregular stems to which the regular future endings are added. Here are the irregular future stems of verbs you have studied up to this point. They should be memorized.

être (ser-): je serai, tu seras, il sera, elle sera, nous serons, vous serez, ils seront, elles seront

aller (ir-): j'irai, tu iras, il ira, elle ira, nous irons, vous irez, ils iront, elles iront

avoir (aur-): j'aurai, tu auras, il aura, elle aura, nous aurons, vous aurez, ils auront, elles auront

faire (fer-): je ferai, tu feras, il fera, elle fera, nous ferons, vous ferez, ils feront, elles feront

savoir (saur-): je saurai, tu sauras, il saura, elle saura, nous saurons, vous saurez, ils sauront, elles sauront

pleuvoir (pleuvr-): il pleuvra

pouvoir (pourr-): je pourrai, tu pourras, il pourra, elle pourra, nous pourrons, vous pourrez, ils pourront, elles pourront

voir (verr-): je verrai, tu verras, il verra, elle verra, nous verrons, vous verrez, ils verront, elles verront

venir (viendr-): je viendrai, tu viendras, il viendra, elle viendra, nous viendrons, vous viendrez, ils viendront, elles viendront

vouloir (voudr-): je voudrai, tu voudras, il voudra, elle voudra, nous voudrons, vous voudrez, ils voudront, elles voudront

Note that unaccented *e* before one *r* (see the forms of *faire* and *être*) is dropped from pronunciation with subject pronouns *je, tu, nous, vous*. With *il* (*elle*) and *ils* (*elles*), it is pronounced /ə/. Unaccented *e* before two *r*'s (see the forms of *voir*), is pronounced /ɛ/.

Verbs like *venir* (*revenir, devenir, tenir*, etc.) have stems like *venir* in the future.

Je reviendrai.
Nous deviendrons.

**a.** **On prépare la visite de Tante Simone. Formez des phrases selon le modèle donné.**

MODÈLE:   Marc / aider
            Marc pourra aider.

1.  Janine / faire le marché
2.  Nous / faire le ménage
3.  Tu / aller à la boulangerie
4.  Vous / préparer la salade
5.  Josette et Anne / préparer la soupe
6.  Je / ?

**b.** **La procrastination. Répondez selon le modèle.**

MODÈLE: Tu viens?
Non, je viendrai plus tard.

1. Hélène vient?
2. Vous venez? (nous)
3. Tu es préparé(e)?
4. Tes amis sont préparés?
5. Tu fais ton devoir?
6. Pauline fait son devoir?
7. Vous allez à la bibliothèque? (nous)
8. Les autres vont au café?
9. Tu sais les verbes?
10. Marc sait la leçon?
11. Vous pouvez étudier? (nous)
12. Josephe et Suzanne peuvent étudier?

**c.** **Demain aussi. Répondez selon le modèle donné.**

MODÈLE: Madeleine est fâchée aujourd'hui.
Oui, et elle sera fâchée demain aussi.

1. Alain est en colère aujourd'hui.
2. Les autres sont en colère aujourd'hui.
3. Marc va à la pêche aujourd'hui.
4. Vous allez à la pêche aujourd'hui. (nous)
5. Robert a assez d'argent aujourd'hui.
6. Marc fait son possible aujourd'hui.
7. Les autres font leur possible aujourd'hui.
8. Suzanne voit le film aujourd'hui.
9. Je vois Georges aujourd'hui. (vous)
10. Je peux travailler aujourd'hui. (tu)
11. Alain et Guy peuvent travailler aujourd'hui.
12. Il pleut aujourd'hui.
13. Janine sait sa leçon aujourd'hui.
14. Les autres savent leur leçon aujourd'hui.

**d.** **Les projets. En employant les expressions suivantes (et d'autres si nécessaire), dites ce que vous ferez cet après-midi, ce soir, demain et ce week-end.**

étudier, aller à la bibliothèque, travailler, aller au café (au cinéma, au concert), faire du ski, rentrer chez vous, aller en ville, faire des achats, voir des amis, faire une promenade

*Use of the future tense with* quand, lorsque, dès que, aussitôt que

The future tense is used when the future is implied after the following expressions: *quand* (when), *lorsque* (when), *dès que* (as soon as), *aussitôt que* (as soon as).

Quand il viendra, nous irons au cinéma.

*When he comes, we will go to the movies.*

Dès qu'elle sera ici, nous prendrons notre déjeuner.

*As soon as she is here, we'll have lunch.*

This usage is contrary to English usage, in which the present instead of the future tense is used.

**a.  Je serai content(e) quand... Répondez selon le modèle donné.**

MODÈLE:  Il arrive ce soir?
Oui, et je serai content(e) quand il arrivera.

1.  Il arrive ce soir?
2.  Il part ce soir?
3.  Il vient ce soir?
4.  Il rentre ce soir?

**b.  ... quand j'aurai le temps. Répondez selon le modèle donné.**

MODÈLE:  Tu vas voir le patron?
Oui, je le verrai quand j'aurai le temps.

1.  Je vais voir le patron?
2.  Et vous deux, vous allez voir le patron?
3.  Les autres vont voir le patron?
4.  Marie va voir le patron?

**c.  Répondez selon le modèle donné.**

MODÈLE:  Paul vient?
Oui. Dès qu'il viendra, nous mangerons.
Oui. Lorsqu'il viendra, nous mangerons.
Oui. Aussitôt qu'il viendra, nous mangerons.

1.  Paul vient?
2.  Suzanne vient?
3.  Paul et Suzanne viennent?
4.  Les autres viennent?
5.  Vos amis viennent?

*The future perfect tense*

The future perfect tense (*futur antérieur*) is formed by the future of *avoir* or *être* (the auxiliary verb) and the past participle of the verb being conjugated. Verbs which require *avoir* (or *être*) as the auxiliary verb in the *passé composé* require *avoir* (or *être*) in the future perfect. The future perfect indicates action which will have taken place at a time in the future.

| | |
|---|---|
| Il aura fini le travail la semaine prochaine. | *He will have finished the work next week.* |
| Elle sera partie demain. | *She will have left tomorrow.* |

Note that after *quand* (when), *lorsque* (when), *aussitôt que* (as soon as), *dès que* (as soon as), the future perfect is used in French instead of the present, which is used in English.

| | |
|---|---|
| Quand elle sera arrivée, nous irons au cinéma. | *When she comes, we'll go to the movies.* |

a.   **Dans les phrases suivantes, substituez les mots suggérés.**

1.   J'aurai fini à dix heures.
      (Nous / Tu / Vous / M. Grange / Brigitte et Josette)
2.   A dix heures, nous serons déjà partis.
      (je/ vous / elles / Robert / tu)

b.   **Je l'aurai déjà fait. Répondez selon le modèle donné.**

MODÈLE:   Tu mangeras à huit heures.
              Non, à huit heures j'aurai déjà mangé.

1.   Tu iras à l'université à neuf heures.
2.   Tu étudieras à dix heures.
3.   Tu déjeuneras à une heure.
4.   Tu finiras ton travail à cinq heures.
5.   Tu rentreras à six heures.
6.   Tu dîneras à sept heures.
7.   Tu sortiras à huit heures.

c.   **Paul l'aura déjà fait. Refaites l'exercice b. mais en parlant de Paul.**

MODÈLE:   Paul mangera à huit heures.
              Non, à huit heures il aura déjà mangé.
              Continuez!

*Comparison of adjectives and adverbs*

Adjectives and adverbs are regularly made comparative as shown below.

| | |
|---|---|
| plus... que | *more . . . than (adj. -er than)* |
| aussi... que | *as . . . as* |
| moins... que | *less . . . than* |

In a sentence in the negative, *aussi* (in the structure *aussi... que*) may change to *si*.

> Janine n'est pas *aussi* active que Marie.
> Janine n'est pas *si* active que Marie.

Liaison occurs with *plus* and *moins* when they are followed by words beginning with a vowel sound.

> plus̸ grand que...
> plus⟨z⟩ intelligent que...
> moins̸ bête que...
> moins⟨z⟩ intéressant que...

Notice the following examples of comparative adjectives and adverbs.

> Paul est plus grand que vous.     *Paul is taller than you.*
> Il est aussi fort que François.     *He's as strong as Francis.*
> Elle est moins intelligente que Jacques.     *She is less intelligent than James.*
> Il court plus vite que Marc.     *He runs faster than Marc.*
> Il neige moins souvent ici.     *It snows less often here.*

Adjectives are regularly made superlative as follows:

> le (la, les) plus...     *the most . . .*
> le (la, les) moins...     *the least . . .*

Following are examples of the superlative forms of adjectives.

> Hélène est la moins grande de la classe.     *Helen is the least tall in the class.*
> Il a le livre le moins intéressant de tous.     *He has the least interesting book of all.*
> C'est la jeune fille la plus intelligente de la classe.     *She is the most intelligent girl in the class.*
> Paul et Jean sont les plus grands garçons de la classe.     *Paul and John are the tallest boys in the class.*

The articles and adjectives must agree, of course, with the noun modified. If the adjective normally follows the noun, the superlative construction follows. If the adjective normally precedes a noun, the superlative construction precedes.

> C'est le plus grand garçon de la classe.     *He's the tallest boy in the class.*
> C'est le garçon le plus intelligent de la classe.     *He's the most intelligent boy in the class.*

Marc est grand; Roger est plus grand que Marc; Charles est le plus grand des trois.

Note that the word meaning "in" after the superlative is *de*, not *dans*. The superlative form of adverbs is similar to that of adjectives.

Elle parle le plus vite de tous.     *She speaks the fastest of all.*
Il parle le moins bien.     *He speaks the least well.*

Since *le plus* and *le moins* are adverbial expressions, they are invariable; that is, they do not change to show agreement in gender or number.

## Bon

The adjective *bon* has irregular comparative forms.

| | Positive (good) | | Comparative (better) | | Superlative (best) | |
|---|---|---|---|---|---|---|
| | Singular | Plural | Singular | Plural | Singular | Plural |
| Masculine | bon | bons | meilleur /mɛjœr/ | meilleurs /mɛjœr/ | le meilleur | les meilleurs |
| Feminine | bonne | bonnes | meilleure /mɛjœr/ | meilleures /mɛjœr/ | la meilleure | les meilleures |

Cette étudiante est meilleure que l'autre.     *This student is better than the other one.*
Ce sont les meilleurs étudiants de la classe.     *They are the best students in the class.*

Liaison occurs with *meilleurs* (*meilleures*) when the following word begins with a vowel sound.

meilleurs‿étudiants

## Bien

The adverb *bien* has irregular comparative forms.

| Positive (well) | Comparative (better) | Superlative (best) |
|---|---|---|
| bien /bjɛ̃/ | mieux /mjø/ | le mieux |

*Bien*, *mieux*, and *le mieux* are adverbs and are therefore invariable.

Jean parle mieux que Roger.     *John speaks better than Roger.*
Hélène parle le mieux de tous.     *Helen speaks the best of all.*

Notice carefully the differences between "better" and "best" used as adjectives and "better" and "best" used as adverbs.

The comparison of equality *aussi... que* and the comparison of inferiority *moins... que* are regular with *bon* and *bien*.

Georgette étudie *moins bien que* Jean.
Ces tomates-ci sont *aussi bonnes que* les autres.

**a. Plus... que. Comparez les différents fruits selon le modèle donné.**

MODÈLE:  Les pommes sont très belles. Les oranges sont belles.
Les pommes sont plus belles que les oranges.

1. La poire est très grande. La pêche est grande.
2. Le raisin est très cher. Les cerises sont chères.
3. Les bananes sont très fraîches. Les abricots sont frais.
4. Les fraises sont très jolies. Les pommes sont jolies.

**b. Aussi... que. Comparez les différents vêtements selon le modèle donné.**

MODÈLE:  Le chapeau est chic. Le pull est chic aussi.
Le chapeau est aussi chic que le pull.

1. La robe est chère. Le complet est cher aussi.
2. Le chandail est bon. Le veston est bon aussi.
3. Le pantalon est beau. La chemise est belle aussi.
4. La jupe est jolie. Le chemisier est joli aussi.

**c. Moins... que. Comparez les différents légumes selon le modèle donné.**

MODÈLE:  Les haricots verts sont bons.
Les petits pois ne sont pas si bons.
Les petits pois sont moins bons que les haricots verts.

1. Les asperges sont chères. Les artichauts ne sont pas si chers.
2. Les épinards sont jolis. Les tomates ne sont pas si jolies.
3. Le chou est grand. La laitue n'est pas si grande.
4. Les pommes de terre sont fraîches. Les oignons ne sont pas si frais.

**d. Meilleur... que. Comparez les différents plats selon le modèle donné.**

MODÈLE:  La salade est très bonne. Les légumes sont bons.
La salade est meilleure que les légumes.

1. Le rosbif est très bon. Le rôti de veau est bon.
2. Les gâteaux sont très bons. Les tartes sont bonnes.

3. Le poulet est très bon. Le poisson est bon.
4. Les hors-d'œuvre sont bons. La soupe est bonne.

e. **Mieux... que. Comparez les différent(e)s étudiant(e)s selon le modèle donné.**

MODÈLE:  Anne parle très bien. Marc parle bien.
　　　　　Anne parle mieux que Marc.

1. Alain étudie très bien. Francis étudie bien.
2. Jacqueline comprend très bien. Jacques comprend bien.
3. Monique fait très bien ses devoirs. Paul les fait bien.
4. Guy prépare très bien ses leçons. Marcel les prépare bien.

f. **Comparez les différentes voitures.**

1. Une Peugeot est très jolie. Une Citroën est jolie.
2. Une Honda est chère. La Mazda est chère aussi.
3. Une Jaguar marche très bien. Une Fiat marche bien.
4. Une Mercédès est très bonne. Une Ford est bonne.
5. Une Porsche est rapide. Une Volkswagen est moins rapide.

g. **Le plus... la plus... Une interview. Parlez de vos camarades. Posez des questions selon les modèles donnés.**

MODÈLE:  garçon / intéressant
　　　　　Qui est le garçon le plus intéressant?
　　　　　_____ est le garçon le plus intéressant de la classe.

　　　　　garçon / vieux
　　　　　Qui est le plus vieux garçon?
　　　　　_____ est le plus vieux garçon de la classe.

| | |
|---|---|
| 1. garçon / dynamique | 7. garçon / ambitieux |
| 2. fille / jolie | 8. garçon / paresseux |
| 3. fille / intelligente | 9. fille / sérieuse |
| 4. garçon / grand | 10. garçon / beau |
| 5. fille / petite | 11. garçon / bon |
| 6. fille / drôle | 12. fille / bonne |

h. **Bien... mieux... le mieux. Comparez les différentes personnes selon le modèle donné.**

MODÈLE:  Georges / Guy / Marc / jouer
　　　　　Georges joue bien, Guy joue mieux et Marc joue le mieux des trois.

1. Anne / Suzanne / Josette / chanter

2. Anita / Solange / Nicole / étudier
3. Yves / Serge / Jean-Pierre / parler
4. Joseph / Henri / Jean / travailler

i. **A mon avis... Indiquez vos préférences selon le modèle donné.**

MODÈLE:  le rosbif / le poisson / le poulet
A mon avis le rosbif est meilleur (aussi bon, moins bon) que le poisson. Le poulet (Le poisson, Le poulet) est le meilleur des trois.

1. les haricots verts / les carottes / les petits pois
2. les fraises / les pommes / les pêches
3. la glace / les gâteaux / les tartes
4. une tarte aux pommes / une tarte aux cerises / une tarte aux bananes
5. le café / le thé / le lait
6. le vin rouge / le vin blanc / la bière
7. le pain français / le pain américain / le pain allemand
8. le bifteck / le jambon / le rôti de porc
9. les artichauts / les épinards / les asperges
10. la cuisine mexicaine / la cuisine américaine / la cuisine française

## LECTURE

*Vocabulaire*   **plein, -e**  complètement rempli. Le sac est *plein* de livres.
**entourer**  (to surround). Des remparts très hauts *entourent* la ville.
**usine** *f.*  établissement industriel. Son oncle travaille à l'*usine*.
**cœur** *m.*  (heart). Il a un *cœur* faible. Nous sommes au *cœur* de la ville.
**sentir**  recevoir une impression par un des sens. Vous *sentirez* qu'il dit la vérité.
**au pied de**  (at the foot of). *Au pied de* cette cathédrale magnifique vous sentirez la noblesse d'un passé glorieux.
**retrouver**  (to meet by appointment). Je vais *retrouver* mes amis au café.
**roi** *m.*  homme qui est à la tête du royaume, du pays. Louis XIV a été *roi* de France.
**glace** *f.*  (ice; also ice cream). Pendant le Carnaval on construit des monuments de *glace*.
**rire**  (to laugh). Mon oncle *rit* toujours.
**au milieu de**  au centre de. L'île de la Cité se trouve *au milieu de* la Seine.
**fier, fière**  (proud). Nous sommes *fiers* de vous.
**porter**  (to carry, to bear, to wear). Elle *porte* les livres de son petit frère. Tu *portes* un joli pull aujourd'hui.

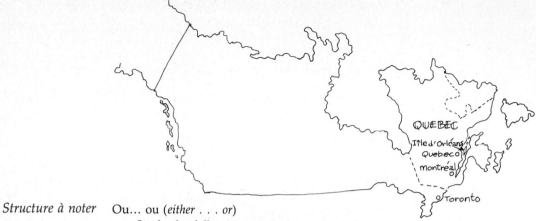

*Structure à noter*   Ou... ou (*either . . . or*)
Study the following sentence.

Notre tante et notre oncle viendront nous voir ou en mars ou en avril.
*Our aunt and uncle will come to see us either in March or in April.*

**EXERCICES DE VOCABULAIRE**

**a.   Répondez selon les modèles donnés.**

MODÈLE:   Tu verras Jacques ce soir?
Mais oui. Je vais le retrouver au café tout à l'heure.

1.   Tu verras Janine ce soir?           3.   Tu verras Alain ce soir?
2.   Tu verras tes camarades ce soir?

MODÈLE:   Un jardin... la maison
Un jardin entoure la maison.

4.   Une forêt... le lac        6.   Des remparts... la ville
5.   Un lac... le château

**b.   En employant des mots du Vocabulaire, complétez les phrases suivantes.**

1.   Veux-tu _____ mes livres pour moi?
2.   Roger a bien travaillé et nous sommes très _____ du résultat.
3.   —Que prends-tu comme dessert?
     —Je voudrais une _____ au chocolat.
4.   Je travaille à _____.
5.   C'est un film comique. Tu vas _____ beaucoup.
6.   Henri IV a été _____ de France à la fin du XVIe siècle.
7.   On a rempli le verre; il est donc _____.
8.   Est-ce que tu vois l'enfant _____ la rue?

*Rue St. Louis, Quebec*
(Government of Quebec/
Office of Tourism)

## Québec

séjournerez *resterez*
en pente *qui monte et
qui descend*
grelots *petites cloches
(bells)*
attelés *attachés*
calèche *sorte de voiture
à cheval utilisée pour
la promenade*
rappelleront *(will remind)*
canons *pièces d'artillerie*
Cité *vieux quartier
de la ville*

Si un jour vous voulez suivre des cours d'été à l'Université Laval à Québec, vous séjournerez dans une ville toute pleine de souvenirs historiques. Vous visiterez les petites rues en pente du vieux Québec. Vous ferez le tour des remparts qui entourent la vieille ville. Partout vous entendrez les grelots des chevaux attelés aux calèches qui promènent les touristes. Quelques canons vous rappelleront les heures glorieuses de la Cité.

Cette partie de la ville aura plus de charme que la ville moderne. Les installations du port, les usines ne sont pas le cœur du vieux Québec. Vous le sentirez vite. Vous ferez des promenades sur les terrasses de bois, au

**d'autrefois** *des*
*époques précédentes*
**Wolfe** *général de l'armée*
*anglaise*
**Montcalm** *général de*
*l'armée française; Wolfe*
*et Montcalm sont morts*
*dans la bataille des*
*plaines d'Abraham.*
**tourbillon** *(whirlwind)*
**bonhomme Carnaval**
*(King Carnaval)*
**fêtent** *célèbrent,*
*honorent*
**guirlandes** *élément*
*décoratif fait de papier*
*ou de fleurs*
**Aux environs**
*(In the vicinity)*
**attrayante** *(attractive)*

pied du célèbre Château Frontenac. Vous comprendrez que c'est là que les Québecois aiment retrouver leurs amis, que c'est là qu'ils aiment danser les danses d'autrefois, que c'est là qu'ils aiment passer une heure agréable. Vous visiterez les plaines d'Abraham et vous apprendrez l'histoire tragique de Wolfe et de Montcalm.

Si vous allez à Québec en février, ce sera le tourbillon du Carnaval. On promène le bonhomme Carnaval comme un roi! Petits et grands le fêtent dans les rues décorées de guirlandes et de monuments de glace. Toute la ville rit et danse.

Aux environs de Québec vous pourrez faire des excursions ou dans les montagnes des Laurentides ou dans la région du lac Saint-Jean. Au milieu du Saint-Laurent près de Québec se trouve l'île d'Orléans. Les villages aux vieilles églises et aux maisons anciennes vous rappelleront la vie des premiers habitants de l'île.

Par son caractère «vieille France», sa situation pittoresque, ses traditions, Québec est une ville plus attrayante que Montréal. Elle est beaucoup moins importante que Montréal, mais elle est très fière d'être la capitale administrative de la province qui porte son nom.

Au Québec, vous entendrez parler le joual, le patois du pays. Voici quelques exemples de ce langage populaire.

| *en joual* | *en français* |
|---|---|
| Adidou! | Bonjour! |
| Y fait ben frète à matin. | Il fait bien froid ce matin. |
| Coute ben, j'ai quéqu' chose à t'dzire. | Ecoute bien, j'ai quelque chose à te dire. |
| J'avons ben gros d'travail. | J'ai beaucoup de travail. |
| Ben ouai! Moé itou. | Eh bien oui! Moi aussi. |
| Watch-toé! Un châr! | Attention! Une voiture! |
| A veut pâ v'nir passe que chus icitte. | Elle ne veut pas venir parce que je suis ici. |

### QUESTIONNAIRE SUR LA LECTURE

1. Qu'est-ce qui entoure la vieille ville de Québec?
2. Qu'est-ce qu'on entend dans les rues du vieux Québec?
3. Qu'est-ce qui rappelle les grands événements historiques?
4. Quelle est la partie la plus charmante de la ville?
5. Où les Québecois aiment-ils faire des promenades?
6. Quand fête-t-on le Carnaval?
7. Qu'est-ce qu'on peut voir dans les rues?
8. Que peut-on faire près de Québec?
9. Où se trouve l'île d'Orléans?
10. Qu'est-ce qu'on peut voir dans l'île d'Orléans?
11. Pourquoi est-ce que Québec est une ville attrayante?
12. Quelle est la capitale administrative de la province?

13. Etes-vous jamais allé(e) au Québec?
14. Si oui, en quelle saison êtes-vous allé(e) au Québec?
15. Qu'est-ce que vous avez visité au Québec?
16. Vous voulez aller au Québec? Pourquoi, ou pourquoi pas?

### CAUSERIE

Vous êtes en train de faire un projet pour aller au Québec. Trouvez des photos et des images de Montréal, de la ville de Québec, de l'île d'Orléans et d'autres sites intéressants du Québec. Indiquez aux étudiants de la classe les endroits (*places*) que vous allez visiter et pourquoi.

# Douzième Leçon

## LA MAISON — LE BUREAU DE POSTE

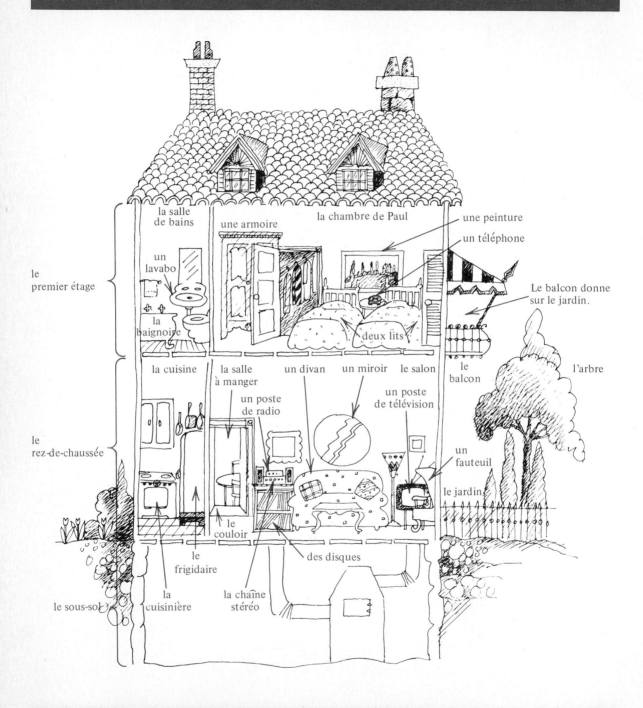

*Paul et Robert sont dans la salle
de bains. Ils se préparent pour
aller en classe.*

PAUL
Dépêche-toi, mon ami. Que
fais-tu donc?
ROBERT
Je me rase, et puis je vais
m'habiller…

PAUL
Tu ne t'es pas encore rasé?
ROBERT
Non, mais…

PAUL
Dis, retrouve-moi au bureau
de poste.
J'ai écrit une lettre à mes
parents ce matin, et je
voudrais l'envoyer.

*(Au bureau de poste)*

*Paul donne sa lettre à l'employé.*

PAUL
Combien est-ce pour envoyer
cette lettre aux Etats-Unis?

L'EMPLOYÉ
Par avion?

Oui.

L'EMPLOYÉ
C'est trois francs quatre-vingt-
dix.

*L'employé donne un timbre de
trois francs quatre-vingt-dix à
Paul.*

PAUL
Donnez-moi aussi une carte
postale, s'il vous plaît.

L'EMPLOYÉ
Voilà, monsieur.

a. **Vrai ou faux? Corrigez les phrases fausses.**

1. En général on prend son bain dans la cuisine.
2. On dort dans sa chambre.
3. On prend le dîner d'ordinaire dans la salle à manger.
4. Votre chambre donne sur un terrain de tennis.
5. Votre chambre se trouve au rez-de-chaussée.
6. On place les vêtements dans une armoire.
7. Le frigidaire et la cuisinière se trouvent dans la cuisine.
8. Une lettre de France pour les Etats-Unis coûte quinze centimes.
9. En général une carte postale est plus longue qu'une lettre.
10. On peut envoyer un télégramme quand on a un message urgent à communiquer.

b. **Chez Paul et Robert. Regardez les images et répondez aux questions suivantes.**

1. A quel étage se trouve la chambre de Paul?
2. Qu'est-ce qu'il y a dans la chambre de Paul?
3. Quelle pièce (*room*) est à côté du salon?
4. Qu'est-ce qu'il y a dans le salon?
5. Quelle pièce est sous la salle de bains?
6. Quelle pièce est à côté de la salle à manger?
7. Qu'est-ce qu'il y a dans la salle à manger?
8. Sur quoi le balcon donne-t-il?
9. Où se trouve le poste de télévision? le frigidaire? la chaîne stéréo? le téléphone? le lavabo?
10. Quelles pièces le couloir sépare-t-il?

c. **Questions personnelles.**

1. Combien de pièces y a-t-il dans votre appartement (votre maison)?
2. A quel étage se trouve votre chambre?
3. Qu'est-ce que vous avez dans votre chambre?
4. Aimez-vous regarder la télévision?
5. Dans quelle pièce regardez-vous la télévision?
6. Dans quelle pièce préférez-vous étudier?
7. Avez-vous une chaîne stéréo?
8. Avez-vous beaucoup de disques?
9. Quels disques préférez-vous?
10. Où se trouve la cuisine chez vous?
11. Dans quelle pièce prenez-vous le petit déjeuner? le déjeuner? le dîner?
12. Etes-vous allé(e) au bureau de poste aujourd'hui? hier? la semaine dernière?
13. Avez-vous envoyé quelques lettres? à qui?
14. Avez-vous acheté des timbres et des cartes postales?

*The family at home*
(M. Delluc/VIVA/
Woodfin Camp and
Associates)

15. Combien est-ce pour envoyer une lettre ordinaire aux Etats-Unis? au Canada?
16. Combien est-ce pour envoyer une lettre par avion en France? au Mexique? en Allemagne?
17. Aimez-vous les timbres?
18. Est-ce que vous les collectionnez?

## COMMENTAIRES CULTURELS

Don't expect to receive an invitation immediately to someone's home in France. More often than not, you will meet your friends at a **café**, a restaurant, or some other public place. This is so because family ties are very strong in France, and thus home is thought of as a very private place only for family, relatives, and close friends. It is the home, not schools or communities, which organizes most activities for children.

In addition to the familiar functions of the post office, in France one also finds other services as part of the **PTT** (Postal Services and the Telegraph and Telephone Company) in the post office. To make a local telephone call, it is sometimes necessary to buy a **jeton,** a small token used in the telephone in place of money. For a long-distance call, an operator at a central desk places the call, then directs the customer to a telephone booth when the call has gone through.

Since it is illegal to send money through the mails, the post office makes available postal money orders for this purpose.

## PRONONCIATION

*French vowels*
*/ɛ/, /ɔ/, /œ/*

See page 41 for instruction concerning the French vowels /ɛ/, /ɔ/, and /œ/.

1. Pronounce and contrast the following pairs of words containing /e/ and /ɛ/: *laid, laide; chez, chaise; ses, sept; mes, mère; clé, clair; thé, tel.*

2. Pronounce and contrast the following pairs of words containing /o/ and /ɔ/: *nos, note; vos, vote; rose, Robert; beau, botte; pot, Paul; au lit, joli.*

3. Pronounce and contrast the following pairs of words containing /ø/ and /œ/: *il veut, ils veulent; il peut, ils peuvent; peu, peur; ceux, sœur; eux, heure; bœufs, bœuf; œufs, œuf.*

*Spellings for*
*the sound /e/*

| | |
|---|---|
| **é** | apporté, donné, arrivé |
| **es** | (in monosyllables) **tes**, **mes**, **des**, **ses** |
| **er** | (when *r* is silent) donn**er**, arriv**er**, apport**er**, habit**er** |
| **ez** | (final sound) demeur**ez**, arriv**ez**, donn**ez**, apport**ez** |
| **ai** | (final sound) j'**ai**, je prendr**ai**, je finir**ai**, je v**ai**s, tu s**ai**s, il s**ai**t |

*Spellings for*
*the sound /ɛ/*

| | |
|---|---|
| **è** | l**è**ve, ach**è**te, tr**è**s, pr**è**s |
| **ê** | m**ê**me, t**ê**te, b**ê**te |
| **ei** | s**ei**ze, b**ei**ge, n**ei**ge |
| **e** | (plus two consonants) b**e**lle, app**e**lle, r**e**grette |
| **e** | (plus final consonant pronounced) ch**e**f, s**e**pt, b**e**c |
| **ai** | (plus pronounced consonant) ch**ai**se, p**ai**re, f**ai**tes |

Generally, /e/ is used in open syllables (syllables ending in a vowel sound) and /ɛ/ in closed syllables (syllables ending in a consonant sound).

*Spellings for*
*the sound /o/*

| | |
|---|---|
| **o** | (final sound) n**o**s, v**o**s, d**o**s, cl**o**s |
| **o** | (plus *se* /z/) r**o**se, p**o**se, ch**o**se |
| **au** | (except before *r*, or in *Paul*) **au**, **au**x, g**au**che, j**au**ne |
| **ô** | c**ô**te, d**ô**me, h**ô**tel |
| **eau** | tabl**eau**, b**eau**, de l'**eau** |

*Spellings for*
*the sound /ɔ/*

| | |
|---|---|
| **o** | (all cases except those for /o/) p**o**mmes, car**o**ttes, c**o**mme, n**o**tre, v**o**tre, h**o**mme |
| **au** | (in Paul) |
| **au** plus **r** | j'**au**rai, tu **au**ras, il **au**ra, **au** revoir |

*Spellings for*
*the sound /ø/*

| | |
|---|---|
| **eu** | (final sound) d**eu**x, p**eu**, il v**eu**t, bl**eu**, il p**eu**t |
| **eu** | (plus *se* /z/) heur**eu**se, délici**eu**se, pernici**eu**se |
| **œu** | (final) n**œu**d, v**œu** |

*Spellings for* **eu** (all cases except those for /ø/) h**eu**re, horr**eu**r, ils v**eu**lent, ils p**eu**vent
*the sound* /œ/ **ue** je c**ue**ille, tu c**ue**illes
**œu** (plus pronounced consonant) c**œu**r, s**œu**r

1. /e/ ou /ɛ/? Repeat the following using /e/ or /ɛ/ appropriately: *liberté, égalité, fraternité; seize chaises beiges; Hélène est arrivée avec la belle Anglaise; sept verres de bière glacée; J'ai les mêmes paires de chaussettes.*

2. /o/ ou /ɔ/? Repeat the following using /o/ or /ɔ/ appropriately: *Ce virtuose du piano joue trop fort; le fantôme du colonel; notre hôtel, nos autos; Paul a posé le beau tableau à côté de votre vélo.*

3. /ø/ ou /œ/? Repeat the following using /ø/ or /œ/ appropriately: *Tu veux un œuf? Je veux deux œufs; neuf bœufs sur le feu; deux sœurs pernicieuses.*

## EXPLICATIONS ET EXERCICES

*The irregular verbs* Although not exactly alike, the irregular verbs *dire* (to say, to tell), *lire* (to read)
dire, lire, *and* écrire and *écrire* (to write) have some similarities and for that reason may be studied together. *Décrire* (to describe) is conjugated like *écrire.*

|  |  | **dire** | **lire** | **écrire** |
|---|---|---|---|---|
| *présent* | je | dis | lis | écris |
|  | tu | dis | lis | écris |
|  | il, elle, on | dit | lit | écrit |
|  | nous | disons | lisons | écrivons |
|  | vous | dites | lisez | écrivez |
|  | ils, elles | disent | lisent | écrivent |

*passé composé* j'ai dit, j'ai lu, j'ai écrit
*futur* je dirai, je lirai, j'écrirai

Note the similarity in the following forms: *vous dites, vous faites, vous êtes.*

**a. Dans les phrases suivantes, substituez les mots suggérés.**

1. Je dis à Anne d'étudier.
   (Tu / Nous / Vous / Ils / Elle / Je)
2. Marc leur a dit de venir.
   (Tu / Je / Elles / Il / Nous / Vous)
3. Elle ne dira pas « non ».
   (Je / Nous / Vous / Ils / Elle / Tu)

b.   **Nous avons beaucoup à écrire! Formez des phrases selon le modèle donné.**

MODÈLE:   Je / une composition
             J'écris une composition.

1.   Monique / une carte postale
2.   Nous / un devoir
3.   Vous / beaucoup de compositions
4.   Je / une lettre
5.   Mes amis / une composition
6.   Tu / un paragraphe

c.   **Lisez-vous beaucoup? Formez des phrases selon le modèle donné.**

MODÈLE:   Je / beaucoup
             Je lis beaucoup.

1.   Nous / beaucoup
2.   Mes amis / peu
3.   Tu / peu
4.   Anne / beaucoup
5.   Vous / beaucoup aussi

d.   **Hier et demain. Répondez selon le modèle donné.**

MODÈLE:   Tu as dit à Alain de venir?
             Oui, hier je lui ai dit de venir et demain je lui dirai de venir aussi.

1.   Tu as dit à Papa de venir?
2.   Serge a dit à Papa de venir?
3.   Les autres ont dit à Papa de venir?
4.   Avez-vous dit à Joseph de venir?

e.   **Questions personnelles. Répondez.**

1.   Est-ce que vous écrivez beaucoup de compositions dans vos cours?
2.   Est-ce que vous écrivez bien en français? en anglais?
3.   Ecrivez-vous beaucoup de lettres?
4.   Avez-vous écrit à vos parents cette semaine? à vos amis? à vos frères et à vos sœurs?
5.   Leur écrirez-vous ce soir ou demain?
6.   Lisez-vous beaucoup?
7.   Aimez-vous lire?

8. Qu'est-ce que vous préférez comme lectures (*reading*)? les nouvelles (*short stories*)? les romans (*novels*)? la poésie?
9. Qu'est-ce que vous lisez dans vos cours de littérature?
10. Avez-vous lu des romans d'Albert Camus? de Balzac? de Hemingway? de Faulkner?

*The irregular verb*
envoyer (*to send*)

*présent*

| | | |
|---|---|---|
| j'envo | i | e |
| tu envo | i | es |
| il, elle, on cnvo | i | e |
| nous envo | y | ons |
| vous envo | y | ez |
| ils, elles envo | i | ent |

*passé composé*   j'ai envoyé, tu as envoyé
*futur*          j'enverrai, tu enverras

In verbs ending in *-yer*, the stem ends in *i* when followed by a mute (unpronounced) *e*; it ends in *y* if the following syllable is pronounced. Compare: *j'emploi∤, nous employons, nous avons employé, j'emploi∤rai.*

Note the irregular future stem of *envoyer*.

**a.  Dans les phrases suivantes, substituez les mots suggérés.**

1. J'envoie une lettre ce matin.
   (Tu / Vous / Marc / Nous / Ils / Je)
2. As-tu déjà envoyé le télégramme?
   (vous / elle / ils / nous)
3. Elle enverra le paquet demain.
   (Je / Nous / Elles / Tu / Vous / Il)

**b.  Non… mais… Répondez selon le modèle donné.**

MODÈLE:   As-tu envoyé la lettre?
          Non, je ne l'ai pas envoyée, mais je l'enverrai demain.

1. As-tu envoyé la lettre?
2. Paul a-t-il envoyé le paquet?
3. Vos amis ont-ils envoyé le télégramme?
4. Avez-vous envoyé les lettres? (nous…)

*Reflexive verbs*

Reflexive verbs (*les verbes réfléchis*) indicate an action which the term *reflexive* itself implies, namely, an action of the verb reflected back upon the subject. Compare the following examples.

*Nonreflexive verb construction:* Je lave la voiture.   (*I am washing the car.*)
*Reflexive verb construction:* Je me lave.   *I am washing* (*myself*).

Note that in the first example the action of the verb is received by the direct object. In the second example, the action of the verb is reflected back upon the subject.

Sometimes the reflexive construction indicates reciprocal action upon the subject.

Nous nous aimons.  *We love each other.*

In a reflexive construction, a reflexive pronoun is placed before the verb. Following are the pronouns that are used in this way:

| | |
|---|---|
| me | *myself* |
| te | *yourself* |
| se | *himself, herself, itself, themselves* |
| nous | *ourselves* |
| vous | *yourself, yourselves* |

Note that the reflexive pronoun must agree with the corresponding subject; for example, *me* goes with *je* (*je me*); *te* goes with *tu* (*tu te*). Note that the pronouns *me, te,* and *se* become *m', t',* and *s'* when followed by words beginning with a vowel sound. Thus one says *je m'appelle, tu l'arrêtes,* and *ils s'habillent.*

Here is the conjugation of the present tense of *se laver,* a regular *-er* reflexive verb:

| | |
|---|---|
| je me lave | *I wash (myself)* |
| tu te laves | *you wash (yourself)* |
| il se lave | *he washes (himself)* |
| elle se lave | *she washes (herself)* |
| on se lave | *they wash (themselves)* |
| nous nous lavons | *we wash (ourselves)* |
| vous vous lavez | *you wash (yourself, yourselves)* |
| ils se lavent | *they wash (themselves)* |
| elles se lavent | *they wash (themselves)* |

Here is a list of other common reflexive verbs with regular *-er* verb endings:

| | |
|---|---|
| s'amuser | *to have a good time* |
| s'appeler | *to be named* |
| s'arrêter | *to stop* |
| se coucher | *to go to bed* |
| se débrouiller | *to get along, to handle a situation* |
| se demander | *to wonder* |
| se dépêcher | *to hurry* |
| se fâcher | *to become angry* |
| s'habiller | *to get dressed* |

| | |
|---|---|
| s'intéresser à | *to be interested in* |
| se lever | *to get up* |
| se raser | *to shave* |
| se reposer | *to rest* |
| se retrouver | *to meet each other, one another* |
| se réveiller | *to wake up* |
| se trouver | *to be located, to be found* |

Note that *s'appeler* and *se lever* have regular *-er* verb endings, but that there are the following changes in the stem:

| | |
|---|---|
| je m'appelle | nous nous appelons |
| tu t'appelles | vous vous appelez |
| il, elle, on s'appelle | ils, elles s'appellent |

| | |
|---|---|
| je me lève | nous nous levons |
| tu te lèves | vous vous levez |
| il, elle, on se lève | ils, elles se lèvent |

**a. Dans les phrases suivantes, substituez les mots suggérés.**

1. Hélène se couche tard.
   (Je / Nous / Robert / Tu / Vous / Anne et Nicole)
2. Tu te débrouilles bien.
   (Vous / Je / Nous / Ils / Elle / Tu)

**b. Qu'est-ce qu'on fait à sept heures du matin? Répondez selon le modèle donné.**

MODÈLE:  Marc? (se raser)
         Il se rase.

1. Pauline? (se réveiller)
2. André? (se lever)
3. Toi, Chantal? (se laver)
4. Vous deux? (se dépêcher)
5. Toi, Marcel? (se reposer)
6. Jacques et Yves? (se lever)

**c. Qu'est-ce que vous faites tous les jours? En employant les expressions suivantes, préparez une causerie.**

MODÈLE:  Je me réveille à sept heures; puis,...
         Continuez!

se réveiller, se lever, se laver, se raser, s'habiller, prendre le petit déjeuner, aller à l'université, suivre des cours de _____, déjeuner, pendant l'après-midi, suivre des cours de _____, rentrer, dîner, étudier jusqu'à _____, se coucher

*Negative forms of reflexive verbs*

In the negative form of a reflexive verb, *ne* is placed before the reflexive pronoun.

Je me dépêche.          *I'm hurrying.*
Je ne me dépêche pas.   *I'm not hurrying.*

**a.   Dans les phrases suivantes, substituez les mots suggérés.**

1.   Les Dubois ne s'arrêtent pas ici.
     (Vous / Nous / Tu / Mon oncle / Je)
2.   Je ne me repose pas bien.
     (Tu / Elles / Il / Nous / Vous)

**b.   Mais non!** Contradict the following statements. **Répondez selon le modèle donné.**

MODÈLE:   Le salon se trouve au premier étage?
          (au rez-de-chaussée)
          Mais non! Il ne se trouve pas au premier étage.
          Il se trouve au rez-de-chaussée.

1.   La cuisine se trouve à côté de la chambre de Nicole? (à côté de la salle de bains)
2.   Ce garçon s'appelle Joseph? (Serge)
3.   Vous vous couchez à dix heures? (onze heures)
4.   Vous vous retrouvez à l'université? (au café)
5.   Tu te réveilles à six heures? (à sept heures)
6.   Tu te lèves tout de suite? (dans un quart d'heure)

*Interrogative forms of reflexive verbs*

The usual interrogative forms may be used to form questions with reflexive verbs.

1.   Questions with a rising intonation

     Vous vous couchez de bonne heure?

2.   Questions using *Est-ce que*

     Est-ce que tu te dépêches?

3.   Questions with *n'est-ce pas*

     Marc se débrouille bien, n'est-ce pas?

4.   Questions by inversion

Remember that the reflexive pronoun precedes the verb with the inverted subject.

> Vos amis se reposent-ils?
> Vous reposez-vous?

**a.  Dans les phrases suivantes, substituez les mots suggérés.**

1.  Vous vous intéressez au cinéma français?
    (Tu / Marc / Jean / Vous / Vos amis)
2.  Est-ce que tu t'amuses ici?
    (Janine / Guy / vous / les autres)

**b.  Une interview. Demandez à un (une) camarade:**

1.  s'il (si elle) se réveille de bonne heure.
2.  s'il (si elle) se lève de bonne heure.
3.  s'il (si elle) se couche tard.
4.  s'il (si elle) s'amuse à l'université.
5.  s'il (si elle) s'intéresse aux études.
6.  s'il (si elle) se fâche facilement.

**c.  Dans la phrase suivante, substituez les mots suggérés.**

A quelle heure Georges se réveille-t-il?
(Paul / Anne / tes amis / vous / tu)

**d.  Questions personnelles. En employant l'inversion, demandez à un (une) camarade:**

1.  à quelle heure il (elle) se réveille.
2.  à quelle heure il (elle) se lève.
3.  quand il (elle) se repose.
4.  à quelle heure il (elle) se couche.
5.  pourquoi il (elle) s'intéresse au français.

**Passé composé**
*of reflexive verbs*

All reflexive verbs are conjugated with *être* as the auxiliary verb in the *passé composé.*

| | |
|---|---|
| je me suis levé(e) | *I got up* |
| tu t'es levé(e) | *you got up* |
| il s'est levé | *he got up* |
| elle s'est levée | *she got up* |
| on s'est levé | *they got up* |
| nous nous sommes levé(e)s | *we got up* |
| vous vous êtes levé(e)(s)(es) | *you got up* |
| ils se sont levés | *they got up* |
| elles se sont levées | *they got up* |

The past participle of a reflexive verb agrees in number and gender with a reflexive pronoun used as a direct object, when this object precedes the verb. All the verbs that are drilled in the following exercises follow the pattern shown in these examples:

Elle s'est lavée.
Elles se sont dépêchées.

Compare the following sentences:

Elle s'est lavée.

Elle s'est lavé les mains.

In the first example, the reflexive pronoun s' functions as a direct object and thus the past participle agrees with it. In the second example, *les mains* is the direct object and s' functions as indirect object. The past participle agrees with a preceding direct object but not with a preceding indirect object.

To make the forms of the *passé composé* interrogative, *est-ce que* may be used, as follows:

| | |
|---|---|
| Elle s'est levée à huit heures. | *She got up at eight o'clock.* |
| Est-ce qu'elle s'est levée à huit heures? | *Did she get up at eight o'clock?* |

Inversion also may be used in reflexive verbs, as for other verbs in the *passé composé*. Remember that the reflexive pronoun precedes the inverted helping verb.

| | |
|---|---|
| Marie s'est levée. | Marie s'est-elle levée? |
| Vous vous êtes dépêchés. | Vous êtes-vous dépêchés? |

In order to simplify, it is recommended that you concentrate on making questions with the reflexive using the other forms you have learned—questions by intonation, questions using *est-ce que*, questions with *n'est-ce pas*.

In the negative forms of the *passé composé*, *ne* is placed before the reflexive pronoun. *Pas* stands between the auxiliary verb and the past participle.

| | |
|---|---|
| Nous nous sommes dépêchés. | Nous ne nous sommes pas dépêchés. |
| Pauline s'est habillée en bleu. | Pauline ne s'est pas habillée en bleu. |

a.  **Dans les phrases suivantes, substituez les mots suggérés.**

1.  Tu t'es levé(e) de bonne heure.
    (Les autres / Je / Nous / Anne / Vous)
2.  Hélène s'est habillée en bleu, n'est-ce pas?
    (Roger / Tu / Vous / Nous / Je / Elles)
3.  Je ne me suis pas bien amusé(e) ce soir.
    (Nous / Ils / Tu / Elle / Jean / Vous)

*People in post office*
*in France*
(Hugh Rogers/
Monkmeyer Press Photo)

**b.   La routine de tous les jours. Dites au passé composé.**

Alain et Paul se réveillent. Ils se lèvent tout de suite et se préparent pour aller à l'université. Ils se lavent et s'habillent. Ils étudient, mais ils se reposent aussi. A six heures ils se retrouvent pour le dîner. Ensuite ils étudient encore mais ils s'amusent aussi. Vers onze heures ils se couchent.

**c.   Aujourd'hui et hier. Complétez les phrases suivantes selon le modèle donné.**

MODÈLE:   Aujourd'hui Yves se rase…
            Aujourd'hui Yves se rase mais hier il ne s'est pas rasé.

1.   Aujourd'hui Anita se repose…
2.   Aujourd'hui les camarades se dépêchent…
3.   Aujourd'hui vous vous amusez…
4.   Aujourd'hui tu te fâches…
5.   Aujourd'hui nous nous dépêchons…
6.   Aujourd'hui je m'amuse…

**d.   Une inverview. Demandez à un (une) camarade:**

1.   s'il (si elle) s'est levé(e) de bonne heure ce matin.
2.   s'il (si elle) s'est couché(e) tard hier soir.
3.   s'il (si elle) s'est amusé(e) hier soir.
4.   s'il (si elle) s'est fâché(e) hier.
5.   s'il (si elle) s'est reposé(e) hier.

e. **Qu'est-ce que vous avez fait hier? Employez les expressions suivantes dans une causerie.**

MODÈLE: Je me suis réveillé(e) à sept heures, puis...
Continuez!

se réveiller, se lever, se laver, se raser, s'habiller, prendre le petit déjeuner, aller à l'université, avoir des cours de _____, déjeuner, pendant l'après-midi, avoir des cours de _____, rentrer, dîner, étudier jusqu'à _____, se coucher

## Se souvenir de *and* se rappeler

Both *se souvenir de* and *se rappeler* mean "to remember." *Se rappeler* is conjugated like *s'appeler*. *Se souvenir de* is irregular, but its endings are like those of *venir*. Note that *se rappeler* takes a direct object but that the object of *se souvenir* is preceded by the preposition *de*.

Je me rappelle la leçon.     Elle se souvient de la leçon.

The past participle of *se souvenir* agrees with the reflexive pronoun, which functions as a preceding direct object; the reflexive pronoun used with *se rappeler* is considered an indirect object and so the past participle does not agree with it.

Elle s'est *souvenue* de son oncle.

Elle s'est *rappelé* son oncle.

a. **Non, mais... Répondez selon le modèle donné.**

MODÈLE: Tu te rappelles Joseph? (son frère)
Non, mais je me rappelle son frère.

1. Tu te rappelles Anne? (sa sœur)
2. Vous vous rappelez Jean-Claude? (son frère)
3. Marc se rappelle Josette? (sa sœur)
4. Vos amis se rappellent Henri? (son frère)

b. **Qui se souvient? Formez des phrases selon le modèle donné.**

MODÈLE: Jacques / les verbes
Jacques se souvient des verbes.

1. Je / les verbes / aussi
2. Tu / les mots
3. Nicole / les réponses
4. Georges et Thérèse / la grammaire

5. Nous / le vocabulaire
6. Vous / cette leçon

c. **Des souvenirs de l'été passé. Formez des phrases selon le modèle donné.**

MODÈLE:  Je / mes vacances dans les montagnes
Je me suis rappelé mes vacances dans les montagnes.

1. Luc / son premier amour
2. Solange / son voyage en Europe
3. Mes amis / leur visite à Boston
4. Vous / vos cours d'été
5. Tu / ton séjour à Montréal
6. Nous / notre visite chez des amis
7. Je / ?

*The reflexive verb used in commands (imperative)*

In the affirmative imperative, the reflexive pronoun follows the verb; *te* becomes *toi*.

| *Declarative sentence* | *Command* |
| --- | --- |
| Tu te laves. | Lave-toi. |
| Vous vous dépêchez. | Dépêchez-vous. |

In the negative imperative, the reflexive pronoun precedes the verb as usual.

| *Declarative sentence* | *Command* |
| --- | --- |
| Tu ne te couches pas. | Ne te couche pas. |
| Nous ne nous reposons pas. | Ne nous reposons pas. |

Remember that regular *-er* verbs drop the *s* from the *tu* form.

*The reflexive verb used with a conjugated verb*

Study the following examples of reflexive verbs used with a conjugated verb. Note the position of the reflexive pronoun.

Philippe va *se* raser tout de suite.
Nous allons *nous* reposer.

a. **On va se reposer. Répondez selon le modèle donné.**

MODÈLE:  Tu vas au cinéma?
Non, je vais me reposer.

1. Tu vas au match de tennis?
2. Pierre va à la bibliothèque?
3. Les autres vont chez Madeleine?

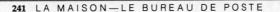

4. Yolande va au cinéma?
5. Vous allez au café?

b. **La fatigue. Répondez selon le modèle donné.**

MODÈLE: Votre mère est très fatiguée, n'est-ce pas?
Oui, elle va se coucher.

1. Yvonne est très fatiguée, n'est-ce pas?
2. Claude est très fatigué, n'est-ce pas?
3. Tes amis sont très fatigués, n'est-ce pas?
4. Tu es très fatigué(e), n'est-ce pas?
5. Vous êtes très fatigués, n'est-ce pas? (nous)

c. **Faites ceci et faites cela. Donnez des ordres selon le modèle donné.**

MODÈLE: Je vais me lever.
Eh bien, lève-toi.
Eh bien, levez-vous.

1. Je vais me laver.
2. Je vais me raser.
3. Je vais me dépêcher.
4. Je vais m'habiller.

d. **Ah non! Ne fais pas ça! Donnez des ordres selon le modèle donné.**

MODÈLE: Jacques me dit de me lever.
Ah non! Ne te lève pas!
Ah non! Ne vous levez pas!

1. Il me dit de me raser.
2. Maman me dit de me laver.
3. Elle me dit de me dépêcher.
4. Paul me dit de me coucher.

e. **Qu'est-ce que vous allez faire demain? Employez les expressions suivantes dans une causerie.**

MODÈLE: Je vais me réveiller à sept heures, puis...
Continuez!

se réveiller, se lever, se laver, se raser, s'habiller, prendre le petit déjeuner, aller à l'université, avoir des cours de _____, déjeuner, pendant l'après-midi, avoir des cours de _____, rentrer, dîner, étudier jusqu'à _____, se coucher

## LECTURE

*Vocabulaire*

**pourtant** malgré cela; cependant (however; yet). *Pourtant* il fera de son mieux.

**discuter** examiner une question (to discuss). Nous *discutons* ce problème depuis des années.

**réussir** avoir du succès. (*Réussir* se conjugue comme *finir*.) Ils *réussissent* en tout.

**d'ailleurs** de plus (moreover). *D'ailleurs,* elle finira avant tous les autres.

**bien des** beaucoup de. *Bien des* Français sont fiers de leur langue et la parlent d'une manière élégante.

**étape** *f.* (lap; stage). Ça va être une *étape* difficile de sa vie. L'*étape* entre Paris et Bruxelles n'est pas trop longue.

**tel, telle** pareil, semblable (such [a]). Une *telle* expérience est scandaleuse.

**vie** *f.* (life). J'aime la *vie.* Elle a été bonne pour moi.

**siècle** *m.* une période de cent ans. Nous sommes au XXe *siècle,* et bien des Français du XXe *siècle* commencent à parler franglais.

**entreprendre** s'engager à faire quelque chose (to undertake). (*Entreprendre* se conjugue comme *prendre*.) Il *entreprend* un travail énorme.

**tâche** *f.* un travail à faire (task). Robert a entrepris une *tâche* trop difficile, je crois.

**bon goût** appréciation (good taste). Voilà un homme de *bon goût.*

*Structure à noter*

The pronoun *il* is often used impersonally. In such cases, *il* may mean "it," "there," "one." Here are a few common expressions in which the impersonal *il* occurs:

| | |
|---|---|
| il y a | *there is, there are* |
| il existe | *there exist(s)* |
| il est possible (de) | *it's possible* |
| il se peut | *it's possible* |
| il importe (de) | *it's important* |
| il s'agit de | *it's a question of* |
| il faut | *it's necessary (one must)* |
| il reste | *there remains* |
| il subsiste | *there remains* |
| il est certain | *it's certain* |
| il semble | *it seems* |
| il paraît | *it appears* |
| il est compréhensible | *it's understandable* |

| | |
|---|---|
| Il y a un hôtel en face de la gare. | *There's a hotel opposite the station.* |
| Il est possible de diviser les Français en trois groupes. | *It's possible to divide the French into three groups.* |
| Il faut venir à dix heures précises. | *It is necessary to come at 10 o'clock sharp.* |

**a. Répondez selon les modèles donnés.**

MODÈLE:   Janine est bonne en chimie?
          Oui, elle réussit en tout.

1.  Tes camarades sont bons en psychologie?
2.  Jean-Pierre est bon en latin?
3.  Anne est bonne en mathématiques?

MODÈLE:   Tu as beaucoup à faire, Jean?
          Oui. J'ai peut-être entrepris une tâche trop difficile.

4.  Vous avez beaucoup à faire? (Nous...)
5.  Jeanne a beaucoup à faire?
6.  Vos amis ont beaucoup à faire?

**b. En employant des mots du Vocabulaire, complétez les phrases suivantes.**

1.  Quel joli tableau tu as choisi! Tu as _____, chérie.
2.  C'est une longue _____ entre Rome et Genève.
3.  Au XX^e _____, la _____ passe à un rythme très rapide.
4.  Je ne peux pas accepter un _____ affront sans réponse.
5.  C'est un restaurant populaire. _____ étudiants le fréquentent.
6.  On n'a pas encore décidé; _____, on va _____ cette question ce soir.
7.  Cet étudiant est très travailleur et _____; il ne fait pas bien dans ce cours.

# Le Franglais

Les Français sont très fiers de leur langue. Ils pensent qu'elle est la plus claire, la plus précise, la plus élégante de toutes les langues du monde. En France, contrairement à ce qui se passe aux Etats-Unis, on attache beaucoup d'importance à la manière de parler. Il faut le dire: il existe en France un snobisme de la langue.

> **ce qui se passe** (*what happens, takes place*)
>
> **apparaît** *devient visible ou apparent*
> **franglais** *l'emploi de mots anglo-américains en français*

Pourtant, depuis quelques années un changement apparaît: on commence à parler franglais. Les choses sont allées si loin que les humoristes français ont parlé de la « cocacolonisation » de la France par les Etats-Unis. En effet, les grammairiens, les puristes et les académiciens s'alarment devant l'invasion de nouvelles expressions anglo-américaines qui abondent dans la conversation. Ainsi l'autre jour on m'a rapporté cette description de son patron par un jeune homme. (Il l'appelle son « boss ».)

*Café-restaurant with English signs (pizza, etc.)*
(Hugh Rogers/ Monkmeyer Press Photo)

« M. Levieux, dit le jeune homme, commence sa journée par un jogging parce qu'il n'aime pas employer le parking du building où il a son job. Il discute avec un advisor son planning pour les programmes des clubs des jeunes. Il réussit très bien dans ce domaine parce qu'il comprend les teenagers et parce que cela le relaxe d'avoir des meetings avec eux. A midi quand il est pressé, il va dans un snack-bar manger un hot dog et prendre un Coca-Cola. Chaque week-end M. Levieux va au racing club de Neuilly. C'est un hobby qui coûte cher, mais il le préfère au bowling ou au football. Il s'intéresse au sport, mais il n'aime pas beaucoup ces cocktails mondains où l'on prend des drinks, porte un smoking et joue au bridge. Il déteste d'ailleurs le whisky et les bars. M. Levieux est assez sympathique. Ce n'est certainement pas un snob. »

**eux** *les teenagers*

**cocktails** *boissons alcooliques, aussi réunions où l'on prend des cocktails*
**smoking** (*tuxedo*)
**Ce que** (*That which, What*)

Ce que bien des Français prennent pour une étape normale dans l'évolution de la langue est considéré par d'autres comme une véritable crise. Déjà, dans l'histoire du pays, de telles menaces ont troublé la vie tranquille de quelques habitants du petit hexagone. François de Malherbe au XVIIᵉ siècle, par exemple, a entrepris la tâche difficile de « purifier » la langue française de tous ses italianismes.

**évolue** (*is evolving*)

Naturellement, le français, comme toute langue, évolue et s'enrichit au contact des vocabulaires d'autres nations. Pourtant, la modération et le bon goût ont toujours guidé les Français en matière de langue. Ces traits typiquement français serviront sans doute de barrière contre une extension ridicule ou flagrante du franglais.

## QUESTIONNAIRE SUR LA LECTURE

1. Qu'est-ce que c'est que le franglais?
2. Pourquoi les Français sont-ils fiers de leur langue?
3. Croyez-vous qu'on attache aux Etats-Unis beaucoup d'importance à la manière de parler? Expliquez.
4. Quel changement apparaît en France depuis quelques années?
5. Qu'est-ce qui alarme les grammairiens, les puristes et les académiciens? Pourquoi?
6. Qui a parlé de la « cocacolonisation » de la France par les Etats-Unis?
7. Qu'est-ce que c'est que la « cocacolonisation » de la France?
8. Croyez-vous que la « cocacolonisation » s'applique seulement au franglais? Expliquez.
9. Qui a décrit son patron?
10. Comment le jeune homme appelle-t-il son patron?
11. Comment M. Levieux commence-t-il sa journée?
12. Pourquoi la commence-t-il ainsi?
13. Avec qui discute-t-il?
14. De quoi discutent-ils?
15. Pourquoi M. Levieux réussit-il bien dans ce domaine?
16. Qu'est-ce qui relaxe M. Levieux?
17. Où M. Levieux passe-t-il ses week-ends?
18. M. Levieux aime-t-il le sport?
19. Qu'est-ce qu'il n'aime pas?
20. Qu'est-ce que Malherbe a entrepris de faire? Quand?
21. En matière de langue, qu'est-ce qui a toujours guidé les Français?

## DISCUSSION

VOCABULAIRE: discuter, la discussion, la conversation, l'art de la conversation, s'exprimer bien ou mal (*to express oneself well or poorly*), clairement, avec précision, avec élégance, vaguement, un style correct, une faute (*mistake*) de grammaire, d'orthographe (*spelling*), l'argot (*slang*)

1. On dit que les Américains n'attachent pas trop d'importance à la manière de parler. Acceptez-vous ce point de vue? Expliquez.
2. On dit aussi que les étudiants américains universitaires ne savent pas bien écrire en anglais. Acceptez-vous ce jugement? Expliquez.
3. Indiquez des mots et des expressions français qui se sont infiltrés en anglais.

Treizième Leçon

LA FAMILLE

# Préparation

**BERNADETTE**
Je ne savais pas que tes
parents étaient provençaux.*

**SYLVIE**
Oui, tous du côté de ma mère.
J'ai une tante là-bas qui est
vraiment bizarre, mais je
l'aime bien.

**SYLVIE**
Quand j'avais
treize ans, j'ai passé mes
vacances d'été chez elle.

* Remember that *aux* is the plural ending of masculine singular
nouns and adjectives ending in *al*. Compare: *il est provençal. C'est
une Provençale. Ils sont provençaux. Elles sont provençales.*

**BERNADETTE**
Où, ça?

**SYLVIE**
Au petit village d'Ansouis où
elle habitait en ce temps-là.

**SYLVIE**
Mais tu connais la Provence,
n'est-ce pas?

**BERNADETTE**
Oui. Assez bien. Autrefois
nous y allions de temps en
temps.

**SYLVIE**
Tu aimais tes séjours là-bas?

**BERNADETTE**
Oui, beaucoup.

la grand-mère
de Robert

le grand-père
de Robert

la mère de Robert

le père de Robert

Jean-Claude
le mari d'Anne

Anne
la sœur aînée
de Robert

Robert

Claudine
la sœur cadette
de Robert

le frère
de Robert

  Robert parle. Voilà mon *père* et ma *mère*; ce sont mes *parents*.[1] Je suis leur *fils* /fis/. Claudine est leur enfant aussi; c'est leur *fille* et ma sœur *cadette*[2] (elle est plus jeune que moi). Le fils de mon frère est mon *neveu*; sa fille est ma *nièce*. Le fils de mon *oncle* est mon *cousin* /kuzɛ̃/; la fille de mon oncle est ma *cousine* /kuzin/. Le père de mon père est mon *grand-père*; la mère de mon père est ma *grand-mère*. Je suis leur *petit-fils*; Claudine est leur *petite-fille*. Les *familles* qui habitent près de nous sont nos *voisins*.[3] Ma sœur Anne, l'*aînée* (la plus âgée) de la famille, est mariée. Son *mari* s'appelle Jean-Claude. Anne est la *femme* de Jean-Claude. Il est mon *beau-frère*. Mon père est le *beau-père* de Jean-Claude; ma mère est sa *belle-mère*. Jean-Claude est leur *beau-fils*.

---

[1] *Parents* means "parents" as well as "relatives."
[2] *cadette* f. /kadɛt/, *cadet* m. /kadɛ/.
[3] *voisin* m. /vwazɛ̃/, *voisine* f. /vwazin/.

a.  **Qui est-ce? Complétez les phrases suivantes.**

1.  Le frère de mon père est _____.
2.  La mère de ma mère est _____.
3.  Les enfants de ma tante sont _____.
4.  Voilà M. Martin. C'est mon père; je suis donc _____.
5.  La sœur de ma mère est _____.
6.  M. et Mme Vincent sont les parents de ma mère. Je suis _____.
7.  Le fils de ma sœur est _____.

b.  **Nous rendons visite à notre famille.[1] Formez des phrases selon le modèle donné.**

MODÈLE:   Paul / son oncle
          Paul rend visite à son oncle.

1.  Je / ma cousine
2.  Anne / son neveu
3.  Tu / Tante Joséphine
4.  Vous / grand-père
5.  Mes frères / grand-mère
6.  Nous / nos parents

c.  **Notre visite en France. Nous allons voir les différentes villes. Formez des phrases selon le modèle donné.**

MODÈLE:   Nous / Amiens
          Nous allons visiter Amiens.

1.  André / Tours
2.  Mes parents / Anger
3.  Je / Poitiers
4.  Nous / Orléans
5.  Tu / Nice
6.  Vous / Dijon

d.  **« Visiter » ou « rendre visite à »? En employant les mots donnés, formez des phrases au passé composé.**

1.  Tu / ton cousin Georges
2.  Vous / Marseille
3.  Je / Avignon
4.  Mon frère / son Oncle Max

[1] *Rendre visite à* (to visit) is used with reference to people (friends, relatives). *Rendre* is a regular -*re* verb. *Visiter* (to visit) is used with reference to places (cities, buildings, monuments). *Visiter* is a regular -*er* verb.

5. Nous / Montréal
6. Nos grands-parents / leurs voisins

**e. Une interview. Répondez.**

1. Combien de frères et de sœurs avez-vous?
2. Etes-vous l'aîné(e) de votre famille?
3. Etes-vous le cadet (la cadette)?
4. Où habite votre famille?
5. Avez-vous beaucoup de cousins?
6. Où habitent-ils?
7. Est-ce que vous leur rendez souvent visite?
8. Est-ce que vous rendez visite de temps en temps à vos oncles et à vos tantes? à vos grands-parents?
9. Où habitent-ils?
10. Avez-vous des parents français?
11. Si oui, d'où viennent-ils?
12. D'où viennent vos ancêtres?
13. Où avez-vous passé vos vacances l'été dernier?
14. Qu'est-ce que vous aimez faire quand vous êtes en vacances?
15. Où est-ce que vous allez passer vos vacances cette année?
16. Etes-vous jamais allé(e) en France? au Québec?
17. Avez-vous visité Montréal? la ville de Québec? Paris? la Provence?
18. Avez-vous aimé votre séjour au Québec? en France?
19. Avez-vous visité New York? Chicago? Washington? San Francisco? Boston? le Grand Cañon?
20. Où préférez-vous aller en vacances?

## COMMENTAIRES CULTURELS

A vacation is very important to most Europeans, and the French are a part of this tradition. Generally, plans and reservations are made well in advance and people tend to choose one location and go there to rest, play, and see the sights. In July and particularly in August, the French close down their small businesses and shops in order to leave for vacations. With so many local people away, sometimes one has to go to many different stores to find one open. During the high vacation season, one has the feeling that there are as many foreigners as French people in Paris. More and more one reads in the French press of terrible traffic jams occasioned by tourists on their way to the Riviera, Italy, and Spain during the busy vacation season. During these periods it may require as many as four or five hours in some places to advance 30 or 40 kilometers. (A kilometer is about $\frac{5}{8}$ of one mile.)

The province of **Provence** is located in southern France. Its capital is **Aix-en-Provence.** Many ancient ruins from Roman antiquity are located in this part of France. The climate is dry in Provence and the sky is usually bright and clear. Many impressionist painters (Cézanne, Van Gogh, Gauguin, and others) were drawn to Provence because of the intensity and purity of the light.

**Ansouis** in Provence has only about 500 inhabitants. It is a charming little village built on a rocky slope. Its most imposing structure is a castle with examples of French architecture and furnishings from many different periods. In **Ansouis** one may also visit an interesting Romanesque church.

## PRONONCIATION

Pronounce the following sentences, taking care to make syllable division as indicated.

Nous· pou·rron·s a·ller· voir· le· mont· Blanc.
/nu·pu·rɔ̃·za·le·vwar·lə·mɔ̃·blɑ̃/

Vou·s a·vez de· la· chance.
/vu·za·ved·la·ʃɑ̃s/

Nou·s y· a·llions· de· temp·s en· temps.
/nu·zi·a·ljɔ̃·də·tɑ̃·zɑ̃·tɑ̃/

Quelle· vue· ma·gni·fique.
/kɛl·vy·ma·ɲi·fik/

C'est· do·mmage.
/sɛ·dɔ·maʒ/

On· ser·vi·ra· bien·tôt le· dî·ner· à· l'hô·tel.
/ɔ̃·sɛr·vi·ra·bjɛ̃·tol·di·ne·a·lo·tɛl/

## EXPLICATIONS ET EXERCICES

*Idioms with* avoir   Many idiomatic expressions occur with the verb *avoir*. Here is a list of the most common ones:

| | |
|---|---|
| avoir l'air | *to seem* |
| avoir... ans | *to be . . . years old* |
| avoir besoin de | *to need* |
| avoir chaud | *to be warm* |
| avoir de la chance | *to be lucky* |
| avoir envie de | *to feel like* |
| avoir faim | *to be hungry* |
| avoir froid | *to be cold* |
| avoir l'habitude de | *to be accustomed to* |
| avoir honte | *to be ashamed* |
| avoir l'intention de | *to intend to* |
| avoir lieu | *to take place* |
| avoir peur de | *to be afraid of* |
| avoir raison | *to be right* |
| avoir soif | *to be thirsty* |
| avoir sommeil | *to be sleepy* |
| avoir tort | *to be wrong (in an argument)* |

**a.   Nous voulons savoir l'âge des membres de votre famille. Répondez selon le modèle donné.**

MODÈLE:   Votre frère?
　　　　　Il a... ans.

1.   Votre père?
2.   Votre mère?
3.   Votre sœur aînée?
4.   Votre sœur cadette?
5.   Votre frère aîné?
6.   Votre frère cadet?
7.   Vous?

**b.   On ne vient pas. Répondez selon le modèle donné.**

MODÈLE:   Jean-Jacques vient? (étudier)
　　　　　Non, il a besoin d'étudier.

1.   Vous venez? (nous... étudier)
2.   André vient? (étudier)
3.   Vos amis viennent? (travailler)
4.   Marie vient? (travailler)
5.   Tu viens? (étudier)

*Family on vacation,*
*Villefranche sur mer*
(Hugh Rogers/
Monkmeyer Press
Photo Service)

**c.    Ah non! Contredisez** (Contradict) **les phrases suivantes selon le modèle donné.**

MODÈLE:   Tu as tort!
           Ah non! J'ai raison!

1.   Jacques a tort!
2.   Tes parents ont tort!
3.   Ta cousine a tort!
4.   Vous avez tort! (Nous)

**d.    J'ai faim et j'ai soif. Dites que vous avez envie de... Formez des phrases selon le modèle donné.**

MODÈLE:   Je / un bon bifteck
           J'ai envie d'un bon bifteck.

1.   Je / un verre d'eau
2.   Notre neveu / une tasse de lait
3.   Ma sœur / une tasse de café
4.   Nous / une salade de tomates
5.   Tu / un jus d'orange
6.   Vous / tarte aux pommes
7.   Nos grands-parents / une bonne soupe à l'oignon

**e.** **En employant les expressions avec « avoir » de cette leçon, complétez les phrases suivantes.**

1. Quand il fait du soleil et je fais du jogging, je... et je...
2. Vos parents vous ont envoyé un chèque de cent dollars. Vous...
3. Marc n'a pas encore dîné. Il...
4. Il neige et il fait du vent. Nous...
5. Tu as travaillé jusqu'à deux heures du matin. Tu...
6. La petite Anne a vu un film qui l'a terrifiée. Elle...

**f.** **Une interview. Demandez à un(e) camarade:**

1. s'il (si elle) a l'habitude d'étudier beaucoup, de travailler beaucoup, de faire du jogging, de faire du ski.
2. s'il (si elle) a envie d'étudier maintenant, de travailler ce soir, de faire du ski demain, de faire une promenade cet après-midi.
3. s'il (si elle) a besoin d'une chaîne stéréo, d'une bicyclette, d'une nouvelle voiture.
4. s'il (si elle) a l'intention d'aller en France un jour, de continuer ses études en français, d'être ici pendant l'été.

*The imperfect tense*

Observe the following forms of the imperfect tense of the verbs *finir* and *être*.

|  | **finir** | **être** |
|---|---|---|
| je | finiss|ais | ét|ais |
| tu | finiss|ais | ét|ais |
| il, elle, on | finiss|ait | ét|ait |
| nous | finiss|ions | ét|ions |
| vous | finiss|iez | ét|iez |
| ils, elles | finiss|aient | ét|aient |

To form the imperfect tense, add the endings (*ais, ais, ait, ions, iez, aient*) to the stem, which is found by dropping *ons* from the *nous* form of the present indicative (*nous finissons* = *finiss*). All verbs in the imperfect follow this pattern to form their stem except *être*.

For verbs ending in *-ger* and *-cer*, spelling changes in the stem should be noted. The letter *e* follows the *g* of *-ger* verbs when the imperfect ending begins with *a*. The cedilla (ç) is used with the *c* of *-cer* verbs when the imperfect ending begins with *a*. Consider *manger* (to eat) and *commencer* (to begin):

| | | | |
|---|---|---|---|
| je mangeais | nous mangions | je commençais | nous commencions |
| tu mangeais | vous mangiez | tu commençais | vous commenciez |
| il mangeait | ils mangeaient | il commençait | ils commençaient |
| elle mangeait | elles mangeaient | elle commençait | elles commençaient |

The imperfect tense is used to express habitual past actions, a state of affairs in the past, or continuous past action. It must be differentiated from the *passé composé*, which indicates what happened at a given time in the past. You use the imperfect to tell what you used to do or what you were doing in the past. You also use the imperfect to express an action in progress when another event occurred. In the narration of past events, use the *passé composé* to tell what you did or what happened; use the imperfect to state how things were. Consider the following:

| | |
|---|---|
| Hier je suis allé voir une pièce de Molière. | *Yesterday I went to see a play by Molière.* |
| Quand j'étais jeune, nous allions voir des pièces tous les jeudis. | *When I was young, we used to go to see plays every Thursday.* |
| Nous allions au cinéma quand nous avons rencontré Paul. | *We were going to the movies when we met Paul.* |

Certain expressions (*souvent, toujours, tous les jours, quelquefois, parfois,* etc.), which suggest repetition or a state, will help you recognize when to use the imperfect.

| | |
|---|---|
| Quelquefois quand elle était triste, elle regardait la mer. | *Sometimes when she was sad, she would (used to) look at the sea.* |

a. **Où habitiez-vous il y a cinq ans? Répondez selon le modèle donné.**

MODÈLE:  Toi?
En ce temps-là, j'habitais à...

1.  Ton frère aîné?
2.  Ta sœur aînée?
3.  Tes parents?
4.  Toi et ta sœur?
5.  Tes grands-parents?
6.  Ton oncle?
7.  Ta tante?

b. **Les souvenirs de famille. Qu'est-ce qu'on faisait il y a cinq ans? Répondez selon le modèle donné.**

MODÈLE:  Ton frère cadet?
En ce temps-là il avait... ans. Il était à l'école primaire (secondaire, l'université). Il aimait les sports (les filles, les mathématiques, etc.)

1.  Ta sœur cadette?
2.  Toi?

3. Toi et ton frère?
4. Ton (Ta) meilleur(e) ami(e)?

c. **Le passé composé ou l'imparfait? Dans la phrase suivante, substituez les mots suggérés. Employez le passé composé ou l'imparfait, selon le cas.**

MODÈLE:   Hier elle est rentrée à minuit. (De temps en temps)
De temps en temps elle rentrait à minuit.

Hier elle est rentrée à minuit.
(Tous les samedis / Quelquefois / Une fois / Un soir / Lundi dernier / Tous les lundis / Souvent / Hier soir)

d. **L'histoire de Madeleine. Répondez selon le modèle donné.**

MODÈLE:   Madeleine est venue ce soir?
Dans le temps[1] elle venait toujours, mais elle n'est pas venue ce soir.

1. Madeleine a étudié ce soir?
2. A-t-elle dîné avec Roger?
3. Est-elle allée à la bibliothèque ce soir?
4. Elle a travaillé, n'est-ce pas?
5. Est-elle rentrée de bonne heure?

e. **Quel temps faisait-il? Répondez.**

1. Quel temps faisait-il quand vous vous êtes levé(e) ce matin?
2. Quel temps faisait-il quand vous êtes parti(e) pour l'université?
3. Quel temps faisait-il quand vous avez quitté l'université?
4. Quel temps faisait-il quand vous vous êtes couché(e)?

f. **Donnez une réponse personnelle aux questions suivantes.**

1. Où habitiez-vous quand vous aviez quinze ans?
2. Aimiez-vous l'école en ce temps-là?
3. Quels cours préfériez-vous?
4. Quels cours n'aimiez-vous pas?
5. Quels livres préfériez-vous?
6. Etudiiez-vous[2] beaucoup?
7. Alliez-vous souvent au cinéma?
8. Est-ce que vous jouiez du piano en ce temps-là?
9. Est-ce que vous aviez beaucoup de devoirs à préparer?
10. Ecriviez-vous beaucoup de compositions?

[1] Dans le temps = dans le passé.

[2] Compare: *vous étudiez* (*présent*); *vous étudiiez* (*imparfait*).

*The pluperfect tense*

The pluperfect tense (*plus-que-parfait*) is formed by the imperfect of *avoir* or *être* (the auxiliary verb) and the past participle of the verb being conjugated. Verbs which require *avoir* (or *être*) as the auxiliary verb in the *passé composé* require *avoir* (or *être*) in the pluperfect. The pluperfect indicates past action which happened before another past action.

| | |
|---|---|
| Il avait plu quand nous sommes partis. | *It had rained when we left.* |
| Il était parti quand nous sommes arrivés. | *He had left when we arrived.* |

**a.  Dans les phrases suivantes, substituez les mots suggérés.**

1.  Elle était déjà partie.
   (Vous / Tu / Olivier / Je / Nous / Mes parents)
2.  Il n'avait pas encore fini.
   (Anne / Tes amis / Je / Tu / Nous / Vous)

**b.  Le temps avant notre départ. Répondez selon le modèle donné.**

MODÈLE:  Quel temps faisait-il chez vous? (pleuvoir)
         Il avait plu avant notre départ.

1.  Quel temps faisait-il avant-hier (the day before yesterday)? (neiger)
2.  Quel temps faisait-il hier? (faire mauvais)
3.  Quel temps faisait-il chez vos parents? (faire très froid)

**c.  L'histoire de Madeleine (suite). Répondez selon le modèle donné.**

MODÈLE:  On a dit que Madeleine n'est pas venue ce soir.
         Si! Elle était déjà venue avant votre arrivée.

1.  On a dit qu'elle n'a pas étudié ce soir.
2.  On a dit qu'elle n'a pas dîné avec Roger.
3.  On a dit qu'elle n'est pas allée à la bibliothèque.
4.  On a dit qu'elle n'a pas travaillé ce soir.
5.  On a dit qu'elle n'est pas rentrée.

**d.  « Passé composé », « imparfait » ou « plus-que-parfait »? Mettez les verbes des phrases suivantes au temps correct du passé.**

Avant mon départ, il (neiger) \_\_\_\_\_, mais à cet instant il (ne plus neiger) \_\_\_\_\_; il (faire) \_\_\_\_\_ très froid. Quand je (entrer) \_\_\_\_\_ dans le restaurant, mes amis (arriver déjà) \_\_\_\_\_. Ils (manger et parler) \_\_\_\_\_ avec animation. Tout le monde me (saluer)[1] \_\_\_\_\_ et je (se mettre) \_\_\_\_\_ à table. Soudain un homme masqué (entrer) \_\_\_\_\_ dans la salle. Il (porter) \_\_\_\_\_ un couteau et un revolver. Il (trembler) \_\_\_\_\_ et (avoir) \_\_\_\_\_ l'air très agité. Qu'est-ce qu'il (faire) \_\_\_\_\_ avant de venir ici? Sans dire

---

[1] Saluer: dire « Bonsoir ».

un mot, il (aller) _____ au bar où il (prendre) _____ une bouteille de whisky. On (avoir) _____ peur.

*The irregular verb* connaître (*to know, to be acquainted with people and places*)

| *présent* | je connais | nous connaissons |
|---|---|---|
| | tu connais | vous connaissez |
| | il, elle, on conna[î]t | ils, elles connaissent |

| *passé composé* | j'ai connu, tu as connu |
|---|---|
| *futur* | je conna[î]trai, tu conna[î]tras |
| *imparfait* | je connaissais, tu connaissais |
| *plus-que-parfait* | j'avais connu, tu avais connu |

Place a circumflex (ˆ) over the *i* which precedes the letter *t* in the conjugation of *connaître*.

Review the verb *savoir* (to know, to know how, to know facts). See p. 65.

**a.   Qui connaît notre famille? Formez des phrases selon le modèle donné.**

MODÈLE:   Joseph / mon frère Albert
Joseph connaît mon frère Albert.

1.   Chantal / ma sœur Danielle
2.   Nous / vos parents
3.   Vous / ma Tante Alice
4.   Je / votre cousine Suzanne
5.   Serge et Yves / notre père
6.   Tu / mon neveu André

**b.   Maintenant plus, dans le temps, oui. Répondez selon le modèle donné.**

MODÈLE:   Tu connais Roger, n'est-ce pas?
Dans le temps je le connaissais, mais je ne le connais plus.

1.   Tu connais Marc Dujardin, n'est-ce pas?
2.   Tu connais Nicole Lesage, n'est-ce pas?
3.   Tes amis connaissent Joseph, n'est-ce pas?
4.   Ils connaissent Janine la Fontaine, n'est-ce pas?
5.   Vous connaissez cette ville, n'est-ce pas? (nous)
6.   Vous connaissez les environs de Paris, n'est-ce pas? (nous)

**c.   « Savoir » ou « connaître »? Formez des phrases selon le modèle donné.**

MODÈLE:   Je / Jacqueline
Je connais Jacqueline.

1.   Vous / les environs de New York

2. Hélène / Madeleine Renaud
3. Jeanne / jouer du piano
4. Je / quand Tante Alice arrivera
5. Nous / cette ville
6. Ils / que Brigitte Maurier ne vient pas

*Stress pronouns*   Stress pronouns (*pronoms toniques*) are normally used only to refer to persons. Observe the following forms.

| | | |
|---|---|---|
| moi | /mwa/ | *me, I* |
| toi | /twa/ | *you* |
| lui | /lɥi/ | *him, he* |
| elle | /ɛl/ | *her, she* |
| nous | /nu/ | *us, we* |
| vous | /vu/ | *you* |
| eux | /ø/ | *them, they* |
| elles | /ɛl/ | *them, they* |

Here are the important uses of the stress pronouns:

1. Stress pronouns are used as objects of prepositions.

   Jean est allé au cinéma sans moi.   *John went to the movies without me.*

2. Stress pronouns are used after the comparative form of an adjective.

   Paul est plus intelligent que lui.   *Paul is more intelligent than he.*

3. Stress pronouns are used as parts of compound subjects.

   Elle et lui ils ont fait une promenade.   *She and he took a walk.*
   Jean et moi nous sommes allés en ville.   *John and I went downtown.*

NOTE: In French, after a compound subject, it is usual to give the pronoun that sums up the parts; thus, after the compound subject *Jean et moi*, the pronoun *nous* is used. In English, this repetition is called the "double subject" and is not correct usage.

4. Stress pronouns are used after *c'est* and *ce sont* (as predicate nominatives).

   C'est lui.   *It is he.*
   Ce sont eux.   *It is they.*

NOTE: Use *c'est* with all the stress pronouns except *eux* and *elles*, which take *ce sont*:

| | |
|---|---|
| C'est moi. | C'est nous. |
| C'est toi. | C'est vous. |
| C'est lui. | Ce sont eux. |
| C'est elle. | Ce sont elles. |

5.  Stress pronouns are used alone, as in a one-word answer.

> Qui est là? Moi.  *Who's there? Me.*

6.  Stress pronouns are used to show emphasis.

> Moi, je l'ai fait.  *I did it.*
> Nous, nous avons fini.  *We finished.*

7.  The word *même* (self) may be used after the stress pronouns to mean "myself," "yourself," etc. *Même* agrees in number with the pronoun modified, and is joined to it by a hyphen.

| | | | |
|---|---|---|---|
| moi-même | *myself* | nous-mêmes | *ourselves* |
| toi-même | *yourself* | vous-même(s) | *yourself, yourselves* |
| lui-même | *himself* | eux-mêmes | *themselves* |
| elle-même | *herself* | elles-mêmes | *themselves* |

8.  Possession may be indicated by using the conjugated form of the verb *être*, the preposition *à*, the name of the possessor (if a noun), or the stress pronoun (if a pronoun).

> Cette voiture est à Anne?  *Is this car Anne's?*
> Non, la voiture n'est pas à elle,  *No, the car isn't hers, it is mine.*
> elle est à moi.

a.  **Les identifications.** Répondez selon le modèle donné.

MODÈLE:  C'est Marie?
Oui, c'est elle.

1.  C'est Sylvie?
2.  C'est la belle-mère de François?
3.  C'est Marc?
4.  C'est Jacques?
5.  C'est toi, Madeleine?
6.  C'est toi, Georges?
7.  Ce sont vos amis?
8.  Ce sont vos parents?
9.  Ce sont vos tantes?
10.  Ce sont vos sœurs?
11.  C'est vous, Janine et Jean-Claude?
12.  C'est vous, Marie et Jeannette?

b.  **Les comparaisons.** Répondez selon le modèle donné.

MODÈLE:  Guy est plus grand que toi?
Oui, il est plus grand que moi.

1.  Paul est plus méchant que toi?
2.  Est-il plus méchant qu'Hélène?

3. M. Didier est moins drôle que M. Lefèvre, n'est-ce pas?
4. Anne est aussi timide que Jean?
5. Est-elle aussi timide que mes sœurs?
6. Est-elle aussi timide que nous?
7. Joseph est-il aussi enthousiaste que moi?
8. Est-il aussi enthousiaste que Marc et Alain?

c. **Je l'ai fait moi-même! Réfutez les accusations selon le modèle donné.**

MODÈLE:   Jean-Marc a fait ce travail pour toi!
          Ah non! Je l'ai fait moi-même!

1. Joseph a fait ce travail pour toi!
2. Il l'a fait pour Josette!
3. Il l'a fait pour tes amis!
4. Il l'a fait pour Jacques aussi!
5. Henri a écrit cette composition pour Paul!
6. Il l'a écrite pour Marc aussi!
7. Il l'a écrite pour Anita et Jacqueline!
8. Et il l'a écrite pour toi aussi!

d. **Les possessions. Répondez selon le modèle donné.**

MODÈLE:   Ce vélo est à Marc?
          Oui, il est à lui.

1. La chaîne stéréo est à toi?
2. Les skis sont à Monique?
3. Les disques sont à Georges?
4. Cette voiture est à vous deux?
5. La télévision est à Anne et Nicole?

e. **Qui va travailler avec _____? Répondez selon le modèle donné.**

MODÈLE:   Qui va travailler avec Marie? (Louis)
          Louis va travailler avec elle.

1. Qui va travailler avec Raymond? (Le patron)
2. Qui va travailler avec toi? (La patronne)
3. Qui va travailler avec Olivier et François? (Moi)
4. Qui va étudier avec moi? (Nous)
5. Qui va étudier avec vous deux? (Brigitte)
6. Qui va étudier avec Josette et Anne? (Nous)

**f. Les personnalités dans notre famille. Formez des phrases selon le modèle donné.**

MODÈLE:  je / têtu(e)
Moi, je suis têtu(e).

1. ils / ambitieux
2. je / travailleur(-euse)
3. nous / impulsifs
4. tu / agréable
5. il / sérieux
6. elle / sentimentale
7. vous / drôle
8. elles / énergiques

**g. Un travail à faire. Qui va préparer le dîner? Formez des phrases selon le modèle donné.**

MODÈLE:  Toi et moi…
Toi et moi nous allons le faire.

1. Anne et lui…
2. Georges et toi…
3. Toi et nous…
4. Claude et moi…
5. Marc et elle…
6. Nicole et vous…

## LECTURE

*Vocabulaire*    **entre**  (between). Notre maison se trouve *entre* la ville et la campagne.

**avant** ≠ après. *Avant* la guerre, la Côte d'Azur était fréquentée par les riches.

**pension** *f.*  logement avec des repas. Nous allons descendre dans cette *pension.*

**au bord de**  sur le rivage de, à côté de. *Au bord de* la mer. *Au bord de* l'océan.

**louer**  (to rent). Les Martin viennent de *louer* un appartement ici.

**se servir de**  utiliser, employer. Je *me sers de* mon auto tous les jours. Un étudiant *se sert de* ses livres.

**douche** *f.*  (shower). Avant de me coucher, je vais prendre une *douche.*

**ouvrier, -ère**  qui fait un travail manuel (worker). M. Martin travaille dans une usine d'automobiles. Il est *ouvrier.*

**amour** *m.*  action d'aimer. L'*amour* est le contraire de l'aversion. Les Français ont l'*amour* de la bonne cuisine.

**tellement**  beaucoup. C'est un cours *tellement* difficile que les autres ne vont pas le suivre.

**plage** *f.* (beach). Voilà une *plage*:
Les *plages* en Floride sont belles.

**foule** *f.* un grand nombre de personnes. Voici une *foule*:
Des *foules* de touristes visitent la Côte d'Azur.

**jeunesse** *f.* partie de la vie de l'homme entre l'âge d'un enfant et l'âge d'un adulte. Paulette a quinze ans. Elle est jeune. Elle fait partie de la *jeunesse*.

**espoir** *m.* (hope). On va à la Côte d'Azur dans l'*espoir* de voir une personne célèbre.

**bruit** *m.* (noise). A cause du *bruit* des automobiles, il n'est pas facile de dormir.

**sourd, -e** *n. or adj.* qui ne peut pas entendre. Voici un *sourd*:

**pêcheur** qui va à la pêche. Voici un *pêcheur*:

**garder** conserver (to keep). Tu vas *garder* cette voiture?
**il faut** il est nécessaire. *Il faut* venir tout de suite.

*Structures à noter*
1. The infinitive as subject
As in English, the infinitive may be used as the subject of a sentence in French.

> Trouver un camping est un problème.   *To find a campsite is a problem.*

2. The adjective *propre*
This adjective changes in meaning depending on its position relative to the noun modified.

> Dans les campings, ils peuvent préparer leurs propres repas.   *In the campground, they can prepare their own meals.*
> Cet étudiant a son propre cahier.   *This student has his own notebook.*
> Il a un cahier propre.   *He has a clean notebook.*

3. The adjective as noun

An adjective is sometimes used alone, without a noun. In such cases the adjective has the function of a noun.

Où est la petite fille?
Où est la petite? } *Where's the little girl?*

Les gens riches vont sur la Côte d'Azur.
Les riches vont sur la Côte d'Azur. } *Rich people go to the Riviera.*

4. Note the use of the definite article with reference to different times of the day.

Il vient d'habitude le matin.    *He usually comes in the morning.*
Inutile de dire qu'il n'est pas    *It goes without saying that it isn't*
  facile de dormir la nuit.          *easy to sleep at night.*

## EXERCICES DE VOCABULAIRE

a.   **Répondez selon les modèles donnés.**

MODÈLE:   Beaucoup de touristes visitent la Côte d'Azur.
          C'est vrai. Des foules de touristes visitent la Côte d'Azur.

1.   Beaucoup de touristes vont en Provence.
2.   Beaucoup de gens font leurs achats au Bon Marché.
3.   Beaucoup de pêcheurs passent leurs vacances ici.
4.   Beaucoup d'ouvriers travaillent dans cette usine.
5.   Beaucoup de familles viennent sur la Côte d'Azur.

MODÈLE:   Tu aimes cet appartement?
          Oui. Je vais le louer.

6.   Les Grandjean aiment cet appartement?
7.   Mlle Blanche aime cette maison?
8.   Vous aimez cette maison? (Oui. Nous...)

MODÈLE:   On vient ce soir?
          Oui. Il faut venir ce soir.

9.   On part ce soir?        11.   On étudie ce soir?
10.   On travaille ce soir?

MODÈLE:   Puis-je avoir cet argent?
          Oui, vous pouvez le garder.

12.   Puis-je avoir ce crayon?        14.   Puis-je avoir ce livre?
13.   Puis-je avoir ces livres?

b. **En employant des mots du Vocabulaire, trouvez des antonymes pour les mots en italique.**

1. Ils sont arrivés *après* les autres.
2. Nous aimons *peu* ces films-là.
3. Cet homme n'a pas eu une *vieillesse* heureuse.

c. **En employant des mots du Vocabulaire, complétez les phrases suivantes.**

1. Une personne qui ne peut pas entendre est _____.
2. Un homme qui va à la pêche est _____.
3. J'habite à côté de la mer, c'est-à-dire j'habite _____ la mer.
4. Une femme qui travaille dans une usine est _____.
5. Pour me laver, je vais prendre _____.
6. D'ordinaire les motocyclettes font beaucoup de _____.
7. Les baigneurs prennent un bain de soleil sur _____.
8. Paris se trouve _____ Bruxelles et Lyon.
9. La cuisine est bonne et ma chambre est propre. J'aime bien cette _____.
10. Joseph est découragé; il a perdu l'_____.
11. Nicole aime les livres; elle a l'_____ des livres.

d. **Complétez les phrases suivantes selon le modèle donné.**

MODÈLE:  Pour écrire, je...
Pour écrire, je me sers de mon stylo.

1. Pour faire une bonne soupe, ma mère...
2. Pour jouer du violon, vous...
3. Pour étudier, un étudiant...

## La Côte d'Azur

Sur la côte méditerranéenne, entre la frontière italienne et le port de Toulon, se trouve la Côte d'Azur. Les Américains et les Anglais l'appellent la Riviera. Pendant les vacances de Noël et les vacances d'été, toute cette région est envahie par les touristes. De nombreuses voitures venues de tous les pays d'Europe circulent sur ses routes. On y parle toutes les langues du monde.

**envahie** (*invaded*)

Avant la guerre, la Côte d'Azur était fréquentée surtout par les gens riches. Certains se faisaient construire de grandes villas au bord de la mer. D'autres descendaient dans les grands hôtels luxueux de Nice ou de Cannes. D'autres encore habitaient sur leurs yachts ancrés près de la côte.

**se faisaient construire**
(*had built for themselves*)

Cannes
(French Government
Tourist Office)

Aujourd'hui, les riches viennent encore sur la Côte D'Azur, mais, de plus en plus, elle est fréquentée également par des personnes de condition plus modeste. Les pensions de famille et les petits hôtels se sont multipliés.

**ne... jamais** *never*
**aménagé** *préparé*

Comme il n'y pleut pratiquement jamais, toute cette région est le paradis des campeurs. Les municipalités des différents villages ont aménagé des terrains de camping, où les visiteurs peuvent planter leur tente et préparer

**modique** *bon marché*

leurs propres repas. Pour un prix modique, ils peuvent louer une place et se servir des douches. Il est très amusant de descendre dans les campings: on y rencontre des étudiants, des familles d'ouvriers, des gens de tous les

**la vie au grand air**
(*outdoor life*)

pays et de toutes les classes sociales, qui ont en commun l'amour de la vie au grand air.

**retenir** (*reserve*)

Malheureusement, la Côte d'Azur est tellement à la mode ces derniers temps que l'on a de la chance si l'on trouve une place. Il faut retenir des chambres d'hôtel plusieurs mois à l'avance. Trouver où planter sa tente

**disparaissent** (*disappear*)
**baigneurs** *nageurs*

dans un camping est un vrai problème. Les plages disparaissent sous les foules de baigneurs.

**rivalise avec** (*rivals*)

Si, pendant les vacances d'été, la Côte d'Azur rivalise avec Hollywood, c'est que les artistes de cinéma l'ont adoptée. Toute la jeunesse d'Europe

**seuls** (*only*)
**redevient** (*becomes again*)
**boîtes de nuit** *établissements où on présente des spectacles: danseurs, danseuses, chanteurs, chanteuses*
**rendus** (*given back*)
**garer** *stationner, mettre dans un parking*

et d'Amérique y vient, dans l'espoir d'apercevoir une vedette de cinéma. Inutile de dire qu'il n'est pas facile de dormir la nuit: entre la musique de jazz et le bruit des automobiles, seuls les sourds arrivent à se reposer.

Quand les vacances finissent, la Côte d'Azur redevient calme. Les cabarets et les boîtes de nuit ferment, les petits villages sont rendus à leurs habitants, les petits ports de pêche aux pêcheurs. Pendant l'hiver les villages de la Côte d'Azur gardent leur tranquillité habituelle. Si l'on veut y rester quelques semaines, c'est alors qu'il faut aller visiter la Côte d'Azur. On n'y verra pas les vedettes de cinéma, mais l'on trouvera où garer sa voiture.

### QUESTIONNAIRE SUR LA LECTURE

1. Où se trouve la Côte d'Azur?
2. Quelle classe de touristes visitaient surtout la Côte d'Azur avant la guerre?
3. Etes-vous jamais allé(e) sur la Côte d'Azur? Si oui, en quelle saison?
4. Quel temps fait-il sur la Côte d'Azur?
5. Y pleut-il souvent?
6. Qui fréquente les campings de la Côte d'Azur?
7. Sur la Côte d'Azur, est-il facile de trouver une place dans les hôtels? dans les campings? sur la plage?
8. Est-il facile de trouver une place sur les plages en Californie?
9. Pourquoi la Côte d'Azur rivalise-t-elle avec Hollywood pendant les vacances?
10. Qui arrive à se reposer la nuit sur la Côte d'Azur?
11. Selon la lecture, quand faut-il aller visiter la Côte d'Azur?
12. Aimez-vous les plages et la mer?
13. Etes-vous allé(e) sur les plages de Californie? de Floride?

### DISCUSSION

1. Quand vous aurez beaucoup d'argent, où irez-vous passer vos vacances? Pourquoi?
2. Décrivez les meilleures vacances de votre vie. (Quand j'avais _____ ans, nous sommes allés... Continuez!)

# Quatorzième Leçon

## UN RHUME

# Préparation

**MARIE-FRANCE**
Qu'est-ce qu'il y a? Tu as l'air malade.

**BERNADETTE**
Ça ne marche pas du tout. J'ai mal à la tête.

**MARIE-FRANCE**
Oui, en effet, tu as de la fièvre.

**BERNADETTE**
As-tu des aspirines?

**MARIE-FRANCE**
Oui, j'en ai deux ou trois, je crois.

**BERNADETTE**
Tu veux me les donner, s'il te plaît? Oh, j'ai mal à la gorge!

**MARIE-FRANCE**
Tu as certainement attrapé un rhume. Tu ne vas pas au cours aujourd'hui.

**BERNADETTE**
Si! Si! J'y vais. Je…

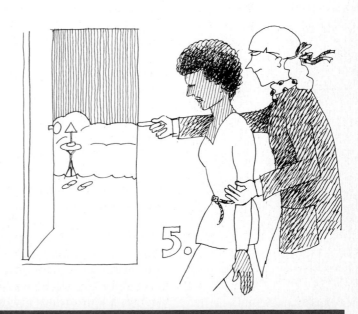

**MARIE-FRANCE**
Pas d'histoires! Tu vas tout de suite te mettre au lit.

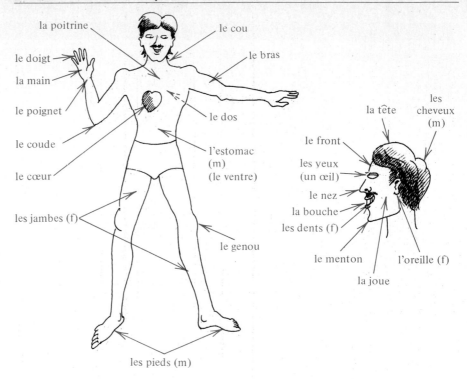

la poitrine — le cou
le doigt — le bras
la main
le poignet
le coude — le dos
l'estomac (m) (le ventre)
le cœur
la tête — les cheveux (m)
le front
les yeux (un œil)
le nez
la bouche
les dents (f)
le menton — l'oreille (f)
la joue
les jambes (f) — le genou
les pieds (m)

a.  **Complétez les phrases suivantes.**

1.  On voit avec _____.
2.  On entend avec _____.
3.  On parle avec _____.
4.  On marche avec _____.
5.  On sent une rose avec _____.
6.  On touche avec _____.

b.  **Qu'est-ce que c'est?** The teacher points to parts of the body. Students respond.

c.  **J'ai mal _____!** Répondez selon le modèle donné.

MODÈLE:  Tu as l'air malade. (tête)
         J'ai mal à la tête.

1.  Brigitte a l'air malade. (estomac)
2.  Daniel a l'air malade. (gorge)
3.  Vous avez l'air malade. (Nous... de la fièvre)
4.  M. et Mme Grandjean ont l'air malade. (tête)
5.  Georges a l'air malade. (dents)
6.  Tu as l'air malade. (ventre)

d. **On est malade. Une interview.**

1. Comment ça va?
2. Qu'est-ce qu'il y a?
3. Qu'est-ce que tu as?
4. Es-tu malade?
5. As-tu mal à la gorge?
6. As-tu mal à la tête?
7. As-tu mal à l'estomac?
8. Quand tu es malade, prends-tu des aspirines?
9. Prends-tu autre chose?
10. Qu'est-ce que tu prends quand tu as un rhume?
11. Quand tu as mal à la tête que prends-tu?
12. As-tu attrapé un rhume?

COMMENTAIRES CULTURELS

In general, medical practices, cures, and treatments in France are similar to those in the United States. There is a strong feeling among many that natural medicines and remedies are the best. Thus many kinds of plants, herbs, and mineral waters are used for medicinal purposes. The health-giving qualities of mud packs and baths in mineral waters are also recognized.

*At the pharmacy*
(Sybil Shelton/
Peter Arnold, Inc.)

## PRONONCIATION

*Liaison*   You have learned that liaison does not always take place when a vowel sound follows a consonant. On page 104 you studied some cases in which liaison takes place. Here are some cases in which liaison should never be made.

1. Never link into the numerals, *un, huit, onze.*
2. Never link the *t* of *et* to another word.
3. Never link into words which begin with an aspirate *h.*
4. Never link a noun subject to its verb.
5. Never link a singular noun to a following adjective.[1]

1. Pronounce the following expressions, taking care to make or to avoid liaison as indicated.

   cent/ un            quatre-vingt-/un    les/ onze livres
   quatre-vingt-/onze  les/ huit garçons   cent quatre-vingt-/un

   Oui, il y en‿a, mais/ il n'y en‿a pas‿assez.
   D'accord. Allons‿y.
   Nous‿avons attendu pendant/ un quart d'heure.
   Paul et/ Antoinette sont‿allés/ au cinéma.
   Et/ elle me l'a dit.
   Les jeunes filles/ ont fait/ une promenade.
   Apportez-moi des/ haricots verts, s'il vous plaît.
   Nous sommes‿allés/ en/ haut (*on top*) de la Tour Eiffel.
   C'est‿un soldat/ américain.
   Voilà un‿enfant/ espagnol.
   C'est‿un‿enfant/ heureux.

2. Pronounce and contrast the following cases where liaison is made and where it is avoided.

   *Make liaison*                    *Avoid liaison*

   a. Nonaspirate *h*                Aspirate *h*

      des‿hommes                     des/ haricots verts
      un‿homme                       en/ haut
      les‿heures                     un/ héros
      Nous sommes‿heureux.           les/ hors-d'œuvre
      en‿hiver                       Nous avons/ hâte de partir.
      Nous nous‿habillons.           Nous sommes/ hollandais.

   b. Pronoun subject and verb       Noun subject and verb

      ils‿ont                        les Américains/ ont
      nous‿arrivons                  Les jeunes filles/ arrivent.

---

[1] Linking between plural nouns and adjectives is optional: *les étudiants américains* /lezetydjɑ̃-amerikẽ/ or /lezetydjɑ̃zamerikẽ/.

vous‿admirez      le soldat/ admire
elles‿habitent      l'étudiant/ habite

c.   Link the *t* of *est*      Never link the *t* of *et*

Il est‿ici.      là-bas/ et/ ici
Paul est‿à Paris.      Paul et/ Hélène
Elle est‿en France.      en France et/ en Belgique
Georges est‿au restaurant.      au café et/ au restaurant

3.   Pronounce and compare the sound of the numbers in the following examples:

| | | | |
|---|---|---|---|
| six étudiants | /sizetydjã/ | six garçons | /sigarsõ/ |
| huit étudiants | /ɥitetydjã/ | huit garçons | /ɥigarsõ/ |
| cinq étudiants | /sẽketydjã/ | cinq garçons | /sẽgarsõ/ |
| deux étudiants | /døzetydjã/ | deux garçons | /døgarsõ/ |
| quatre étudiants | /katretydjã/ | quatre garçons | /katrəgarsõ/ |
| un étudiant | /œ̃netydjã/ | un garçon | /œ̃garsõ/ |
| trois étudiants | /trwɑzetydjã/ | trois garçons | /trwɑgarsõ/ |
| vingt et un | /vẽteœ̃/ | quatre-vingt-un | /katrəvẽœ̃/ |
| vingt-deux | /vẽtdø/ | quatre-vingt-deux | /katrəvẽdø/ |
| vingt-trois | /vẽttrwɑ/ | quatre-vingt-trois | /katrəvẽtrwɑ/ |
| vingt-quatre | /vẽtkatr/ | quatre-vingt-quatre | /katrəvẽkatr/ |
| vingt-huit | /vẽtɥit/ | quatre-vingt-huit | /katrəvẽɥit/ |
| | | quatre-vingt-onze | /katrəvẽõz/ |

4.   *Liaison ou non?* Say the following expressions making or avoiding liaison as needed: *vingt et un, quatre-vingt-un; Charles est anglais; Anne et André ont des hors-d'œuvre; Je prendrai des haricots verts et des asperges; Les huit hommes admirent un enfant intelligent.*

## EXPLICATIONS ET EXERCICES

*Some uses of* y    *Y* replaces *à* + a noun (thing). It may also replace a preposition of place (*à, en, dans, sur,* for example) plus the object. *Y* precedes the verb (except an imperative in the affirmative). It usually means "there," although its meaning may vary depending upon the use of the preposition and noun which it replaces.

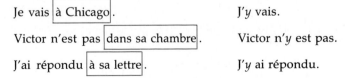

Je vais à Chicago.      J'*y* vais.

Victor n'est pas dans sa chambre.      Victor n'*y* est pas.

J'ai répondu à sa lettre.      J'*y* ai répondu.

When a verb is used with an infinitive, *y* precedes the infinitive.

Je vais *y* aller.      *I'm going to go there.*
Nous voulons *y* aller.      *We want to go there.*

Note that *y* does not replace *à* plus an object which is a *person*. You have learned that such *à* phrases are replaced by the indirect object. Compare:

J'ai répondu à sa lettre .      J'*y* ai répondu.

J'ai répondu au professeur .      Je *lui* ai répondu.

*Some uses of* en      *En* replaces *de* plus its object. It precedes the verb (except an imperative in the affirmative). When a verb is used with an infinitive, *en* precedes the infinitive. *En* usually means "about it (them)," "of it (them)," "from there," "some," or "any." Used in the partitive sense, *en* may replace the partitive article plus a noun (a person or thing).

J'ai du pain .      J'*en* ai.

Paul a beaucoup d'amis .      Paul *en* a beaucoup.

Nous n'avons pas d'argent .      Nous n'*en* avons pas.

*En* is used when the word (or words) modified by a number is implied but not stated.

Tu as dix livres , n'est-ce pas?      Tu *en* as dix, n'est-ce pas?

*En* must be used with the expressions *plusieurs* (several), *quelques-uns* (m., some, a few), and *quelques-unes* (f., some, a few) when the noun is not stated (when these expressions are the direct objects of the verb). Compare:

J'ai plusieurs amis .      *I have several friends.*

J'*en* ai plusieurs.      *I have several.*

J'ai quelques livres .      *I have a few books.*

J'*en* ai quelques-*uns*.      *I have a few.*

J'ai quelques fleurs .      *I have a few flowers.*

J'*en* ai quelques-*unes*.      *I have a few.*

*En* may be used with the expression *il y a*, in which case *en* follows *y*.

Y a-t-il un café ici?      Oui, il y *en* a un au coin de la rue.

**a.**    **Qui va _____? Répondez selon le modèle donné.**

MODÈLE:    Tu vas à la bibliothèque?
              Oui, j'y vais.

1.    Marc va au café?

2. Nadine va au cinéma?
3. Les autres vont au match de basket?
4. Vous allez au village? (nous)

b. Non! Contredisez les phrases suivantes selon le modèle donné.

MODÈLE: Les skis sont dans le garage.
　　　　Non! Ils n'y sont pas.

1. Ton complet est sur la chaise.
2. Les disques sont sur la table.
3. Les souliers sont sous la chaise.
4. Ton pull est derrière la porte.

c. Est-ce « y », « lui » ou « leur »? Répondez affirmativement.

1. On va au cinéma ce soir?
2. As-tu demandé à Anne de venir?
3. Tu as promis aux autres de venir, n'est-ce pas?
4. Après, on va au café, n'est-ce pas?

d. Au restaurant. Répondez selon le modèle donné.

MODÈLE: Tu as de la salade?
　　　　Oui, j'en ai.

1. Paul a de la salade?
2. A-t-il du pain?
3. Les autres ont des pommes frites?
4. As-tu de l'eau?

e. Une fille qui a de tout. Répondez selon le modèle donné.

MODÈLE: Hélène a des complets? (beaucoup)
　　　　Oui, elle en a beaucoup.

1. A-t-elle de l'argent? (assez)
2. A-t-elle des pulls? (plusieurs)
3. Elle a des autos? (deux)
4. Elle a des robes? (beaucoup)

f. Tes vêtements. Répondez selon le modèle donné.

MODÈLE: Tu as quelques cravates, n'est-ce pas?
　　　　Oui, j'en ai quelques-unes.

1. Tu as quelques pantalons?
2. Tu as quelques chemisiers, Anne?

3. Tu as quelques ceintures?
4. Tu as quelques vestons?
5. Tu as quelques jupes, Monique?

**g. Combien d'argent? Répondez selon le modèle donné.**

MODÈLE:   J'ai dix dollars. (15)
          Mais non! Vous en avez quinze!

1. J'ai cinquante dollars. (30)
2. Paul a cent francs. (150)
3. Yvette a vingt francs. (25)

**h. Nous cherchons un(e) _____. Répondez selon le modèle donné.**

MODÈLE:   Y a-t-il une boucherie près d'ici?
          Il y en a une en face.

1. Y a-t-il un hôtel près d'ici?          4. Y a-t-il un café près d'ici?
2. Y a-t-il une laiterie près d'ici?      5. Y a-t-il une boulangerie près
3. Y a-t-il une librairie près d'ici?        d'ici?

*Word order of direct and indirect object pronouns*   Both direct and indirect object pronouns may precede the verb. The following chart indicates their order before the verb.

$$\text{subject} + (ne) + \boxed{\begin{matrix} me & & \\ te & le & \\ se & + la + \begin{matrix} lui \\ leur \end{matrix} + y + en \\ nous & les & \\ vous & & \end{matrix}} + \text{verb} + (pas)$$

Compare:

Elle *me* donne *le livre*. Elle *me le* donne.
Elle *me* donne *des livres*. Elle *m'en* donne.
Elle donne *les livres aux autres*. Elle *les leur* donne.
Elle donne *des livres aux autres*. Elle *leur en* donne.

When a verb and an infinitive are used together, the pronoun objects precede the infinitive.

Je vais donner *mon vélo à Anne*. Je vais le lui donner.

Nous voulons donner quatre *livres à l'enfant*. Nous voulons lui en donner quatre.

*Ne* stands before the object pronouns in the negative. In the *passé composé, pas* stands between the auxiliary verb and the past participle.

Je ne le lui dirai pas.    Paul ne nous l'a pas donné.

In questions, the object pronouns stand before the verb.

Georges te l'a-t-il dit?    Est-ce que Georges te l'a dit?

Review pages 125, 148–149, 171–172.

In order to simplify, it is recommended that you concentrate on acquiring active mastery of the use of two object pronouns in the affirmative, in questions with *est-ce que*, and in questions by intonation. Examples:

Il me l'a donné.
Il me l'a donné?
Est-ce qu'il me l'a donné?

Note that the word order of object pronouns and verb is the same in the three cases.

For the time being, be able to recognize in reading the use of two object pronouns in questions by inversion and in the negative. Examples:

Brigitte le leur a-t-elle dit?
Non, elle ne le leur a pas dit.

Until active acquisition of these structures takes place, you may use direct and indirect object nouns (not pronouns). Examples:

Jacques vous a-t-il apporté *les livres*?
Non. Il ne m'a pas apporté *les livres*.
Est-ce qu'il a apporté *les livres à Anne*?
Non. Il ne *lui* a pas apporté *les livres* non plus.
OR: Non. Il n'a pas apporté *les livres à Anne* non plus.

**a.    Anne est généreuse. Répondez selon le modèle donné.**

MODÈLE:    Anne vous donne ce livre?
                 Oui, elle me le donne.

1.    Elle vous donne cette bicyclette?
2.    Elle vous donne ces skis?
3.    Elle vous donne ces disques?
4.    Elle vous donne ce paquet?

**b.    Qui m'a donné _____? Répondez selon le modèle donné.**

MODÈLE:    C'est Germaine qui m'a donné la chemise?
                 Oui, c'est elle qui vous l'a donnée.

1. C'est Marie-France qui m'a donné les chaussettes?
2. C'est Brigitte qui m'a donné le chandail?
3. C'est Jules qui m'a donné les gants?
4. C'est Janine qui m'a donné le veston?

c. David veut montrer _____. Répondez selon le modèle donné.

MODÈLE: Il veut nous montrer son appartement?
Oui, il veut nous le montrer.

1. Il veut nous montrer sa voiture?
2. Veut-il nous montrer ses photos?
3. Il veut nous montrer sa maison?
4. Il veut nous montrer son vélo?

d. M. Durand a des ennuis financiers. Il vend ses biens (goods) à un collègue. Répondez selon le modèle donné.

MODÈLE: M. Durand vend son appartement à son collègue?
Oui, il le lui vend.

1. M. Durand vend sa maison à son collègue?
2. Il lui vend ses meubles?
3. Il lui vend ses voitures?
4. Il lui vend son poste de télévision?

e. Joseph est gentil. Il a apporté _____. Répondez selon le modèle donné.

MODÈLE: Joseph a apporté la lettre à tes parents?
Oui, il la leur a apportée.

1. A-t-il apporté le paquet à tes parents?
2. Il leur a apporté les livres, n'est-ce pas?
3. Il leur a apporté le message?
4. Il leur a apporté la communication?

f. Nous avons faim. Nous vérifions ce que le garçon a apporté. Répondez selon le modèle donné.

MODÈLE: Le garçon t'a apporté de la soupe?
Oui. Il m'en a apporté.

1. Il t'a apporté du jambon?
2. Il m'a apporté du jambon aussi?

3. Est-ce qu'il nous a apporté des pommes frites?
4. Il t'a apporté du poulet?
5. Il en a apporté à Anne?
6. Il en a apporté aux autres aussi?

g. **Jean t'a prêté** (lent) _____? **Formez des questions et répondez-y selon le modèle donné.**

MODÈLE:   ses skis?
          Jean t'a prêté ses skis?
          Oui, il me les a prêtés.

1. ses disques?    3. sa guitare?
2. son complet?    4. son vélo?

h.   **Refaites les exercices a, d, e. Répondez négativement.**

*Negative words and phrases*   Observe the following negative expressions with *ne* before the verb and another negative word following the verb.

**ne... pas** (*not*)
   Il n'est pas ici.                     *He's not here.*

**ne... plus** (*no more, no longer*)
   Je n'ai plus d'argent.                *I have no more money.*

**ne... jamais** (*never*)
   Il n'oubliera jamais cette vue.       *He will never forget that sight.*

**ne... guère** (*hardly*)
   Je n'ai guère le temps.               *I hardly have the time.*

**ne... rien**[1] (*nothing*)
   Il n'a rien.                          *He has nothing.*

**ne... que** (*only*)
   Je n'ai que quinze ans.               *I'm only fifteen years old.*

**ne... ni... ni** (*neither . . . nor*)
   Il n'a ni frères ni sœurs.            *He has neither brothers nor sisters.*

**ne... pas du tout** (*not at all*)
   Il n'est pas du tout intelligent.     *He's not at all intelligent.*
   Il n'est pas intelligent du tout.

**ne... personne** (*no one*)
   Il n'y a personne ici.                *There's no one here.*

---

[1] The preposition *de* precedes the adjective which modifies *rien*. The adjective used with *rien de* is always masculine: *rien de bon*, "nothing good."

Note that *de* is the partitive after *ne... pas, ne... plus, ne... jamais.*

Je n'ai pas d'argent.         *I don't have any money.*
Il n'a jamais de temps.     *He never has any time.*

The regular partitive (*du, de la, de l', des*) is used after *ne... que.*

Nous n'avons que des haricots verts.     *We have only green beans.*

No indefinite article or partitive is used after *ne... ni... ni.*

Il n'a ni argent ni vêtements.     *He has neither money nor clothing.*

*Personne* or *rien* may be the subject of a sentence. In such cases, *ne* precedes the verb. *Pas* does not follow it.

Personne n'est ici.     *No one is here.*
Rien n'est joli ici.     *Nothing's pretty here.*

*Jamais* and *personne* may appear in a sentence without *ne* before the verb. They mean "ever" and "anyone" in such context. In compound tenses *personne* comes after the past participle.

Compare:

Je n'ai vu personne.     *I saw no one (I didn't see anyone).*
Y a-t-il personne ici?     *Is anyone here?*

Elle n'a jamais chanté.     *She's never sung.*
A-t-elle jamais chanté?     *Has she ever sung?*

Compare the following:

**moi aussi** (*me too* [*So am I.*])
  Il va au cinéma. Moi aussi.     *He's going to the movies. Me too.*

**(ni) moi non plus** (*nor I* [*Neither am I.*])
  Il ne va pas au cinéma, ni moi     *He's not going to the movies, and neither*
  non plus.                                      *am I.*

a.   **Un garçon qui ne fera rien. Répondez selon le modèle donné.**

MODÈLE:   Roger a-t-il jamais fait du ski?
                Il ne fera jamais de ski.

1.   A-t-il jamais fait du jogging?
2.   A-t-il jamais fait de l'alpinisme?
3.   A-t-il jamais joué au tennis?
4.   A-t-il jamais joué au golf?

b. **On ne veut rien dire.** Répondez selon le modèle donné.

MODÈLE: Jacques?
Il n'a rien vu et il n'a vu personne.

1. Monique?
2. Toi?
3. Vous deux?
4. Michel et André?
5. Suzanne et Pauline?

c. **Il n'y a personne.** Répondez selon le modèle donné.

MODÈLE: Qui est là?
Personne n'est là.

1. Qui vient ce soir?
2. Qui est venu hier?
3. Qui viendra demain?
4. Qui sera là demain?

d. **Je n'ai rien.** Formez des phrases selon le modèle donné.

MODÈLE: argent / temps
Je n'ai ni argent ni temps.

1. auto / bicyclette
2. bifteck / salade
3. crayons / stylos
4. pain / soupe
5. frères / sœurs
6. joie / succès

e. **Une situation lamentable.** Répondez selon le modèle donné.

MODÈLE: Qu'y a-t-il à faire? (intéressant)
Il n'y a rien d'intéressant à faire.

1. Qu'y a-t-il à lire? (intéressant)
2. Qu'y a-t-il à manger? (bon)
3. Qu'y a-t-il à voir? (joli)
4. Qu'y a-t-il à dire? (important)

f. **Complétez les phrases suivantes en disant « Et moi aussi » ou « Moi non plus », selon le cas.**

1. Nicole aime les choux à la crème.
2. Georges n'a pas vu le film.
3. Il n'a pas lu *Le Rouge et le Noir*.
4. Chantal a fini son devoir.
5. Elle ira au concert ce soir.
6. Roger n'a jamais fait de ski.

g. **Répondez négativement selon le modèle donné. Employez « ne... pas », ensuite « ne... plus », ensuite « ne... jamais », ensuite « ne... que ».**

MODÈLE:   Voulez-vous du pain?
           Je ne veux pas de pain.
           Je ne veux plus de pain.
           Je ne veux jamais de pain.
           Je ne veux que du pain.

1. Prends-tu de la soupe?
2. Prends-tu de l'eau minérale?
3. Le marchand a-t-il des pêches?
4. A-t-il des artichauts?

## LECTURE

*Vocabulaire*   **femme** *f.*   dame, aussi épouse (wife). Tu connais la *femme* de M. Dujardin?
**libre**   (free). Je peux venir ce soir. Je suis donc *libre* ce soir.
**mari** *m.*   époux. As-tu fait la connaissance du *mari* de Mme La Fontaine?
**en fait**[1]   en réalité. *En fait*, elle partira ce soir, pas demain.
**foyer** *m.*   (home, hearth). Le soir nous aimons rester au *foyer*.
**éviter**   (to avoid). Ils ont *évité* de me le dire.
**lycée** *m.*   école secondaire en France. Jean et Germaine vont entrer au *lycée*.
**vers**   dans la direction de, aussi environ. Ils voyagent *vers* la Turquie. Ils arriveront *vers* six heures.
**pas** *m.*   (step). L'enfant commence à marcher; il a fait ses premiers *pas* ce matin.
**sorte** *f.*   (kind). Il y a toutes *sortes* de belles fleurs ici.

*Structure à noter*   Beaucoup d'entre elles... *Many of them* (*f.*) . . .
Peu d'entre eux... *Few of them* (*m.*) . . .
Study the following sentences:

Beaucoup d'entre eux sont arrivés en retard.   *Many of them arrived late.*
Peu d'entre elles pensaient à cela.   *Few of them were thinking about that.*

### EXERCICES DE VOCABULAIRE

a. **Répondez selon les modèles donnés.**

MODÈLE:   Marcel a fait son devoir?
           Non. Il évite de le faire.

[1] Note that the *t* of *en fait* is pronounced.

1. Anne a fait son devoir?
2. Les autres ont fait leur devoir?
3. Ont-ils étudié les verbes?

MODÈLE: Tu viens?
Non. Je ne suis pas libre ce soir.

4. Jacqueline?
5. Tes amis?
6. Toi et Guy?

b. **En employant des mots du Vocabulaire, complétez les phrases suivantes.**

1. Ils disent qu'ils partiront _____ huit heures.
2. Quelle _____ de voiture préfères-tu?
3. Danielle aime bien l'école; elle va entrer au _____ l'année prochaine.
4. Quand tous les enfants sont rentrés et au lit, tout est calme au _____ et Mme Laurier et son _____ peuvent discuter tranquillement.
5. Quand on a accordé aux femmes le suffrage universel, cela a été un grand _____ vers l'émancipation complète.
6. As-tu fait la connaissance de la _____ de Marc?
7. _____, c'est ce matin que nous somme arrivés.

## La Femme française

Pendant des siècles la littérature française a glorifié la femme. En réalité elle n'était pas libre. Sur le plan politique, social et économique elle dépendait de sa famille si elle était célibataire, ou de son mari si elle était mariée.

A l'heure actuelle beaucoup de mouvements féministes se sont développés un peu partout et en particulier aux Etats-Unis. En France ces manifestations ne sont pas nouvelles. Depuis 1790 la femme française réclame l'égalité. Cependant cette demande ne sera pas satisfaite avant notre XX<sup>e</sup> siècle. L'émancipation de la femme, en fait, est très récente. La majorité de nos mères et surtout de nos grands-mères se contentaient de rester au foyer. Elles consacraient leur temps à l'éducation de leurs enfants et à l'entretien de leur maison. Très peu d'entre elles pensaient à une carrière professionnelle. Ainsi les jeunes filles se préparaient au mariage sous la direction de leur mère, qui évitait de leur donner des idées d'indépendance. Les mariages étaient le plus souvent des questions de conventions et… d'argent. Si une jeune fille manifestait le désir d'aller au lycée ou à l'université, elle devait faire face à beaucoup de préjugés, et en réalité elle avait peu de chance.

Jusqu'en 1882 on ne trouvait pas de lycées de jeunes filles, et ce n'est

*plan niveau (level)*
*célibataire non-mariée*

*A l'heure actuelle
Au présent*

*réclame demande*

*entretien action de garder
en bon état*

*devait était obligée de*
*préjugés jugements faits
à l'avance*

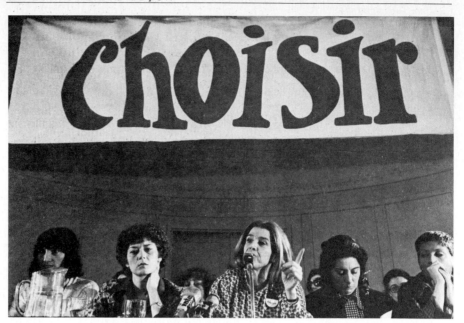

Women's movement
in France
(M. Delluc/VIVA/Woodfin
Camp & Associates)

que vers les années 1900 que la Sorbonne a ouvert pour la première fois ses portes aux premières étudiantes. Cela a été un grand pas dans l'éducation féminine.

La guerre de 1914 a apporté aux femmes de grands progrès dans leur émancipation. En effet les hommes partis et mobilisés au front étaient remplacés par des femmes qui assuraient toutes sortes de travaux pour maintenir l'économie du pays.

**maintenir** *garder en état de stabilité*
**ont obtenu** *ont gagné (obtained)*

En 1946 elles ont enfin obtenu le suffrage universel. Aujourd'hui les Françaises ont accès à la majorité des professions et il est de plus en plus commun de voir des femmes médecins, pilotes, avocats ou ingénieurs. Pour un travail égal à celui de l'homme la femme française demande un salaire égal. En famille les époux sont plus ou moins égaux; le mariage d'amour a remplacé le mariage de convention ou de raison.

**égal,** *pl.* **égaux** *la même en quantité*
**celui de l'homme** *le travail de l'homme*

### QUESTIONNAIRE SUR LA LECTURE

1. Qu'est-ce qui a glorifié la femme?
2. Pourquoi la femme française n'était-elle pas libre autrefois?
3. Quand les mouvements féministes se sont-ils développés? Où?
4. Depuis quand la femme française demande-t-elle l'égalité?
5. Quand cette demande sera-t-elle enfin satisfaite?
6. De quoi les mères et les grands-mères d'autrefois se contentaient-elles?
7. A quoi consacraient-elles leur temps?

8. Qui préparait les jeunes filles au mariage? Comment?
9. Dans le temps, comment étaient la plupart des mariages?
10. Décrivez la situation d'une fille qui voulait aller au lycée ou à l'université.
11. Quand a-t-on trouvé pour la première fois en France des lycées de jeunes filles?
12. Quand la Sorbonne a-t-elle ouvert ses portes aux jeunes filles?
13. Comment la Première Guerre mondiale a-t-elle aidé les femmes?
14. Quand les femmes françaises ont-elles obtenu le suffrage universel?
15. Les femmes ont-elles accès à la plupart des professions? Lesquelles (*which ones*), par exemple?
16. Une femme française reçoit-elle un salaire égal à celui d'un homme?
17. Comment sont les époux français en famille?


**DISCUSSION**

VOCABULAIRE: organiser son temps, faire le planning, l'aide de son mari, aider, prendre une bonne (*maid*), une cuisinière (*cook*), laisser les enfants dans les garderies d'enfants (*day-care centers*), compréhensif, compréhensive, sportif, sportive, sensible, artistique (Voir aussi la liste de vocabulaire, p. 286.)

1. Etes-vous pour ou contre les mouvements féministes? Expliquez.
2. Comment une femme peut-elle faire une carrière professionnelle et prendre soin (*take care*) de sa famille en même temps?

# Quinzième Leçon

## UNE NOUVELLE VOITURE

# Préparation

Alain vient d'acheter une nouvelle auto — une Peugeot. Naturellement il l'aime bien. Il est en train de faire une petite sortie avec Olivier qui conduit. Ils sont sur la route depuis une vingtaine de minutes.

ALAIN
J'ai vérifié l'huile et les pneus, et je viens de faire le plein.

OLIVIER
J'aime bien ta voiture, Alain.

ALAIN
Il faut que tu allumes les phares. Il commence à faire sombre.

OLIVIER
Elle marche vraiment bien ta voiture.

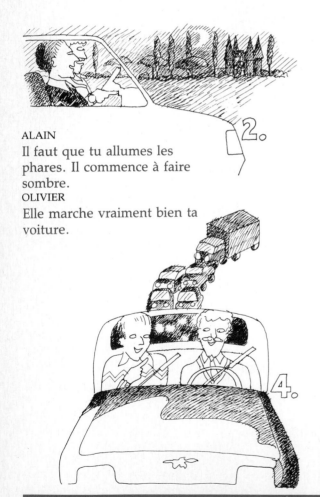

ALAIN
Oui, oui. Fais attention, mon vieux. Voilà un camion.

OLIVIER
Ne t'inquiète pas, Alain. Je sais très bien conduire.

ALAIN
Il vaudrait mieux, peut-être, que je conduise. Il y a beaucoup de circulation ce soir, et...

OLIVIER
Sois tranquille, Alain.... Je comprends et je vais stationner. Ce n'est pas tous les jours qu'on a une nouvelle voiture.

Voilà M. Grandjean. Il prend de l'essence. Est-ce de l'ordinaire? Non. Il prend du super.

1.

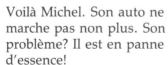

2.

Voilà Mme Ledoux. Sa voiture ne marche pas. Elle est en panne.

3.

Voilà Michel. Son auto ne marche pas non plus. Son problème? Il est en panne d'essence!

Pauvre Jacqueline! Elle est en panne aussi. Elle a un pneu crevé.

4.

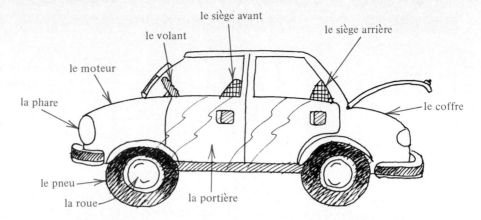

a.  **Transformez les mots suivants selon le modèle donné.**

MODÈLE:  cent
         une centaine[1]

1.  quarante     3.  douze
2.  dix          4.  quinze

b.  **Oui ou non? Donnez votre opinion.**

1.  Une Volkswagen est plus rapide qu'une Renault.
2.  Une Porsche est meilleure qu'une Corvette.
3.  Une Peugeot est meilleure qu'une Ford.
4.  Les Américains fabriquent les meilleures voitures.
5.  Une Mercédès est plus belle qu'une Jaguar.
6.  Une Chevette est plus économique qu'une Honda.
7.  Une Cadillac est mieux construite qu'une Volvo.
8.  Une grande voiture est préférable à une petite voiture.
9.  Une auto rouge est plus jolie qu'une auto bleue.
10. La Rolls-Royce est la meilleure de toutes les voitures.

c.  **Répondez aux questions suivantes.**

VOCABULAIRE:  bon marché, cher(-ère), grand(e), petit(e), pratique, éco-
              nomique, solide, rapide, confortable, puissant(e), élé-
              gant(e)

1.  Avez-vous une voiture?
2.  Quelle marque est-ce?

---

[1] -*aine* may be added to a number to suggest the approximate amount of that number. Thus, *une trentaine* is "about thirty." These words ending in -*aine* are feminine. Note the spelling for *dizaine*, "approximately ten."

3. Est-elle grande ou petite?
4. Est-ce une voiture étrangère?
5. De quelle couleur est-elle?
6. Quelle sorte de voiture ont vos parents?
7. Comment est-elle?
8. L'essence est-elle chère chez vous?
9. Combien coûte-t-elle le litre?
10. Prenez-vous du super ou de l'ordinaire?
11. Etes-vous quelquefois en panne d'essence?
12. Alors, qu'est-ce que vous faites?
13. Quelle sorte de voiture préférez-vous?
14. Indiquez les qualités d'une automobile que vous désirez.
15. On dit que les Américains attachent trop d'importance à la voiture. Qu'en pensez-vous?

## COMMENTAIRES CULTURELS

There are several important automobile companies in France. Some of the important French makes are the following: Peugeot, Renault, Talbot, Citroën. Gasoline is dispensed in liters and is very expensive. One liter = 1.0567 quarts.

The French system of measuring horsepower differs from ours. **Une quatre chevaux** is approximately from 16 to 20 American horsepower.

*French traffic, Rue
Médecin, Nice*
(Hugh Rogers/Monkmeyer
Press Photo Service)

## PRONONCIATION

*Consonants /p/, /t/, /k/, /l/, /ɲ/*

See pages 121–122 and 163 for instruction concerning the consonants /p/, /t/, /k/, /l/, and /ɲ/.

1. Pronounce the following words which contain /p/, /t/, and /k/. Take care to avoid emitting a puff of air after these consonants. Remember that for /t/, the tongue is placed behind the upper teeth, not on the teeth ridge. Be sure to fully pronounce /p/, /t/, and /k/ in final position.

| /p/ | /t/ | /k/ |
|---|---|---|
| parents | tante | que |
| pas | temps | quand |
| père | tout | cousin |
| depuis | de temps en temps | école |
| époque | château | beaucoup |
| chapeau | quatorze | américain |
| coupe | juste | époque |
| groupe | cette | avec |
| Europe | visite | lac |
| lampe | doute | banque |

2. Pronounce the following words which contain /l/. Avoid the so-called "dark l" in final position. Remember that the tongue is placed behind the upper front teeth for /l/.

| | | |
|---|---|---|
| Lausanne | aller | ville |
| les environs | j'allais | école |
| l'armée | je l'aimais | seul |
| lac | parlait | bal |
| lycée | délicieux | elle |
| leur | malade | Paul |
| latin | filet | ils |
| laitue | galant | belle |

3. Pronounce the following words which contain /ɲ/.

| | | | |
|---|---|---|---|
| ligne | signe | gagne | gagnons |
| gagnez | montagne | Allemagne | champignon |
| oignon | magnifique | craignent | craignons |

## EXPLICATIONS ET EXERCICES

*The irregular verb valoir*

Three expressions with the verb *valoir* (to be worth) are used frequently and require careful attention:

Il vaut mieux...                *It is better . . .*

| | |
|---|---|
| Il vaudrait mieux... | *It would be better . . .* |
| Ça ne vaut pas la peine de... | *It's not worth the trouble . . .* |

These expressions may be followed by an infinitive or a complete clause. In the exercises that follow, you will practice the expressions followed by the infinitive.

*The irregular verb* **falloir**

The verb *falloir* (to be necessary) is never conjugated with any form except *il* (it).

*Présent:* il faut /fo/
*Passé composé:* il a fallu /faly/
*Futur:* il faudra /fodra/
*Imparfait:* il fallait /falɛ/
*Plus-que-parfait:* il avait fallu

*Falloir* in all its tenses may be followed by an infinitive or a complete clause. In the exercises that follow, you will practice the expressions followed by the infinitive.

The negative *il ne faut pas* does not mean "it is not necessary." It is much stronger, meaning "one must not."

**a.   Tout de suite! Répondez selon le modèle donné.**

MODÈLE:   Il faut prendre le volant?
Oui, oui, oui. Il faut le prendre tout de suite.

Il vaut mieux réparer le moteur?
Oui, oui, oui. Il vaut mieux le réparer tout de suite.

1.   Il faut fermer la portière?
2.   Il faut mettre la valise dans le coffre?
3.   Il vaut mieux allumer les phares?
4.   Il vaut mieux réparer le pneu?
5.   Il faut remettre la roue?
6.   Il vaut mieux mettre les livres sur le siège arrière?
7.   Il vaut mieux prendre de l'essence?
8.   Il faut prendre du super?

**b.   Il vaudrait mieux venir aujourd'hui. Répondez selon le modèle donné.**

MODÈLE:   Je viendrai demain.
Ah non! Il vaudrait mieux venir aujourd'hui.

1.   Je finirai demain.
2.   Je rentrerai demain.
3.   Je verrai Paul demain.

c. **Demain. Répondez selon le modèle donné.**

MODÈLE: Il faut travailler tout de suite?
Non. Il faudra travailler demain.

1. Il faut partir tout de suite?
2. Il faut finir tout de suite?
3. Il faut venir tout de suite?

d. **Il a fallu le faire hier! Répondez selon le modèle donné.**

MODÈLE: Faudra-t-il aider Marc demain?
Mais non! Il a fallu l'aider hier!

1. Il faudra chercher tes parents demain?
2. Faudra-t-il envoyer le télégramme demain?
3. Il faudra choisir les places demain?

*The irregular verb*
conduire (*to drive*)

| *présent* | je condui|s | nous condui|sons |
|---|---|---|
| | tu condui|s | vous condui|sez |
| | il, elle, on condui|t | ils, elles condui|sent |

| *passé composé* | j'ai conduit, tu as conduit |
|---|---|
| *futur* | je conduirai, tu conduiras |
| *imparfait* | je conduisais, tu conduisais |
| *plus-que-parfait* | j'avais conduit, tu avais conduit |

The verbs *construire* (to build, to construct), *détruire* (to destroy), and *traduire* (to translate) are conjugated like *conduire*.

*se conduire* means "to act," "to behave."

Cet enfant se conduit bien.    *This child behaves well.*

a. **Comment conduis-tu? Formez des phrases selon le modèle donné.**

MODÈLE: Georges / mal
Georges conduit mal.

1. Solange / vite
2. Nous / très vite
3. Vous / bien
4. Luc et Joseph / mal
5. Tu / très mal
6. Je / ?

b. Dans le temps... Quelle sorte de voiture conduisais-tu au lycée? Formez des phrases selon le modèle donné.

MODÈLE:  Véronique / une Fiat
Véronique conduisait une Fiat.

1. Tu / une Ford
2. Mes amis / une Chevette
3. Yves / une Mazda
4. Vous / une Volkswagen
5. Nous / une Renault
6. Je / ?

c. Mettez les verbes des phrases suivantes au passé composé, au futur, à l'imparfait et au plus-que-parfait.

1. Ma sœur cadette conduit une Simca.
2. Vous ne conduisez pas bien.

d. Répondez.

1. Tu conduis bien?
2. Conduis-tu vite?
3. Qui t'a conduit(e) à l'université aujourd'hui?
4. Qui te conduira ici demain?
5. Quelle sorte de voiture conduis-tu?
6. As-tu jamais conduit une BMW? Une Mercédès? Une Jaguar? Une Ferrari?

*The present subjunctive*

Study the following present subjunctive forms:

|  | *parler* | *finir* | *vendre* | *partir* |
|---|---|---|---|---|
| que je | parle | finisse | vende | parte |
| tu | parles | finisses | vendes | partes |
| il, elle, on | parle | finisse | vende | parte |
| nous | parlions | finissions | vendions | partions |
| vous | parliez | finissiez | vendiez | partiez |
| ils, elles | parlent | finissent | vendent | partent |

The present subjunctive of regular verbs is formed by adding the endings *e, es, e, ions, iez, ent* to the base, which is found by dropping *ons* from the present tense *nous* form (nous finissons − ons = finiss).

Note that *parler* (and therefore other regular *-er* verbs) has forms like the present tense except for *nous* and *vous*.

For many verbs in the singular forms the oral distinction between present indicative and present subjunctive is the sounding of the final consonant in the subjunctive forms. Compare:

je pars /par/       je parte /part/
elle attend /atã/   elle attende /atãd/

Many verbs which are irregular in the present indicative are regular in the present subjunctive. These forms may be found by using the stem of the first person plural of the present indicative (as indicated in the preceding explanation) plus the regular subjunctive endings. For examples, see *dire, écrire,* and *suivre* in Appendix 2, Irregular Verbs. The subjunctive of *il pleut* is (*qu'*)*il pleuve.*

The subjunctive is used in clauses introduced by *que* when the principal clause expresses:

1.    A wish or a desire[1]

Paul désire que nous rentrions à six heures.    *Paul wants us to come home at six o'clock.*
Maman préfère que René finisse sa leçon.    *Mama prefers that René finish his lesson.*
Le professeur veut que nous finissions notre travail.    *The professor wants us to finish our work.*
Je souhaite que vous arriviez à l'heure.    *I wish you would arrive on time.*

2.    Doubt, uncertainty, or possibility

Je doute qu'il pleuve.    *I doubt that it will rain.*
Paul ne croit[2] pas qu'il pleuve.    *Paul doesn't think it will rain.*
Il se peut (Il est possible) qu'il pleuve.    *It is possible it will rain.*

3.    Happiness, joy

Je suis content qu'il finisse sa leçon.    *I'm happy he is finishing his lesson.*

[1] *Espérer* (to hope) requires the use of the future indicative, not the subjunctive, when followed by a clause introduced by *que*.
J'espère que Paul finira la leçon.    *I hope that Paul will finish the lesson.*

[2] *Croire* and *penser* do not always govern the subjunctive. If used in the affirmative, doubt is not implied and the indicative is used.
Je crois qu'il conduira.    *I believe he will drive.*
If used in the negative or in the interrogative, doubt is implied, and the subjunctive is usually used in the clause which follows.
Je ne pense pas qu'il conduise.    *I do not think he will drive.*
Croyez-vous qu'il conduise?    *Do you believe he will drive?*

4. Expressions of judgment

Il vaut mieux que nous partions de bonne heure.
*It is better that we leave early (We had better leave early).*

Il est temps que nous partions.
*It is time for us to leave (that we leave).*

5. Regret, sorrow

Nous regrettons qu'il parte.
*We are sorry he is leaving.*

6. Necessity

Il faut que nous rentrions.
*It is necessary that we go home (We must go home).*

7. Fear

J'ai peur[1] qu'il ne finisse pas ses devoirs.
*I am afraid that he won't finish his homework.*

The present subjunctive may indicate a present or a future action.

Je ne crois pas qu'il pleuve demain.
*I don't believe it will rain tomorrow.*

Je regrette qu'il parte maintenant.
*I regret that he is leaving now.*

When the subject of the principal clause would be the same as that of the subjunctive, avoid using the subjunctive. Instead, use the infinitive after the principal clause.

Je veux finir la leçon.
*I want to finish the lesson.*

BUT: Le professeur veut que je finisse la leçon.
*The professor wants me to finish the lesson.*

Note that in French the word *que* (that) is generally used to introduce a subjunctive clause. In English, *that* is often omitted.

a. **Une nécessité. Formez des phrases selon le modèle donné.**

MODÈLE: Robert / à six heures
Il faut que Robert finisse à six heures.

1. Josette / avant midi
2. les autres / avant ce soir

---

[1] Affirmative subjunctive verbs which follow verbs of fearing in the introductory clause (*j'ai peur que, je crains que*) may be preceded by *ne*.
Ils ont peur que Paul ne perde son argent. *They're afraid that Paul will lose his money.*

3. nous / à trois heures
4. tu / à une heure
5. vous / à sept heures et demie
6. je / ?

**b.  Il vaut mieux... Formez des phrases selon le modèle donné.**

MODÈLE:  tu / ce soir
Il vaut mieux que tu partes ce soir.

1. Georges / demain
2. vous / cet après-midi
3. Maman / tout de suite
4. nous / maintenant
5. les autres / ce matin
6. je / ?

**c.  Un désir. Répondez selon le modèle donné.**

MODÈLE:  Tu veux aller au cinéma? (rester ici)
Non, je veux rester ici.

1. Paul veut aller au cinéma? (faire une promenade)
2. Tes parents veulent dîner? (rentrer)
3. Roxanne veut manger maintenant? (travailler)
4. Tu veux partir? (rester)

**d.  Le désir des autres. Répondez selon le modèle donné.**

MODÈLE:  Tu vas au cinéma?
Non. Les autres veulent que je reste ici.

1. Joseph et Anne vont au cinéma?
2. Anne va au café?
3. Et vous deux, vous allez au café?
4. Robert va à la bibliothèque?

**e.  Transformez les phrases suivantes selon l'indication pour chaque groupe.**

MODÈLE:  Employez « Nous regrettons que ».
Tu mens.
Nous regrettons que tu mentes.

Un regret. Employez « Nous regrettons que ».
  1. Vous partez tout de suite.

2. Ils n'aiment pas ce repas.
3. Marc n'attendra pas.

Une certitude. Employez « Je sais que ».
4. Il pleuvra demain.
5. Nous finirons notre leçon.
6. Robert partira.

Un doute. Employez « Marie doute que ».
7. Vous arriverez à l'heure.
8. Madeleine sort tous les soirs avec Yves.
9. Nous étudions notre leçon.

Une croyance. Employez « Georges croit que ».
10. Vous suivez un cours de chimie.
11. Je vends mon vélo.
12. Marcel ne finira pas.

Une possibilité. Employez « Il se peut que ».
13. Pauline rentrera de bonne heure.
14. Guy travaille bien.
15. Ils écrivent beaucoup de compositions.

Un doute. Employez « Je ne pense pas que ».
16. Nous finirons le projet.
17. Elles étudient leur leçon.
18. Alain arrivera ce soir.

Enfin! Employez « Il est temps que ».
19. Tu écris à Marc.
20. Je pars tout de suite.
21. Nous parlons à Anne.

Un espoir. Employez « J'espère que ».
22. Tu aimeras le concert.
23. Vous visiterez Versailles.
24. Michel rendra visite à grand-père.

Une crainte. Employez « J'ai peur que ».
25. Ils perdront leur argent.
26. Solange ne finira pas.
27. Vous n'aimerez pas le programme.

f.   Des contrastes. Transformez les phrases suivantes selon l'indication pour chaque groupe.

Employez « Je crois que » et ensuite « Je ne crois pas que ».
1. Paul partira ce soir.
2. Le train arrivera à l'heure.
3. Le concert commencera à l'heure.

Employez « Il espère que » et ensuite « Il souhaite que ».
4. Nous rentrerons avant minuit.
5. Vous finirez le travail.
6. Le taxi arrivera bientôt.

Employez « Il faut que », « Je sais que » et « Il vaudrait mieux que ».
7. Tu partiras demain.
8. Jacques attend Jeannette au café.
9. On sert le dîner maintenant.
10. Vous aimez vos cours.


## LECTURE

*Vocabulaire*  **cour** *f.*  résidence d'un souverain, d'un roi. On a nommé la *cour* de Louis XIV au XVIIe siècle « l'Île enchantée ».

**demeurer**  habiter; rester. Les Cordonnier *demeurent* à Lille. Le français *est demeuré* la langue de culture dans plusieurs pays du monde.

**début** *m.*  commencement. Le romantisme était en vogue en France au *début* du XIXe siècle.

**gens** *m. pl.*  personnes en nombre indéterminé. Il est nécessaire de distinguer entre **gens** (*m. pl.*) et **peuple** (*m. sing.*), une multitude d'hommes qui forment une nation. J'aime bien ces *gens*. Ils sont gentils. Le *peuple* français est très fier d'un passé glorieux.

**francophone** *m. or f., n. or adj.*  qui parle français. Tahiti est *francophone*.

**façon** *f.*  manière de faire quelque chose. Il n'y a rien à faire; c'est sa *façon* d'être.

**comprendre**  renfermer, envelopper. Notre district *comprend* l'est et le sud de la ville.

**partie** *f.*  portion d'un tout. Je prends cette *partie* du travail; le reste est pour toi.

**employer**[1]  utiliser; faire usage de; **s'employer**  être en usage. Ce professeur *emploie* des méthodes modernes. Le français *s'emploie* dans certaines îles de la Polynésie.

**parfois**  quelquefois. *Parfois* nous discutions jusqu'au matin.

---

[1] *Employer* is considered a regular *-er* verb. The verb endings in writing are regular. Note the following spelling changes in the stem: *présent*: j'emploie, tu emploies, il (elle, on) emploie, nous employons, vous employez, ils (elles) emploient; *passé composé*: j'ai employé, tu as employé; *futur*: j'emploierai, tu emploieras; *imparfait*: j'employais, tu employais; *subjonctif*: (que) j'emploie, (que) nous employions.

*Reading French newspapers in Ivory Coast*
(Marc and Evelyn Bernheim/Woodfin Camp & Associates)

**environ** à peu près, approximativement. Il y a *environ* trente étudiants dans la classe.

**les environs** *m. pl.* districts autour d'une ville. Parfois nous faisons des promenades dans *les environs*.

**chiffre** *m.* caractère qui représente un nombre. Il est sûr que ses *chiffres* sont exacts.

**un quart** $\frac{1}{4}$. Un quart de 100 est 25.

**un tiers** $\frac{1}{3}$. Un tiers de 100 est $33\frac{1}{3}$.

**la moitié** $\frac{1}{2}$. La moitié de 100 est 50.

**œuvre** *f.* On parle des *œuvres* de Shakespeare ou des *œuvres* de Hemingway ou des *œuvres* classiques ou romantiques.

*Structures à noter*

1. *La plupart des = la majorité des* (most)

Do not confuse this structure with the superlative, which you have already studied. Compare the following sentences.

> Le français a été la langue des cours royales de la plupart des pays d'Europe.
> *French was the language of the royal courts of most of the countries in Europe.*

> C'est la langue la plus précise, la plus claire et la plus élégante de toutes les langues.
> *It is the most precise, the clearest, the most elegant of all languages.*

2.  *C'est que*
    Often this expression means *c'est parce que.*

> Pourquoi Paul n'est-il pas venu? *C'est qu'*il a été obligé de travailler au café.
>
> Si cet écrivain écrit de belles poésies, *c'est qu'*il a du talent.

3.  The passive voice
    The passive voice in French is formed as in English by adding a past participle to the appropriate tense of the verb *être.* The past participle agrees with the subject.

> Cette ville a été détruite pendant la guerre.
>
> *This city was destroyed during the war.*
>
> Le gouvernement est composé de plusieurs partis.
>
> *The government is composed of several parties.*

4.  Additional meanings of the reflexive
    In addition to the uses of the reflexive presented on pages 232–241, note the following:

    The reflexive is sometimes used instead of the passive voice.[1]

> Le gouvernement se compose de plusieurs partis.
>
> *The government is composed of several parties.*

    The reflexive often occurs in idioms in which the reflexive idea is absent.

> Il s'agit d'un grave problème.
>
> *It's a question of a serious problem.*
>
> Il s'en va demain.
>
> *He's leaving tomorrow.*

5.  Negative with the infinitive
    *Ne* and *pas* usually stand together before the infinitive.

> Il nous a dit de *ne pas* venir.

6.  Non-interrogative inversion
    As you have seen, inversion of subject and verb is one way used in French to form questions. Inversion of subject and verb is sometimes used in sentences which are not interrogative.

    Inversion is used after adverbs or adverb phrases such as *peut-être* (perhaps), *à peine* (scarcely), *aussi* (therefore),[2] *sans doute* (without doubt) in formal style.

> Aussi l'a-t-il fait.     *Therefore he did it.*

---

[1] Another substitute for the passive is *on* and its verb:
    On parle français ici.     *French is spoken here.*
Sometimes *on* is written *l'on*; the presence of *l'* does not change the meaning.

[2] *Aussi* means "therefore" when used at the beginning of a sentence.

The usual word order of the clause introduced by *que (qu')*, *comme*, or *où* is as follows, when there is no inversion.

$$
\left.\begin{array}{l} que\ (qu') \\ \textbf{(1)}\ comme \\ où \end{array}\right\} + \textbf{(2)}\ subject + \textbf{(3)}\ verb
$$

This word order is normal and should offer no special reading problems.

Le sport que la majorité des
    Français préfèrent est le football.
Voilà la maison où Paul habite.

*The sport which most French people*
    *prefer is soccer.*
*There's the house where Paul lives.*

However, often *que (qu')*, *comme*, or *où* is followed directly by the verb (the verb and subject having been inverted). The word order is then as follows:

$$
\left.\begin{array}{l} que\ (qu') \\ \textbf{(1)}\ comme \\ où \end{array}\right\} + \textbf{(2)}\ verb + \textbf{(3)}\ subject
$$

Consider the following examples:

      (1)     (2)     (3)
Le sport que préfèrent la majorité
    des Français est le football.
          (1)    (2)   (3)
Voilà la maison où habite Paul.
Le Tour de France est une course
    cycliste tout autour du pays,
      (1)     (2)      (3)
    comme l'indique son nom.

*The sport that the majority of the*
    *French people prefer is soccer.*

*There is the house where Paul lives.*
*The Tour de France is a bicycle race*
    *all around the country, as its name*
    *indicates.*

## EXERCICES DE VOCABULAIRE

**a.** **Répondez selon les modèles donnés.**

MODÈLE:  Combien de personnes y a-t-il ici? (60)
            Il y en a environ soixante.

1.  Combien d'étudiants y a-t-il dans cette classe? (20)
2.  Combien d'ouvriers y a-t-il dans cette usine? (500)
3.  Combien d'habitants y a-t-il dans ce village? (800)

MODÈLE:  Où demeuriez-vous en ce temps-là? (Nous... Londres)
            Nous demeurions dans les environs de Londres.

4.  Où demeurais-tu en ce temps-là? (Chicago)
5.  Où demeuraient tes parents en ce temps-là? (Montréal)
6.  Où habitait Tante Lili en ce temps-là? (Paris)

*Women of Senegal*
*(Alex Bordulin/*
*Peter Arnold, Inc.)*

MODÈLE: Tante Suzanne vient le dimanche? (le jeudi)
Oui. Parfois elle vient le dimanche, et parfois elle vient le jeudi aussi.

7. Grand-mère vient le mardi? (le samedi)
8. Ton frère vient le mercredi? (le vendredi)
9. Tes amis viennent le lundi? (le jeudi)

MODÈLE: $\frac{1}{4}$... jeunes filles
Un quart des étudiants de la classe sont des jeunes filles.

10. $\frac{2}{3}$... garçons     13. $\frac{1}{4}$... Belges
11. $\frac{3}{4}$... jeunes filles     14. $\frac{3}{4}$... étrangers
12. $\frac{1}{2}$... Français

**b.  Complétez les phrases suivantes selon le modèle donné.**

MODÈLE: Le Québec...
Le Québec est francophone.

1. Quelques îles de la Polynésie...
2. Plusieurs pays d'Afrique...
3. Une partie de la Suisse...

**c. En employant des mots du Vocabulaire, complétez les phrases suivantes.**

1. Nous sommes en train d'étudier _____ de Marcel Proust.
2. A l'époque de Louis XIV, beaucoup de nobles demeuraient à la _____.
3. —Vingt mille? C'est un _____ énorme que vous demandez!
4. Nous finirons la troisième _____ du livre la semaine prochaine.
5. Le français va _____ la langue de culture de plusieurs pays du monde.
6. Ces _____-là ont les mêmes problèmes et les même espoirs que tout le monde.
7. Je suis sûr qu'il le fera à sa _____.
8. Nos amis vont venir nous rendre visite au _____ de novembre.
9. Paris _____ vingt arrondissements.
10. Pour écrire on _____ un stylo ou un crayon.

## Le Français dans le monde

Jusqu'au XVIII<sup>e</sup> siècle, le français était la langue diplomatique du monde entier et la langue des cours royales de la plupart des pays d'Europe. En Pologne, en Russie, le français est demeuré jusqu'au début du XX<sup>e</sup> siècle la langue des gens cultivés. Les grands bouleversements économiques, sociaux, politiques du monde moderne ont donné une extension rapide à l'anglais. Toutefois le français a gardé son prestige et demeure une des grandes langues de culture de l'Occident. Certes, le français n'est pas spontanément une langue commerciale ou technique, comme l'anglais. C'est que la France ne peut en aucune façon entrer en concurrence avec la masse anglophone du continent nord-américain qui occupe les toutes premières places dans l'économie mondiale.

Le berceau du français est l'Europe francophone qui comprend la France, une partie de la Suisse et une partie de la Belgique. Au Luxembourg (où on parle aussi un dialecte allemand), en Corse et dans le val d'Aoste d'Italie, le français s'emploie. Il reste aussi la langue officielle de plusieurs républiques africaines et de l'île de Madagascar. Léopold Sédar Senghor, qui était président du Sénégal jusqu'en décembre 1980, est aussi un grand poète de langue française. On parle français au Québec, dans les îles Saint-Pierre-et-Miquelon (qui se trouvent au sud de Terre-Neuve) et dans certaines îles des Antilles, telles que la Martinique, la Guadeloupe et Haïti. On utilise le français dans ces îles depuis plus longtemps parfois que dans certaines régions de la France (Nice et la Savoie, par exemple, italiennes jusqu'en 1860). La Guyane (dans l'Amérique du Sud), une partie de la Polynésie (Tahiti, en particulier), la Nouvelle-Calédonie (à l'est de l'Australie), l'île de la Réunion et l'île Maurice (toutes deux dans l'océan Indien à l'est de Madagascar) et les îles Seychelles (au nord-est de Madagascar)

**bouleversements** *changements complets*

**Toutefois** *Néanmoins*
**l'Occident** *le contraire de l'Orient*
**Certes** *Certainement*
**concurrence** *compétition, rivalité*

**berceau** *ici, endroit où est née la langue*

**Terre-Neuve** *(Newfoundland)*
**Antilles** *(West Indies)*

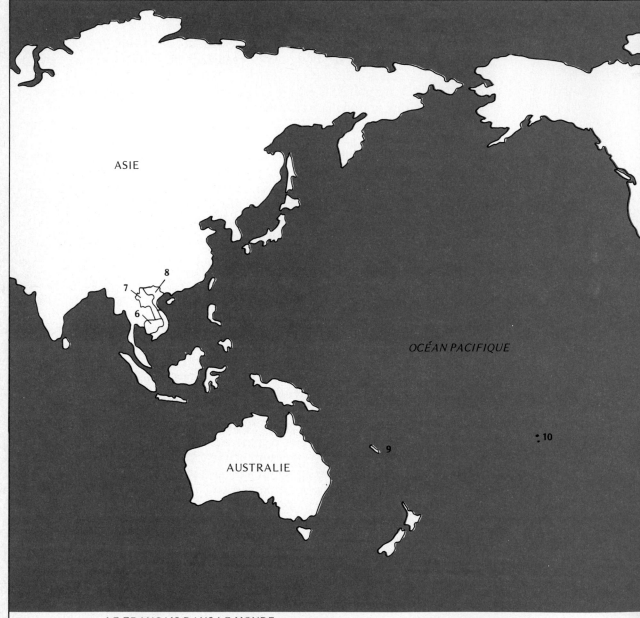

ASIE

OCÉAN PACIFIQUE

AUSTRALIE

**LE FRANÇAIS DANS LE MONDE**

1. la France

2. la Belgique

3. le Luxembourg

4. la Suisse

5. la Corse

6. le Kampuchea
   (le Cambodge)

7. le Laos

8. le Viêt-nam

9. la Nouvelle-Calédonie

10. la Polynésie française
    (Tahiti)

11. le Canada (le Québec)

12. les Etats-Unis (la Louisiane,
    la Nouvelle-Angleterre)

13. Haiti

14. la Guadeloupe

15. la Martinique

16. la Guyane française

17. le Maroc

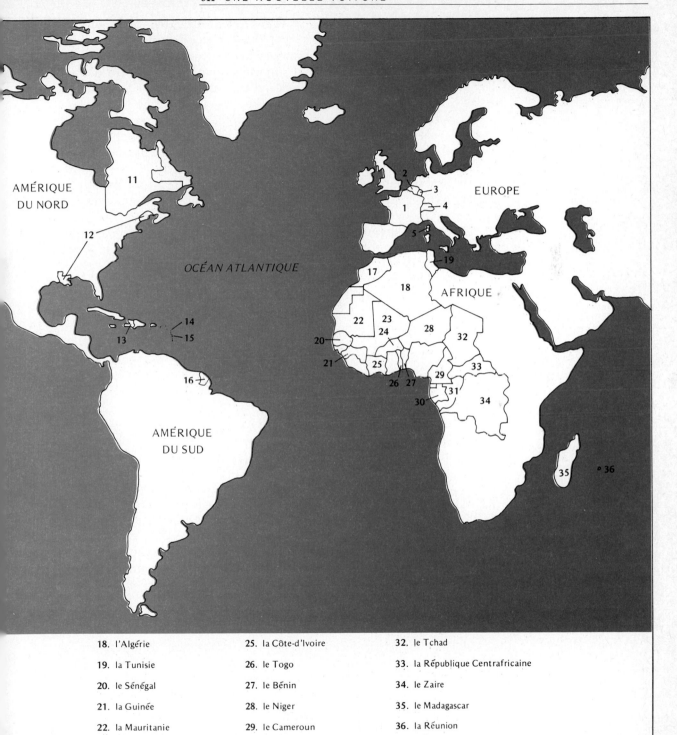

AMÉRIQUE
DU NORD

EUROPE

OCÉAN ATLANTIQUE

AFRIQUE

AMÉRIQUE
DU SUD

| | | |
|---|---|---|
| 18. l'Algérie | 25. la Côte-d'Ivoire | 32. le Tchad |
| 19. la Tunisie | 26. le Togo | 33. la République Centrafricaine |
| 20. le Sénégal | 27. le Bénin | 34. le Zaïre |
| 21. la Guinée | 28. le Niger | 35. le Madagascar |
| 22. la Mauritanie | 29. le Cameroun | 36. la Réunion |
| 23. le Mali | 30. le Gabon | |
| 24. la Haute-Volta | 31. le Congo | |

**Liban** (*Lebanon*) sont francophones. Au Maroc, en Algérie, en Tunisie, au Liban, au Laos, au Cambodge et au Viêt-nam, on emploie le français dans les écoles.

Au total, on peut compter aujourd'hui environ 75 millions de francophones. Ce chiffre n'est pas très important quand on considère la masse des anglophones, ou même de **ceux** qui utilisent la langue espagnole ou russe, pour ne pas parler du chinois. (Rappelons-nous que les habitants de la Chine représentent un quart de la population du globe!) C'est sans doute à cause de sa culture, plus que du nombre de francophones, que le français est une des cinq langues officielles des Nations-Unies.

**ceux** *les gens*

Partout, et en particulier dans les Amériques, le français est étudié comme seconde langue dans les écoles et les universités. La diffusion des collections de livres de poche permet aux étudiants de lire des œuvres très variées en langue française.

**livres de poche** (*paperback editions*)

Le nombre des admirateurs du français et de ceux qui l'étudient constitue une force vitale. L'attrait indéniable qu'exerce encore la France permettra à la langue française de triompher comme toujours.

**attrait** *attraction*

QUESTIONNAIRE SUR LA LECTURE

1. Jusqu'à quelle époque le français a-t-il été la langue diplomatique du monde?
2. Dans quels pays le français a-t-il été la langue des gens cultivés jusqu'au début du XXᵉ siècle?
3. Qu'est-ce qui a donné à l'anglais une extension rapide?
4. Quels pays l'Europe francophone comprend-elle?
5. Dites où dans le monde on parle français. Trouvez ces pays sur une carte.
6. Nommez un grand poète africain de langue française.
7. D'où est-il?
8. Combien peut-on compter de francophones dans le monde?
9. Pourquoi ce chiffre n'est-il pas très important?
10. Pourquoi le français est-il une des cinq langues officielles des Nations-Unies?
11. Où est-ce qu'on étudie le français comme seconde langue?
12. Qu'est-ce qui permet à de nombreux étudiants étrangers de lire des œuvres en français?

DISCUSSION

VOCABULAIRE: l'art, la lecture (*reading*), la civilisation, la littérature, la conversation, la grammaire, faire un voyage, visiter, comprendre, apprendre, les cours, les professeurs

1. Pourquoi étudiez-vous le français?
2. Connaissez-vous d'autres langues étrangères? Pourquoi les avez-vous étudiées? Avez-vous aimé vos études de langues étrangères? Pourquoi, ou pourquoi pas?

# TROISIÈME RÉVISION

*Révision du vocabulaire*

Etudiez le vocabulaire (Préparation et lecture) des leçons 11 à 15. (Voir aussi les listes de vocabulaire dans le *Cahier d'exercices*.)

*Révision des verbes réguliers (présent, passé composé, passé récent, futur, futur antérieur, futur proche, imparfait, plus-que-parfait)*

*-er:* accepter, adopter, agiter, (s')alarmer, allumer, aménager[1], (s')amuser, (s')appeler[1], (s')arrêter, assurer, attacher, attraper, circuler, communiquer, (se) composer, conjuguer, consacrer, conserver, considérer[1], constituer, (se) contenter, (se) coucher, danser, (se) débrouiller, décider, demeurer, (se) dépêcher, discuter, distinguer, diviser, douter, employer[1], entourer, envelopper, espérer[1], éviter, évoluer, examiner, exercer[1], exister, (s')exprimer, (se) fâcher, fêter, fréquenter, gagner, garder, garer[1], goûter, guider, (s')habiller, honorer, importer[1], (s')inquiéter[1], (s')intéresser, laisser, (se) laver, (se) lever, louer, (se) manifester, marcher, (se) marier, multiplier, nommer, occuper, planter, prêter, (se) promener[1], quitter, (se) rappeler[1], (se) raser, réclamer, remplacer[1], rencontrer, renfermer, réparer, (se) reposer, représenter, (se) retrouver, (se) réveiller, rivaliser, saluer, séjourner, sembler, séparer, souhaiter, stationner[2], subsister, toucher, trembler, triompher, troubler, utiliser, vérifier

*-ir* comme *partir:* (se) servir de

*-ir* comme *finir:* agir, (s')enrichir, envahir, réussir

*-re:* dépendre, rendre (visite à)

## a. Faites la révision des formes suivantes.

| Infinitif | Participe passé | Présent | |
|---|---|---|---|
| parl**er** | parl é | je parl e<br>tu parl es<br>il, elle, on parl e | nous parl ons<br>vous parl ez<br>ils, elles parl ent |
| fin**ir** | fin i | je fin is<br>tu fin is<br>il, elle, on fin it | nous fin issons<br>vous fin issez<br>ils, elles fin issent |
| part **ir** | part i | je par s<br>tu par s<br>il, elle, on par t | nous part ons<br>vous part ez<br>ils, elles part ent |
| attend **re** | attend u | j'attend s<br>tu attend s<br>il, elle, on attend | nous attend ons<br>vous attend ez<br>ils, elles attend ent |

[1] Regular *-er* verbs with stem spelling changes—see Appendix 2.
[2] *Garer* and *stationner* both mean "to park." *Garer* has a direct object; *stationner* does not. Compare: *Je vais stationner. Marc va garer la voiture.*

b. **Faites la révision des verbes comme « parler », « finir », « attendre » et « partir » au passé composé, passé récent, futur, futur antérieur, futur proche, imparfait, plus-que-parfait.**

c. **Faites la révision des verbes qui demandent « être » comme verbe auxiliaire. (Voir pp. 185–187 et pp. 232–234.)**

d. **Formez des phrases selon le schéma donné.** (Using the following table as a guide, make as many sentences as you can.)

MODÈLE:  Joseph / ne pas applaudir (présent)
Joseph n'applaudit pas.
je / jouer au tennis hier (passé composé)
J'ai joué au tennis hier.
nous / manger (passé récent)
Nous venons de manger.
mes amis / partir demain (futur)
Mes amis partiront demain.
tu / finir à six heures. (futur antérieur)
Tu auras fini à six heures.
mes amis / partir demain (futur proche)
Mes amis vont partir demain.
vous / attendre toujours ici (imparfait)
Vous attendiez toujours ici.
je / descendre à Nice (plus-que-parfait)
J'étais descendu(e) à Nice.

| Sujets | Verbes | Temps |
|---|---|---|
| je | allumer les phares | présent |
| tu | louer cet appartement | passé composé |
| Françoise | attraper un rhume | passé récent |
| Bernard | entrer dans l'hôtel | futur |
| nous | retrouver nos amis au café | futur antérieur |
| vous | réussir en mathématiques | futur proche |
| les autres | accomplir un travail important | imparfait |
| | rendre visite à nos parents | plus-que-parfait |
| | entendre de très bon discours | |
| | mentir | |
| | perdre le match | |
| | gagner le match | |
| | partir | |

e. **Dans la phrase suivante, substituez les mots suggérés. Employez le passé composé ou l'imparfait selon le cas.**

MODÈLE:  Hier, il a travaillé jusqu'à dix heures. (D'habitude)
D'habitude, il travaillait jusqu'à dix heures.

Hier, il a travaillé jusqu'à dix heures.
(D'habitude / Tous les lundis / Mardi dernier / Une fois / Parfois / Quelquefois
/ Hier soir)

*Révision des verbes irréguliers* écrire (décrire), dire, lire, conduire (construire, détruire), envoyer, connaître (reconnaître), valoir, falloir, se souvenir de (*conjugated like* venir)

a.  Faites la révision des verbes irréguliers des leçons 1–15.

b.  Faites la révision des participes passés irréguliers. (Voir p. 168.)

c.  Faites la révision des radicaux irréguliers (irregular stems) **du futur.** (Voir p. 209.)

d.  **Formez des phrases selon le schéma donné.** (Using the following table, make as many sentences as you can.)

| Sujets | Verbes | Temps |
|---|---|---|
| je | envoyer un télégramme | présent |
| tu | écrire une lettre | passé composé |
| maman | venir | passé récent |
| papa | faire une promenade | futur |
| nous | être malade(s) | futur antérieur |
| vous | dire la vérité | futur proche |
| les enfants | lire un roman intéressant | imparfait |
| | | plus-que-parfait |

e.  **Mettez au passé composé et ensuite au futur les verbes des phrases suivantes.**

1.  Il faut venir à cinq heures précises.
2.  Tu reconnais ton frère?
3.  Ta mère conduit Georges à la gare.
4.  Nous ne connaissons pas cet homme.

f.  **Mettez à l'imparfait et ensuite au plus-que-parfait les verbes des phrases suivantes.**

1.  Il décrit ses voyages.
2.  Je conduis une Peugeot.
3.  Ils construisent une belle maison.
4.  Vous reconnaissez votre oncle, n'est-ce pas?

g. **Dans les phrases suivantes, remplacez les tirets par la forme conven-able du verbe « savoir » ou « connaître » (présent).**

1. _____-vous Nicole de La Fontaine?
2. _____-vous jouer au tennis?
3. _____-ils quand leurs amis arriveront?
4. Tu _____ bien cette ville, n'est-ce pas?

h. **Complétez les phrases suivantes.**

1. Quand nous (avoir) _____ le temps, nous le ferons.
2. Aussitôt que vous (venir) _____, nous mangerons.
3. Dès qu'elle (finir) _____, on partira.
4. Quand je le (voir) _____, je le lui dirai.

*Révision du comparatif et du superlatif*

**Former des phrases selon les modèles donnés.**

MODÈLE:  Ce garçon est grand.
Oui, c'est vrai, mais l'autre est plus grand.

1. Ce livre est intéressant.
2. Ces livres sont intéressants.
3. Ces stylos sont chers.
4. Cet homme chante bien.
5. Ce garçon parle bien.
6. Ces vêtements sont jolis.
7. Ce bifteck est bon.
8. Ces étudiants sont bons.

MODÈLE:  les tomates… les asperges
Les tomates sont aussi chères que les asperges.

1. les tomates… les asperges
2. le crayon… le stylo
3. les poires… les pommes
4. la valise… la serviette

MODÈLE:  C'est un bon garçon.
C'est le meilleur garçon de la classe.

1. C'est un bon garçon.
2. C'est une jeune fille intelligente.
3. Ce sont des jeunes filles intelligentes.
4. C'est une bonne étudiante.
5. C'est un grand garçon.

*Révision des verbes réfléchis*

a. **Répondez aux questions suivantes selon l'indication donnée.**

1. A quelle heure vous levez-vous d'habitude? (à sept heures)
2. A quelle heure vous êtes-vous levé(e) ce matin? (à sept heures)
3. Est-ce que Marie se repose? (Non)
4. Est-ce qu'elle s'est déjà reposée? (Oui)
5. Paul et Suzanne se sont-ils fiancés? (Oui)
6. Madeleine s'est bien amusée? (Oui)

7. Vous êtes-vous bien amusés? (Oui)
8. Qui s'est promené? (Roger et Marie)
9. Où se trouve la cathédrale? (en face du bureau de poste)
10. Vous intéressez-vous au golf? (Oui)
11. Vous rappelez-vous Robert? (Oui)
12. Est-ce que Paul se souvient de lui? (Non)

**b. Dites à:**

1. Mlle _____ de se dépêcher.
2. Mlle _____ de se laver.
3. M. _____ de se raser.
4. Mlle _____ de se coucher.

*Révision des expressions idiomatiques employant le verbe avoir*

**Donnez l'équivalent français des phrases suivantes.**

1. Paul's sleepy. We're sleepy, too. Mary's hungry. The others are cold. I'm thirsty. She seems tired.
2. He's right. He was right. He'll be right. In that case, he'd be right.

*Révision des pronoms* y *et* en

**a. Faites la révision des formes suivantes.**

| Pronoms sujets | Pronoms objets directs | Pronoms objets indirects | Pronoms toniques (*stress*) |
|---|---|---|---|
| je | me | me | moi |
| tu | te | te | toi |
| il | le ⎫ | lui... | { lui |
| elle | la ⎭ ... | | elle |
| nous | nous | nous | nous |
| vous | vous | vous | vous |
| ils ⎫ ... | les | leur... | { eux |
| elles ⎭ | | | elles |

**b. Transformez les phrases suivantes. Remplacez tous les noms par les pronoms convenables.**

1. Paul est allé au concert avec Suzanne.
2. Le garçon m'a apporté le dessert.
3. Le garçon m'a apporté du dessert.
4. Le garçon ne m'a pas apporté de dessert.
5. Mme Dubois va demander à Georges de parler.
6. Ces garçons sont plus grands que Roger.
7. J'ai donné le livre à Paul.
8. J'ai donné les livres à Marie.
9. J'ai donné deux livres à Roger.
10. J'ai donné beaucoup de livres aux autres.
11. Il a répondu à sa lettre.
12. Il a répondu au professeur.

*Révision du présent du subjonctif*

**Transformez les phrases suivantes selon l'indication donnée en chaque groupe.**

MODÈLE:  **Employez « Il vaut mieux que ».**
Vous dites la vérité.
Il vaut mieux que vous disiez la vérité.

**Employez « Il vaut mieux que ».**

1. Vous suivez un cours de philosophie.
2. Tu pars ce soir.
3. J'arrive de bonne heure.

**Employez « Je crois que ».**

1. Paul partira demain.
2. Les autres resteront ici.
3. Marie finit à cinq heures.

**Employez « Je ne crois pas que ».**

1. Marie finit à l'heure.
2. Nous arriverons à l'heure.
3. Robert attendra Paulette.

**Employez « Georges doute que ».**

1. Vous habitez ici.
2. Je parle allemand.
3. Tu dis la vérité.

*Rencontrer, faire la connaissance de, retrouver, fixer rendez-vous*

**a.  Etudiez les verbes des phrases suivantes. Notez la différence entre « rencontrer » (to meet by chance), « faire la connaissance de » (to meet, make someone's acquaintance), « retrouver » (to meet by previous appointment), « fixer rendez-vous » (to meet by previous arrangement, make a date).**

1. Hier j'étais en ville, et j'ai rencontré Jules devant la pharmacie.
2. Les camarades vont se retrouver au café à trois heures précises.
3. Avez-vous fait la connaissance de M. Pascal?
4. Il leur a fixé rendez-vous chez lui ce soir à sept heures.

**b.  Répondez aux questions suivantes selon les modèles donnés.**

MODÈLE:  Connais-tu Jean?
Oui, j'ai fait sa connaissance samedi dernier au bal.

1. Connais-tu Madeleine?
2. Connais-tu les Dupont?
3. Est-ce que les autres les connaissent?
4. Madeleine connaît-elle Georges?

MODÈLE:  Où est-ce que Robert va retrouver Hélène? (au café)
Il lui a fixé rendez-vous au café.

1. Où est-ce que Robert va retrouver Hélène? (au cinéma)
2. Où vas-tu retrouver Jeannette? (au concert)
3. Où vas-tu retrouver les autres? (au café)
4. Où est-ce que Paul va retrouver Suzanne? (devant l'opéra)

c. **Dans les phrases suivantes, remplacez les tirets par la forme convenable du verbe.**

1. retrouver / rencontrer
Hier nous _____ Robert par hasard devant le bureau de poste.
2. rencontrer / fixer rendez-vous
—Paul va à l'opéra avec Suzanne?
—Oui, il lui _____ au café à sept heures.
3. rencontrer / faire la connaissance
—Robert connaît Jacqueline?
—Oui, il _____ hier au café.
4. retrouver / rencontrer
C'est décidé donc; nous allons _____ les autres au cinéma.
5. faire la connaissance / fixer rendez-vous
—Vous a-t-on présenté à Mlle de la Fontaine?
—Non, je _____ au bal samedi prochain.
6. retrouver / se retrouver
Nous allons _____ au cinéma.

Sentir, se sentir  a. **Etudiez les phrases suivantes.**

1. Je sens la soupe. Elle est bonne. (*sentir:* to smell)
2. Nous sentons la grandeur et la beauté de ce monument. (*sentir:* to feel, to be impressed by)
3. Je me sens malade. (*Se sentir* refers to one's health or condition.)

b. **Dans les phrases suivantes, remplacez les tirets par les formes convenables de « sentir » ou « se sentir », selon le cas.**

1. Aujourd'hui maman _____ mal.
2. Tu _____ cette odeur étrange?
3. Je _____ toute l'importance de ce moment.
4. Nous _____ très fatigués ce matin.

*Verbs meaning "to take"*  a. **Etudiez les phrases suivantes.**

1. Ne *prenez* pas trop de dessert, mes enfants. (*prendre;* to take)
2. Je te *prendrai* chez toi à huit heures précises. (*prendre:* to take, to come and get)

3. *Apportez* vos cahiers au laboratoire aujourd'hui. (*apporter:* to take, bring things)

4. Jacques va *amener*[1] Nadine au bal. (*amener:* to take, bring a person)

5. Je *suis* un cours de philosophie ce semestre. (*suivre:* to take a class)

6. Nous allons *passer* l'examen cet après-midi. (*passer:* to take an exam; *réussir à l'examen:* to pass an exam)

7. Je suis pressé(e), monsieur. *Conduisez*-moi vite à la gare. (*conduire:* to take, drive someone somewhere)

b. **Dans les phrases suivantes, remplacez les tirets par les formes convenables de « prendre », « apporter », « amener », « suivre », « passer » ou « conduire », selon le cas.**

1. Claude aime bien Sylvie et il va l'_____ au concert ce soir.

2. Ne prends pas l'autobus; je te _____ en ville.

3. As-tu déjà _____ l'examen?

4. Je vais _____ ces gants-ci, je crois.

5. Je lui ai demandé d'_____ un peu de soupe à grand-mère.

6. Je ne peux pas _____ ce cours à midi.

7. La pièce commence à huit heures; je te _____ donc chez toi à sept heures et demie.

---

[1] *Amener* is conjugated like the verb *lever*: j'amène, tu amènes, il (elle) amène, ils (elles) amènent, nous amenons, vous amenez.

*Seizième Leçon*

LE CAFÉ

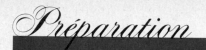

*Vocabulaire*

**étonner** surprendre; **s'étonner** être surpris(e). Votre attitude envers lui *m'étonne*. Je *m'étonne* de votre attitude envers lui.

**bien entendu** bien sûr. —Tu le feras demain? —*Bien entendu*.

**miroir** *m.* On peut se voir dans un *miroir* (une glace). Ce garçon aime se regarder dans le *miroir*.

**rangée** *f.* suite d'objets placés sur une même ligne. Voici une *rangée* de chaises.

**ambiance** *f.* ce qui environne, milieu physique ou moral. Il vit dans une *ambiance* agréable.

**se réunir** venir ensemble. Ils *se réunissent* souvent. (*Réunir* se conjugue comme *finir*.)

**s'installer** s'établir. Les Godeau *s'installent* à Paris.

**tenir à** avoir envie de; avoir hâte de; insister sur. Il *tient à* partir ce soir même. (*Tenir* se conjugue comme *venir*.)

**comptoir** *m.* longue table sur laquelle les marchands placent leurs marchandises. Le marchand de vin place ses bouteilles de vin sur son *comptoir*.

**goûter** J'*ai goûté* la soupe. Elle est très bonne. Anne *a goûté* le poisson. Il est mauvais.

**faire partie de** appartenir. Je *fais partie du* club français.

**taquiner** irriter quelqu'un par jeu. Le garçon *taquine* sa petite sœur.

**plaisanterie** *f.* ce que l'on dit pour s'amuser. « Les *plaisanteries* les plus courtes sont les meilleures » signifie qu'il ne faut pas trop plaisanter.

**preuve** *f.* ce qui établit la vérité de quelque chose. Voilà la *preuve* que tu cherchais.

**amitié** *f.* attachement mutuel. Robert est mon ami. J'estime beaucoup son *amitié*.

**bavarder** parler beaucoup sans sujet précis. Cet homme aime *bavarder*. Il ne cesse jamais de parler.

*Structure à noter*

... *à l'américaine*, ... *à la française*.

Study the following sentences.

Aux bars de Paris, on boit « à l'américaine ».

*In the bars of Paris, people drink in the American way.*

Ils mangent « à la française ».

*They eat according to French custom.*

Use the feminine form in such expressions, since the forms are shortened from *à la manière américaine, française*, etc.

## EXERCICES DE VOCABULAIRE

**a. Répondez selon les modèles donnés.**

MODÈLE: Tu veux aller au concert?
Oui. Je tiens à y aller.

1. Vos amis veulent aller au cinéma?
2. Mme Brieux veut aller à la conférence?
3. Vous voulez aller au musée? (Oui, nous...)

MODÈLE: Tu aimes le fromage?

Oui. Je l'ai goûté et il est très bon.

4. Tu aimes la soupe?
5. Tu aimes les gâteaux?
6. Tu aimes le rosbif?
7. Tu aimes les pommes?
8. Tu aimes la tarte?
9. Tu aimes les escargots?

MODÈLE: Je parle trop?
Oui. Tu bavardes tout le temps.

10. Nous parlons trop? (Oui, vous...)
11. Le professeur Marquis parle trop?
12. Tes amis parlent trop?

MODÈLE: Les Grandjean vont habiter à New York? (Non... Chicago)
Non. Ils vont s'installer à Chicago.

13. Les Martin vont habiter à Genève? (Non... Lausanne)
14. Les Durand ont habité en Italie? (Non... Espagne)
15. Les Didier habiteront à Paris? (Non... Versailles)

MODÈLE: Anne viendra avec les autres?
Bien entendu. Elle fait partie du groupe.

16. Yvette et Marc viendront avec les autres?
17. Tu viendras avec les autres?
18. Vous viendrez avec les autres? (Nous...)

MODÈLE: De quoi vous étonnez-vous? (le nombre de cafés en France)
Je m'étonne du nombre de cafés en France.

19. De quoi les Français s'étonnent-ils? (l'absence de cafés en Amérique)
20. De quoi les professeurs s'étonnent-ils? (l'intelligence de leurs étudiants!)
21. De quoi les étudiants s'étonnent-ils? (l'indulgence de leurs professeurs!)

**b. En employant des mots du Vocabulaire, complétez les phrases suivantes.**

1. J'aime Nicole et je crois qu'elle a de l'_____ pour moi.
2. —Tu aideras Joseph?
   —_____, je l'aiderai.
3. Quelle _____ agréable! J'aime bien le décor de ce restaurant.
4. Mettez deux _____ de livres là sur mon bureau.
5. Voilà une évidence certaine. Pourquoi désires-tu d'autres _____?
6. Les membres du club vont _____ tous les jeudis à sept heures du soir.
7. Ne dis plus de plaisanteries. Elle en a assez. Tu l'as assez _____.
8. Robert ne sait pas que je l'ai vu parce que je le regardais dans le _____.
9. Mes parents quittent New York. Ils vont _____ à Montréal.
10. Mettez la bouteille là sur le _____.

## Le Café

Il n'est pas aussi facile d'être invité chez un Français que chez un Américain. Surtout à Paris et dans les grandes villes, si l'on vous invite, ce sera probablement ou au café ou au restaurant. Pour pénétrer chez des connaissances, il vous faudra attendre jusqu'à ce qu'elles soient sûres que vous le méritez. Bien qu'elle puisse étonner ou même vexer les étrangers, cette coutume, quand on y pense, a aussi ses bons côtés.

Il existe bien entendu des bars, des « bars américains », comme on les appelle souvent. Les bars de Paris ne sont pas très différents de ceux des Etats-Unis: quelques tables, des tabourets, des lumières tamisées, un grand miroir, des rangées de bouteilles.... Quelquefois on y trouve un pianiste, ou peut-être un juke-box. Plusieurs (sur la rive gauche surtout) ont un petit orchestre de jazz et même une minuscule piste de danse. On y boit « à l'américaine »: du whisky, du gin, des cocktails. Les bars sont fréquentés surtout par les gens riches et par ceux qui aiment l'ambiance cosmopolite qui y règne.

Mais les bars ne représentent qu'une sorte de café. Car il faut que vous sachiez qu'il y a café et café! — chacun a son caractère et sa clientèle.

Les étudiants à Paris se réunissent dans les cafés du Quartier latin. Chaque groupe a « son » café et s'y installe. On y discute et on y travaille. Les touristes provinciaux ou étrangers tiennent à passer quelques heures au Café de la Paix, place de l'Opéra. Si vous êtes artiste ou écrivain, vous irez sans doute aux Deux-Magots, devant l'église Saint-Germain-des-Prés. Les Parisiens aiment les cafés: chacun a « le sien », chacun sait que celui-ci sert la meilleure bière, que celui-là a le meilleur service.

Mais si vous voulez vraiment découvrir le côté sympathique d'une

---

*Glossary (margin):*

**jusqu'à ce qu'** *jusqu'au moment où*
**elles** *les connaissances*
**soient** *présent du subjonctif du verbe* être
**Bien qu'** *Même si*
**puisse** *présent du subjonctif du verbe* pouvoir
**ceux** *les bars*
**tabourets** *petites chaises sans dos*
**lumières tamisées** *lampes faibles*
**rive gauche** *côté gauche de la Seine*
**piste de danse** *terrain pour danser*
**ceux** *les gens*
**sachiez** *présent du subjonctif du verbe* savoir
**Quartier latin** *quartier qui entoure la Sorbonne*

**le sien** *son café*
**celui-ci** *ce café-ci*
**celui-là** *ce café-là*

*Café de Flore, Paris
(French Government
Tourist Office)*

**ceus** *ces cafés*

**à bras ouverts** *avec
beaucoup de chaleur,
de sympathie*

**Ne brusquez jamais** *Ne
fâchez jamais*

**offrez la tournée
générale** *offrez un verre
à tout le monde*

**consommation** *boisson
demandée dans un café*

**« petit blanc »** *un petit
verre de vin blanc*

**cru** *production d'une région
où l'on cultive la vigne*

**« vous m'en direz des
nouvelles »** *vous me direz
si c'est bon*

vie typiquement française, il faudra que vous fréquentiez un petit café de quartier, un de ceux que les Français appellent les « bistros ». Ne croyez pas que l'on vous recevra à bras ouverts — non! Tout étranger au bistro est suspect. Au début, on ne vous parlera guère. Mais restez là. Installez-vous. Prenez les habitudes du bistro. Apprenez les manies du patron. Ne brusquez jamais l'humeur de la patronne! et puis un jour, offrez la tournée générale: alors vous serez considéré! Cette consommation vous aura coûté cher, mais peut-être qu'un jour où vous serez au comptoir, le patron vous apportera un « petit blanc » de son meilleur cru: « Goûtez-moi ça et vous m'en direz des nouvelles! » Quand il verra que vous appréciez en connaisseur, vous ferez partie de ses amis, cette grande famille du quartier. Bientôt vous saurez tout du football, des élections nationales, des aventures de chacun. On s'étonnera de ne pas vous voir quand vous ne pourrez pas venir et l'on vous taquinera, mais répondez gentiment aux plaisanteries qui sont la preuve de l'amitié que l'on a pour vous.

Le café est donc pour les Français une sorte d'institution nationale. C'est là qu'ils bavardent, qu'ils discutent, qu'ils travaillent, qu'ils s'amusent; c'est là qu'ils reçoivent leurs amis. Ainsi une bonne partie de la vie de bien des Français se déroule au café.

**se déroule** *se passe*

## QUESTIONNAIRE SUR LA LECTURE

1. Où un ami sera-t-il probablement invité d'abord par un Français?
2. Quand un Français invite-t-il une connaissance chez lui?
3. A votre avis, cette coutume a-t-elle ses bons côtés? Expliquez.
4. Comparez un bar français à un bar américain.
5. Qu'est-ce qu'on trouve dans un bar de Paris?
6. Qu'est-ce qu'on y boit?

7. Qui fréquente d'ordinaire les bars?
8. Que veut dire l'expression: « Il y a café et café »?
9. Où les étudiants de Paris se réunissent-ils?
10. Que font-ils au café?
11. Quels cafés les touristes fréquentent-ils?
12. Quels cafés les artistes et les écrivains fréquentent-ils?
13. Décrivez l'attitude d'un Parisien envers « son » café.
14. Qu'est-ce que c'est qu'un « bistro »?
15. Comment ferez-vous pour vous faire accepter au « bistro »?
16. De quelle façon le patron vous montrera-t-il qu'il vous aime bien?
17. Qu'apprendrez-vous au café?
18. Qu'est-ce qui prouve qu'un habitué du café a de l'amitié pour quelqu'un d'autre?
19. Pourquoi peut-on dire que le café est pour les Français une institution nationale?
20. Dites en quelques mots ce qui se passe au café.

**DISCUSSION**

1. Croyez-vous que les Américains donnent trop vite et trop facilement leur amitié? Expliquez.
2. Pourquoi, à votre avis, est-il difficile de pénétrer chez des Français?
3. Les jeunes Français se réunissent souvent au café. Où les jeunes Américains retrouvent-ils leurs amis?

# EXPLICATIONS ET EXERCICES

*Irregular verbs in the present subjunctive*

|  | *avoir* | *être* | *croire* | *voir* |
|---|---|---|---|---|
| (que) | j'aie | sois | croie | voie |
|  | tu aies | sois | croies | voies |
| il, elle, on | ait | soit | croie | voie |
|  | nous ayons | soyons | croyions | voyions |
|  | vous ayez | soyez | croyiez | voyiez |
| ils, elles | aient | soient | croient | voient |

|  | *faire* | *pouvoir* | *savoir* |
|---|---|---|---|
| (que) | je fasse | puisse | sache |
|  | tu fasses | puisses | saches |
| il, elle, on | fasse | puisse | sache |
|  | nous fassions | puissions | sachions |
|  | vous fassiez | puissiez | sachiez |
|  | ils, elles fassent | puissent | sachent |

|  | *aller* | *prendre* | *venir* | *vouloir* |
|---|---|---|---|---|
| (que) | j'aille | prenne | vienne | veuille |
| | tu ailles | prennes | viennes | veuilles |
| il, elle, on | aille | prenne | vienne | veuille |
| nous | allions | prenions | venions | voulions |
| vous | alliez | preniez | veniez | vouliez |
| ils, elles | aillent | prennent | viennent | veuillent |

Except for *avoir* and *être*, all of the irregular verbs in the present subjunctive have the same endings as the regular subjunctive verbs (*e, es, e, ions, iez, ent*).

Note: *Croire, voir, aller, prendre, venir,* and *vouloir* have one stem for *nous* and *vous* and another for the other forms.

*Additional uses of the subjunctive*

The subjunctive is used in clauses which are introduced by certain conjunctions:

à moins que /amwɛ̃kə/ *unless*

de peur que /dəpœrkə/ *for fear that*

avant que /avũkə/ *before*

afin que /afɛ̃kə/ *so that*

pour que /purkə/ *so that*

bien que /bjɛ̃kə/ *although*

quoique /kwakə/ *although*

jusqu'à ce que /ʒyskaskə/ *until*

A moins qu'il fasse beau, je n'y vais pas.

Avant qu'il vienne, étudions.

De peur qu'il pleuve, rentrons tout de suite.

*Unless the weather's good, I'm not going.*

*Before he comes, let's study.*

*For fear that it will rain, let's go home immediately.*

Note that the subjunctive verb which follows *à moins que, avant que, de peur que* in the preceding list may be preceded by *ne* even in the affirmative, in a formal style.

A moins qu'il **ne** fasse beau...

Avant qu'il **ne** vienne...

De peur qu'il **ne** pleuve...

*Unless the weather's nice . . .*

*Before he comes . . .*

*For fear that it will rain . . .*

a. **Peut-être. Répondez selon le modèle donné.**

MODÈLE:  Serge vient?
Il se peut qu'il vienne.

1. Nicole?
2. Vous? (nous)
3. Tes amis?
4. Toi?

b.   **Des doutes. Formez des phrases selon le modèle donné.**

MODÈLE:   Je / Marie
          Je ne crois pas que Marie comprenne.

1.   Je / Joseph      4.   Je / tu
2.   Je / nous        5.   Anne / je
3.   Je / vous        6.   Elle / les autres

c.   **J'ai un examen demain. Formez des phrases selon le modèle donné.**

MODÈLE:   aller à l'université
          Il faut que j'aille à l'université.

1.   aller à la bibliothèque      5.   apprendre les verbes
2.   avoir le temps d'étudier     6.   savoir la grammaire
3.   faire les devoirs            7.   vouloir étudier
4.   comprendre la leçon

d.   **Nous aussi, nous avons un examen demain. Formez des phrases selon le modèle donné.**

MODÈLE:   aller à l'université
          Il vaudrait mieux que nous allions à l'université.

1.   aller à la bibliothèque      5.   comprendre la leçon
2.   avoir le temps d'étudier     6.   apprendre la grammaire
3.   faire les devoirs            7.   vouloir étudier
4.   savoir les verbes

e.   **Les autres et nous. Répondez selon le modèle donné.**

MODÈLE:   Les autres ne sont pas à l'heure.
          Mais il vaut mieux que nous soyons à l'heure.

1.   Les autres ne viennent pas aujourd'hui.
2.   Ils ne prennent pas leur petit déjeuner.
3.   Ils ne vont pas en classe.
4.   Ils ne sont pas préparés.
5.   Ils ne savent pas les verbes.
6.   Ils ne font pas les devoirs.

f.   **Roger a des problèmes. Répondez selon le modèle donné.**

MODÈLE:   Je suis sûr que Roger viendra.
          Je ne crois pas qu'il vienne.

1. Je suis sûr que Roger va en classe.
2. Je suis sûr qu'il comprend.
3. Je suis sûr qu'il sait les verbes.
4. Je suis sûr qu'il fait les devoirs.
5. Je suis sûr qu'il est malade.
6. Je suis sûr qu'il voit un médecin.

**g. Jean aide les autres. Répondez selon le modèle donné.**

MODÈLE:  Pourquoi est-ce que Jean t'a aidé(e)?
Pour que je puisse arriver à l'heure.
Afin que je puisse arriver à l'heure.

1. Pourquoi Jean a-t-il aidé Hélène?
2. Pourquoi a-t-il aidé Serge?
3. Pourquoi a-t-il aidé les autres?
4. Pourquoi nous a-t-il aidés? (vous)
5. Pourquoi est-ce qu'il m'a aidé(e)? (tu)

**h. J'ai décidé de partir. Répondez selon le modèle donné.**

MODÈLE:  Il neige.
Bien qu'il neige, je m'en vais (*I'm leaving*).
Quoiqu'il neige, je m'en vais.

1. Il neige.      3. Il fait mauvais.
2. Il fait froid.   4. Il pleut.

**i. Je n'aime pas Pierre. Répondez selon le modèle donné.**

MODÈLE:  Pierre est intelligent.
Bien qu'il soit intelligent, je ne l'aime pas.
Quoiqu'il soit intelligent, je ne l'aime pas.

1. Pierre est riche.   3. Il a beaucoup d'argent.
2. Il est beau.     4. Il a une nouvelle voiture.

**j. Le professeur se fâchera. Répondez selon le modèle donné.**

MODÈLE:  Si je ne sais pas les verbes, le professeur se fâchera.
C'est vrai. A moins que tu saches les verbes, il se fâchera.

1. Si je ne sais pas les verbes, le professeur se fâchera.
2. Si je n'apprends pas les verbes, le professeur se fâchera.
3. Si je ne fais pas les devoirs, le professeur se fâchera.
4. Si je n'écris pas ma composition, le professeur se fâchera.

5. Si je ne vais pas à la bibliothèque, le professeur se fâchera.
6. Si je ne lis pas la leçon, le professeur se fâchera.
7. Si je ne vois pas le film, le professeur se fâchera.

k. **Attendez. Répondez selon le modèle donné.**

MODÈLE:  Vous allez venir?
Oui. Attendez jusqu'à ce que je vienne.

1. Serge va venir?    3. Les autres vont venir?
2. Brigitte va venir?    4. Marc et toi, vous allez venir?

*The past subjunctive*  The past subjunctive is composed of the present subjunctive of *avoir* or *être* plus the past participle of the verb conjugated.

Observe the following forms of the past subjunctive of *parler* and *aller*.

| *parler* | *aller* |
|---|---|
| (que) j'aie parlé | (que) je sois allé(e) |
| tu aies parlé | tu sois allé(e) |
| il, elle, on ait parlé | il, elle, on soit allé(e) |
| nous ayons parlé | nous soyons allé(e)s |
| vous ayez parlé | vous soyez allé(e)(s)(es) |
| ils, elles aient parlé | ils, elles soient allé(e)s |

The past subjunctive, like the present subjunctive, is governed by principal clauses expressing a wish, fear, joy, or doubt (see pages 299–301). Also like the present subjunctive, the past subjunctive is used after conjunctions such as *bien que* and *avant que*.

The past subjunctive expresses an action that is finished.

Je regrette qu'il ne soit pas venu.    *I am sorry that he didn't come.*
Bien que Marie ait beaucoup étudié,    *Although Mary studied a lot, she*
elle ne sait pas sa leçon.    *doesn't know her lesson.*

a. **Les doutes. Répondez selon le modèle donné.**

MODÈLE:  Guy a fait son possible? (*Guy did his best?*)
Je doute fort qu'il ait fait son possible.

1. Marcel a fait son possible?    4. Est-ce que les autres ont fini?
2. Marie a fait son possible?    5. Ont-ils appris les verbes?
3. A-t-elle fini?    6. Roger a-t-il écrit sa composition?

b.   On n'est pas venu. Répondez selon le modèle donné.

MODÈLE:   M. Marquis n'est pas venu.
                   Oui, je le sais, et je regrette qu'il ne soit pas venu.

1.   Mlle Legrand n'est pas venue.        4.   Dominique n'est pas arrivée.
2.   Mme Laurier n'est pas venue.         5.   Claude n'est pas rentré.
3.   Vos amis ne sont pas venus.          6.   Les autres ne sont pas rentrés.

c.   Je suis heureux(-euse). Répondez selon le modèle donné.

MODÈLE:   Josette vient d'arriver.
                   Oh, je suis content(e) qu'elle soit arrivée!

1.   Paul vient d'arriver.                4.   Les autres viennent de partir.
2.   Suzanne vient de rentrer.            5.   Hélène vient de faire son devoir.
3.   Roger vient de finir.                6.   Mes amis viennent de faire leur devoir.

*Possessive pronouns*

| SINGULAR | | PLURAL | | |
|----------|--|--------|--|--|
| *Masculine* | *Feminine* | *Masculine* | *Feminine* | |
| le mien | la mienne | les miens | les miennes | *mine* |
| le tien | la tienne | les tiens | les tiennes | *your* |
| le sien | la sienne | les siens | les siennes | *his, hers, its* |
| le nôtre | la nôtre | les nôtres | | *ours* |
| le vôtre | la vôtre | les vôtres | | *yours* |
| le leur | la leur | les leurs | | *theirs* |

Note the difference in pronunciation of *le nôtre* /notr/ and *notre* /nɔtr/ and *le vôtre* /votr/ and *votre* /vɔtr/.

Be sure to pronounce final *n* in the feminine forms *la mienne, les miennes, la tienne, les tiennes, la sienne, les siennes.*

Note the distinction between possessive adjectives, which modify nouns, and possessive pronouns, which replace nouns.

Bernard cherche ses livres.        *Bernard's looking for his books.*
Henri cherche les siens.           *Henry's looking for his.*

Possessive pronouns must agree in gender and in number with what is possessed.

Robert lit sa lettre.              *Robert's reading his letter.*
Jacques lit la sienne.             *James is reading his.*

When used with the prepositions *à* or *de*, the forms of the possessive pronouns are *au mien, à la mienne, aux miens, aux miennes; du mien, de la mienne, des miens, des miennes*, and so on.

With the verb *être*, possession is usually shown by adding to the conjugated form of *être* the preposition *à* and the name of the possessor (if a noun) or the stress pronoun (if a pronoun).

| | |
|---|---|
| A qui sont ces livres? | *Whose books are these?* |
| Ils sont à Gérard. | *They are Gerard's.* |
| Cette bicyclette est à moi. | *This bicycle is mine.* |

The expression "a friend of mine" is *un(e) de mes ami(e)s* in French.

### a. A table. Répondez selon le modèle donné.

MODÈLE:   C'est mon couteau?
Non. Ce n'est pas le tien. C'est le mien.

1. C'est mon verre?
2. C'est ma fourchette?
3. Ce sont mes cuillers?
4. Ce sont mes couteaux?

### b. Toujours à table. Répondez selon le modèle donné.

MODÈLE:   C'est notre bifteck?
Non, ce n'est pas le vôtre. C'est le nôtre.

1. C'est notre salade?
2. Ce sont nos épinards?
3. Ce sont nos asperges?
4. C'est notre dessert?

### c. Les vêtements. Répondez selon le modèle donné.

MODÈLE:   Serge a sa cravate, et Roger?
Oui, il a la sienne.

1. Guy a ses gants, et Robert?
2. Anne a son pull, et Monique?
3. Marie a ses chaussures, et Nicole?
4. Marc a sa chemise, et Antoine?
5. Joseph a ses vestons, et Jean?
6. Janine a sa robe, et Jacqueline?

### d. Les devoirs. Complétez les phrases suivantes selon le modèle donné.

MODÈLE:   J'ai écrit ma composition et Georges et Paul…
J'ai écrit ma composition et Georges et Paul ont écrit la leur.

1. J'ai écrit mes devoirs et Chantal et Nicole...
2. Nous avons fini nos projets et Alain et Jean...
3. Tu as préparé ta leçon et Guy et Yves...
4. Vous avez écrit vos compositions et Marie-France et Jacqueline...

e. **A qui est-ce? Répondez selon le modèle donné.**

MODÈLE:  Le vélo est à toi?
         Oui, il est à moi.

1. Les skis sont à toi?
2. L'auto est à Georges?
3. La chaîne stéréo est à vous deux?
4. La motocyclette est à Nathalie?
5. Ces livres sont à moi?
6. Ces cahiers sont à Joseph et Marc?

*Demonstrative pronouns*

| *Singular* | | *Plural* | |
|---|---|---|---|
| celui-ci | *this one* (*m.*) | ceux-ci | *these* (*m.*) |
| celui-là | *that one* (*m.*) | ceux-là | *those* (*m.*) |
| celle-ci | *this one* (*f.*) | celles-ci | *these* (*f.*) |
| celle-là | *that one* (*f.*) | celles-là | *those* (*f.*) |

The demonstrative pronouns must agree in gender and in number with the nouns to which they refer. The suffix *-ci* shows proximity to the thing (things) named (this one, these). The suffix *-là* connotes distance from the item (items) named (that one, those). Remember that *ce, cet, cette, ces* are adjectives and are used to modify nouns, not to replace them.

| | |
|---|---|
| J'aime ce livre-ci et Sabine aime celui-là. | *I like this book and Sabina likes that one.* |
| Cette robe-là plaît à Hélène. Celle-ci me plaît. | *Helen likes that dress. I like this one. (That dress pleases Helen. This one pleases me.)* |

The demonstrative pronouns are used to mean "former" and "latter." Note that the pronoun with *-ci* means "latter"; the pronoun with *-là* means "former."

| | |
|---|---|
| Marc et Anne sont ici. Celle-ci est ma cousine; celui-là est mon frère. | *Marc and Anne are here. The former is my brother; the latter is my cousin.* |

*Celui, celle, ceux,* and *celles* when followed by a *de* phrase indicate possession.

The suffixes *-ci* and *-là* are not used when the demonstrative pronouns are followed by *que, qui, de, dont,* or *où.*

| | |
|---|---|
| Ma voiture est belle. Celle de Marc est belle aussi. | *My car is beautiful. Mark's is beautiful, too.* |
| Ce livre est intéressant. Celui que Josette a lu est intéressant aussi. | *This book is good. The one Josette read is good, too.* |

*Ceci* (this) and *cela* (*ça*) (that) are used to refer to something pointed out but not named. *Ça* is used primarily in a conversational style.

| | |
|---|---|
| Il a fait cela pour moi. | *He did that for me.* |
| Ça, c'est bon! | *That's good!* |

a.   **Des préférences. Répondez selon les modèles donnés.**

MODÈLE:   J'aime mieux ce veston-ci, et toi?
          Non, je préfère celui-là.

1.   J'aime mieux ce pull-ci, et toi?
2.   J'aime mieux ce chandail-ci, et toi?
3.   J'aime mieux cette cravate-ci, et toi?
4.   J'aime mieux cette jupe-ci, et toi?
5.   J'aime mieux ces robes-ci, et toi?
6.   J'aime mieux ces chaussettes-ci, et toi?
7.   J'aime mieux ces souliers-ci, et toi?
8.   J'aime mieux ces gants-ci, et toi?

MODÈLE:   Voilà un bon livre.
          Oui, mais celui que Yolande a acheté est meilleur.

9.   Voilà un bon complet.
10.  Voilà un bon veston.
11.  Voilà une bonne auto.
12.  Voilà une bonne bicyclette.
13.  Voilà de bons gants.
14.  Voilà de bons disques.
15.  Voilà de bonnes tomates.
16.  Voilà de bonnes bananes.

MODÈLE:   Je préfère mon auto, et toi?
          Non, j'aime mieux celle de Jacques.

17.  Je préfère ma motocyclette, et toi?
18.  Je préfère mes livres, et toi?
19.  Je préfère mes skis, et toi?
20.  Je préfère mon veston, et toi?
21.  Je préfère ma chemise, et toi?
22.  Je préfère mes disques, et toi?

b.   **Des comparaisons. Répondez aux phrases suivantes selon les modèles donnés.**

*Outdoor café,*
*Montparnasse, Paris*
(Hugh Rogers/
Monkmeyer
Press Photo)

MODÈLE:  Voilà deux restaurants.
Celui-ci est plus beau que celui-là.

1. Voilà deux hôtels.
2. Voilà deux autos.
3. Voilà deux églises.
4. Voilà deux appartements.
5. Voilà deux cathédrales.
6. Voilà deux maisons.

MODÈLE:  Voilà des légumes.
Ceux-ci sont moins chers que ceux-là.

7. Voilà des bananes.
8. Voilà des bonbons.
9. Voilà des fruits.
10. Voilà des carottes.
11. Voilà des pommes.
12. Voilà des haricots verts.

*Verbs like* tenir   The irregular verbs *tenir* (to hold), *appartenir* (to belong), *contenir* (to contain), *convenir* (to be appropriate), *obtenir* (to obtain) are conjugated alike.

*Présent:*   je tiens            nous tenons
tu tiens           vous tenez
il, elle, on tient   ils, elles tiennent

*Passé composé:*   j'ai tenu, tu as tenu
*Futur:*   je tiendrai, tu tiendras
*Imparfait:*   je tenais, tu tenais
*Plus-que-parfait:*   j'avais tenu, tu avais tenu
*Présent du subjonctif:*   (que) je tienne, tu tiennes, il tienne, nous tenions, vous
teniez, ils tiennent

*Tenir* (and verbs like it) are conjugated like *venir*. In compound tenses the auxiliary verb for *tenir* (and its family of verbs) and *convenir* is *avoir*. *Venir*, *devenir*, and *revenir* require *être* as the helping verb.

> L'hôtel nous *a* convenu parfaitement.
> Elle *est* revenue hier soir.

*Tenir à* may mean "to be anxious to," "to be insistent on."

> Nous tenons *à* y aller.
> Elle tient *à* vous parler elle-même.

**a. Dans les phrases suivantes, substituez les mots suggérés.**

1. Josette tient à partir ce soir.
   (Je / Nous / Georges / Mes parents / Vous / Tu)
2. Je ne crois pas que cet hôtel convienne.
   (cette chambre / cette maison / ces appartements)
3. Pierre a obtenu la permission de partir.
   (Tu / Nous / Je / Vous / Ses sœurs)
4. Autrefois j'appartenais à plusieurs clubs.
   (ils / elle / tu / nous / vous)
5. Jean-Jacques tiendra un rôle important dans la discussion.
   (Nous / Vous / Je / Marie-France / Vos collègues)

**b. Les promesses sont les promesses. Répondez selon le modèle donné.**

MODÈLE:  Jacques ne l'a pas fait.
         Mais il faut qu'il tienne sa promesse!

1. Je ne l'ai pas fait.          3. Ils ne l'ont pas fait.
2. Nous ne l'avons pas fait.      4. Tu ne l'as pas fait.

**c. On voulait aller... Répondez selon le modèle donné.**

MODÈLE:  Tes parents voulaient aller au concert, n'est-ce pas?
         Oui. Ils tenaient beaucoup à y aller.

1. Vous vouliez aller au cinéma? (Nous)
2. Chantal voulait aller au marché?
3. Tu voulais aller au pique-nique?
4. Ton père voulait aller au match de football?

**d. Mettez les verbes des phrases suivantes au passé composé, au futur, à l'imparfait et au plus-que-parfait.**

1. Nous n'obtenons pas assez de considération.
2. Cette chambre leur convient.

*The irregular verbs*
rire (*to laugh*),
courir (*to run*),
vivre (*to live*)

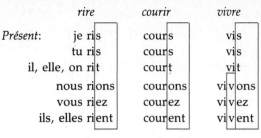

|  | *rire* | *courir* | *vivre* |
|---|---|---|---|
| *Présent*: | je ris | cours | vis |
|  | tu ris | cours | vis |
|  | il, elle, on rit | court | vit |
|  | nous rions | courons | vivons |
|  | vous riez | courez | vivez |
|  | ils, elles rient | courent | vivent |

| | *rire* | *courir* | *vivre* |
|---|---|---|---|
| *Passé composé*: | j'ai ri | j'ai couru | j'ai vécu |
| | tu as ri | tu as couru | tu as vécu |
| *Futur*: | je rirai | je courrai | je vivrai |
| | tu riras | tu courras | tu vivras |
| *Imparfait*: | je riais | je courais | je vivais |
| | tu riais | tu courais | tu vivais |
| *Plus-que-parfait*: | j'avais ri | j'avais couru | j'avais vécu |
| | tu avais ri | tu avais couru | tu avais vécu |
| *Présent du subjonctif*: | (que) je rie | je coure | je vive |
| | (que) tu ries | tu coures | tu vives |

*Sourire* (to smile) is conjugated like *rire*. *Vivre* means "to live" in the sense "to be alive." *Habiter* and *demeurer* mean "to live" in the sense of "to inhabit" or "to dwell."

a. **Dans les phrases suivantes, substituez les mots suggérés.**

1. Serge court le risque de perdre.
   (Vous / Nous / Tu / Je / Tes amis)
2. Ton père vivra longtemps.
   (Je / Nous / Leurs parents / Tu / Vous)
3. Tu souriais de plaisir.
   (Nous / Vous / Je / Les autres / Maman)
4. Molière a vécu au XVIIe siècle.
   (La Fontaine / Racine et Corneille / Louis XIV)
5. Vous n'aviez pas couru assez vite.
   (Michel / Jacqueline et Danielle / Nous / Tu / Je)
6. On s'amuse et on rit.
   (Nous / Vous / Tu / Tes parents / Je)

b. **Maintenant et plus tard. Complétez les phrases suivantes selon le modèle donné.**

MODÈLE:  Maintenant tu es triste…
         Maintenant tu es triste mais dans l'avenir tu riras.

1. Maintenant je suis triste…
2. Maintenant nous sommes tristes…

3. Maintenant vous êtes triste...
4. Maintenant mes parents sont tristes...

**c. Une affaire suspecte. Répondez selon le modèle donné.**

MODÈLE:   M. Dujardin est sûr de son affaire?
          Non. Il court le risque de tout perdre.

1. Tu es sûr(e) de ton affaire?
2. Tes amis sont sûrs de leur affaire?
3. Vous êtes sûrs de votre affaire? (Nous)
4. Ta tante est sûre de son affaire?

**d. Maintenant et dans le temps. Répondez selon le modèle donné.**

MODÈLE:   Tes parents?
          Maintenant ils vivent mal mais dans le temps ils vivaient très
          bien.

1. Toi?                    4. Vous deux?
2. Ton oncle Georges?      5. Tes grands-parents?
3. Tante Janine?

**e. « Habiter » ou « vivre »? Formez des phrases en employant la forme
correcte du verbe convenable.**

MODÈLE:   Mes parents / à Londres
          Mes parents habitent à Londres.

1. Tu / très bien           4. Vous / dans cet appartement
2. Nous / ici en été        5. Je / dans ce quartier
3. Mon oncle / toujours     6. Ces gens / misérablement

**f. Mettez les verbes des phrases suivantes au passé composé, au futur,
à l'imparfait et au plus-que-parfait.**

1. Ils rient de nous.
2. Tu cours le risque de ne pas réussir.
3. Nous vivons dans la misère.

Dix-septième
Leçon

LA CUISINE FRANÇAISE

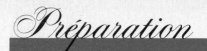

*Vocabulaire*

**aussitôt** immédiatement. Quand on pense à la France, on pense *aussitôt* à la cuisine française. *Aussitôt que* veut dire « as soon as ».

**quotidien, -nne** de tous les jours. Tous les enfants ont leurs tâches *quotidiennes*.

**mets** *m. sing.* plat. Le bœuf à la bourguignonne est un *mets* que j'aime bien.

**ménagère** *f.* femme qui a soin d'un ménage. La *ménagère* française considère la cuisine comme un art.

**soin** *m.* attention ou application à quelque chose. Mme Delatour prépare ses mets avec grand *soin*.

**réussite** *f.* succès. Le repas a été une *réussite* complète.

**durer** persister, continuer. Un repas de mariage *dure* souvent très long-temps.

**couvert** *m.* ce qui couvre une table à manger. Mettez six *couverts*, Jeanne, s'il vous plaît.

**accomplir** finir, achever. Il *accomplit* bien ses tâches. (*Accomplir* se con-juge comme *finir*.)

**interrompre** rompre, arrêter la continuité. Il ne faut pas *interrompre* ton père quand il parle. (*Interrompre* se conjugue comme *attendre*.)

**tout le monde** toutes les personnes. J'espère que *tout le monde* sera ici à l'heure.

**disparaître** cesser d'être visible ou apparent. Les grands repas familiaux *disparaissent*. (*Disparaître* se conjugue comme *connaître*.)

**faire cuire**[1] On *fait cuire* une omelette, du pain, des légumes, etc.

**tranche** *f.* On parle d'une *tranche* de jambon, de pain, de gâteau, etc.

**couper** On *coupe* quelque chose avec un couteau. Papa a *coupé* une tranche de pain pour moi. Il s'est *coupé* le doigt.

**ajouter** mettre de plus. Laisse-moi *ajouter* un petit mot à ta lettre. *Ajoutez* un peu de sel à la soupe.

*Structure à noter*

Many of the verbs in this reading are in the conditional. One may recognize verbs in the conditional in the following ways:

> The endings are the same as the imperfect.
> The stem is the same as the future.

The conditional indicates what one "would" do. Note the following examples:

> Je voudrais un verre de lait.
> Dans ce cas-là, il ne viendrait pas.
> Mes amis préféreraient rester chez nous ce soir.

---

[1] Compare *faire cuire*, *cuire*, and *faire la cuisine*.
  Maman fait la cuisine (*Mama does the cooking*).
  Elle fait cuire une omelette (*She's cooking an omelette*).
  L'omelette cuit (*The omelette is cooking*).

## EXERCICES DE VOCABULAIRE

a.  **Répondez selon les modèles donnés.**

MODÈLE:  La pièce est longue.
C'est vrai. Elle dure trop longtemps.

1.  Le discours est long.     3.  Le concert est long.
2.  La réunion est longue.

MODÈLE:  Elle finit ses tâches?
Oui. Elle les accomplit sans problèmes.

4.  Vous finissez vos tâches? (Nous)     6.  Ils finissent leurs tâches?
5.  Tu finis tes tâches?

MODÈLE:  Tu t'es fait mal?
Je me suis coupé le doigt.

7.  Jean s'est fait mal?     9.  Ta mère s'est fait mal?
8.  Sylvie s'est fait mal?

MODÈLE:  Ma mère... un bon bifteck.
Ma mère fait cuire un bon bifteck.

10.  Pierre... une omelette.     12.  Nous... une soupe à l'oignon.
11.  Les amis... un repas excellent.

MODÈLE:  Les autres viendront?
Mais oui! Tout le monde viendra.

13.  Les autres mangeront tout de suite?     15.  Les autres sont jaloux?
14.  Les autres ont été méchants?

b.  **En employant des mots du Vocabulaire, complétez les phrases suivantes.**

1.  Tout le monde a aimé ton déjeuner. C'était une _____ complète.
2.  La quiche lorraine est un _____ que votre père aime bien.
3.  Donne-moi une _____ de rosbif, s'il te plaît.
4.  Voyons. Quatre personnes viennent dîner, et nous aussi. Mettez donc huit _____.
5.  Il arrivera à sept heures et nous mangerons _____.
6.  La _____ prépare les _____ avec grand _____.
7.  Les vieilles coutumes _____ peu à peu, et je le regrette.
8.  Mettez le lait et puis _____ un peu de sel.

*Family at home eating*
(Alain Dagbert/VIVA/
Woodfin Camp and
Associates)

9. Quand grand-père parle, je ne veux pas que tu l'_____, mon enfant.
10. Tous les enfants de cette famille travaillent bien. Ils ont leurs tâches _____ à faire et ils les _____ avant le soir.

## La Cuisine française

Quand on pense à la France, on pense aussitôt à la cuisine française, parce que le Français, entouré de sa famille et de ses amis, aime bien manger. Les repas familiaux servent souvent de réunion où chacun discute les problèmes quotidiens de chacun autour des mets que la mère de famille a préparés avec beaucoup d'art. En effet, chaque ménagère française apprend très jeune en matière de cuisine que «la présentation c'est la moitié du goût». Les boissons doivent être également choisies avec soin pour assurer la réussite d'un bon repas. C'est ainsi que l'on boirait un vin blanc sec avec les escargots de Bourgogne, mais qu'on préférerait un vin rouge pour la fricassée de veau, le cassoulet, l'entrecôte ou le fromage. On accompagnerait souvent le dessert par un vin blanc moelleux pour les fruits, les compotes ou les crèmes. La France abonde en vins variés qui portent les noms des provinces et des villes d'où ils viennent (Champagne, Bourgogne, Anjou, Bordeaux, par exemple). Le connaisseur ou l'amateur

**Les boissons... choisies** *Il faut qu'on choisisse les boissons*
**boirait** *prendrait comme boisson*
**escargots de Bourgogne** *(snails from Burgundy)*
**fricassée** *viande coupée en morceaux et cuite dans une sauce*

**cassoulet** (*a stew made with beans and goose or duck meat, mutton, or pork*)
**entrecôte** *une sorte de steak*
**moelleux** *doux*
**compotes** *fruits cuits avec du sucre*
**veille au** *assure*
**bien-être** *état agréable*

**recevait** *avait chez soi*

**reculés** *distants*

**dorénavant** *depuis ce temps-là*

de bonne cuisine saurait les distinguer aisément. Bien sûr, il existe en France un choix de toutes les boissons pour ceux qui n'aiment pas les boissons alcoolisées.

Les repas durent longtemps et à chaque nouveau plat il est fréquent de changer d'assiettes et de couverts. La mère de famille accomplit cette tâche discrètement et veille au confort et au bien-être de chacun. Autrefois le déjeuner était considéré comme le repas le plus important. Tous les Français, jeunes et adultes, interrompaient leur travail entre midi et deux heures; les rues étaient désertes et tous les magasins fermés. Les repas de communion et de mariage étaient particulièrement interminables et servaient en quelque sorte de grande réunion de famille. On recevait tout le monde: les grands-parents, les frères, les sœurs, les oncles, les tantes et même les cousins les plus reculés et naturellement les amis.

Mais la vie moderne a changé profondément les vieilles habitudes tranquilles que les Français regrettent parfois avec nostalgie. A Paris et dans les centres importants de province, les grands déjeuners familiaux disparaissent et beaucoup de magasins ne ferment plus leurs portes entre midi et deux heures. La population active se contente dorénavant d'un déjeuner rapide sous forme de sandwiches ou de snacks.

**EXEMPLE DE MENUS JOURNALIERS:**

| PETIT DÉJEUNER | DÉJEUNER | DÎNER |
|---|---|---|
| café crème | salade de tomates | potage julienne |
| croissants frais | bœuf à la bourguignonne | gigot de mouton à la boulangère |
| | nouilles au fromage | salade |
| | fromage et fruits frais | tarte aux fruits |

**potage julienne** *une soupe de bouillon et légumes*
**bœuf à la bourguignonne** (*a kind of beef stew*)
**gigot de mouton à la boulangère** (*leg of lamb*)
**nouilles** *sorte de pâtes: spaghettis, macaronis, nouilles, etc.*
**recette** *description pour faire cuire quelque chose*

Une recette bien connue:

**SOUPE A L'OIGNON AU FROMAGE**

Ingrédients:

**farine** *on fait du pain avec la farine*

**cuiller à café** (*teaspoon*)

**gruyère râpé** *sorte de fromage coupé en très petits morceaux*

100 grammes d'oignons
30 grammes de beurre
25 grammes de farine
1 litre ½ d'eau
1 cuiller à café de sel
½ cuiller à café de poivre
100 grammes de gruyère râpé
12 tranches de pain

30 grammes = 1 ounce
1 litre = 1.0567 quarts

**roussis** *brunis*
**saupoudrez** *couvrez*

Faites cuire lentement les oignons (coupés très fins) dans le beurre. Quand ils seront roussis, saupoudrez-les avec la farine. Laissez brunir un peu et

**soupière** *grand récipient pour servir la soupe*
**Versez** *Mettez*

puis ajoutez l'eau. Ajoutez le sel et du poivre et laissez cuire le tout dix minutes. Mettez les tranches de pain dans la soupière et puis ajoutez le gruyère râpé. Versez le potage dessus et couvrez quelques minutes avant de servir.

## QUESTIONNAIRE SUR LA LECTURE

1.  A quoi servent souvent les repas familiaux?
2.  Décrivez l'attitude de la ménagère française en ce qui concerne sa cuisine.
3.  Indiquez les sortes de vin que l'on préfère servir avec certains mets.
4.  Donnez les noms de quelques vins français.
5.  Qu'est-ce qui existe en France pour les personnes qui n'aiment pas les vins?
6.  Que fait la mère de famille pendant un repas?
7.  Autrefois, quel repas était considéré le plus important?
8.  A quelle heure prenait-on ce repas?
9.  Comment étaient alors les rues et les magasins entre midi et deux heures?

*Two people shopping in a supermarket*
(Herve Gloaguen/
VIVA/Woodfin Camp
and Associates)

10. Décrivez un repas de communion ou de mariage.
11. Que regrettent bien des Français?
12. En ce qui concerne le déjeuner traditionnel, décrivez le changement qui apparaît.
13. Comment la population active déjeune-t-elle?
14. Si vous préparez un repas et si vous voulez quelque chose de spécial, quel mets préparez-vous?
15. Aimez-vous faire la cuisine?
16. Avez-vous des recettes spéciales? Lesquelles?
17. Quand vous allez au restaurant, quels mets prenez-vous d'ordinaire?

## DISCUSSION

VOCABULAIRE:   (Voir les listes de vocabulaire, pp. 340, 342, 343.) un dindon (*turkey*), une tarte au potiron (*pumpkin pie*), danser, s'amuser, chanter, bavarder

1. Les repas jouent-ils un rôle important dans votre famille? Expliquez.
2. Décrivez un grand repas familial chez vous (une fête de mariage, un repas de Noël ou de *Thanksgiving*).
3. Comparez les attitudes des ménagères françaises et américaines en ce qui concerne leur cuisine.

## EXPLICATIONS ET EXERCICES

*The conditional*    Observe the following forms of the conditional tense of *finir* and *vendre*.

|  | *finir* | *vendre* |
|---|---|---|
| je | finir\|ais | vendr\|ais |
| tu | finir\|ais | vendr\|ais |
| il, elle, on | finir\|ait | vendr\|ait |
| nous | finir\|ions | vendr\|ions |
| vous | finir\|iez | vendr\|iez |
| ils, elles | finir\|aient | vendr\|aient |

The endings *ais, ais, ait, ions, iez, aient* (the same endings as those for the imperfect) are added to the infinitive. In the spelling of *-re* verbs in the conditional, the *e* is dropped before the endings. The endings *ais, ais, ait, aient* all have one pronunciation: /ɛ/.

All the verbs which you have studied, except those which follow, are regular in the conditional. The irregular forms of the conditional may be found by adding the endings to the irregular stems. The irregular future stems which you have learned serve as stems for the conditional also.

| être | ser- | je serais, tu serais |
| aller | ir- | j'irais, tu irais |
| avoir | aur- | j'aurais, tu aurais |

| faire | fer- | je ferais, tu ferais |
| vouloir | voudr- | je voudrais, tu voudrais |
| savoir | saur- | je saurais, tu saurais |
| pouvoir | pourr- | je pourrais, tu pourrais |
| voir | verr- | je verrais, tu verrais |
| envoyer | enverr- | j'enverrais, tu enverrais |
| courir | courr- | je courrais, tu courrais |
| venir | viendr- | je viendrais, tu viendrais |
| tenir | tiendr- | je tiendrais, tu tiendrais |
| valoir | vaudr- | il vaudrait |
| falloir | faudr- | il faudrait |
| pleuvoir | pleuvr- | il pleuvrait |

The conditional indicates an action which would happen if circumstances were appropriate. The conditional mood, therefore, implies supposition, and the key word to its understanding is "would."

Dans ce cas-là, je le ferais. *In that case, I'd do it.*

Anne et Josette ne pourraient pas venir. *Anne and Josette couldn't (wouldn't be able to) come.*

**a. Des suppositions. Répondez selon le modèle donné.**

MODÈLE: Jean partirait?
Oui, dans ce cas-là il partirait.

1. Toi?
2. Dominique?
3. Vous deux?
4. Nicole et Anne?
5. Roger?

**b. Au restaurant. Formez des phrases selon le modèle donné.**

MODÈLE: Mon père / une côtelette de porc
Mon père voudrait une côtelette de porc.

1. Je / du rosbif
2. Tu / du poisson
3. Mes amis / des escargots
4. Nous / du rôti de veau
5. Ma mère / un bifteck
6. Vous / du poulet

**c. On a dit... Répondez selon les modèles donnés.**

MODÈLE: Roger fera le travail?
Mais oui. Il a dit qu'il le ferait.

1. Josette?
2. Vous deux?
3. Tes amis?
4. Jean et Marc?
5. Toi?

MODÈLE:  Pauline est en retard.
Elle a dit qu'elle serait à l'heure.

6. Marie est en retard.    8. Vos amis sont en retard.
7. Pierre est en retard.   9. Les autres sont en retard.

d.  **L'histoire de Paul. Répondez selon le modèle donné.**

MODÈLE:  Paul est allé au cinéma.
Je savais qu'il irait au cinéma.

1. Paul est allé au cinéma.
2. Il y est allé avec Suzanne.
3. Ils se sont retrouvés au café.
4. Suzanne a été en retard.
5. Paul a attendu longtemps.
6. Il s'est fâché.
7. Ils ont quand même aimé le film.
8. Après ils ont dîné au restaurant.

*The conditional*
*past tense*

The conditional past tense (*conditionnel passé*) is formed by the conditional of *avoir* or *être* (the auxiliary verb) and the past participle of the verb being conjugated. Verbs which require *avoir* (or *être*) as the auxiliary verb in the *passé composé* require *avoir* (or *être*) in the conditional past. The conditional past indicates an action that would have happened.

J'aurais parlé à Paul.      *I would have spoken to Paul.*
J'y serais allé.            *I would have gone (there).*

a.  **Qui viendrait? Révision des verbes « avoir » et « être » au conditionnel. Répondez selon le modèle donné.**

MODÈLE:  Francis?
Oui. Il serait là et il aurait assez d'argent.

1. Toi?          4. Henri et Yves?
2. Jacqueline?   5. Moi? (Vous)
3. Vous deux?    6. Roger?

b.  **On n'est jamais satisfait. Complétez les phrases suivantes selon le modèle donné.**

MODÈLE:  J'ai une Volkswagen... (Porsche)
J'ai une Volkswagen, mais j'aurais préféré une Porsche.

1. Mon père a une Ford... (Cadillac)
2. Nous avons un poste de radio... (une chaîne stéréo)

3. Tu as une bicyclette... (une motocyclette)
4. Mes parents ont du poulet... (du rosbif)
5. Vous avez du poisson... (un bifteck)
6. J'ai un veston... (un complet)

c. **Non plus. Répondez selon le modèle donné.**

MODÈLE:  Jean ne serait pas venu, et Michel?
         Il ne serait pas venu non plus.

| | | | |
|---|---|---|---|
| 1. | Ta cousine? | 4. | Vous deux? |
| 2. | Tes frères? | 5. | Roger? |
| 3. | Tes sœurs? | 6. | Toi? |

d. **C'est dommage. Répondez selon le modèle donné.**

MODÈLE:  Serge n'a pas fait le travail. (Yves)
         C'est dommage. Yves l'aurait fait.

1. Guy n'a pas fait le travail. (Roger)
2. Janine n'a pas fait le travail. (Marie)
3. Marc n'a pas fini. (Je)
4. Janine n'a pas fini. (Tu)
5. Paul n'a pas invité Marc. (Vous)
6. Tu n'as pas invité Hélène. (Nous)
7. Je n'ai pas fait le ménage. (Michel et Chantal)
8. Nos amis n'ont pas fait la cuisine. (Mes sœurs)

e. **A sa place... Répondez selon le modèle donné.**

MODÈLE:  Françoise n'est pas allée au concert. (je)
         A sa place, j'y serais allé(e).

1. Anne n'est pas allée au concert. (tu)
2. Jacques n'est pas allé au match de basket. (Paul)
3. Janine n'est pas venue. (je)
4. Georges n'est pas venu. (vous)
5. Suzanne n'est pas revenue. (les autres)
6. Hubert n'est pas revenu. (nous)

| *Tense sequence in* si *(if) clauses* | SI (IF) CLAUSE | RESULT CLAUSE |
|---|---|---|
| | *Present* | *Future* |
| | Si Daniel vient, | Alice sera contente. |
| | (*If Daniel comes,* | *Alice will be happy.*) |

| *Imperfect* | *Conditional* |
|---|---|
| Si Daniel venait, | Alice serait contente. |
| (*If Daniel came,* | *Alice would be happy.*) |

| *Pluperfect* | *Conditional Perfect* |
|---|---|
| Si Daniel était venu, | Alice aurait été contente. |
| (*If Daniel had come,* | *Alice would have been happy.*) |

**a.   Bien sûr. Répondez selon le modèle donné.**

MODÈLE:   Si tu as le temps, va voir Paul.
Bien sûr, si j'ai le temps, j'irai voir Paul.

1.   Si tu as le temps, va voir grand-mère.
2.   Si tu as le temps, va voir le Louvre.
3.   Si tu as le temps, va voir Notre-Dame.
4.   S'il fait beau, fais une promenade.
5.   S'il pleut, va au cinéma.
6.   S'il neige, reste à la maison.

**b.   Il faut être préparé. Répondez selon le modèle donné.**

MODÈLE:   Prends ton écharpe; il va faire froid.
S'il fait froid, je prendrai mon écharpe.

1.   Prends ton écharpe; il va faire froid.
2.   Prends ton pardessus; il va faire froid.
3.   Prends tes gants; il va faire froid.
4.   Prends tes skis; il va neiger.
5.   Prends ton chandail; il va faire frais.

**c.   Si j'ai le temps. Répondez selon le modèle donné.**

MODÈLE:   Quand vas-tu finir?
Si j'ai le temps, je finirai ce soir.

1.   Quand vas-tu finir?
2.   Quand vas-tu étudier?
3.   Quand vas-tu apprendre les verbes?
4.   Quand vas-tu écrire la composition?
5.   Quand vas-tu lire ta leçon?
6.   Quand vas-tu faire les devoirs?

**d.   Quand j'aurai le temps. Répondez selon le modèle donné.**

MODÈLE:   Quand vas-tu finir?
Quand j'aurai le temps, je finirai.

1. Quand vas-tu finir?
2. Quand vas-tu étudier?
3. Quand vas-tu écrire à tes parents?
4. Quand vas-tu lire ta leçon?
5. Quand vas-tu voir le professeur?
6. Quand vas-tu apprendre les verbes?

**e. Le temps nécessaire. Répondez selon le modèle donné.**

MODÈLE: Je ne peux pas finir.
Mais si vous aviez le temps, vous pourriez finir, n'est-ce pas?

1. Je ne peux pas finir.
2. Je ne peux pas venir.
3. Je ne peux pas aller au café.
4. Je ne peux pas aller faire du ski.

**f. Les excuses de Jacques. Répondez selon le modèle donné.**

MODÈLE: Jacques ne vient pas parce qu'il est malade.
S'il n'était pas malade, il viendrait.

1. Il ne vient pas parce qu'il est fatigué.
2. Il ne va pas au pique-nique parce qu'il fait froid.
3. Il ne va pas au match parce qu'il n'a pas assez d'argent.
4. Il n'étudie pas parce qu'il n'a pas son livre.
5. Il ne fait pas les devoirs parce qu'il n'a pas son stylo.

**g. Pour arriver à l'heure. Complétez les phrases suivantes selon le modèle donné.**

MODÈLE: Si maman était partie plus tôt...
Si maman était partie plus tôt, elle serait arrivée à l'heure.

1. Si papa était parti plus tôt...
2. Si tu étais parti(e) plus tôt...
3. Si Nathalie était partie plus tôt...
4. Si vous étiez partis plus tôt...
5. Si nous étions partis plus tôt...
6. Si tes sœurs étaient parties plus tôt...

**h. Il faut étudier. Répondez selon le modèle donné.**

MODÈLE: Madeleine n'a pas étudié.
C'est dommage. Si elle avait étudié, elle aurait fini les devoirs.

1. Michel n'a pas étudié.
2. Tu n'as pas étudié.
3. Yolande et Marceline n'ont pas étudié.
4. Vous n'avez pas étudié. (Nous)

**i. Récapitulation. Mais si... Transformez selon le modèle donné.**

MODÈLE:  Jean n'étudie pas. Il ne réussit pas aux examens.
Mais si Jean étudie, il réussira.
Mais si Jean étudiait, il réussirait.
Mais si Jean avait étudié, il aurait réussi.

1. Nous n'allons pas à Paris. Nous ne visitons pas le Louvre.
2. Marie n'est pas fatiguée. Elle ne se repose pas.
3. David ne sort pas. Il ne s'amuse pas.
4. Je n'ai pas faim. Je ne mange pas.

**j. Discussion.**

Qu'est-ce que vous feriez si vous aviez un chèque de mille dollars?

*The irregular verbs* **boire** (*to drink*), **recevoir** (*to receive*), **devoir** (*to have to, to owe*)

|          | *boire* | *recevoir* | *devoir* |
|----------|---------|------------|----------|
| *Présent:* | je bois | reçois | dois |
|          | tu bois | reçois | dois |
|          | il, elle, on boit | reçoit | doit |
|          | nous buvons | recevons | devons |
|          | vous buvez | recevez | devez |
|          | ils, elles boivent | reçoivent | doivent |

| | *boire* | *recevoir* | *devoir* |
|---|---|---|---|
| *Passé composé:* | j'ai bu | j'ai reçu | j'ai dû |
| *Futur:* | je boirai | je recevrai | je devrai |
| *Imparfait:* | je buvais | je recevais | je devais |
| *Plus-que-parfait:* | j'avais bu | j'avais reçu | j'avais dû |
| *Conditionnel:* | je boirais | je recevrais | je devrais |
| *Conditionnel passé:* | j'aurais bu | j'aurais reçu | j'aurais dû |

*Boire, recevoir,* and *devoir* are three-stem verbs in the present tense. The singular stem is *boi-, reçoi-, doi-*; the third person plural stem is *boiv-, reçoiv-, doiv-*; the *nous-vous* stem is *buv-, recev-, dev-*. These stems will help you learn the present subjunctive forms of the three verbs.

*boire*: je boive, tu boives, il boive, nous buvions, vous buviez, ils boivent
*recevoir*: je reçoive, tu reçoives, il reçoive, nous recevions, vous receviez, ils reçoivent
*devoir*; je doive, tu doives, il doive, nous devions, vous deviez, ils doivent

*Devoir* may be used to mean "to owe."

Je lui dois cinquante francs.    *I owe him fifty francs.*

When *devoir* is followed by an infinitive, it conveys the meaning of obligation or probability.

| | |
|---|---|
| Je dois aller à Paris. | *I must go to Paris.* |
| Je dois jouer au concert ce soir. | *I am supposed to play at the concert tonight.* |
| Il devait venir à cinq heures. | *He was supposed to (was to) come at five o'clock.* |
| Il a dû aller à Bordeaux. | *He had to go to Bordeaux.* |
| Il a dû la voir hier soir. | *He must have seen her last night.* |
| Il devrait apprendre les verbes. | *He should (ought to) study the verbs.* |
| Nous devrions étudier davantage. | *We should (ought to) study more.* |
| Vous auriez dû venir hier soir. | *You should have (ought to have) come last night.* |

**a.   La correspondance. Formez des phrases selon le modèle donné.**

MODÈLE:   Tu / beaucoup de lettres
　　　　　Tu reçois beaucoup de lettres.

1. Ma mère / beaucoup de courrier[1]
2. Ton ami / quelques lettres
3. Nous / des cartes postales
4. Je / une lettre par semaine
5. Vous / une lettre tous les jours
6. Mes parents / beaucoup de courrier

**b.   Non... mais demain... Répondez selon le modèle donné.**

MODÈLE:   Janine n'a pas de courrier?
　　　　　Non, mais elle recevra une lettre demain.

1. Tu n'as pas de courrier?
2. Georges n'a pas de courrier?
3. Vous n'avez pas de courrier? (nous)
4. Tes sœurs n'ont pas de courrier?
5. Je n'ai pas de courrier? (vous)

**c.   Le médicament. Répondez selon le modèle donné.**

MODÈLE:   Tu as bu ton médicament?
　　　　　Je ne l'ai pas bu hier, mais je le bois maintenant.

1. André?
2. Tes cousins?
3. Anne?
4. Vous? (Nous)
5. Chantal et Jacqueline?

---

[1] Le courrier: la totalité des lettres que l'on écrit ou que l'on reçoit.

**d.  C'est nécessaire. Répondez selon le modèle donné.**

MODÈLE:  Je n'aime pas ce médicament.
Il faut que tu le boives!

1.  Nous n'aimons pas ce médicament.
2.  L'enfant n'aime pas le lait.
3.  Les malades n'aiment pas le médicament.
4.  Tu n'aimes pas ce médicament.

**e.  On voulait prendre le médicament, mais... Répondez selon le modèle donné.**

MODÈLE:  Jean n'a pas bu son médicament.
S'il l'avait reçu, il l'aurait bu.

1.  Toi?                     4.  Marc et Michel?
2.  Vous? (nous)            5.  Jean-Paul?
3.  Thérèse?

**f.  Il faut étudier. Répondez selon le modèle donné.**

MODÈLE:  Tu vas au cinéma ce soir?
Non, je ne peux pas y aller. Je dois étudier ce soir.

1.  Tu vas au match ce soir?
2.  Jacques va au cinéma ce soir?
3.  Nous allons au cinéma ce soir?
4.  Suzanne et Pauline vont au concert ce soir?

**g.  Un voyage nécessaire. Répondez selon le modèle donné.**

MODÈLE:  Ton oncle est allé à Philadelphie?
Oui, il a dû y aller hier soir.

1.  Bernard est allé à Chicago?
2.  Les autres sont allés à New York?
3.  Marie est allée à New York aussi?
4.  Vos amis sont allés à San Francisco?

**h.  On ne le fait pas assez. Répondez selon le modèle donné.**

MODÈLE:  Yves n'étudie pas assez.
C'est vrai. Il devrait étudier davantage.

1. Je n'étudie pas assez.
2. Les autres ne dorment pas assez.
3. Hélène ne mange pas assez.
4. Nous ne lisons pas assez.
5. Vous ne travaillez pas assez.
6. Il ne se repose pas assez.
7. Nous n'écrivons pas assez.
8. Les professeurs ne jouent pas assez!

**i. On n'a pas fini. Répondez selon le modèle donné.**

MODÈLE:   Marie a-t-elle fini les devoirs?
Non. Elle devait les finir hier, mais elle ne les a pas faits.

1. As-tu fini les devoirs?
2. Marc a-t-il fini les devoirs?
3. Avez-vous fini les devoirs?
4. Est-ce que Madeleine et Solange ont fini les devoirs?

**j. Des regrets. Complétez les phrases suivantes selon le modèle donné.**

MODÈLE:   Je ne suis pas allé(e) au concert...
Je ne suis pas allé(e) au concert, mais j'aurais dû y aller.

1. Mes parents ne sont pas allés chez leurs amis...
2. Anne n'est pas allée à l'église...
3. Nous ne sommes pas allés à l'église...
4. Vous n'êtes pas allés à la conférence...
5. Tu n'es pas allé(e) au travail...

**k. Mettez les verbes des phrases suivantes au passé composé, au futur, à l'imparfait, au plus-que-parfait, au conditionnel et au conditionnel passé.**

1. Mme de Latour reçoit beaucoup de visites.
2. Nous devons partir.
3. Vous buvez trop.

**l. Discutez:**

1. ce que vous *devriez* faire pour réussir dans votre vie académique.
2. ce que vous *auriez dû* faire pour réussir dans votre vie sentimentale.

*Idiomatic usage of* **pouvoir, vouloir,** *and* **savoir**

Aside from the regular meanings which these verbs have, they may have special meanings in certain idiomatic expressions. Consider the following uses of *pouvoir, vouloir,* and *savoir.*

**pouvoir**

je peux: *I can, I am able*
Pouvez-vous jouer du piano?     *Can you play the piano?*

BUT:  j'ai pu: *I was able, I could* (*I succeeded*)
J'ai pu le faire.     *I succeeded in doing it.*
Je n'ai pas pu y aller.     *I couldn't go.*

je pourrais: *I could, I would be able*
Si j'avais le temps, je pourrais le     *If I had the time, I could* (*would be*
faire.                                  *able to*) *do it.*

j'aurais pu: *I could have, I would have been able*
J'aurais pu le faire.     *I could have done* (*would have been*
                          *able to do*) *it.*

**vouloir**

je veux: *I want*
Je veux des haricots verts.     *I want some green beans.*

BUT:  je veux bien: *I'm willing*
Il veut bien le faire.     *He's willing to* (*he will*) *do it.*

j'ai voulu: *I tried*
J'ai voulu ouvrir la porte.     *I tried to open the door.*

je n'ai pas voulu: *I refused*
Je n'ai pas voulu y aller.     *I refused to go.*

voudriez-vous: *please*
Voudriez-vous ouvrir la fenêtre?     *Please open the window.*

je voudrais: *I would like*
Je voudrais des haricots verts.     *I would like some green beans.*
(The conditional form *je voudrais* is more polite than the present tense *je
veux*.)

**savoir**

je sais: *I know how, I can*
Je sais jouer du piano.     *I know how to play the piano.*

BUT:  j'ai su: *I knew, I found out*
J'ai su la vérité.     *I found out the truth.*

**a.   Non... Répondez selon le modèle donné.**

MODÈLE:   As-tu fini?
          Non, je n'ai pas pu finir.

1.   As-tu fini?
2.   Les autres ont-ils fini?
3.   Ont-ils fait les devoirs?
4.   As-tu fait les devoirs?
5.   Avez-vous fait les devoirs?
     (Non, nous...)

*La femme sert la
bouillabaisse.*
(Robert Rapelye
from EPA)

**b.    Une possibilité. Répondez selon le modèle donné.**

MODÈLE:    Tu viens à sept heures? (huit heures)
                 Non, je ne peux pas venir, mais je pourrais venir à huit heures.

1.   Tu viens à sept heures? (huit heures)
2.   Tu pars ce soir? (demain)
3.   Tu finis dans une heure? (trois heures)
4.   Tu vas à la pêche aujourd'hui? (demain)
5.   Ton oncle va à la pêche aujourd'hui? (demain)
6.   Les autres vont à la pêche aujourd'hui? (demain)

**c.    On accepte. Répondez selon le modèle donné.**

MODÈLE:    Tu veux aller au cinéma?
                 Oui, je veux bien y aller.

1.   Tu veux aller au café?
2.   Les autres veulent aller au concert?
3.   Vous voulez faire la cuisine?
4.   Marc veut faire la vaisselle?
5.   Les étudiants veulent passer leurs examens?
6.   Vous voulez préparer les rafraîchissements?

**d. Des refus. Répondez selon le modèle donné.**

MODÈLE: L'enfant a mangé son dîner?
Non, il n'a pas voulu le manger.

1. Anne a fait le ménage?
2. Marie a écrit sa composition?
3. Les autres ont appris les verbes?
4. Tu as fini les devoirs?

**e. Dans le temps. Répondez selon le modèle donné.**

MODÈLE: Tu nages bien?
Maintenant non. Mais dans le temps, je savais bien nager.

1. Tu nages bien?
2. M. Martin joue bien du piano?
3. Hélène parle bien le français?
4. Vous jouez bien au tennis?

**f. Une possibilité. Répondez selon le modèle donné.**

MODÈLE: Marc ne voulait pas étudier.
S'il avait voulu, il aurait pu étudier.

1. Jeanne ne voulait pas étudier.
2. Tes amis ne voulaient pas étudier.
3. Yves ne voulait pas venir.
4. Tu ne voulais pas venir.
5. Les enfants ne voulaient pas finir leur soupe.
6. Ils ne voulaient pas finir leur travail.
7. Ils ne voulaient pas faire leurs devoirs.

# Dix-huitième Leçon

## LES FRANÇAIS

## Préparation

*Vocabulaire*    **enseigner**    faire de l'enseignement. L'*enseignement*, c'est le travail des professeurs. Le professeur Marquis *enseigne* l'histoire à onze heures.

**célèbre**    fameux. Gérard Philippe était un acteur *célèbre*.

**peinture** *f.*    Picasso et Van Gogh ont fait des *peintures*. Je crois qu'elle préfère les *peintures* des cubistes.

**habitude** *f.*    manière d'être; coutume. Les *habitudes* des peuples de l'Europe sont souvent différentes.

**route** *f.*    La *route* entre Lille et Paris est une autoroute (freeway).

**chute** *f.*    action de tomber; insuccès. Tu as fait une *chute* terrible.

**finir par**    terminer avec. Il *a fini par* venir nous voir.

**étonnant, -e**    ce qui surprend. Il est *étonnant* qu'il dise[1] une telle chose.

**malheureux, -euse**    ≠ heureux. C'est une situation *malheureuse*.

**se fier à**    avoir confiance en. Vous pouvez *vous fier à* cet homme.

**plutôt**    de préférence. Il faut distinguer entre *plutôt* (rather) et *plus tôt* (earlier). Il viendra le vendredi *plutôt* que le samedi. Nous arriverons *plus tôt* demain soir.

**sage**    prudent, intelligent, modéré, obéissant. Il agit en homme *sage*. Sois *sage*, mon enfant.

**Dieu**    le Seigneur, la divinité. Fais de ton mieux et *Dieu* t'aidera.

*Structure à noter*    The literary past (*passé simple*) will be studied in this lesson. It is like the *passé composé* in that it indicates simple past action. In this passage, verbs in the literary past are identified in side notes with equivalents in the *passé composé*.

### EXERCICES DE VOCABULAIRE

**a.    Répondez selon les modèles donnés.**

MODÈLE:    Tu dînes toujours à sept heures?
Oui. J'ai l'habitude de dîner à sept heures précises.

1.    Les Durand prennent le petit déjeuner à huit heures?
2.    Vous déjeunez à une heure? (Nous)
3.    Janine fait une promenade le soir?

MODÈLE:    Finalement, Alain ira au concert avec les autres.
C'est vrai. Il finira par aller au concert avec les autres.

4.    Finalement, Georges acceptera toutes les conditions indiquées.
5.    Finalement, Sylvie décidera de venir.
6.    Finalement, Yvette viendra aussi.

[1] *Il est étonnant que* requires the use of the subjunctive in a following clause.

b. **En employant des mots du Vocabulaire, complétez les phrases suivantes.**

1. Catherine Deneuve est une actrice _____.
2. Sois _____, mon petit; nous partons dans un instant.
3. Moïse et Abraham étaient des prophètes de _____.
4. Une personne qui est triste est _____.
5. Est-ce que tu aimes les _____ de Monet?
6. Si tu prends cette _____-là, tu te perdras.
7. Elle est tombée hier; c'était une _____ terrible!
8. Elle s'est levée _____ que toi.
9. Voici un proverbe français: « _____ souffrir que mourir. »
10. Nous avons confiance en toi; nous _____ à toi.
11. A l'école primaire, on _____ aux petits Français l'histoire de France.
12. M. Durand _____ le latin à l'université.
13. —La nouvelle me surprend.
    —En effet, c'est une nouvelle _____.

# Les Français

Il y a quelques années, le premier livre qui enseignait l'histoire aux petits Français commençait par ces phrases restées célèbres: « Il y a bien longtemps, notre pays s'appelait la Gaule et ses habitants les Gaulois. Nos ancêtres les Gaulois étaient grands et blonds; ils avaient les yeux bleus. »

En fait, les Gaulois étaient un peuple envahisseur. Les premiers habitants de ce qui est aujourd'hui la France s'y trouvaient aux temps préhistoriques. On voit encore, dans les grottes de Lascaux, de magnifiques peintures murales très anciennes. Mais, il est évident qu'on ne connaît pas très bien la vie de ces premiers « Français ».

Jules César conquit la Gaule et y apporta la culture latine. Les Romains surent pacifier la Gaule; ils y imposèrent leur langue et leurs habitudes, y tracèrent des routes, y construisirent des villes. A la chute de l'Empire romain, le pays fut envahi par les barbares venus des régions de l'est et du nord. Plus tard, ce furent les Arabes qui traversèrent les Pyrénées et pénétrèrent jusqu'à Poitiers, où Charles Martel les battit en 732. Ensuite les Normands, venus de Scandinavie, dévastèrent les côtes et vinrent même jusqu'à Paris. Ils finirent par s'établir dans la province qui porte leur nom, la Normandie. Plus tard, avec Guillaume le Conquérant, ils occupèrent l'Angleterre. Voilà pourquoi tant de mots anglais sont d'origine française.

Ainsi il n'y a pas un type physique particulièrement français. Les uns sont grands et blonds et ressemblent à des Allemands ou à des Scandinaves. Les autres sont petits et ressemblent à des Italiens ou à des Espagnols. Et il ne faut pas oublier que la France est depuis longtemps un pays

**envahisseur** *qui venait pour prendre le pays*

**grottes de Lascaux** *Ces grottes se trouvent près de Montignac-sur-Vézère (Dordogne) dans le sud-ouest de la France.*
**conquit** *a conquis; a vaincu*
**apporta** *a apporté*
**surent** *ont su*
**imposèrent** *ont imposé*
**tracèrent** *ont tracé*
**construisirent** *ont construit*
**ce furent** *c'étaient*
**traversèrent** *ont traversé*
**pénétrèrent** *ont pénétré*
**battit** *a battu; a vaincu*
**dévastèrent** *ont dévasté*
**vinrent** *sont venus*
**finirent par** *ont fini par*
**occupèrent** *ont occupé*

The *Comédie Française*
(French Embassy Press
and Information Division)

**Au cours des** *Pendant*

**polonais** (*Polish*)

**roux** *couleur entre le jaune et le rouge. On emploie ce mot pour décrire la couleur des cheveux. On ne dit jamais « des cheveux rouges » ni « des cheveux jaunes ».* **Molière** *auteur dramatique de la cour de Louis XIV (XVIIe siècle)* **déçoit** *trompe*

d'immigration. Au cours des siècles, un nombre considérable d'étrangers sont venus s'y établir. Il n'est pas étonnant que tant de Français portent des noms italiens, espagnols, allemands, polonais…

On parle beaucoup des Français: « Ils sont comme ceci, ils sont comme cela. » Les circonstances heureuses ou malheureuses des voyages déterminent les jugements des étrangers. On dit aussi que tous les Américains sont grands et sympathiques, que les Anglais sont roux et froids…. Faut-il se fier à cela? Ecoutons plutôt le sage Molière:

Mon Dieu! Le plus souvent l'apparence déçoit.
Il ne faut pas toujours juger sur ce qu'on voit.

## QUESTIONNAIRE SUR LA LECTURE

1. Comment s'appelait autrefois le territoire où se trouve la France d'aujourd'hui?
2. Comment s'appelaient les habitants de la Gaule?
3. Selon un livre qui enseignait l'histoire aux petits Français, comment étaient les Gaulois?
4. Les Gaulois étaient-ils les premiers habitants de la France?
5. Qu'est-ce qu'on a trouvé dans les grottes de Lascaux?
6. Qui a conquis la Gaule?
7. Décrivez l'influence romaine sur la Gaule.
8. D'où sont venus les barbares?
9. Quand les barbares sont-ils venus en France?

10. Après les barbares, quel peuple est venu en France? Comment est-il venu en France?
11. Qu'a fait Charles Martel? Quand?
12. D'où sont venus les Normands?
13. Qu'ont-ils fait en France?
14. Pourquoi y a-t-il tant de mots anglais d'origine française?
15. Y a-t-il un type particulièrement français?
16. Comment sont les Français?
17. Pourquoi tant de Français portent-ils des noms italiens, espagnols, allemands, polonais?
18. Quelles circonstances déterminent les jugements des étrangers?
19. Que dit-on des Américains? des Anglais?
20. Citez de mémoire les deux vers de Molière qui terminent la leçon.

### DISCUSSION

1. Il y a Français et Français. Expliquez.
2. Il y a Américains et Américains. Expliquez.
3. Qu'est-ce que c'est que le « choc culturel »? Décrivez-le avec des exemples précis.

## EXPLICATIONS ET EXERCICES

*The irregular verbs* naître *(to be born) and* mourir *(to die)*

|  | *naître* | *mourir* |
|---|---|---|
| *Présent:* | je nais | je meurs |
|  | tu nais | tu meurs |
|  | il, elle, on naît[1] | il, elle, on meurt |
|  | nous naissons | nous mourons |
|  | vous naissez | vous mourez |
|  | ils, elles naissent | ils, elles meurent |

| *Passé composé:* | je suis né(e) | je suis mort(e) |
|---|---|---|
| *Futur:* | je naîtrai | je mourrai |
| *Imparfait:* | je naissais | je mourais |
| *Plus-que-parfait:* | j'étais né(e) | j'étais mort(e) |
| *Conditionnel:* | je naîtrais | je mourrais |
| *Conditionnel passé:* | je serais né(e) | je serais mort(e) |
| *Présent du subjonctif:* | (que) je naisse | (que) je meure |
|  | (que) tu naisses | (que) tu meures |
|  | (qu') il naisse | (qu') il meure |
|  | (que) nous naissions | (que) nous mourions |
|  | (que) vous naissiez | (que) vous mouriez |
|  | (qu') ils naissent | (qu') ils meurent |

[1] Whenever the *i* is followed by *t*, a circumflex accent is used on the *i*.

The forms of the *passé composé* of these verbs are most often used. The drills which follow are limited to those forms. Study the other tenses in order to be able to recognize them in reading.

**a. Les naissances. Demandez à un(e) camarade où**

1. il (elle) est né(e).
2. son père est né.
3. sa mère est née.
4. ses frères sont nés.
5. ses sœurs sont nées.

**b. Quand est mort(e) _____? Formez des phrases selon le modèle donné.**

MODÈLE:  Victor Hugo / XIX<sup>e</sup>
         Victor Hugo est mort au dix-neuvième siècle.

1. Molière / XVII<sup>e</sup>        3. Marie Curie / XX<sup>e</sup>
2. Marie Antoinette / XVIII<sup>e</sup>    4. Montaigne / XVI<sup>e</sup>

*The irregular verb* se battre[1] (*to fight*)

| | |
|---|---|
| je me bats | nous nous battons |
| tu te bats | vous vous battez |
| il, elle, on se bat | ils, elles se battent |

*Passé composé*:  je me suis battu(e)
*Futur*:  je me battrai
*Imparfait*:  je me battais
*Plus-que-parfait*:  je m'étais battu(e)
*Conditionnel*:  je me battrais
*Conditionnel passé*:  je me serais battu(e)
*Présent du subjonctif*:  (que) je me batte

**a. Dans les phrases suivantes, substituez les mots suggérés.**

1. Hier ils se sont battus.
   (nous / vous / Paul et Georges / je / tu / Marie)
2. En ce temps-là, il se battait toujours.
   (nous / les autres / je / tu / vous)
3. Ils ne se battront pas.
   (Je / Vous / Nous / Ils / Tu)
4. Je le bats de justesse[2] en composition.
   (Elle / Tu / Vous / Ils)

---

[1] *Battre* (nonreflexive) is conjugated like *se battre* and means "to hit, to beat, to strike."
[2] *Battre quelqu'un de justesse* means "to barely beat someone."

*People of Normandy
in costume*
(Guy Le Querrec/
Magnum)

5. Dans ce cas-là, tu me battrais.
(vous / ils / elle / il)

**b. Un(e) enfant turbulent(e). Répondez selon le modèle donné.**

MODÈLE: Jacques était un enfant turbulent, n'est-ce pas?
Oui. Il se battait souvent.

1. Tu étais un(e) enfant turbulent(e), n'est-ce pas?
2. Marcel était un enfant turbulent, n'est-ce pas?
3. Madeleine était une enfant turbulente, n'est-ce pas?
4. Yves et Georges étaient des enfants turbulents, n'est-ce pas?

**c. Qui a gagné au tennis? Complétez les phrases suivantes selon le modèle donné.**

MODÈLE: Jean-Pierre a gagné aujourd'hui mais je…
Jean-Pierre a gagné aujourd'hui mais je le battrai demain.

1. Olivier a gagné ce matin mais Anne…
2. Marc et Luc ont gagné cet après-midi mais nous…
3. Josette et Nicole ont gagné aujourd'hui mais vous…
4. Tu as gagné ce soir mais je…
5. J'ai gagné aujourd'hui mais tu…
6. Suzanne et Marie ont gagné ce matin mais Jacqueline et Monique…

**d.** **Mettez les verbes des phrases suivantes au passé composé, au futur, à l'imparfait, au plus-que-parfait, au conditionnel et au conditionnel passé.**

1. Les enfants se battent.
2. Je le bats en mathématiques.

*The literary past*
*(le passé simple)*

For regular verbs, the stem of the literary past (*le passé simple*) is found by dropping the *er*, *ir*, or *re* from the infinitive. For *-er* verbs, the endings are *ai*, *as*, *a*, *âmes*, *âtes*, *èrent*. For *-ir* and *-re* verbs, the endings are *is*, *is*, *it*, *îmes*, *îtes*, *irent*.

| *parler* | *finir* | *attendre* |
|---|---|---|
| je parl|ai | fin|is | attend|is |
| tu parl|as | fin|is | attend|is |
| il, elle, on parl|a | fin|it | attend|it |
| nous parl|âmes | fin|îmes | attend|îmes |
| vous parl|âtes | fin|îtes | attend|îtes |
| ils, elles, parl|èrent | fin|irent | attend|irent |

For most irregular verbs, the stem in this tense is the past participle. To this, add the following endings: *s, s, t, ˆmes, ˆtes, rent*.

Observe the forms of the literary past of three irregular verbs.

| *avoir* | *croire* | *vouloir* |
|---|---|---|
| j'eus | crus | voulus |
| tu eus | crus | voulus |
| il, elle, on eut | crut | voulut |
| nous eûmes | crûmes | voulûmes |
| vous eûtes | crûtes | voulûtes |
| ils, elles eurent | crurent | voulurent |

The stems for the literary past of the verbs *battre, conduire, dire, écrire, être, faire, mourir, naître, venir* and its compounds, and *voir* are not found in their past participles.

| *Infinitive* | *Past participle* | *Literary past* |
|---|---|---|
| battre | battu | je battis |
| conduire | conduit | je conduisis |
| écrire | écrit | j'écrivis |
| être | été | je fus |
| faire | fait | je fis |
| mourir | mort | je mourus |
| naître | né | je naquis |
| venir | venu | je vins |
| voir | vu | je vis |

*Backyard garden
in France*
(Henri Cartier-Bresson)

*The meaning
of the literary past*
(passé simple)

"Conversational past" and "literary past" are names given to verb tenses which have essentially the same meaning: simple action in the past. The conversational past (*passé composé*) is used in conversation; the literary past (*passé simple*) is used in a literary context or in very formal speech.

Conversation:   Il est mort en 1921. ⎱
Formal writing:  Il mourut en 1921. ⎰   *He died in 1921.*

Conversation:   Il a été roi de France
                au seizième siècle.   *He was king of France*
Formal writing:  Il fut roi de France au   *during the sixteenth century.*
                seizième siècle.

You are not expected to be able to use the forms of the *passé simple* in conversation or in writing. One rarely hears these forms spoken except in reading aloud. Therefore, be able to recognize the forms in reading and be able to pronounce them when reading aloud.

**a.   Donnez le passé composé des verbes suivants.**

1. Je donnai.
2. Nous eûmes.
3. Ils ne prirent pas.
4. Nous choisîmes.
5. Ils allèrent.
6. Paul parla.

| | |
|---|---|
| 7. Ils crurent. | 20. Tu attendis. |
| 8. Nous vîmes. | 21. Ils donnèrent. |
| 9. Ils perdirent. | 22. Je voulus. |
| 10. Je fus. | 23. Ils surent. |
| 11. Elle ne comprit pas. | 24. Nous vînmes. |
| 12. Vous finîtes. | 25. Ils ne dirent pas. |
| 13. Vous eûtes. | 26. Elles ne purent pas. |
| 14. Molière écrivit. | 27. Elle le connut. |
| 15. Ils applaudirent. | 28. Nous sûmes. |
| 16. Elles furent. | 29. Napoléon mourut. |
| 17. Je répondis. | 30. Ils naquirent. |
| 18. Il ne fit pas. | 31. Ils apportèrent. |
| 19. Vint-il? | 32. Il ne finit pas. |

b. **Dans les phrases suivantes, mettez au passé simple les verbes au passé composé.**

1. On a publié les *Fables* de La Fontaine en 1668.
2. Debussy est mort en 1918.
3. Voltaire est né à Paris en 1694.
4. Jean-Jacques Rousseau est né à Genève en 1712.
5. Les Romains ont donné leur langue à la Gaule.
6. Les Anglais ont condamné Jeanne d'Arc à être brûlée (*burned*).
7. Les Alliés ont débarqué en Normandie en 1944.
8. Hector Berlioz a composé la *Damnation de Faust*.
9. Molière a présenté *les Précieuses ridicules* en 1659.
10. Jeanne d'Arc est née à Domrémy.
11. Elle a entendu des voix célestes.
12. La Fayette est venu à Georgetown en 1777.
13. Il est revenu en France en 1779.
14. On a commencé la construction de Notre-Dame au douzième siècle.
15. François Ier a été roi de France au seizième siècle.
16. Flaubert a fini d'écrire *Madame Bovary* en 1856.
17. Napoléon est mort en 1821 à l'île de Sainte-Hélène.
18. Les impressionnistes ont fait leurs tableaux à la fin du dix-neuvième siècle.
19. La première représentation des *Précieuses ridicules* a eu lieu en 1659.

*Dates*  Cardinal numbers are used for all the days of the month except the first day.

| | |
|---|---|
| le 15 juin | le quinze juin |
| le 10 avril | le dix avril |
| BUT: le 1er juin | le premier juin |

To give the dates of years, there are two procedures: 1941 may be stated *dix-neuf cent quarante et un* or *mil (mille) neuf cent quarante et un.*

*En* is used to mean "in" in the expressions *en juin, en octobre, en 1820, en 1914.* *Au* is used to mean "in" in the expressions *au mois de juin, au mois d'avril, au* XVII<sup>e</sup> *siècle.* (In the last example, XVII<sup>e</sup> is an ordinal number.)

*Numbers with names of rulers*   In French the numbers used with names of rulers are cardinal numbers except for "first."

| | |
|---|---|
| Louis XIV | Louis quatorze |
| Henri VIII | Henri huit |
| Georges II | Georges deux |
| François I<sup>er</sup> | François premier |
| Napoléon I<sup>er</sup> | Napoléon premier |

**a.   Donnez l'équivalent français des dates suivantes.**

1.  732
2.  843
3.  1066
4.  1431
5.  1715
6.  1789
7.  1815
8.  1870
9.  1917
10. 1941

**b.   Les départs. Formez des phrases selon le modèle donné.**

MODÈLE:   Mes grands-parents / juin
Mes grands-parents partiront en juin.

1.  Mme Chartier / mai
2.  Vous / mois de juin
3.  Tu / 25 septembre
4.  Je / 1<sup>er</sup> juillet
5.  Nos amis / mois d'avril
6.  Nous / 10 mars
7.  Mon père / mois de février
8.  Leurs parents / novembre
9.  Ma sœur / janvier
10. Nous / 22 août

**c.   Une erreur de siècle. Répondez selon le modèle donné.**

MODÈLE:   Charles V était roi de France au XV<sup>e</sup> siècle, n'est-ce pas? (XIV<sup>e</sup>)
Mais non! Il était roi de France au XIV<sup>e</sup> siècle.

1.  François I<sup>er</sup> était roi de France au XVII<sup>e</sup> siècle, n'est-ce pas? (XVI<sup>e</sup>)
2.  Louis XIV était roi de France au XIX<sup>e</sup> siècle, n'est-ce pas? (XVII<sup>e</sup> et XVIII<sup>e</sup>)
3.  Henri IV était roi de France au XVIII<sup>e</sup> siècle, n'est-ce pas? (XVI<sup>e</sup> et XVII<sup>e</sup>)
4.  Louis XVI était roi de France au XIX<sup>e</sup> siècle, n'est-ce pas? (XVIII<sup>e</sup>)
5.  Charles VII était roi de France au XIV<sup>e</sup> siècle, n'est-ce pas? (XV<sup>e</sup>)
6.  Louis IX était roi de France au XII<sup>e</sup> siècle, n'est-ce pas? (XIII<sup>e</sup>)

### d. Répondez aux questions suivantes.

1. Quel jour sommes-nous?
2. Quelle est la date aujourd'hui?
3. Quel mois sommes-nous?
4. Quand êtes-vous né(e)?
5. Donnez la date de votre anniversaire (*birthday*).
6. Combien de frères avez-vous?
7. Quelle est la date de l'anniversaire de votre frère aîné? de votre frère cadet?
8. Combien de sœurs avez-vous?
9. Quelle est la date de l'anniversaire de votre sœur aînée? de votre sœur cadette?
10. Quel âge a votre père?
11. Quand est-il né?

*Interrogative pronouns and phrases*

Following are interrogative pronouns and phrases used as subjects of sentences.

| | |
|---|---|
| Qui<br>Qui est-ce qui? | *Who?* |
| Qu'est-ce qui? | *What?* |
| Qui est venu? | *Who came?* |
| Qui vous a parlé? | *Who spoke to you?* |

*Des enfants dans le jardin du Luxembourg*
(Robert Rapelye from EPA)

*Un agent de police*
(French Government Tourist Office)

*Sur les Champs-Elysées*
(French Government
Tourist Office)

| | |
|---|---|
| Qui est-ce qui vous a parlé? | *Who spoke to you?* |
| Qu'est-ce qui se passe? | *What's happening?* |
| Qu'est-ce qui lui est arrivé? | *What's happened to him (her)?* |

Note that the verb used with *qui, qui est-ce qui,* and *qu'est-ce qui* is in the third person singular.

Following are interrogative pronouns used as direct objects of sentences.

| | |
|---|---|
| qui | *whom?* |
| que | *what?* |

These expressions may be used in inversion or with *est-ce que.*

Qui avez-vous vu?
Qui est-ce que vous avez vu? } *Whom did you see?*

Qu'avez-vous vu?
Qu'est-ce que vous avez vu? } *What did you see?*

*Qui* is never joined to a following word beginning with a vowel; the *e* of *que* is elided before a word beginning with a vowel.

| | |
|---|---|
| Qui avez-vous vu? | *Whom did you see?* |
| Qu'avez-vous vu? | *What did you see?* |

Following are interrogative pronouns used as objects of prepositions.

qui     *whom?*
quoi    *what?*

These expressions may be used in inversion or with *est-ce que*.

| | |
|---|---|
| Avec qui avez-vous parlé? | |
| Avec qui est-ce que vous avez parlé? | *With whom did you speak?* |

| | |
|---|---|
| De quoi avez-vous parlé? | |
| De quoi est-ce que vous avez parlé? | *What did you talk about?* |

Notice the following uses of the interrogative expressions.

| | |
|---|---|
| Qu'est-ce que c'est? | *What's that?* |
| Qu'est-ce que c'est qu'un symbole? | *What's a symbol?* |
| Qu'est-ce que c'est que le zodiaque? | *What's the zodiac?* |
| Qu'est-ce que c'est qu'une énigme? | *What's an enigma?* |
| Qu'est-ce que c'est que le Jeu de Paume? | *What's the Jeu de Paume?* |

The pronoun *lequel* and its other forms are used interrogatively to mean "which one?" "which ones?"

| | SINGULAR | PLURAL |
|---|---|---|
| *Masculine:* | lequel (*which one?*) | lesquels (*which ones?*) |
| *Feminine:* | laquelle (*which one?*) | lesquelles (*which ones?*) |

The forms of *lequel* must agree with the nouns to which they refer.

Used with *à* and *de*, the normal contractions are made: *auquel, à laquelle, auxquels, auxquelles, duquel, de laquelle, desquels, desquelles.*

| | |
|---|---|
| Lequel des garçons est venu? | *Which one of the boys came?* |
| Duquel a-t-il parlé? | *Of which one did he speak?* |
| Voici deux oranges. Laquelle préférez-vous? | *Here are two oranges. Which one do you prefer?* |

Remember that *quel, quelle, quels,* and *quelles* function as adjectives. *Lequel* and its forms are pronouns.

*Quelle* voiture préférez-vous?
*Laquelle* préférez-vous?

| | | |
|---|---|---|
| *Interrogative* | Où? | *Where?* |
| *adverbs* | Comment? | *How?* |
| *and adverbial* | A quelle heure? | *At what time?* |
| *expressions* | Quand? | *When?* |
| | Pourquoi? | *Why?* |

The preceding expressions may be used with pronoun subjects in inversion or with *est-ce que.*

| | |
|---|---|
| Quand arrive-t-il? | *When is he arriving?* |
| Où va-t-elle? | *Where is she going?* |
| Comment est-ce qu'il viendra? | *How will he come?* |

With the exception of *pourquoi,* all the preceding expressions may be used also with noun subjects in inversion if the subject is in final position.

| | |
|---|---|
| A quelle heure arrive le train? | *What time does the train arrive?* |
| Comment va votre père? | *How is your father?* |

When you use *pourquoi* in inversion with a noun subject, state *pourquoi,* then the noun, then invert the verb and the pronoun equivalent of the noun subject.

Pourquoi Yves vient-il à cinq heures?  *Why is Yves coming at five o'clock?*

**a.  Toujours des questions. Posez des questions selon les modèles donnés.**

MODÈLE:    C'est Anne qui a répondu à ma lettre.
Qui a répondu à votre lettre?
Qui est-ce qui a répondu à votre lettre?

1.  C'est Pauline qui cherche un appartement.
2.  C'est Marie qui est allée à la bibliothèque.
3.  C'est Jacques qui a vu le film.

MODÈLE:    C'est Robert que j'ai fâché.
Qui avez-vous fâché?
Qui est-ce que vous avez fâché?

4.  C'est M. Bontemps que j'ai vu.
5.  C'est Suzanne que j'ai attendue.
6.  C'est mon frère que j'ai cherché.
7.  C'est ma sœur que j'ai embrassée.

MODÈLE:    Je cherche un taxi.
Que cherchez-vous?
Qu'est-ce que vous cherchez?

8.  J'attends un taxi.
9.  Je fais une promenade.
10.  Je regarde la télévision.
11.  Je fais du ski.

MODÈLE:    C'est le vent qui ferme la porte.
Qu'est-ce qui ferme la porte?

12. C'est la neige qui a causé l'accident.
13. C'est son cours de français qui l'intéresse.
14. C'est le train qui fait le bruit.
15. C'est un petit animal qui ouvre la porte.

MODÈLE:  Je travaille avec Paul.
Avec qui travaillez-vous?
Avec qui est-ce que vous travaillez?

16. J'étudie avec Monique.
17. Je parle avec Tante Suzanne.
18. Je vais au concert avec Jean.
19. Je discute avec mon professeur.

MODÈLE:  Chantal écrit un article sur les écoles françaises.
Sur quoi écrit-elle un article?
Sur quoi est-ce qu'elle écrit un article?

20. Le professeur parle de l'architecture gothique.
21. Roger pense à ses examens.
22. Mon père a besoin de l'auto ce soir.

MODÈLE:  J'aime le fromage.
Quel fromage aimez-vous? Lequel aimez-vous?

23. Le jeu de boules est un sport très populaire en France.
24. Le Tour de France est la course cycliste la plus longue du monde.
25. La Seine est un grand fleuve de France.
26. Le Louvre est un musée à Paris.

MODÈLE:  J'aime le fromage.
Quel fromage aimez-vous? Lequel aimez-vous?

27. J'aime les fruits.
28. Je préfère la soupe.
29. Je prends le dessert.
30. J'aime les tartes.

**b.  Posez des questions en employant « qui (qui est-ce qui) », « qui (qui est-ce que) », « que (qu'est-ce que) », « qu'est-ce qui », « quoi (quoi est-ce que) », « qu'est-ce que c'est que », « où », « pourquoi », « quand », « à quelle heure ».**

1. Le Louvre est un musée à Paris.
2. C'est la neige qui bloque les routes.
3. C'est Anne que j'aime.
4. C'est le train qui fait le bruit.
5. Je pense à Madeleine.

*Un Français de Perpignan*
(Robert Rapelye
from EPA)

6. Je pense à tous mes problèmes.
7. Je pars à six heures précises.
8. Je pars demain.
9. Je pars parce qu'il va neiger.
10. Nous allons au café.
11. J'ai acheté une paire de gants.
12. J'ai besoin d'une chemise.

*Negative interrogative*

*Est-ce que* may be used in a negative interrogative sentence.

Est-ce que ta sœur ne vient pas?    *Isn't your sister coming?*
Est-ce que ton frère n'est pas venu?    *Didn't your brother come?*

Inversion may be used in a negative interrogative sentence.

Henri ne vient-il pas?
Françoise n'est-elle pas venue?

Interrogative words precede the inversion.

Pourquoi Jean n'est-il pas parti?

**a. Dans les phrases suivantes, substituez les mots suggérés.**

1. Yolande ne vient-elle pas?
(Robert / Jeannette / Marc / Paulette / Les autres / Georges et Jacques / Pauline et Jacqueline / Henri / Henriette)

2. Pourquoi Anne ne vient-elle pas?
   (Jean / vos parents / Suzanne / vos sœurs)
3. Pourquoi Paul n'est-il pas venu?
   (Solange / tes frères / les filles / Joseph)
4. Josette n'a-t-elle pas fini?
   (Les autres / Alain / Jacqueline / Germaine et Janine)

**b.  Pourquoi? Posez des questions selon le modèle donné.**

MODÈLE:  Je ne viens pas.
              Pourquoi ne viens-tu pas?

1. Jean-Claude ne vient pas.
2. Marie ne vient pas.
3. Nous ne venons pas.
4. Les autres ne viennent pas.
5. Les autres n'ont pas fini.
6. Nous n'avons pas fini.
7. Je n'ai pas fini.
8. Marc n'a pas fini.
9. Suzette n'a pas fini.

**Penser à** *and*
**penser de**

*Penser à* and *penser de* both mean "to think about," but in different ways. Compare:

Je pense à la France.        *I'm thinking about France.*
Que penses-tu de mon oncle?    *What do you think about (of) my uncle?*

Note that *penser de* implies an opinion concerning someone or something. *Penser de* is used only in questions with *Que* or *Qu'est-ce que* and is answered with *je pense que*. The pronouns used after *penser à* are the stress pronouns if a person is referred to. *Y* replaces *à* and the noun if a thing is referred to.

Je pense à Paris.     J'y pense.
Je pense à ma tante.   Je pense à elle.

The pronouns used after *penser de* are the stress pronouns when referring to a person. *En* replaces *de* and the noun when referring to a thing.

Que penses-tu de cet homme?    Que penses-tu de lui?
Que penses-tu de cette situation?   Qu'en penses-tu?

**a.  « A » ou « de »? Complétez les phrases suivantes.**

1. Mes parents pensent _____ leurs vacances.
2. Qui penses-tu _____ ce concert?
3. Qu'est-ce que Jacqueline pense _____ mon ami Jean?
4. Croyez-vous que Claude pense toujours _____ cette fille?

**b.  « Y » ou « moi », « toi », « lui », etc.? Répondez aux questions suivantes selon le modèle donné.**

MODÈLE: Tu penses à ton examen?
         Oui, j'y pense.

1. Tu penses à tes problèmes?
2. Jean-Jacques pense au film?
3. Vous pensez à la gravité du problème? (Oui, nous...)
4. Brigitte pense à Georges?
5. Vous pensez à vos parents?
6. Jacques pense à Nadine?
7. Tu penses au repas qu'on va manger?
8. Georges pense à moi?

c. « **En** », « **lui** », « **elle** », « **eux** » ou « **elles** »? Posez des questions selon le modèle donné.

MODÈLE: La situation lamentable.
         Qu'en pensez-vous?

1. L'examen qu'on a ce matin.
2. Mon amie Yvette.
3. Les amis de Roger.
4. Mes cousines.
5. Les circonstances où nos amis se trouvent.
6. Les problèmes de mes amis.

d. **Des opinions. Répondez.**

1. Que pensez-vous de la cuisine française? (Je pense qu'elle...)
2. Que pensez-vous de la vie universitaire?
3. Que pensez-vous de vos cours?
4. Que pensez-vous de vos professeurs?
5. Que pensez-vous des mouvements féministes?
6. Vous logez dans un dortoir (*dormitory*)? Que pensez-vous des repas du dortoir?
7. Vous faites votre cuisine vous-même? Que pensez-vous de votre cuisine? Qu'en pensent vos amis (amies)?

# Dix-neuvième Leçon

## L'AMÉRICANISATION

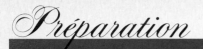

# *Préparation*

*Vocabulaire*   **être d'accord**   approuver. Je *suis d'accord* avec vous.

**vouloir dire**   signifier. Qu'est-ce que cela *veut dire*?

**sembler**   avoir l'air, avoir une certaine apparence. Vous me *semblez* fatigué.

**évoluer**   passer par une série progressive de transformations. *Évoluer* est le contraire de *rétrograder*.

**agir**   faire quelque chose, s'occuper de quelque chose. Il n'a pas la force d'*agir*. Il *agit* en homme d'honneur.

**citoyen, -enne** *m. and f.*   membre d'un état ou d'un pays. Les *citoyens* français sont fiers de leur patrie.

**actuel, -elle**   présent, contemporain. Le prix *actuel* des voyages peut changer avant l'été.

**appareils ménagers** *m. pl.*   l'ensemble des machines ménagères telles que la machine à laver, le frigidaire, le mixer, le four à micro-ondes, etc. Les gens modernes se servent de beaucoup d'*appareils ménagers*.

**luxe** *m.*   somptuosité excessive, abondance. Le *luxe* du règne de Louis XIV se manifeste à Versailles.

**le long de**   On trouve des arbres tout *le long de* la route.

**loi** *f.*   règle nécessaire ou obligatoire. La *loi* gouverne les citoyens d'une ville ou d'un pays.

### EXERCICE DE VOCABULAIRE

**En employant des mots du Vocabulaire, complétez les phrases suivantes.**

1. Les _____ du pays sont appliquées strictement.
2. On se sert d'_____ pour faire le ménage.
3. Que _____ ce mot-là?
4. C'est une vie des plus simples; il ne se permet aucun _____.
5. La foule se pressait tout _____ la route.
6. Le patron me _____ fâché.
7. Au moment _____, la situation est très grave.
8. C'est un garçon correct; il va _____ poliment.
9. M. Laurent n'a plus les mêmes idées qu'autrefois; sa pensée a _____.
10. —Jean finira par dire « oui », je crois.
    —C'est vrai. Finalement il _____ avec nous.
11. Les _____ du pays ont voté contre le sénateur.

## L'Américanisation

**La vie... leur manque**
*ils regrettent la vie tranquille et charmante d'autrefois*

Beaucoup d'étrangers qui connaissent la France depuis longtemps, et bien des Français qui se souviennent de la France du temps de leur jeunesse, sont d'accord pour regretter l'américanisation du pays. La vie tranquille et charmante d'autrefois leur manque. Il n'est pas toujours facile de savoir ce que c'est que cette américanisation à laquelle on fait si souvent allusion.

Quand on dit que la France s'américanise, on veut dire qu'elle commence à ressembler à l'Amérique — ou plutôt à ce que l'on croit que l'Amérique est. Dans quels domaines est-ce que ce phénomène se manifeste? Dans le domaine des apparences, disent ceux à qui l-américanisation ne semble pas une catastrophe: on construit des gratte-ciel, des « McDonald, » des autoroutes, et tout cela est très bien; la France évolue mais elle garde en même temps son individualité. Dans le domaine de ce qui est essentiel, **ripostent** ceux qui déplorent l'américanisation sous toutes ses formes: les Français ne se contentent pas de prendre des habitudes venues **d'outre-Atlantique**; ils commencent à penser et à agir comme des citoyens des Etats-Unis, et il n'y aura bientôt plus de différence entre Paris et Chicago, entre la vallée de la Loire et celle du Mississippi.

Il est certain que l'aspect physique de la France change. Certes, il y a encore ces belles routes bordées de grands arbres, mais on construit de plus en plus d'autoroutes: c'est que ces belles routes qui avaient fait l'**orgueil** du pays il y a vingt-cinq ans ne **suffisent** plus aux besoins actuels. Certes, on voit encore des villages pittoresques et de beaux bâtiments anciens, mais également de plus en plus de **cités ouvrières**, auxquelles **il manque** le charme des vieilles constructions. Vous pouvez encore aller faire votre marché chez l'épicier, le fruitier, le boucher, le marchand de vin; et ces petites boutiques ont bien du charme. Mais les nouveaux

**ripostent** *répondent*

**d'outre-Atlantique** *des Etats-Unis*

**orgueil** *état d'être très fier*
**suffisent** *satisfont*
**cités ouvrières** *groupes d'appartements pour ouvriers*
**il manque** *il n'y a plus*

*McDonald's Restaurant in Paris*
(Jimmy Fox/Magnum)

supermarchés que l'on construit sur le modèle américain sont bien pratiques: quand elle y fait ses achats, la ménagère fait de sérieuses économies de temps, et dans le monde d'aujourd'hui, le temps, c'est de l'argent.

**aspirateur** *machine pour nettoyer (comme un balai électrique)*

Il n'y a aucun doute: la France se modernise, et la vie s'y déroule sur un rythme plus rapide. Tout le monde, comme en Amérique, a un poste de télévision, un frigidaire, un aspirateur, une machine à laver et bien d'autres appareils ménagers. L'automobile devient, comme en Amérique, une nécessité et non plus un luxe. Mais est-ce que la France copie l'Amérique? Il semble plus exact de dire que le monde moderne est très uniforme et que s'il semble américain, c'est tout simplement qu'il s'est développé aux Etats-Unis plus tôt que dans les autres pays.

**Dans la mesure du possible** *autant que possible*

**règlements** *ordonnances; ordres imposés aux citoyens d'une ville ou d'un pays*
**veillent sur** *gouvernent*
**parterre** *jardin de fleurs*

Encore aujourd'hui, l'influence américaine en France est considérable. Mais, maintenant que la France vit dans un monde créé par la technologie moderne, avec tout ce qu'il a d'inhumain, de purement matériel, on fait un effort sérieux pour préserver la beauté des choses anciennes. Dans la mesure du possible, les Français essaient d'harmoniser le beau et l'utile. Plutôt que de détruire les vieux monuments, on les modernise; des règlements d'urbanisation très stricts veillent sur les nouvelles constructions. Un exemple: on a multiplié les stations-service le long des routes; mais le garagiste est obligé par la loi de mettre un parterre de fleurs devant ses pompes à essence pour rendre un peu moins laides ces constructions qui sont indispensables de nos jours.

### QUESTIONNAIRE SUR LA LECTURE

1. Que regrettent beaucoup de Français?
2. Qu'est-ce que c'est que l'américanisation?
3. Décrivez certains aspects de la modernisation en France.
4. Donnez les arguments de ceux à qui l'américanisation ne semble pas une catastrophe.
5. Donnez les arguments de ceux qui déplorent l'américanisation sous toutes ses formes.
6. Pourquoi est-ce qu'on construit en France de plus en plus d'autoroutes?
7. Existe-t-il toujours en France des villages pittoresques anciens?
8. Où la ménagère française peut-elle faire son marché?
9. Pourquoi fait-elle quelquefois ses achats au supermarché?
10. Décrivez l'influence américaine en France.
11. A votre avis, est-ce que la France copie l'Amérique? Expliquez.
12. Que fait la France pour préserver ces vieux monuments?

### DISCUSSION

1. Les Américains ont-ils été influencés par les Français? Expliquez.
2. Aimez-vous les « vieilles choses » (les traditions, les maisons et les édifices anciens, etc.) ou préférez-vous ce qui est moderne, contem-

porain? Etes-vous tourné(e) vers le passé ou vers l'avenir (le futur)? Expliquez.

3. Que peut-on faire pour préserver la beauté des choses anciennes?

## EXPLICATIONS ET EXERCICES

*Direct and indirect object pronouns with imperative verbs*

When used with imperative verbs in the affirmative, the pronoun objects follow the verb and are joined to it by a hyphen.

The direct and indirect object pronouns used with the imperative are the same as those used with other verb forms, except for *me* and *te*, which become *moi* and *toi*. If the direct and indirect object pronouns come together after the imperative, the direct object always comes first.

| | |
|---|---|
| Donnez l'argent à Paul. | *Give the money to Paul.* |
| Donnez-le-lui. | *Give it to him.* |
| Donnez-le moi. | *Give it to me.* |

When *en* is used with another pronoun object after the imperative, *en* stands last. *Moi* when followed by *en* becomes *m'*.

| | |
|---|---|
| Donnez-lui-en. | *Give him some.* |
| Donnez-m'en. | *Give me some.* |

The word order for direct and indirect objects after the imperative in the affirmative is usually as follows:

| le | | moi (m') | | | | |
|---|---|---|---|---|---|---|
| la | *precede* | lui | *precede* | y | *precede* | en |
| les | | nous | | | | |
| | | leur | | | | |

When the imperative becomes negative, the pronoun objects precede the verb, and the forms and word order which you have learned earlier are used. (See page 280.)

| | Dites-le-moi. | *Tell it to me.* |
|---|---|---|
| BUT: | Ne me le dites pas. | *Don't tell it to me.* |

**a. Les ordres. Employez l'impératif affirmativement selon les modèles donnés.**

MODÈLE:  Vous voulez cette chemise?
Oui, envoyez-la-moi cet après-midi.

1. Vous voulez cette cravate?
2. Vous voulez ces souliers?
3. Vous voulez cette robe?
4. Vous voulez ce veston?
5. Vous voulez ces chemisiers?
6. Vous voulez ces gants?
7. Vous voulez ce chandail?

MODÈLE:  Hélène veut ces pulls-ci?
Oui. Apportez-les-lui ce soir, s'il vous plaît.

8.  Claudine veut ce blue-jean?       10.  Marc veut cette chaîne stéréo?
9.  Tes amis veulent ces livres?       11.  Il veut les disques aussi?

MODÈLE:  Je vous apporte du café, messieurs?
Oui, apportez-nous-en, s'il vous plaît.

12.  Je vous apporte de l'eau minérale, messieurs?
13.  Je vous apporte du rôti de porc, mesdemoiselles?
14.  Je vous apporte du pain, monsieur?
15.  Je vous apporte de la salade, madame?
16.  Je vous apporte de la soupe, mesdames?
17.  Je vous apporte du rosbif, mademoiselle?

MODÈLE:  M. Grandjean veut du poulet?
Oui, donnez-lui-en.

18.  Mme Grandjean veut du poulet?
19.  Elle veut des haricots verts?
20.  Et les autres, veulent-ils des haricots verts aussi?
21.  Veulent-ils de la soupe?
22.  Hélène veut-elle du thé?

MODÈLE:  Nous irons au cinéma?
Oui, allons-y.

23.  Nous irons à la conférence?       25.  Nous irons au café?
24.  Nous irons au musée?

MODÈLE:  Vous voulez de l'eau?
Oui. Donnez-m'en, s'il vous plaît.

26.  Vous voulez de la salade?       28.  Vous voulez du fromage?
27.  Vous voulez des petits pois?

b.  **Non. Employez l'impératif négativement selon les modèles donnés.**

MODÈLE:  Je vous attends, Georges?
Non, ne m'attendez pas.

1.  Je vous attends, Hélène?       4.  J'attends M. Dubois?
2.  Je vous attends, madame?       5.  J'attends Mme Dubois?
3.  Je vous attends, mesdames?       6.  J'attends les autres?

MODÈLE:  Je vais donner la serviette à Jacqueline.
Non, ne la lui donnez pas.

7.  Je vais donner l'argent à Jacqueline.
8.  Je vais donner l'argent aux autres.
9.  Je vais donner les timbres aux autres.
10.  Je vais donner le timbre aux autres.
11.  Je vais donner le timbre à Georges.

MODÈLE:  Je vous envoie ces robes, mademoiselle?
Non, ne me les envoyez pas.

12.  Je vous envoie ces robes, Pauline?
13.  Je vous envoie cette jupe, madame?
14.  Je vous envoie ce veston, monsieur?
15.  Je vous envoie ces gants, monsieur?

MODÈLE:  Je vous apporte du potage, monsieur?
Non, ne m'en apportez pas.

16.  Je vous apporte du rosbif, monsieur?
17.  Je vous apporte du rosbif, messieurs?
18.  Je vous apporte de la salade, madame?
19.  J'apporte de sa salade à Roger?
20.  J'apporte de la salade aux autres?
21.  J'apporte des haricots verts à Hélène?

*Relative pronouns and phrases*

Relative pronouns must be carefully differentiated from the interrogative words and phrases that you have already learned. The words for "who," "whom," "which," "what" which join clauses are relative pronouns. The words for "who," "whom," "which," "what" which ask questions are interrogative pronouns (see pages 370–373). The forms of relative pronouns are as follows:

1.  Subject form: **qui**[1] (*who, that*)
    *Qui* as a relative pronoun subject may refer to persons or things.

    | | |
    |---|---|
    | Voilà une maison qui est belle. | *There's a house that is beautiful.* |
    | Voilà un homme qui est beau. | *There's a man who is handsome.* |

2.  Direct object form: **que**[2] (*whom, that*)
    *Que* as a relative pronoun may refer to persons or things.

    | | |
    |---|---|
    | Voilà le livre que Paul préfère. | *There's the book that Paul prefers.* |
    | Je connais la jeune fille que Maurice aime. | *I know the girl Maurice loves.* |

[1] The *i* of *qui* is never elided.
[2] *Que* + vowel sound becomes *qu'* /k/ + vowel sound.

3. Relative pronouns with prepositions other than *de:* **qui** (*whom*)
   *Qui* as the object of a preposition refers to persons.

|  |  |
|---|---|
| Voilà la jeune fille à qui j'ai parlé. | *There's the girl I spoke to (to whom I spoke).* |

4. **Lequel, laquelle, lesquels, lesquelles** (*which*)
   The *lequel* forms as objects of a preposition other than *de* refer to things or persons (but are obligatory for things).

|  |  |
|---|---|
| Georges habite dans cette maison. J'ai vu la maison. | *George lives in this house. I saw the house.* |
| J'ai vu la maison dans laquelle Georges habite. | *I saw the house George lives in.* |
| Nous avons voyagé avec ce monsieur. | *We traveled with this gentleman.* |
| Connais-tu le monsieur avec lequel nous avons voyagé? | *Do you know the gentleman with whom we traveled?* |

*Lequel, lesquels,* and *lesquelles* when preceded by the preposition *à* contract with it to become *auquel, auxquels,* and *auxquelles. A + laquelle* remains *à laquelle.*

|  |  |
|---|---|
| Il est allé au concert. Le concert a été bon. | *He went to the concert. The concert was good.* |
| Le concert auquel il est allé a été bon. | *The concert he went to (to which he went) was good.* |

5. Relative pronoun **dont** (*whose, of which, of whom*)
   *Dont* is used to replace *de* + a relative pronoun. It may refer to persons or things.

|  |  |
|---|---|
| Le père de cette jeune fille est médecin. J'ai fait sa connaissance. | *The father of this girl is a doctor. I met her.* |
| J'ai fait la connaissance d'une jeune fille dont le père est médecin. | *I met a girl whose father is a doctor.* |

Note the use of the definite article in French with "whose" phrases. Compare:

|  |  |
|---|---|
| dont l'ami | *whose friend* |
| dont les parents | *whose parents* |

|  |  |
|---|---|
| Nous avons parlé de ce film. Il est bon. | *We spoke about this film. It is good.* |
| Le film dont nous avons parlé est bon. | *The movie of which we spoke is good.* |
| Nous parlons de cette jeune fille. Il la connaît. | *We are talking about this girl. He knows her.* |

Il connaît la jeune fille dont nous parlons.

*He knows the girl we're talking about (of whom we are speaking).*

6. **Où** (*where*) may be used in relative clauses.

Vois-tu la maison où Georges habite?

*Do you see the house where George lives?*

a. **Combinez les deux phrases de chaque paire en employant des pronoms relatifs.**

MODÈLE:  Voilà une maison. Cette maison est très laide.
Voilà une maison qui est très laide.

1. Voilà un homme. Cet homme est intelligent.
2. Voilà une voiture. Cette voiture est différente.
3. Voilà des églises. Ces églises sont très vieilles.
4. Voilà un enfant. Cet enfant est triste.

MODÈLE:  Tu vois la jeune fille? Je connais cette jeune fille.
Tu vois la jeune fille que je connais.

5. Tu vois la voiture? Roger préfère cette voiture.
6. Tu vois les garçons? Nous allons inviter ces garçons.
7. Tu vois les gâteaux? Maman va acheter ces gâteaux.
8. Tu vois le restaurant? Nous aimons ce restaurant.

MODÈLE:  Connais-tu la jeune fille? Son père est médecin.
Connais-tu la jeune fille dont le père est médecin?

9. Connais-tu l'homme? Sa sœur est professeur.
10. Connais-tu l'enfant? Son frère est pianiste.
11. Connais-tu les jeunes filles? Leur tante est pilote.
12. Connais-tu les garçons? Leur père est ingénieur.

MODÈLE:  Voilà le professeur. J'ai parlé à ce professeur.
Voilà le professeur à qui j'ai parlé.

13. Voilà la jeune fille. Je suis allé au cinéma avec cette jeune fille.
14. Voilà le garçon. J'ai étudié avec ce garçon.
15. Voilà les garçons. J'ai donné l'argent à ces garçons.
16. Voilà les jeunes filles. Jules travaille avec ces jeunes filles.

MODÈLE:  C'est un bon film. Nous avons parlé de ce film.
Le film dont nous avons parlé est bon.

17. C'est un bon livre. Nous avons parlé de ce livre.

18. C'est un auteur intéressant. Nous avons parlé de cet auteur.
19. C'est un concept intéressant. Nous avons parlé de ce concept.
20. C'est une leçon difficile. Nous avons parlé de cette leçon.

**b.   Répondez selon les modèles donnés.**

MODÈLE:   Qui va en ville? (Germaine)
          C'est Germaine qui va en ville.

1.   Qui va en ville? (Paul)
2.   Qui cherche une chambre? (Robert)
3.   Qui travaille à la boulangerie? (le boulanger)
4.   Qui travaille à la boucherie? (le boucher)
5.   Qui va à Biarritz? (Jean)

MODÈLE:   Voilà une gentille jeune fille. Je l'aime bien.
          Comment?
          Voilà une jeune fille que j'aime bien.

6.   Voilà une femme intelligente. Je l'aime bien.
7.   Voilà un professeur intéressant. Je l'aime bien.
8.   Voilà un homme important. Je l'admire beaucoup.
9.   Voilà une belle maison. Je l'admire beaucoup.

MODÈLE:   De quel auteur parlez-vous?
          Voilà l'auteur dont nous parlons.

10.   De quel cours parlez-vous?
11.   De quel film parlez-vous?
12.   De quel livre parlez-vous?
13.   De quel sujet parlez-vous?

MODÈLE:   Avec qui allez-vous au cinéma? (la jeune fille)
          Voilà la jeune fille avec qui je vais au cinéma.

14.   Avec qui allez-vous à la pêche? (la jeune fille)
15.   Avec qui étudiez-vous? (le garçon)
16.   Avec qui travaillez-vous? (l'homme)
17.   Contre qui es-tu fâché? (la fille)
18.   Contre qui as-tu voté? (l'étudiant)

MODÈLE:   Dans quelle maison habite-t-elle?
          Voilà la maison dans laquelle elle habite.
          Voilà la maison où elle habite.

19.   Dans quel hôtel habite-t-elle?
20.   Dans quel appartement habite-t-il?

21. Dans quel bureau travaille-t-il?
22. Dans quel magasin travaille-t-il?

*Indirect*
*interrogative phrases*

*Ce qui* (that which, what) is used as the subject. It corresponds to the direct interrogative *Qu'est-ce qui?* (What?).

| | |
|---|---|
| Qu'est-ce qui se passe? | *What's happening?* |
| Je sais ce qui se passe. | *I know what's happening.* |

*Ce que* (that which, what) is used as a direct object. It corresponds to the direct interrogative *Qu'est-ce que?* or *Que?* (What?).

| | |
|---|---|
| Que faites-vous? | *What are you doing?* |
| Qu'est-ce que vous faites? | *What are you going?* |
| Je sais ce que vous faites. | *I know what you're doing.* |

*Ce que c'est que* is the indirect interrogative equivalent of the direct interrogative *Qu'est-ce que c'est que?* (What is?).

| | |
|---|---|
| Qu'est-ce que c'est que la pelote? | *What is la pelote?* |
| Je sais ce que c'est que la pelote. | *I know what la pelote is.* |

**a. Je ne sais pas. Répondez aux questions suivantes selon les modèles donnés.**

MODÈLE:   Qu'est-ce qui se passe?
          Je ne sais pas ce qui se passe.

1. Qu'est-ce qui se passe?
2. Qu'est-ce qui va se passer?
3. Qu'est-ce qui est arrivé à Hélène?[1]
4. Qu'est-ce qui fait ce bruit?
5. Qu'est-ce qui s'est passé hier?
6. Qu'est-ce qui est sur la table?

MODÈLE:   Qu'est-ce que Sylvie fait?
          Je ne sais pas ce qu'elle fait.

7. Qu'est-ce que Paul a acheté?
8. Qu'est-ce qu'il fera demain?
9. Qu'est-ce que Georges a fait?
10. Qu'est-ce que Pauline lit?
11. Qu'est-ce qu'elle cherche?

**b. Je ne comprend pas. Répondez selon le modèle donné.**

MODÈLE:   Qu'est-ce que c'est que le cubisme?
          Je ne comprend pas ce que c'est que le cubisme.

1. Qu'est-ce que c'est que le jeu de boules?

---

[1] *Se passer* and *arriver* both mean "to happen." *Se passer* cannot be used with an object; *arriver* may be used with an indirect object (*arriver à*).

*Cheese section of supermarket* (Hugh Rogers/ Monkmeyer)

2. Qu'est-ce que c'est que l'art gothique?
3. Qu'est-ce que c'est que la pelote?
4. Qu'est-ce que c'est que l'impressionnisme?
5. Qu'est-ce que c'est que l'architecture romane?

c. **Récapitulation. Complétez les phrases suivantes.**

1. Le professeur _____ vous admirez tant enseigne le français, n'est-ce pas?
2. Voilà un film _____ m'a beaucoup impressionné.
3. C'est le film _____ tu as vu la semaine dernière, n'est-ce pas?
4. C'est le film _____ tu me parlais hier, n'est-ce pas?
5. Mais ce n'est pas le film _____ Robert pensait.
6. Je regarde _____ se passe dans la rue.
7. Voilà un livre _____ Georges a souvent parlé.
8. Elle ne sait pas _____ elle veut.
9. As-tu vu l'appartement _____ tes amis habitent?
10. Je n'ai pas vu l'appartement _____ ils ont acheté.
11. Sais-tu _____ l'euthanasie?
12. Voilà le bureau sur _____ j'ai mis tes livres.
13. Je ne peux comprendre _____ motive ce garçon.
14. Tu ne connais pas la fille avec _____ Marc sort ce soir.

*Verbs like* offrir
*(to offer)*

*Souffrir* (to suffer), *ouvrir* (to open), *découvrir* (to discover), and *recouvrir* (to cover) are conjugated like *offrir*.

*Présent:*

| | |
|---|---|
| j'offre | nous offrons |
| tu offres | vous offrez |
| il, elle, on offre | ils, elles offrent |

*Passé composé:* j'ai offert, tu as offert
*Futur:* j'offrirai, tu offriras
*Imparfait:* j'offrais, tu offrais
*Plus-que-parfait:* j'avais offert, tu avais offert
*Conditionnel:* j'offrirais, tu offrirais
*Conditionnel passé:* j'aurais offert, tu aurais offert
*Passé simple:* j'offris, nous offrîmes
*Présent du subjonctif:* (que) j'offre, (que) tu offres

Note that the present tense endings are the same as those for regular *-er* verbs.

**a. Dans les phrases suivantes, substituez les mots suggérés.**

1. Je lui offre mes services. (Tu / Le docteur / Nous / Vous / Les autres)
2. Dans ce cas-là, M. Dubois offrirait 100 francs. (je / nous / ils / vous / les autres / tu)
3. Elle a beaucoup souffert. (Je / Nous / Vous / Elle / Les autres)

**b. Il fait chaud. Répondez aux questions suivantes selon le modèle donné.**

MODÈLE:  Ta mère est malade?
Oh oui. Elle souffre de la chaleur.

1. Tu es malade?
2. Paul est malade?
3. Les autres sont malades?
4. Vous êtes malades?

**c. Les cadeaux. Répondez selon le modèle donné.**

MODÈLE:  As-tu ouvert ton cadeau?
Non, je ne l'ai pas encore ouvert, mais je l'ouvrirai tout de suite.

1. Le garçon a-t-il ouvert son cadeau?
2. Suzanne a-t-elle ouvert son cadeau?
3. Les autres ont-ils ouvert leurs cadeaux?

**d. Mettez les verbes des phrases suivantes au passé composé, au futur,**

au conditionnel, au conditionnel passé, à l'imparfait et au plus-que-parfait.

1. La neige recouvre la terre.
2. J'ouvre un livre et je découvre un nouveau plaisir.

*The verb manquer*

*Manquer* (to miss) is a regular *-er* verb which has some special meanings. One of these corresponds to the English meaning of "to miss" as applied to a train.

Il a manqué le train.     *He missed the train.*

Another meaning of *manquer* is "to miss a person or a place," in the sense of feeling sad when away from that person or place. Notice that in this meaning, the word that would be the subject in English becomes the indirect object (or object of the preposition) in the French sentence.

| | |
|---|---|
| Elle va me manquer. | *I'm going to miss her.* |
| Paris me manquera. | *I'll miss Paris.* |
| Paris lui manque. | *He (She) misses Paris.* |
| Suzanne manquait à Paul. | *Paul missed Suzanne.* |

*Manquer de* means "not to have enough."

Il manque d'argent.     *He doesn't have enough money.*

a. **Il n'y en a pas assez. Répondez selon le modèle donné.**

MODÈLE:   Avons-nous assez de pain?
          Non, nous manquons de pain.

1. Avons-nous assez de salade?
2. Avons-nous assez de beurre?
3. Roger a-t-il assez de soupe?
4. As-tu assez de viande?
5. As-tu assez de légumes?
6. Robert a-t-il assez de dessert?

b. **J'ai de la peine à quitter mes amis. Répondez selon le modèle donné.**

MODÈLE:   Ça me fait de la peine de quitter mes amis.
          Ils vont sûrement vous manquer.

1. Ça me fait de la peine de quitter cette ville.
2. Ça me fait de la peine de quitter Robert.
3. Ça me fait de la peine de quitter Jeannette.
4. Ça me fait de la peine de quitter mes parents.

c. **On manque aux autres. Répondez selon les modèles donnés.**

MODÈLE:   Marcel manque à Janine?
          Oui, il lui manque.

1. Yves manque à Nadine?
2. Germaine manque à Pierre?
3. Tes amis te manquent?
4. Ta famille te manque?
5. Tu manques à ta famille?
6. Tu manques à tes amis?
7. Les autres manquent à Georges?
8. Georges manque aux autres?
9. Jacqueline manque aux autres?

MODÈLE: Tu pensais toujours à Hélène?
Oui, elle me manquait.

10. Tu pensais toujours à Anne?
11. Tu pensais toujours à Jacques?
12. Tu pensais toujours à tes parents?
13. Olivier pensait toujours à Jacqueline?
14. Marie-France pensait toujours à Jean-Claude?
15. Suzette pensait toujours à ses amis?
16. Ses amis pensaient toujours à elle?
17. Madeleine pensait toujours à moi?
18. Georges pensait toujours à ses parents?

d. **Dépêche-toi! Formez des commandes en employant les mots donnés selon le modèle donné.**

MODÈLE: le train
Dépêche-toi! Tu vas manquer le train!
Dépêchez-vous! Vous allez manquer le train.

(le train / l'autocar / l'autobus / le taxi / l'avion / le bateau)

Parce que *and* à cause de

*Parce que* (because) is a conjunction and is followed by a clause.

Je l'aime parce qu'il est bon.     *I like him because he's good.*

The expression *à cause de* is used as a preposition to mean "because of" and is followed by a noun or pronoun and modifying words.

Je l'aime à cause de ses bonnes qualités.     *I like him because of his good qualities.*

a. **« A cause de » ou « parce que »? Répondez aux questions suivantes en employant les mots suggérés.**

1. Pourquoi le train est-il en retard? (mauvais temps)
2. Pourquoi l'avion est-il en retard? (il fait mauvais)
3. Pourquoi Jacques ne vient-il pas? (Pauline ne vient pas)
4. Pourquoi êtes-vous en retard? (Pauline)
5. Pourquoi êtes-vous contre cette proposition? (elle n'est pas logique)

b. **Répondez.**

1. Vous aimez lire? Pourquoi, ou pourquoi pas?
2. Vous aimez faire des promenades? Pourquoi, ou pourquoi pas?
3. Vous aimez les sports? Pourquoi, ou pourquoi pas?
4. Vous aimez les voitures? Pourquoi, ou pourquoi pas?
5. Vous aimez vos cours? Pourquoi, ou pourquoi pas?

# Vingtième Leçon

## CONNAÎTRE PARIS

| | |
|---|---|
| *Vocabulaire* | **attirer**   faire venir. Paris a toujours *attiré* les touristes. |

**attirer**   faire venir. Paris a toujours *attiré* les touristes.

**amoureux, -euse** *adj. and n.*   qui aime quelqu'un ou quelque chose. Cette femme est admirable; elle a du charme; elle est intelligente. Elle a beaucoup d'*amoureux*.

**plaire**   être agréable, avoir du charme. Cette peinture me *plaît* beaucoup.

**définir**   donner une définition. Sa pensée est difficile à *définir*.

**agrandir**   rendre plus grand. Les Francs ont *agrandi* la ville de Paris.

**embellir**   rendre plus beau. Il a *embelli* le salon en y plaçant de beaux tableaux. (*Définir, agrandir* et *embellir* se conjuguent comme *finir*.)

**prendre soin de**   aider, faire attention à, s'occuper de. Nous *prenons soin de* grand-mère.

**puisque**   parce que. *Puisque* tu es malade, je resterai ici auprès de toi.

**bonheur** *m.*   circonstance favorable. Il a eu le *bonheur* de ne jamais être malade.

**s'habituer à**   s'adapter à. Enfin nous *nous sommes habitués* au climat.

**antiquaire** *m. and f.*   vendeur d'objets anciens. On peut trouver de belles choses chez cet *antiquaire*.

**libraire** *m. and f.*   vendeur de livres. Allez chez le *libraire* en face; je suis sûr qu'il aura les livres que vous cherchez.

**pareil, -eille**   identique, semblable, équivalent. Je n'aurais jamais fait une chose *pareille*.

**tristesse** *f.*   chagrin, mélancolie. Les poèmes de Villon décrivent sa misère et sa *tristesse*.

*Structures à noter*

1. quelque part   *somewhere*
   nulle part   *nowhere*
   ailleurs   *elsewhere*

   Study the following sentences.

   —As-tu vu mon veston? Je l'ai laissé *quelque part* dans ta chambre.
   —Il n'est pas ici. Tu *ne* le trouveras *nulle part* ici.

   Note that *ne* is used with the expression *nulle part* as in other negative expressions.

   —Les Grandjean quittent cette ville?
   —Oui. Ils vont habiter *ailleurs*.

2. The present participle is the verb form ending in *ant*. It is equivalent to verb forms in English ending in *ing*. Sometimes the present participle is used as a verbal noun and is preceded by *en*, which may mean "in," "by," "while," "upon."

   | | |
   |---|---|
   | En allant au travail, il achète son journal. | *While going to work, he buys his newspaper.* |

## EXERCICES DE VOCABULAIRE

**a.   Répondez selon les modèles donnés.**

MODÈLE:   Tu aimes ton séjour ici?
          Pas tellement, mais je vais m'y habituer.

1.   Jean-Jacques aime son séjour ici?
2.   Vous aimez votre séjour ici? (nous)
3.   Vos amis aiment leur séjour ici?

MODÈLE:   Ton frère est malade?
          Oui. Il faut prendre soin de lui.

4.   Ta sœur est malade?      6.   Ces petits enfants sont malades?
5.   Je suis malade?

MODÈLE:   As-tu vu mes livres?
          Je crois que tu les as laissés quelque part dans ta chambre.

7.   As-tu vu mon pardessus?      9.   As-tu vu mes gants?
8.   As-tu vu ma serviette?

MODÈLE:   C'est un mets extraordinaire.
          C'est vrai. Tu ne trouveras cela nulle part ailleurs.

10.   C'est une ambiance tout à fait différente.
11.   Cette femme fait une cuisine exquise.

**b.   En employant des mots du Vocabulaire, complétez les phrases suivantes.**

1.   Avez-vous essayé le _____ dans la rue des Ecoles? Il aura les livres dont vous avez besoin.
2.   Jean a les mêmes idées que Bernard. Leurs idées sont _____.
3.   Fais ce que ton père te dit. Essaie de lui _____.
4.   Le programme est formidable. Il va _____ une grande foule.
5.   _____ tu le veux, j'irai voir Tante Hortense aujourd'hui même.
6.   Janine est heureuse aujourd'hui. Elle a eu _____ de trouver un travail qui lui plaît.
7.   Nous avons trouvé chez l'_____ un buffet qui date du XVIIIᵉ siècle.
8.   Leur maison est trop petite. Il vont l'_____.
9.   Ce film pessimiste m'a laissé avec un sentiment de _____.
10.   Jean aime Janine. Il est _____ d'elle.
11.   Ils ont _____ leur maison de peintures qu'ils ont achetées en Chine.
12.   Marc ne comprend pas. Il vaudrait mieux _____ le problème.

*Place des Vosges, Paris*
(Francois Hers/VIVA/
Woodfin Camp and
Associates)

## Connaître Paris

Paris a toujours attiré les touristes. Des générations de voyageurs ont tenu à y faire un séjour. Aucune autre ville du monde, sans doute, n'a autant d'admirateurs — on pourrait même dire d'amoureux.

      Qu'est-ce que les gens viennent chercher à Paris? Les musées, évidemment, mais ceux de Londres ou de New York ne sont pas moins riches. La vie nocturne, les théâtres, les cabarets… il y en a d'aussi intéressants dans d'autres villes. Ce qui plaît à Paris, ce qu'on y trouve là, et nulle part ailleurs, n'est pas facile à définir. Peut-on dire exactement pourquoi nous aimons un poème, pourquoi nous trouvons que telle femme est belle? Le charme échappe à toute définition précise; au XVIIᵉ siècle on disait « le je-ne-sais-quoi ».

      Paris est une ville très ancienne. Quand les Romains arrivèrent sur les bords de la Seine, il y a plus de deux mille ans, l'île de la Cité était déjà habitée. Pendant le Moyen Age, les rois francs en firent leur capitale, l'entourèrent de fortes murailles, la fortifièrent, l'agrandirent, l'embellirent. Ce fut bientôt une grande ville, fière de posséder la plus belle cathédrale de la chrétienté, renommée pour son université qui, déjà, recevait des

**telle femme** *une femme particulière*

**île de la Cité** *île au milieu de la Seine; le centre de Paris* **murailles** *remparts*

étudiants venus des quatre coins du monde civilisé. Chaque roi tenait à perpétuer la mémoire de son règne en faisant construire un palais, en traçant quelque nouvelle avenue, en donnant aux Parisiens un nouveau jardin public. Chaque gouvernement, par amour de la ville ou par peur des Parisiens toujours prêts à la révolte, prenait grand soin de la capitale. Cela devint bientôt une affaire d'amour-propre national: puisque toute l'Europe admirait Paris, les Français mirent leur orgueil à en faire la plus belle ville du monde.

Paris a eu le bonheur de ne jamais être, au cours de son histoire, détruit par les envahisseurs ou par un incendie (comme ce fut le cas de Londres). Et les Parisiens ont toujours essayé de conserver les plus beaux bâtiments des époques passées. Pratiquement chaque siècle a laissé sa trace. Il reste, en plein cœur de Paris, des ruines romaines, des églises et des palais gothiques, des hôtels du XVIe et du XVIIe siècles. Paris hésite à détruire ses vieux immeubles. Et quand il le faut absolument, il essaie d'harmoniser les nouvelles constructions avec celles qui les entourent. Il est, par exemple, interdit, dans le centre de Paris, de faire construire des immeubles de plus de sept étages, afin de conserver l'harmonie de l'ensemble. Quand on a construit la tour Eiffel, les vrais Parisiens ont crié au sacrilège, affirmant que cette monstruosité déshonorait leur ville. Et il faut avouer que, vue objectivement, la tour Eiffel n'a rien de très beau. Mais enfin, on s'y est habitué, et elle est devenue le symbole de la « ville-lumière ».

Pour visiter les principaux monuments, le touriste n'aura pas besoin de beaucoup de temps. En trois ou quatre jours, il aura fait le tour des sites les plus intéressants qu'il voudra revoir la nuit, alors qu'ils sont éclairés par des réflecteurs. Mais Paris, ce n'est pas Notre-Dame et les Champs-Elysées. Paris, c'est les mille et une petites rues qui ont chacune son charme particulier; c'est les petits squares qui entourent la statue de quelque grand homme; c'est les petites boutiques d'antiquaire ou de libraire où l'on peut passer des heures à fouiller dans les vieilles choses. Connaître Paris, c'est vivre à Paris, parce que l'essentiel de Paris c'est l'intangible, c'est ce que les Parisiens appellent « l'ambiance », ambiance différente pour chaque quartier et pourtant pareille dans toute la ville.

Et, comme toutes les grandes villes, Paris a ses maisons délabrées, ses misères humaines derrière les murs des taudis. *Gaieté Parisienne* d'Offenbach, avec le « French cancan », exprime le Paris qui s'amuse, le seul Paris que trop de touristes connaissent. Il y a aussi l'envers de la médaille, la grande ville froide et cruelle dont les chansons d'Edith Piaf ont capté toute la tristesse.

---

**amour-propre** *sentiment de sa propre valeur*

**incendie** *grand feu qui fait des ravages*

**en plein cœur de** *au centre de*
**hôtels** *à l'origine le mot signifie « demeure », « résidence »*
**immeubles** *habitations ou bâtiments de plusieurs étages*
**interdit** *prohibé*
**l'ensemble** *toute la ville*

**ville-lumière** *(city of light) nom donné à Paris*

**éclairés** *illuminés*

**fouiller** *chercher*

**délabrées** *détériorées*
**taudis** *logements misérables*
**l'envers** *l'autre côté*
**Piaf** *Les piafs sont les moineaux (sparrows) de Paris.*
**ont capté** *ont trouvé*

## QUESTIONNAIRE SUR LA LECTURE

1. Qu'est-ce que les gens viennent chercher à Paris, à votre avis?
2. Si vous alliez à Paris, qu'est-ce que vous chercheriez?
3. Est-ce difficile de définir le charme? Expliquez.
4. Quand les Romains sont-ils arrivés sur les bords de la Seine?
5. Pourquoi les Français ont-ils voulu faire de Paris la plus belle ville du monde?
6. Comment les rois ont-il essayé de perpétuer leur mémoire?
7. Quelles sortes de monuments peut-on voir à Paris?
8. Décrivez l'attitude de beaucoup de Parisiens envers la construction de la tour Eiffel.
9. Que représente la tour Eiffel aujourd'hui?
10. Combien de temps faut-il pour visiter les monuments principaux de Paris?
11. Décrivez le charme de Paris.
12. Décrivez le seul Paris que trop de touristes connaissent.
13. Décrivez l'envers de la médaille.

## DISCUSSION

1. Où habitez-vous? Est-ce une grande ville ou une petite ville? Est-ce un village? Que font les habitants de votre ville (village) pour s'amuser? Y a-t-il des musées, des théâtres, des cinémas? Y a-t-il des parcs et des bois? Y a-t-il des monuments et des édifices intéressants dans votre ville? Décrivez le côté triste de votre ville. Qu'est-ce qu'il y a d'intéressant à voir dans les environs?
2. Quelle ville américaine préférez-vous? Pourquoi?
3. Si vous aviez le choix, voudriez-vous vivre à la ville ou à la campagne? Expliquez.
4. Où voudriez-vous vivre? Pourquoi?

## EXPLICATIONS ET EXERCICES

*The irregular verb* plaire (*to please*)

*Se taire*[1] (to be quiet, to become quiet) is conjugated like *plaire*.

|              |                   |
| ------------ | ----------------- |
| je plais     | nous plaisons     |
| tu plais     | vous plaisez      |
| il, elle, on plaît | ils, elles plaisent |

The past participle of *plaire* is *plu,* and the verb is conjugated with *avoir* as the auxiliary verb. For the conjugation of *plaire,* see Appendix 2, Irregular Verbs.

[1] The circumflex (ˆ) is not used in the third person singular: *Il se tait. Elle se tait.*

*Aimer* (to like, to love) may be used to express ideas similar to those using *plaire.* Compare:

Ce film lui plaît beaucoup.
Il aime beaucoup ce film.

Note the use of the indirect object with *plaire.*

### a. On aime... Répondez selon le modèle donné.

MODÈLE:  Marie aime le programme?
Oh oui, il lui plaît beaucoup.

1. Sylvie aime le concert?
2. Elle aime les peintures?
3. Les autres aiment les peintures?
4. Vos amis aiment la pièce?
5. Tu aimes ton séjour ici?

### b. Le film était bon. Répondez selon le modèle donné.

MODÈLE:  Vos amis ont aimé le film?
Oh oui! Il leur a beaucoup plu.

1. Vos amis ont aimé le film?
2. Ont-ils aimé la pièce?
3. Ont-ils aimé leur séjour à Paris?
4. As-tu aimé ton séjour à Paris?
5. As-tu aimé la pièce?
6. Olivier a aimé la pièce, n'est-ce pas?
7. A-t-il aimé le concert?
8. A-t-il aimé les conférences?

### c. Le silence. Répondez selon le modèle donné.

MODÈLE:  Georges ne parle pas.
C'est vrai. Il se tait.

1. Oncle Jules ne parle pas.
2. Tante Suzette ne parle pas.
3. Mes parents ne parlent pas.
4. Vos amis ne parlent pas.

### d. Employez l'impératif. Dites:

1. à François de se taire.
2. à Bernadette de se taire tout de suite.
3. aux autres de se taire.
4. aux autres de se taire tout de suite.

### e. Complétez avec la forme appropriée de *se taire*:

1. Il faut que tu...
2. S'il était poli, il...

3. Quand il n'aura plus rien à dire, il...
4. Si on l'avait arrêté, il...

f. **Mettez les verbes des phrases suivantes au passé composé, au futur, à l'imparfait, au plus-que-parfait, au conditionnel et au conditionnel passé.**

1. Le film me plaît.
2. Les enfants se taisent.

*Causative* faire    When *faire* is followed by an infinitive, its use is causative; that is, its subject causes an action to be performed by someone or something else. *Faire* plus an infinitive, therefore, means "to have something done" or "to make" or "to cause something to be done." The word order is as follows:

subject + conjugated form of *faire* + infinitive + object

| | |
|---|---|
| Je fais venir les étudiants. | *I have the students come.* |
| | *(I send for the students.)* |
| Il a fait réciter les étudiants. | *He made the students recite.* |
| Je ferai chanter les étudiants. | *I'll have the students sing.* |

If one object is used with the causative *faire* construction, it is the direct object. As a noun, it follows the infinitive. As a pronoun, it precedes *faire*.

Il fera venir le médecin.      Il le fera venir.

A direct and indirect object may be used together with causative *faire*. Noun objects follow the infinitive; pronoun objects precede *faire*.

| | |
|---|---|
| Je leur ai fait voir les tableaux des impressionnistes. | *I had them see (I showed them) the Impressionist paintings.* |
| Le professeur nous fait comprendre la leçon. | *The professor makes us understand the lesson.* |
| Le professeur nous la fait comprendre. | *The professor makes us understand it.* |

Three other verbs are used with infinitives in a construction similar to that of causative *faire*. They are *laisser* (to allow, to let), *voir* (to see), and *entendre* (to hear). When these verbs are used with an infinitive and a noun object, the word order is as follows:

subject + conjugated form + infinitive + object

| | |
|---|---|
| Je vois venir le médecin. | *I see the doctor coming.* |
| Il laisse sortir le chien. | *He lets the dog go out.* |
| J'entends venir le facteur. | *I hear the letter carrier coming.* |

When the direct object is a pronoun, it precedes the conjugated form of *voir*, *laisser*, or *entendre*.

Il me laisse parler.     *He lets me speak.*

With *laisser*, *voir*, and *entendre*, the past participle agrees with a preceding direct object, as you would expect. With *faire* used in causal expressions, there is no agreement of the past participle with a preceding direct object. Compare:

J'ai vu venir Jacqueline.
Je *l*'ai vu*e* venir.

J'ai fait chanter la chanson aux étudiants.
Je *la* leur ai fai*t* chanter.

a.  **Dans les phrases suivantes, substituez les mots suggérés.**

1.  Je ferai venir le médecin. (Nous / Il / Tu / Vous / Elles)
2.  Jean a fait voir les peintures à Nicole. (Tu / Vous / Nous / Ils)
3.  J'ai vu venir le train. (Nous / Tu / Vous / Ils)
4.  Il laisse sortir Robert. (Tu / Vous / Je / Nous / Elle)
5.  Nous avons entendu chanter les étudiants. (Je / Tu / Vous / Elle / Ils)

b.  **Mais si! Répondez selon le modèle donné.**

MODÈLE:    Robert ne vient pas.
           Mais si! Je le vois venir.

1.  Solange ne vient pas.
2.  Bernard et Suzanne ne viennent pas.
3.  Jacques ne travaille pas.
4.  Les autres ne travaillent pas.
5.  Henri n'étudie pas.
6.  Marie n'étudie pas.

c.  **Qui? Répondez selon le modèle donné.**

MODÈLE:    Qui chante? (Louise)
           J'entends chanter Louise.

1.  Qui parle? (Marc)
2.  Qui récite? (Georgette)
3.  Qui crie? (le professeur)
4.  Qui pleure? (Suzette)

d.  **Une autre personne fait les vêtements d'Hélène. Répondez selon le modèle donné.**

MODÈLE:    Hélène fait sa robe elle-même?
           Non, elle la fait faire.

1.  Elle fait son chemisier elle-même?
2.  Elle a fait son costume elle-même?

3. Elle fera sa jupe elle-même?
4. Elle fera ses robes elle-même?
5. Elle a fait son manteau elle-même?

**e. Les pères sont difficiles! Répondez selon le modèle donné.**

MODÈLE:   Pourquoi Georges ne vient-il pas?
          Son père ne le laisse pas sortir.

1. Pourquoi ne viens-tu pas?
2. Pourquoi ne vient-il pas?
3. Et Marie, pourquoi ne vient-elle pas?
4. Pourquoi les autres ne viennent-ils pas?

**f. Remplacez « demander » par « faire » causatif selon le modèle donné.**

MODÈLE:   Mme Dupont demande aux enfants de faire la vaisselle.
          Mme Dupont fait faire la vaisselle aux enfants.

1. M. Dupont demande aux enfants de laver la voiture.
2. Le professeur demande aux étudiants d'apprendre les verbes.
3. La patronne demande à sa secrétaire d'écrire une lettre.
4. Le président demande à son ministre de faire un agenda.
5. Maman a demandé à Pierrot de faire ses devoirs.
6. Papa a demandé à Julie de préparer le dîner.

**g. Mettez les verbes des phrases suivantes au passé composé, au futur, à l'imparfait.**

1. Mon père me laisse sortir.
2. Vous faites venir le médecin?
3. Je vois venir le facteur.
4. Nous entendons chanter les étudiants.

*Indefinite adjectives and pronouns*   The words "someone," "some," "a few," "something," "several," "each," "each one," "some other," "the other," "the other ones," "the same," are used as indefinite pronouns in English; that is, they do not always have specific antecedents. Some of these words are used also as adjectives. Observe their French equivalents.

1. Someone, some (pronouns)

   quelqu'un /kɛlkœ̃/
   quelques-uns /kɛlkəzœ̃/ (*m. plural*)
   quelques-unes /kɛlkəzyn/ (*f. plural*)

   *Quelqu'un* does not have a feminine form (*quelqu'une* is not used).

   Quelqu'un est arrivé.            *Someone has arrived.*
   Vous avez beaucoup de tableaux.  *You have many pictures.*
   J'en ai quelques-uns.            *I have some.*

   Note the use of *en* when *quelques-uns* (*quelques-unes*) is used as a direct object.

2. Some, a few (adjectives)

> quelque /kɛlkə/ (*m. or f. singular*)
> quelques /kɛlkə/ (*m. or f. plural*)

> As-tu quelques livres?    *Do you have some books?*

Note that the final consonant of *quelques* is pronounced when followed by a vowel sound:

> quelques‿ᶻamis    *a few friends*

3. Something (pronoun)

> quelque chose /kɛlkəʃoz/

The preposition *de* precedes the adjective which refers to *quelque chose*. It is masculine.

> J'ai quelque chose de bon.    *I have something good.*

4. Several (pronoun or adjective)

> plusieurs (*m. or f. plural*)

Liaison occurs with *plusieurs* when it is followed by a word beginning with a vowel sound.

> Il a plusieurs‿ᶻamis.    *He has several friends.*
> Il en a plusieurs.    *He has several.*

Note the use of *en* when *plusieurs* is a pronoun object.

5. Each (adjective)

> chaque /ʃak/ (*m. or f. singular*)

> Chaque garçon apporte son cahier.    *Each boy is bringing his notebook.*

6. Each one (pronoun)

> chacun /ʃakœ̃/ (*m. singular*)
> chacune /ʃakyn/ (*f. singular*)

> Chacun a son ambition.    *Each one has his ambition.*

7. Other (adjective)

> autre /otr/ (*m. or f. singular*)
> autres /otr/ (*m. or f. plural*)

Liaison occurs with *autres* when it is followed by a word beginning with a vowel sound.

> As-tu d'autres‿ᶻamis?    *Have you some other friends?*
> Les autres‿ᶻamis vont venir.    *The other friends are going to come.*

8. The other, others, other ones (pronouns)

> l'autre /lotr/ (*m. or f. singular*)
> les autres /lezotr/ (*m. or f. plural*)
> d'autres /dotr/ (*m. or f. plural*)

> Vous êtes en retard; les autres sont partis.    You are late; the others have gone.
>
> J'ai perdu le cahier, mais j'en ai d'autres.    I lost the notebook, but I have some others (other ones).

Note that the expression *d'autre* may be used with the meaning of "else."

> Il a quelque chose d'autre.    *He has something else.*

9. Some (adjective)

> même /mɛm/ (*m. or f. singular*)
> mêmes /mɛm/ (*m. or f. plural*)

> Nous avons la même classe à midi.    *We have the same class at noon.*

Liaison occurs with *mêmes* when it is followed by a word beginning with a vowel sound.

> Les enfants ont les mêmes⸀amis.    *The children have the same friends.*

10. The same, the same ones (pronoun)

> le même /ləmɛm/ (*m. singular*)
> la même /lamɛm/ (*f. singular*)
> les mêmes /lemɛm/ (*m. and f. plural*)

> En effet, c'est la même.    *Yes, it's the same one.*

a. **Quelqu'un. Répondez aux questions suivantes selon le modèle donné.**

MODÈLE:    Qui le fera?
           Je ne sais pas, mais quelqu'un le fera.

1. Qui invitera Georges?    3. Qui apportera les disques?
2. Qui le dira à Jeanne?    4. Qui achètera les billets?

b. **Quelques-uns ou quelques-unes? Répondez selon le modèle donné.**

MODÈLE:    As-tu quelques idées?
           Oui, j'en ai quelques-unes.

1. As-tu quelques questions?
2. Paul a-t-il quelques suggestions?
3. Anne a-t-elle quelques problèmes?

4. Les autres ont-ils quelques problèmes?
5. Avez-vous quelques recommendations?
6. Avez-vous quelques objections?

**c. Un cadeau.** Répondez selon le modèle donné.

MODÈLE: Qu'avez-vous pour moi? (joli)
J'ai quelque chose de joli pour vous.

1. Qu'avez-vous pour moi? (beau)
2. Qu'avez-vous pour cet enfant? (bon)
3. Qu'avez-vous pour cette jeune fille? (bon)
4. Qu'avez-vous pour les enfants? (amusant)

**d. Les vêtements.** Répondez selon le modèle donné.

MODÈLE: Roger a-t-il beaucoup de vestons?
Oui, il en a plusieurs.

1. Roger a-t-il beaucoup de costumes?
2. Marie a-t-elle beaucoup de robes?
3. Suzanne a-t-elle beaucoup de chemisiers?
4. Jacques a-t-il beaucoup de chemises?
5. As-tu beaucoup de pulls?
6. As-tu beaucoup de vestons?

**e. Chacun(e).** Répondez selon le modèle donné.

MODÈLE: Chaque garçon apportera son cahier?
Oui, chacun apportera le sien.

1. Chaque garçon apportera son crayon?
2. Chaque garçon apportera sa serviette?
3. Chaque jeune fille apportera sa serviette?
4. Chaque jeune fille apportera son stylo?
5. Chaque étudiant apportera ses livres?
6. Chaque étudiante apportera ses livres?

**f. D'autres.** Répondez selon le modèle donné.

MODÈLE: As-tu les mêmes disques?
Non, j'en ai d'autres.

1. As-tu les mêmes livres?
2. Paul a-t-il les mêmes questions?
3. Marie a-t-elle les mêmes problèmes?

4. Avez-vous les mêmes idées?
5. Les autres ont-ils les mêmes devoirs?
6. As-tu les mêmes exercices?

g. **Récapitulation. En employant « en », répondez aux questions suivantes.**

1. Tu as de la soupe?
2. Tu as un peu de soupe?
3. Tu as assez de pain?
4. Tu as assez de haricots verts?
5. Tu as quelques livres?
6. Tu as trop de problèmes?
7. Tu as plusieurs problèmes?
8. Tu as beaucoup de problèmes?
9. Tu as quelques questions?
10. Tu as d'autres questions?
11. Tu as quelques disques?
12. Tu as du rosbif?

*The adjective and pronoun forms of* tout

*Tout, toute, tous, toutes* may function as adjectives or pronouns. Compare:

| Adjective | Pronoun |
|---|---|
| Je comprends tout le chapitre. ⟶ | Je le comprends tout. |
| J'ai compris toute la leçon. ⟶ | Je l'ai toute comprise. |
| Je veux comprendre tous les chapitres. ⟶ | Je veux les comprendre tous. |
| J'ai compris toutes les leçons. ⟶ | Je les ai toutes comprises. |

Note that the personal pronoun used with *tout* is *le, la, les* and NOT *en.*

The place of pronoun *tout*:

- In a simple tense, *tout* comes directly after the verb.
- In a compound tense, *tout* is placed between the auxiliary verb and the past participle. The past participle must agree with a preceding direct object.
- In the case of two verbs, like *je vais comprendre,* or *je veux comprendre,* etc., *le / la / les* precedes the infinitive, and the appropriate form of *tout* follows the infinitive.

Pronunciation of *tous*:

Adjective: silent *s* /tu/
Pronoun: pronounce the *s* /tus/

*Tout* as pronoun may mean "everything."

Tout est bien! *Everything is fine!*
Je comprends tout. *I understand everything.*

Whereas *tout* is frequently used as subject, *tous, toutes* in the sense of "all of them" are more commonly used in the following manner:

*Ils* sont *tous* venus. *All of them came.*
*Elles* arrivent *toutes.* *All of them (fem.) are arriving.*

*Concierge office in Paris*
(Dennis Stock/Magnum)

Special expressions:

Tout le monde (*everyone, everybody*): Tout le monde *est* là.
De tout (*some of everything*): Paris a de tout.

*Tout le monde* is always conjugated with a verb in the third person singular. The expression *le monde entier* means "the whole world."

a. **Tout le monde. Répondez aux questions suivantes selon les modèles donnés.**

MODÈLE:  Qui invitera cet homme?
Tout le monde l'invitera.

1. Qui invitera Bernard?     3. Qui fera le travail?
2. Qui apportera des disques?

b. **On n'a besoin de rien. Répondez selon le modèle donné.**

MODÈLE:  De quoi Marc a-t-il besoin?
Il n'a besoin de rien. Il a de tout.

1. De quoi Joseph a-t-il besoin?
2. De quoi as-tu besoin?
3. Et les autres, de quoi ont-ils besoin?
4. De quoi avez-vous besoin? (nous)

c. **Répondez selon le modèle donné.**

MODÈLE:  Tous les garçons sont ici?
         Oui, ils sont tous ici.

1. Tous les étudiants sont ici?
2. Toutes les jeunes filles sont ici?
3. Tout l'argent est sur la table?
4. Tous les étudiants viendront?

d. **J'ai fait de mon mieux. Répondez selon le modèle donné.**

MODÈLE:  Qu'avez-vous fait pour moi?
         J'ai tout fait pour vous.

1. Qu'avez-vous fait pour moi?
2. Qu'avez-vous fait pour Marie?
3. Qu'as-tu fait pour Jean?
4. Et Jean, qu'a-t-il fait pour moi?
5. Et les autres, qu'ont-ils fait pour moi?

e. **J'ai tout fait. Répondez selon le modèle donné.**

MODÈLE:  Tu as mangé la salade?
         Oui, je l'ai toute mangée.

1. Tu as mangé la viande?
2. Tu as mangé la soupe?
3. Tu as mangé le fromage?
4. Tu as mangé le pain?
5. Tu as mangé les haricots verts?
6. Tu as mangé les gâteaux?
7. Tu as vu les maisons?
8. Tu as vu les églises?
9. Tu as lu le livre?
10. Tu as lu les livres?
11. Tu as lu les journaux?
12. Tu as lu le journal?
13. Tu as visité la maison?
14. Tu as visité les maisons?
15. Tu as visité les musées?
16. Tu as visité le musée?

*The use of* à, de
*before infinitives*

Sometimes an infinitive used after a conjugated verb is preceded by the preposition *à*, sometimes by the preposition *de*, sometimes by no preposition.

Je continue à étudier.
Permettez-moi de vous présenter Hélène Poitier.
Je vais venir à six heures.

The following verbs require *à* before an infinitive: *apprendre, aider, commencer, continuer, inviter, avoir* (to have to), *se mettre.*

The following verbs require *de* before an infinitive: *être* plus an adjective of emotion, *venir* (to have just), *dire, décider, demander, essayer, oublier, permettre, promettre, refuser, regretter, finir, cesser,* and such expressions as *avoir besoin, avoir l'intention, avoir envie, être en train.*

The following verbs require no preposition before a following infinitive: *aller, vouloir, savoir, pouvoir, aimer, falloir, valoir, devoir.*

**a.** **Il faut employer « de ». Répondez selon les modèles donnés.**

MODÈLE:  Georgette vient?
Non, elle a besoin d'étudier.

1.  Tu viens?         3.  Les autres viennent?
2.  Robert vient?     4.  Vous venez?

MODÈLE:  Où allez-vous? (musée)
Nous avons l'intention d'aller au musée.

5.  Où allez-vous? (bibliothèque)      7.  Où vont les autres? (concert)
6.  Où vas-tu, Georges? (cinéma)       8.  Où va Jacqueline? (café)

MODÈLE:  Qu'est-ce que vous avez décidé? (rester)
Nous avons décidé de rester.

9.  Qu'est-ce que vous avez décidé? (rentrer)
10.  Qu'est-ce que vous avez décidé? (venir)
11.  Qu'est-ce que vous avez oublié? (le lui dire)
12.  Qu'est-ce que vous avez promis? (finir)
13.  Qu'est-ce que vous avez refusé? (venir)
14.  Qu'est-ce que vous avez regretté? (le lui dire)
15.  Qu'est-ce que vous avez demandé? (venir)
16.  Qu'est-ce que vous avez essayé? (finir)

MODÈLE:  Guy va faire le travail?
Oui, il sera heureux de le faire.

17.  Jean va faire le travail?        19.  Vos amis vont faire le travail?
18.  Chantal va faire le travail?     20.  Tu vas faire le travail?

**b.** **Il n'y a pas de préposition. Répondez selon les modèles donnés.**

MODÈLE:  Tu sais jouer du piano?
Oui, je sais jouer du piano.

| | |
|---|---|
| 1. Tu sais nager? | 5. Tu vas finir? |
| 2. Tu sais chanter? | 6. Tu vas vénir? |
| 3. Tu aimes chanter? | 7. Tu peux venir? |
| 4. Tu veux chanter? | 8. Tu aimes aller à la pêche? |

MODÈLE: Paul ne va pas finir.
    Mais il faut finir.

9. Paul ne va pas étudier.
10. Nous n'allons pas écrire la composition.
11. Les autres ne vont pas faire les devoirs.
12. Je ne vais pas apprendre les verbes.

**c. Employez « à ». Répondez selon les modèles donnés.**

MODÈLE: Bernard a-t-il fini?
    Non, mais il a commencé à le faire.

| | |
|---|---|
| 1. As-tu fini? | 3. Avez-vous fini? |
| 2. Les autres ont-ils fini? | 4. Pauline a fini? |

MODÈLE: Que fais-tu? (nager)
    J'apprends à nager.

5. Que fais-tu? (chanter)
6. Que font les autres? (jouer du piano)
7. Que fait Marc? (faire du ski)
8. Que fait Jacqueline? (danser)

MODÈLE: Nicole vient?
    Non, elle a beaucoup de devoirs à faire ce soir.

| | |
|---|---|
| 9. Tu viens? | 11. Vous venez? |
| 10. Georges vient? | 12. Vos amis viennent? |

MODÈLE: A-t-il cessé de chanter?
    Non, il continue toujours à chanter.

| | |
|---|---|
| 13. A-t-il cessé de jouer aux cartes? | 15. A-t-il fini d'étudier? |
| 14. A-t-il cessé de sortir avec Hélène? | 16. A-t-il fini de manger? |

MODÈLE: Jacques viendra?
    Oui, invitez-le à venir.

| | |
|---|---|
| 17. Robert viendra? | 19. Hélène et Marie viendront? |
| 18. Suzanne viendra? | 20. Les autres viendront? |

**d. Complétez les phrases suivantes en employant « à étudier », « d'étudier » ou « étudier », selon le cas.**

MODÈLE:  Nous sommes contents _____.
Nous sommes contents d'étudier.

1. J'ai oublié _____.
2. Ils continuent _____.
3. Vas-tu _____?
4. Ils nous ont invités _____?
5. Suzette a décidé _____?
6. Je ne peux pas _____.
7. Marc nous aide _____.
8. Voulez-vous _____?
9. Paul sera heureux _____.
10. As-tu essayé _____?
11. Il ne sait pas _____.
12. J'ai commencé _____.
13. Nous venons _____.
14. Ils ont promis _____.
15. Nous apprendrons _____.
16. Il n'aime pas _____.
17. Elle a été contente _____.
18. Il faudra _____.
19. Avez-vous refusé _____?
20. Je lui ai dit _____.
21. Il vaudrait mieux _____.

*Verb forms with prepositions*  The infinitive should be used after most prepositions.

| | |
|---|---|
| avant de parler | *before speaking* |
| pour aller | *in order to go* |
| afin de venir | *in order to come* |
| sans aller | *without going* |

After *après* (after) the perfect infinitive (the infinitive of the helping verb plus a past participle) must be used.

| | |
|---|---|
| après avoir parlé | *after speaking (after having spoken)* |
| après être parti | *after leaving (after having left)* |

After *en* (by, while, in, on), the gerund form is used. The gerund (verbal noun) is formed by adding the ending *ant* /ɑ̃/ to the stem of the first person plural of the present indicative. Thus the gerund forms of *parler, finir, attendre* are *parlant* /parlɑ̃/, *finissant* /finisɑ̃/, *attendant* /atɑ̃dɑ̃/. Only *avoir, être,* and *savoir* have irregular gerund forms. They are *ayant* /ɛjɑ̃/, *étant* /etɑ̃/, and *sachant* /saʃɑ̃/. After *en*, this form is called a "gerund" since it is used as a noun (object of a preposition). Verb forms ending in *ant* may be used as adjectives.

| | |
|---|---|
| En allant au marché, il a vu Marie. | *While going to the market he saw Mary.* |
| En étudiant, on apprend à parler français. | *By studying, one learns to speak French.* |

**a. Pour... Répondez aux questions suivantes selon le modèle donné.**

MODÈLE:  Pourquoi travaille-t-il maintenant? (finir avant minuit)
Pour finir avant minuit.

1. Pourquoi travaille-t-il maintenant? (pouvoir aller au cinéma ce soir)
2. Pourquoi étudies-tu? (apprendre les verbes)
3. Pourquoi nages-tu? (apprendre à nager)
4. Pourquoi vas-tu au café? (voir mes amis)
5. Pourquoi vont-ils dans les Alpes? (faire du ski)
6. Pourquoi va-t-il à la campagne? (aller à la pêche)

b.   **Transformez les phrases suivantes selon les modèles donnés.**

MODÈLE:   Il est parti, et il n'a pas dit au revoir.
Il est parti sans dire au revoir.

1.   Il est parti, et il n'a pas fini son travail.
2.   Il est parti, et il n'a pas mangé.
3.   Il est parti, et il n'a pas étudié.
4.   Il est parti, et il n'a pas vu Hélène.
5.   Il est parti, et il n'a pas dit au revoir.
6.   Il est parti, et il n'a pas fait les devoirs.

MODÈLE:   Il étudie beaucoup. Il va apprendre le français.
Il étudie beaucoup pour apprendre le français.

7.   Jean nage beaucoup. Il va apprendre à nager.
8.   Marc va au café. Il va voir ses amis.
9.   Mes amis vont dans les Alpes. Ils vont faire du ski.
10.   M. Dubois va à la campagne. Il va aller à la pêche.
11.   Louise est allée à la boulangerie. Elle a acheté du pain.
12.   Les autres sont allés à la pharmacie. Ils ont acheté des médicaments.

MODÈLE:   J'irai à la banque, mais avant cela, j'irai au bureau de poste.
Avant d'aller à la banque, j'irai au bureau de poste.

13.   J'irai à la pharmacie, mais avant cela, j'irai à la boulangerie.
14.   J'irai en Italie, mais avant cela, j'irai en Suisse.
15.   J'irai à Nice, mais avant cela, j'irai à Paris.
16.   Je partirai, mais avant cela, je viendrai te voir.
17.   Je dînerai, mais avant cela, je finirai mon devoir.
18.   Nous lirons *l'Etranger*, mais avant cela, nous lirons *le Petit Prince*.

c.   **Après… Transformez les phrases suivantes selon le modèle donné.**

MODÈLE:   Il a parlé avec Jean. Ensuite il est parti.
Après avoir parlé avec Jean, il est parti.

1.   J'ai parlé à Suzanne. Ensuite je suis allé au cinéma.

2. Nous avons vu le film. Ensuite nous avons déjeuné.
3. Ils ont fini la leçon. Ensuite ils ont fait une promenade.
4. Tu as trouvé ta cravate. Ensuite tu t'es habillé.
5. Il a lu le journal. Ensuite il s'est couché.
6. Elle a écrit la lettre. Ensuite elle a étudié.
7. Elle est allée en ville. Ensuite elle a dîné au restaurant.
8. Nous sommes arrivés. Ensuite nous avons cherché un hôtel.
9. Il est rentré. Ensuite il s'est couché.
10. Je suis allé chez Denis. Ensuite je suis rentré.
11. Je suis parti. Ensuite j'ai décidé de rentrer.
12. Ils ont étudié leur leçon. Ensuite ils sont allés au cinéma.
13. Nous avons vu Notre-Dame. Ensuite nous avons visité la tour Eiffel.
14. J'ai dîné. Ensuite je suis rentré.
15. Je suis rentré. Ensuite j'ai parlé à Paul.
16. Je suis parti. Ensuite j'ai décidé de revenir.
17. Elle a fini son travail. Ensuite elle est allée en ville.
18. Nous sommes allés au concert. Ensuite nous avons fait une promenade.
19. Il est rentré. Ensuite il a étudié.

**d. En... Transformez les phrases suivantes selon le modèle donné.**

MODÈLE: Quand il est arrivé, il est allé rendre visite à ses parents.
En arrivant, il est allé rendre visite à ses parents.

1. Quand il entre, il dit bonjour.
2. Elle a dit au revoir quand elle est sortie.
3. Quand il arrive, il mange tout de suite.
4. Quand on étudie ses leçons, on apprend beaucoup.
5. Quand nous étudions, nous apprenons beaucoup.
6. Quand il travaille bien, il finit de bonne heure.
7. Quand j'attendais Marc à la gare, j'ai rencontré Pauline.

MODÈLE: Si on étudie beaucoup, on apprend beaucoup.
En étudiant beaucoup, on apprend beaucoup.

8. Si on lit beaucoup, on apprend à bien lire.
9. Si on nage beaucoup, on apprend à bien nager.
10. Si on écrit beaucoup, on apprend à bien écrire.
11. Si on joue beaucoup, on apprend à bien jouer.
12. Si on parle beaucoup, on apprend à parler français.
13. Si on chante beaucoup, on apprend à chanter.
14. Si on lit souvent des journaux parisiens, on peut mieux comprendre la politique française.

*Notre-Dame de Paris*
(French Embassy Press
and Information Division)

**e.   Qu'est-ce qu'on faisait? Répondez selon le modèle donné.**

MODÈLE:   Qu'est-ce que Georges faisait quand il est tombé? (il descendait
l'escalier)
Il est tombé en descendant l'escalier.

1.   Qu'est-ce que Monique faisait quand elle étudiait? (elle écoutait la
radio)
2.   Qu'est-ce que tu faisais quand tu regardais la télé? (je mangeais des
bonbons)
3.   Qu'est-ce que tu faisais quand tu t'es endormi(e)? (je lisais)
4.   Qu'est-ce que Nicole faisait quand elle s'est cassé le bras? (elle faisait
du ski)
5.   Qu'est-ce que tes amis faisaient quand ils bavardaient? (ils mangeaient)

**f.   Complétez les phrases suivantes en employant « finir le travail »,
« finissant le travail », ou « avoir fini le travail », selon le cas.**

MODÈLE:   Il est parti sans _____.
Il est parti sans finir le travail.

1.   Jacques est parti après _____.
2.   Jacques est parti sans _____.

3. Je suis parti avant de _____.
4. Il chantait en _____.
5. Paul est resté longtemps pour _____.
6. Ils sont restés longtemps afin de _____.
7. Il est allé au cinéma après _____.
8. Il est parti avant de _____.

# QUATRIÈME RÉVISION

*Révision du vocabulaire*

Etudiez le vocabulaire (Préparation et lecture) des leçons 16 à 20.

*Révision des verbes réguliers (présent, passé composé, futur, futur antérieur, imparfait, plus-que-parfait, conditionnel, conditionnel passé)*

*-er:* accompagner, achever[1], adapter, admirer, affirmer, ajouter, approuver, appliquer, avouer, bavarder, bloquer, brusquer, capter, causer, cesser, citer, comparer, condamner, concerner, couper, crier, cultiver, débarquer, déplorer, (se) dérouler, déterminer, dévaster, durer, embrasser, estimer, essayer[1], (s')étonner, (se) fier, fortifier, fouiller, gouverner, (s')habituer, hésiter, imposer, insister, irriter, manquer, mériter, (se) moderniser, nettoyer[1], oublier, pénétrer[1], plaisanter, pleurer, posséder[1], préserver, (se) presser, prouver, réciter, refuser, régner, riposter, saupoudrer, signifier, taquiner, terminer, tromper, veiller, verser, vexer

*-ir* comme *finir:* accomplir, agrandir, applaudir, brunir, définir, embellir, envahir, établir, (se) réunir

*-re:* interrompre, rompre

a. **Faites la révision des verbes comme « parler, » « finir, » « attendre, » « partir » à tous les temps.**

b. **Faites la révision des verbes qui demandent « être » comme verbe auxiliaire. (Voir pp. 185–187 et pp. 232–234.)**

c. **Formez des phrases selon le schéma donné.**

MODÈLE:  cet homme / bavarder trop (présent)
Cet homme bavarde trop.
nous / ne pas bien définir le problème (passé composé)
Nous n'avons pas bien défini le problème.
vour / finir par dire « oui » (futur)
Vous finirez par dire « oui ».
je / partir à deux heures (futur antérieur)
Je serai parti(e) à deux heures.
Anne / taquiner sa petite sœur (imparfait)
Anne taquinait sa petite sœur.
ils / cesser de fumer (plus-que-parfait)
Ils avaient cessé de fumer.
tu / perdre patience (conditionnel)
Tu perdrais patience.
vous / attendre Yves (conditionnel passé)
Vous auriez attendu Yves.

---

[1] Regular *-er* verbs with stem spelling changes—see Appendix 2.

| Sujets | Verbes | Temps |
|--------|--------|-------|
| je | s'habituer à cette ambiance | présent |
| tu | ne pas mentir | passé composé |
| Jules | définir le projet | futur |
| Nicole | se fier à Tante Germaine | futur antérieur |
| nous | vendre cette maison | imparfait |
| vous | finir par perdre le match | plus-que-parfait |
| nos amis | répondre aux questions | conditionnel |
| | embellir la salle | conditionnel passé |
| | taquiner les petits enfants | |
| | sortir avec Brigitte | |

*Révision des verbes*   tenir (appartenir, contenir, contenir, obtenir), rire (sourire), courir, vivre, boire,
*irréguliers*   recevoir, devoir, naître, mourir, battre (se battre), offrir (ouvrir, souffrir, couvrir,
découvrir, recouvrir), plaire (se taire)

a.   **Répondez aux questions suivantes.**

1.   Quand êtes-vous né(e)?
2.   Quand Napoléon est-il mort?   (1821)
3.   Cette femme souffre beaucoup, n'est-ce pas?
4.   Est-ce qu'ils rient de nos efforts?
5.   Jacques court vite, n'est-ce pas?
6.   Est-ce que ce film te plaît?
7.   Les grands-parents de Jean vivent toujours, n'est-ce pas?
8.   Vous recevez beaucoup de lettres, n'est-ce pas?

b.   **Mettez les verbes des phrases suivantes au passé composé, au futur,
à l'imparfait, au plus-que-parfait, au conditionnel et au conditionnel
passé.**

1.   L'enfant se bat.
2.   Ces garçons se battent.
3.   Vous buvez trop.
4.   Chantal court le risque de tout perdre.
5.   Nous découvrons le plaisir de la lecture.
6.   Je vis bien.
7.   Nous tenons à y aller.
8.   Vous me devez vingt dollars, n'est-ce pas?
9.   Tu ris de mes difficultés.
10.   Ces garçons n'ouvrent jamais leurs livres.
11.   Mon père reçoit beaucoup de courrier.

c.   **Donnez l'équivalent français des phrases suivantes.**

1.   Paul must study.
2.   He's supposed to study.

3. He ought to study.
4. He ought to have studied.
5. You were supposed to study.
6. You had to study.
7. You must have studied.
8. I can't come today.
9. Janine couldn't finish last night.
10. In that case, George could do it.
11. I could have done it.

*Révision du subjonctif*
*(présent, passé)*

**a. Transformez les phrases suivantes selon le modèle donné.**

MODÈLE: Jean-Pierre sait la leçon. (Il faut que…)
Il faut que Jean-Pierre sache la leçon.

1. Tu viendras. (Je doute que…)
2. Tu viendras. (J'espère que…)
3. Il finit à six heures. (Croyez-vous que…)
4. Vous êtes en retard. (Je ne crois pas que…)
5. Nous ne pouvons pas venir. (Elle regrette que…)
6. Je pars à sept heures. (Il sait que…)
7. Il fait mauvais. (Je doute que…)
8. Vos amis n'ont pas assez d'argent. (J'ai peur que…)
9. Elle va à Paris. (Il est content que…)
10. Tu pars ce soir. (Je ne crois pas que…)

**b. Répondez aux questions suivantes selon le modèle donné.**

MODÈLE: Ont-ils fini?
Non, je ne crois pas qu'ils aient fini.

1. Ont-ils fini?
2. Ont-ils mangé?
3. Est-ce que Paul a fait son devoir?
4. Marie est-elle partie?
5. Les autres sont-ils allés au cinéma?
6. Robert est-il rentré?

*Révision des pronoms*
*possessifs et*
*démonstratifs*

**a. Répondez aux phrases suivantes selon le modèle donné.**

MODÈLE: Tu as l'auto de ton père.
Mais non! J'ai la mienne.

1. Tu as l'auto de ton frère.
2. Tu as les gants de Roger.
3. Tu as le cahier d'Hélène.
4. Robert a la cravate de Georges.

5. Henriette a les livres de Suzanne.
6. Jean a le veston de Pierre.
7. Vos amis ont l'auto de Roger.
8. Hélène et Suzanne ont les stylos des autres.
9. Vos parents ont la valise de votre oncle.

**b. Formez des phrases selon le modèle donné.**

MODÈLE: ces livres
J'aime mieux ces livres-ci que ceux-là.

1. ces livres          5. ces tomates
2. ce livre            6. ce stylo
3. cet hôtel           7. ces crayons
4. cette université    8. cette cravate

*Révision des*      **Répondez selon les modèles.**
*propositions avec* si

MODÈLE: Jean vient?
Non, il n'a pas le temps, mais s'il avait le temps, il viendrait.

1. Nadine vient?        4. Vous venez? (Non, nous...)
2. Tu viens?            5. Je viens? (Non, vous...)
3. Tes amis viennent?

MODÈLE: Tu vas au concert?
Peut-être. Si je ne suis plus malade, j'irai.

1. Simone va au concert?
2. Vous allez au concert? (... nous...)
3. Tes amis vont au concert?
4. Joseph va au concert?

MODÈLE: Henri n'est pas venu?
Non. S'il avait eu le temps, il serait venu.

1. Tu n'es pas venu(e)?
2. Sylvie n'est pas venue?
3. Vous n'êtes pas venu(e)s? (... nous...)
4. Les autres ne sont pas venus?

*Révision du passé*      **Donnez le passé composé des verbes suivants.**
*simple*

1. Le général parla aux armées.
2. Ils eurent peur.

3. Il ne prit pas soin de ses enfants.
4. Les autres choisirent leur chef.
5. Le roi alla à l'église.
6. Ils crurent la nouvelle.
7. Elles virent tout de suite le problème.
8. Jean-Paul fit quelques pas en avant.
9. Elle perdit patience.
10. Ils furent obligés de sortir.
11. Les chefs finirent leur discussion.
12. Camus écrivit *l'Etranger* en 1957.
13. Les armées vinrent à la capitale.
14. Elle sut la nouvelle.
15. Elles ne dirent pas la vérité.
16. Il ne put pas venir.
17. Louis XIV mourut en 1715.
18. Molière naquit le 15 janvier 1622.
19. Elle ne finit jamais son roman.
20. Ils leur accordèrent leur indépendance en 1962.

*Révision de* penser à
*et de* penser de

**Transformez les phrases suivantes. Employez « y », « en » ou le pronom tonique convenable, selon le cas.**

MODÈLE:  Il pense à Paris.
Il y pense.

1. Qu'est-ce que vous pensez de mon auto?
2. Georges pensait à ses problèmes.
3. Marie pensait à Georges.
4. Nous pensons à nos projets.
5. Que pensez-vous de mes projets?
6. Que pensez-vous de mon ami Paul?

*Révision des*
*expressions*
*interrogatives et des*
*pronoms relatifs*

**a.  Formez des questions selon le modèle donné.**

MODÈLE:  *Serge* va au cinéma.
Qui va au cinéma?
Qui est-ce qui va au cinéma?

1. *Paul* va au cinéma.
2. Il va *au cinéma*.
3. Il va au cinéma avec *Hélène*.
4. Je cherche *un hôtel*.
5. Je cherche *Pauline*.
6. M. Dubois a besoin de *ton auto*.
7. M. Dubois a besoin de *toi*.

8. Le football est *un sport populaire dans le monde entier*.
9. Il se repose *parce qu'il est fatigué*.
10. *La neige* a bloqué les routes.

b. **Répondez aux questions suivantes selon le modèle donné.**

MODÈLE: Qu'est-ce que tu lis?
Je ne sais pas ce que je lis.

1. Qu'est-ce que tu fais?      4. Qu'est-ce que c'est que le cubisme?
2. Qu'est-ce que tu vois?      5. Qu'est-ce qui fait le bruit?
3. Qu'est-ce qui se passe?     6. Qu'est-ce qui est arrivé au professeur?

c. **Combinez les deux phrases de chaque paire en employant des pronoms relatifs.**

MODÈLE: Voilà la salade. Cette salade est délicieuse.
Voilà la salade qui est délicieuse.

1. Voilà l'auto. Cette auto est très chère.
2. Voilà l'auto. J'ai acheté cette auto.
3. Voilà l'enfant. Cet enfant est triste.
4. Voilà la maison. J'habite dans cette maison.
5. Voilà le garçon. Son père est riche.
6. Voilà la jeune fille. Je vais au bal avec cette jeune fille.
7. Voilà la jeune fille. Nous parlions de cette jeune fille.
8. C'est un grave problème. Je pense souvent à ce problème.

*Révision des objets*    a. **Donnez des ordres selon les modèles donnés.**
*directs et indirects*
*avec l'impératif*    MODÈLE: Est-ce que vous avez les livres?
Non, donnez-les-moi.
Est-ce que Robert a le crayon?
Non, donnez-le-lui.

1. Est-ce que vous avez les livres?
2. Est-ce que vous avez le cahier?
3. Est-ce que vous avez la valise?
4. Est-ce que Paul a la valise?
5. Est-ce qu'il a les livres?
6. Est-ce qu'il a le stylo?
7. Est-ce que les autres ont le livre?
8. Est-ce que les autres ont les livres?
9. Est-ce qu'ils ont la serviette?
10. Est-ce que vous avez les stylos?
11. Est-ce que vous avez des stylos?
12. Est-ce que Georges a du vin?
13. Est-ce qu'il a le vin?

MODÈLE:  Vous voulez le livre?
Non, ne me le donnez pas.

1. Vous voulez le livre?
2. Vous voulez les livres?
3. Vous voulez du café?
4. Paul veut du café?
5. Il veut la valise?
6. Il veut les journaux?
7. Les autres veulent les journaux?
8. Est-ce qu'ils veulent des journaux?
9. Est-ce qu'ils veulent le livre?

*Révision du verbe* manquer

**Répondez selon le modèle donné.**

MODÈLE:  Jacuqes aime cette fille?
Oui, beaucoup, et elle lui manque terriblement.

1. Anne aime Serge?
2. Tes amis aiment cette ville?
3. Tu aimes Julie, Marc?
4. Tu aimes Bertrand, Josette?

*Révision de* faire *suivi de l'infinitif*

**Mettez les verbes des phrases suivantes au passé composé, au futur, à l'imparfait, au plus-que-parfait, au conditionnel, et au conditionnel passé.**

1. Ils font venir un médecin.
2. Elle laisse sortir son chien.
3. Nous voyons venir le facteur.
4. Germaine fait faire une robe.

*Révision de* parce que *et* à cause de

**Répondez aux questions suivantes. Employez « parce que » ou « à cause de », selon le cas.**

1. Pourquoi ne partez-vous pas? (… il neige)
2. Pourquoi n'étudiez-vous pas? (… bruit)
3. Pourquoi les autres ne viennent-ils pas? (… mauvais temps)
4. Pourquoi ne venez-vous pas? (… je suis malade)

*Révision des pronoms indéfinis*

**Répondez aux questions suivantes en employant les pronoms indéfinis convenables.**

1. Avez-vous quelques livres?
2. Avez-vous quelques stylos?
3. Avez-vous étudié plusieurs leçons?
4. Avez-vous étudié toutes les leçons?
5. Avez-vous étudié toute la leçon?
6. Avez-vous étudié quelques leçons?
7. Avez-vous étudié d'autres leçons?
8. Chaque garçon finira, n'est-ce pas?

*Révision du* gouvernement de l'infinitif (*à, de, –*)

**Employez « à le faire », « de le faire » ou « le faire », selon le cas.**

1. Allez-vous _____?
2. Hélène continue _____.
3. Nous sommes contents _____.
4. Nous apprendrons _____.
5. Ils ont oublié _____.
6. Je ne peux pas _____.

*Révision des formes verbales employées avec des prépositions*

**Employez « aller », « allant », « être allé », selon le cas.**

1. Pour _____ à la pharmacie, tournez à gauche.
2. En _____ à la pharmacie, j'ai rencontré Robert.
3. Après _____ à la pharmacie, il est rentré.
4. Avant d'_____ à la pharmacie, venez me voir.
5. Il est allé au cinéma après _____ à la bibliothèque.

*Devant, avant, avant de, avant que*

a. **Etudiez les phrases suivantes. Notez la différence entre « devant », « avant », « avant de », « avant que ».**

1. Où est le professeur? —Il est devant la classe. (*before, in front of*)
2. Nous sommes arrivés avant six heures. (*before* in time, to be used before expressions of time and nouns and disjunctive pronouns)
3. Madeleine est arrivée avant les autres.
4. Avant de partir, je suis allé voir mon oncle. (*before* in time, to be used preceding an infinitive)
5. Je le lui dirai avant qu'il parte. (*before* in time, to be used with clauses. Note that the verb following *avant que* is in the subjunctive.)

b. **Dans les phrases suivantes, remplacez les tirets par le mot ou l'expression convenable.**

(avant, avant de, avant que, devant)

1. J'ai vu Madeleine _____ elle soit sortie.
2. Il me l'a dit _____ s'en aller.
3. Les autres sont venus _____ toi.
4. Laissez la bicyclette _____ l'appartement.
5. Nous allons partir _____ midi.
6. _____ prendre l'avion ou le train, ils ont déjà fait des projets de promenade.

*Parler, parler de, dire, raconter, discuter, bavarder, causer*

a. **Etudiez les verbes des phrases suivantes. Notez la différence entre « parler », « parler de »** (to speak, to talk about), **« dire »** (to say, to tell), **« raconter »** (to tell, to relate), **« discuter »** (to discuss), **« bavarder »** (to chat, to gossip), **« causer »** (to chat).

1. M. Martin parle allemand et russe.
2. Le professeur a parlé de l'œuvre d'Albert Camus.
3. M. Pascal va parler au congrès international des chimistes.
4. Jacques n'a pas dit la vérité.
5. Paul dit qu'il viendra demain.
6. Ils nous ont dit de venir à sept heures.
7. La mère a raconté le conte du *Petit Chaperon rouge* à son enfant.
8. Pendant de longues heures, ils ont discuté le problème.
9. C'est au café que l'on vous fixera rendez-vous, soit pour discuter d'affaires sérieuses, soit pour bavarder.
10. Paul et moi, nous avons causé pendant tout l'après-midi.

b. **Dans les phrases suivantes, remplacez les tirets par la forme convenable du verbe.**

1. parler / dire
   M. Martin nous _____ que ses amis arrivent ce soir. (passé composé)
2. parler / dire
   Le conférencier _____ de ses expériences en Afrique. (futur)
3. parler / raconter
   Elle leur _____ l'histoire lamentable d'un enfant tué dans un accident de voiture. (passé composé)
4. dire / discuter
   Ils vont _____ les idées de Rousseau sur l'éducation des enfants.
5. parler / dire
   Paul lui _____ de venir, n'est-ce pas? (passé composé)
6. parler / dire
   Roger _____ qu'il _____ à Jeannette à propos du devoir pour demain. (présent / passé composé)
7. bavarder / raconter
   Nous avons traversé une place où il y avait un groupe de vieillards qui _____. (imparfait)
8. raconter / dire
   Vous ne _____ pas la vérité. (présent)
9. causer / dire
   Je n'ai pas vu mon ami Jules depuis longtemps. Quand il viendra ce soir, nous _____ de ce qu'il a fait pendant son absence.

# APPENDIX 1
## TRANSLATION OF DIALOGUES, NARRATIVES, DESCRIPTIONS

First Lesson **Encounters, greetings**
—Hello, Anne.
—Hi! How are you?
—Not bad, and you?
—So so.

—Good evening, madam.
—Good evening, sir. How are you?
—I'm very well, thanks.

—My name is Henri Poirier. What is your name?
—My name is Solange Arnaud.

—Do you speak French?
—No, I do not speak French.
—But you speak English, don't you?
—Yes, I speak English. The others speak English, too.

—Thank you very much, Marc.
—You're welcome.

—Good-bye, mademoiselle.
—See you soon.

Second Lesson **Nationalities**

I am American. You are American, too. We are from _____ in the United States.

Hans is not American. He's German. (He is a German.) Gertrude is German, too. (She's a German, too.) Hans and Gertrude live in Bonn in Germany.

This is Elizabeth. She is English. (She is an English girl.) She lives in London in England.

This is Jean-Claude. He is from Switzerland. Where is he from? He is from Neuchâtel in Switzerland. Leonid is Russian. He lives in Leningrad in Russia (in the Soviet Union).

This is Véronique. She is not Dutch. She is Belgian and lives in Spa in Belgium.

Jeanne and Thérèse are French. Paul and Yves are French, too. They live in Nancy in France.

Third Lesson **Where is...?**

Michel and Yves are looking for the Continental Hotel. Yves is studying the guidebook for Paris. Michel is talking to a policeman.

MICHEL Excuse me, sir. Where is the Continental Hotel, please?
POLICEMAN It's not far from here. Go straight ahead to the corner over there. Cross the street and then turn left. Continue on straight ahead to the boulevard St. Martin. Turn to the right. The Continental Hotel is located next to the Pharmacie St. Martin.
MICHEL Thank you, sir.
POLICEMAN At your service, sir!

Michel and Yves go to the Continental Hotel where they are speaking with the hotel manager.

YVES Do you have a room for two persons?
HOTEL MANAGER Yes, I have a beautiful room for two.

    How much is it?
           48 francs 50.

Fourth Lesson **Weather, Seasons, Telling Time**

How's the weather?
In the spring, it rains. It's windy.

In summer, it's hot. It's warm.

In fall, it's cool.

In winter, it snows and it's cold. This morning, it's cloudy. This afternoon, it's sunny. Tonight, it's foggy. Tomorrow, it's going to be bad weather. It's going to snow and rain.

Which season do you prefer? I prefer fall. Anne likes summer. We prefer spring, and Josette and Marc prefer winter because they like skiing.

What are you doing today? I'm going for a walk. Roxanne is going skiing. Julie and Monique are doing their homework for tomorrow.

**At the picnic**  It's beautiful weather. We're having a picnic. The bread is on the table. Which bread? That bread. The cheese is beside the bread. Which cheese? This camembert. And there's a salad. Which salad? That salad. The backpacks are under the table. Which backpacks? These backpacks.

## Fifth Lesson   Classes

Marcel is taking classes in literature, history, and philosophy. His friends, Michel and André, are taking classes in chemistry, physics, and mathematics. Their classes and teachers are interesting. Marcel is talking to André.

ANDRÉ  Do you have your literature class this afternoon, Marcel?
MARCEL  No, but I have my philosophy class at 4:00.
ANDRÉ  Then you're not coming to the café?
MARCEL  Are the others coming?
ANDRÉ  Yes.
MARCEL  I would really like to come, but . . . no, I'm not coming today.

A professor teaches the class. He teaches. The student learns. We are learning French. Our friends are learning Latin.

A good teacher is intelligent, organized, interesting, tolerant, and fair. He's terrific.

A bad teacher is disorganized, monotonous, poorly prepared, intolerant, and unfair. He's terrible.

## Sixth Lesson   At the Restaurant

At the restaurant
WAITER  What would you like, madam?
WOMAN  I like the *bœuf bourguignon*.
WAITER  I'm sorry, madam, but we don't have any more *bœuf bourguignon*.
MAN  We can have a steak and French fries, if you like.
WOMAN  Yes, with green beans and a salad.
MAN  Okay.
WAITER  And what do you want to drink, sir? (And as a drink, sir?)
MAN  Oh, bring us a bottle of red wine, please.

When I am thirsty, I have as a beverage some white wine, a bottle of mineral water, a glass of water, some beer, milk, coffee, tea, a glass of lemonade, a Coca-Cola, a glass of orange juice, a cup of hot chocolate.

When I'm hungry, I have as a meat dish a pork chop, some roast beef, roast veal, chicken, fish, ham;
with potatoes (French fries, scalloped, mashed), noodles, rice;
and for vegetables carrots, peas, tomatoes;
for dessert cake, some ice cream (*à la vanille, au chocolat, à la fraise*), fruit, yogurt.

## Seventh Lesson   At the Train Station

Suzanne is going to spend the weekend with her aunt at Compiègne. She is buying her ticket for the trip.

SUZANNE  When does the next train leave for Compiègne?
CLERK  At exactly three o'clock on track three.
SUZANNE  Good. Give me a round-trip ticket.
CLERK  First or second class, mademoiselle?
SUZANNE  Second class, please.

Paul arrives. He has come to say goodbye to Suzanne.

SUZANNE Do you have your platform ticket?
PAUL Yes, I do.
SUZANNE And the flowers for Aunt Alice?
PAUL I have them, too.
SUZANNE Oh, yellow roses. They're so pretty! Thank you, Paul.

**Colors** In the summer, when the weather's good, the sky is blue, the sun is yellow, and the tree in front of my house is green. At midnight, the sky is black, and the moon is white.
In fall, the trees are yellow, orange, and red.
In winter, they are brown. If it snows, the sky is gray.

red + white = pink
red + blue = purple

Eighth Lesson    **Traveling**

Mr. and Mrs. Leclerc are very rich. They are going to take a trip to Spain, Portugal, the Canary Islands, and Morocco. They're going to take their trip by boat.

My Uncle Jérôme is a businessman. He is going to visit an office of his company in Lucerne. He is going to make his trip by plane.

Anne has classes at the Sorbonne and comes downtown on the train. We go to the center of the city on the subway or the bus.

Next summer, my friends Victor and Serge are going to spend their vacation in Normandy and Brittany. For six weeks they are going to visit these provinces on bicycles. They are going to sleep in youth hostels.

Our cousin Marc is an engineer. He lives in the suburbs of Paris thirteen kilometers from the center of the city. He goes to work on a motorcycle. His friend Joseph comes to work by car. Another colleague has an apartment very near the office. He walks to work.

Suzanne and Paul are going to the movies tonight. They are waiting for a taxi.

PAUL (*to Suzanne*) We've been waiting here for a quarter of an hour. Finally! Here comes a taxi! (*to the taxi driver*) To the *place Pigalle*, please, and step on it. We're in a hurry.

At the *place Pigalle*, Paul pays the driver and gives him a tip.
After the movie, Paul and Suzanne are at the restaurant. They are just finishing a good supper.

PAUL Which dessert seems good to you, Suzanne?
SUZANNE Let's have some chocolate ice cream, Paul.
PAUL Some more wine?
SUZANNE Yes, a little bit.

Paul fills her glass and a pleasant evening comes to an end.

Ninth Lesson    **Leisure Time and Sports**

My friend Henri is into mountain climbing. Anne and Robert go boating. When the weather is good, my father likes to go fishing. My Uncle Antoine often goes hunting.

My mother likes to play tennis, my father likes golf, and my brother plays soccer. My sister Janine plays basketball. The whole family goes in for sports!

Someone for music? Elizabeth plays the violin. Paul plays the piano.

Marc is gifted in music. He plays the trumpet, the trombone, and the French horn. Josette is a good musician, too. She plays the flute, the clarinet, the saxophone, and the oboe.

—Do you play the cello?
—No, but I play the guitar.

Tenth Lesson    **Shopping—Clothes**

BRIGITTE I just saw Janine. She says you went downtown yesterday.

YOLANDE That's right. We went shopping at the *Bon Marché.*

BRIGITTE What did you buy?

YOLANDE This blouse and a skirt.

BRIGITTE The blouse looks good on you.

YOLANDE Thank you. (Do you think so?)

BRIGITTE Yes, I really like it.

YOLANDE Janine bought a dress and some gloves.

BRIGITTE Say. Do you like the new styles this year?

YOLANDE Yes. Quite a bit.

This is M. Durand. He's wearing a pretty suit.

This is Mme Durand. She is wearing a beautiful dress.

Eleventh Lesson  **At the market**

Mrs. Legrand is doing her marketing.

MRS. LEGRAND (*to herself*) I will need some peas and potatoes. I'll also buy some pears and peaches.

MERCHANT Good morning, madam. Do you want some fruit and vegetables?

MRS. LEGRAND What kind of fruit do you have this morning?

MERCHANT I have the best cherries in the city. Please taste some.

MRS. LEGRAND Do you have any peaches?

MERCHANT No, they come from the Midi and will be here tomorrow.

MRS. LEGRAND (*to herself*) The asparagus is prettier than the artichokes, and these tomatoes are the freshest.

MRS. LEGRAND (*to the merchant*) Give me three kilos of pears, please. I'll also take a kilo of asparagus and a kilo of tomatoes.

Twelfth Lesson  **Home—The Post Office**

Paul and Robert are in the bathroom. They are getting ready to go to class.

PAUL Hurry up. What are you doing?

ROBERT I'm shaving and then I'm going to get dressed.

PAUL Haven't you shaved yet?

ROBERT No, but . . .

PAUL Okay. Meet me at the post office. I wrote a letter to my parents this morning, and I'd like to send it.

(*At the post office*) Paul gives his letter to the clerk.

PAUL How much does it cost to send this letter to the United States?

CLERK Air mail?

PAUL Yes.

CLERK It costs 3 francs 90 centimes.

The clerk gives Paul a 3 francs 90 stamp.

PAUL Give me a postcard, too, please.

CLERK There you are, sir.

Thirteenth Lesson  **Family**

BERNADETTE I didn't know that your relatives were from Provence.

SYLVIE Yes, all of them on my mother's side. I have an aunt out there who is really bizarre, but I love her very much. When I was thirteen years old, I spent my summer vacation at her home.

BERNADETTE Where's that?

SYLVIE In the little village of Ansouis where she was living at that time. But you know Provence, don't you?

BERNADETTE Yes. Quite well. In the past, we used to go there occasionally.

SYLVIE Did you like your stays there?

BERNADETTE Yes, very much.

Fourteenth Lesson  **A Cold**

MARIE-FRANCE What's the matter? You look sick.

BERNADETTE I'm not at all well. I have a headache.

MARIE-FRANCE Yes, you have a fever.

BERNADETTE Do you have any aspirin?

MARIE-FRANCE Yes, I have two or three, I think.

BERNADETTE Will you give them to me, please? Oh, I have a sore throat!

MARIE-FRANCE You've caught a cold for sure. You're not going to school today.

BERNADETTE Yes, I am! I'm going. I . . .

MARIE-FRANCE No back talk! You're going to get in bed right now.

### Fifteenth Lesson  A New Car

Alain has just bought a new car—a Peugeot. Of course, he likes it a lot. He's out for a little ride with Olivier, who is driving. They've been on the road for about twenty minutes.

ALAIN I checked the oil and the tires and I just had the car filled up.

OLIVIER I like your car, Alain.

ALAIN You'll have to turn the lights on. It's starting to get dark.

OLIVIER Your car runs great.

ALAIN Yeah, yeah. Watch out. A truck's coming.

OLIVIER Take it easy, Alain. I know how to drive.

ALAIN Maybe I'd better drive. There's a lot of traffic tonight and . . .

OLIVIER It's okay . . . I understand and I'm going to park. It's not every day that one gets a new car.

# APPENDIX 2
# VERBS WITH REGULAR FORMS

INFINITIVE

| **parler** | **finir (-iss-)** | **attendre** | **partir** |
|---|---|---|---|
| *to speak* | *to finish* | *to wait* | *to leave* |

PRESENT PARTICIPLE

| parlant | finissant | attendant | partant |
|---|---|---|---|

PAST PARTICIPLE

| parlé | fini | attendu | parti |
|---|---|---|---|

PRESENT

| je parle | je finis | j'attends | je pars |
|---|---|---|---|
| tu parles | tu finis | tu attends | tu pars |
| il parle | il finit | il attend | il part |
| elle parle | elle finit | elle attend | elle part |
| nous parlons | nous finissons | nous attendons | nous partons |
| vous parlez | vous finissez | vous attendez | vous partez |
| ils parlent | ils finissent | ils attendent | ils partent |
| elles parlent | elles finissent | elles attendent | elles partent |

PRESENT SUBJUNCTIVE

| je parle | je finisse | j'attende | je parte |
|---|---|---|---|
| tu parles | tu finisses | tu attendes | tu partes |
| il parle | il finisse | il attende | il parte |
| elle parle | elle finisse | elle attende | elle parte |
| nous parlions | nous finissions | nous attendions | nous partions |
| vous parliez | vous finissiez | vous attendiez | vous partiez |
| ils parlent | ils finissent | ils attendent | ils partent |
| elles parlent | elles finissent | elles attendent | elles partent |

IMPERFECT

| je parlais | je finissais | j'attendais | je partais |
|---|---|---|---|
| tu parlais | tu finissais | tu attendais | tu partais |
| il parlait | il finissait | il attendait | il partait |
| elle parlait | elle finissait | elle attendait | elle partait |
| nous parlions | nous finissions | nous attendions | nous partions |
| vous parliez | vous finissiez | vous attendiez | vous partiez |
| ils parlaient | ils finissaient | ils attendaient | ils partaient |
| elles parlaient | elles finissaient | elles attendaient | elles partaient |

FUTURE

| je parlerai | je finirai | j'attendrai | je partirai |
|---|---|---|---|
| tu parleras | tu finiras | tu attendras | tu partiras |
| il parlera | il finira | il attendra | il partira |

| **parler**<br>*to speak* | **finir (-iss-)**<br>*to finish* | **attendre**<br>*to wait* | **partir**<br>*to leave* |
|---|---|---|---|

FUTURE

| | | | |
|---|---|---|---|
| elle parlera | elle finira | elle attendra | elle partira |
| nous parlerons | nous finirons | nous attendrons | nous partirons |
| vous parlerez | vous finirez | vous attendrez | vous partirez |
| ils parleront | ils finiront | ils attendront | ils partiront |
| elles parleront | elles finiront | elles attendront | elles partiront |

CONDITIONAL

| | | | |
|---|---|---|---|
| je parlerais | je finirais | j'attendrais | je partirais |
| tu parlerais | tu finirais | tu attendrais | tu partirais |
| il parlerait | il finirait | il attendrait | il partirait |
| elle parlerait | elle finirait | elle attendrait | elle partirait |
| nous parlerions | nous finirions | nous attendrions | nous partirions |
| vous parleriez | vous finiriez | vous attendriez | vous partiriez |
| ils parleraient | ils finiraient | ils attendraient | ils partiraient |
| elles parleraient | elles finiraient | elles attendraient | elles partiraient |

LITERARY PAST

| | | | |
|---|---|---|---|
| je parlai | je finis | j'attendis | je partis |
| tu parlas | tu finis | tu attendis | tu partis |
| il parla | il finit | il attendit | il partit |
| elle parla | elle finit | elle attendit | elle partit |
| nous parlâmes | nous finîmes | nous attendîmes | nous partîmes |
| vous parlâtes | vous finîtes | vous attendîtes | vous partîtes |
| ils parlèrent | ils finirent | ils attendirent | ils partirent |
| elles parlèrent | elles finirent | elles attendirent | elles partirent |

IMPERATIVE

| | | | |
|---|---|---|---|
| parle | finis | attends | pars |
| parlons | finissons | attendons | partons |
| parlez | finissez | attendez | partez |

CONVERSATIONAL PAST

| | | | |
|---|---|---|---|
| j'ai parlé | j'ai fini | j'ai attendu | je suis parti(e) |
| tu as parlé | tu as fini | tu as attendu | tu es parti(e) |
| il a parlé | il a fini | il a attendu | il est parti |
| elle a parlé | elle a fini | elle a attendu | elle est partie |
| nous avons parlé | nous avons fini | nous avons attendu | nous sommes parti(e)s |
| vous avez parlé | vous avez fini | vous avez attendu | vous êtes parti(e)(s)(es) |
| ils ont parlé | ils ont fini | ils ont attendu | ils sont partis |
| elles ont parlé | elles ont fini | elles ont attendu | elles sont parties |

FUTURE PERFECT

| | | | |
|---|---|---|---|
| j'aurai parlé | j'aurai fini | j'aurai attendu | je serai parti(e) |
| tu auras parlé | tu auras fini | tu auras attendu | tu seras parti(e) |
| il aura parlé | il aura fini | il aura attendu | il sera parti |
| elle aura parlé | elle aura fini | elle aura attendu | elle sera partie |

| **parler** | **finir (-iss-)** | **attendre** | **partir** |
| --- | --- | --- | --- |
| *to speak* | *to finish* | *to wait* | *to leave* |

FUTURE PERFECT

| | | | |
| --- | --- | --- | --- |
| nous aurons parlé | nous aurons fini | nous aurons attendu | nous serons parti(e)s |
| vous aurez parlé | vous aurez fini | vous aurez attendu | vous serez parti(e)(s)(es) |
| ils auront parlé | ils auront fini | ils auront attendu | ils seront partis |
| elles auront parlé | elles auront fini | elles auront attendu | elles seront parties |

PLUPERFECT

| | | | |
| --- | --- | --- | --- |
| j'avais parlé | j'avais fini | j'avais attendu | j'étais parti(e) |
| tu avais parlé | tu avais fini | tu avais attendu | tu étais parti(e) |
| il avait parlé | il avait fini | il avait attendu | il était parti |
| elle avait parlé | elle avait fini | elle avait attendu | elle était partie |
| nous avions parlé | nous avions fini | nous avions attendu | nous étions parti(e)s |
| vous aviez parlé | vous aviez fini | vous aviez attendu | vous étiez parti(e)(s)(es) |
| ils avaient parlé | ils avaient fini | ils avaient attendu | ils étaient partis |
| elles avaient parlé | elles avaient fini | elles avaient attendu | elles étaient parties |

CONDITIONAL PAST

| | | | |
| --- | --- | --- | --- |
| j'aurais parlé | j'aurais fini | j'aurais attendu | je serais parti(e) |
| tu aurais parlé | tu aurais fini | tu aurais attendu | tu serais parti(e) |
| il aurait parlé | il aurait fini | il aurait attendu | il serait parti |
| elle aurait parlé | elle aurait fini | elle aurait attendu | elle serait partie |
| nous aurions parlé | nous aurions fini | nous aurions attendu | nous serions parti(e)s |
| vous auriez parlé | vous auriez fini | vous auriez attendu | vous seriez parti(e)(s)(es) |
| ils auraient parlé | ils auraient fini | ils auraient attendu | ils seraient partis |
| elles auraient parlé | elles auraient fini | elles auraient attendu | elles seraient parties |

PAST SUBJUNCTIVE

| | | | |
| --- | --- | --- | --- |
| j'aie parlé | j'aie fini | j'aie attendu | je sois parti(e) |
| tu aies parlé | tu aies fini | tu aies attendu | tu sois parti(e) |
| il ait parlé | il ait fini | il ait attendu | il soit parti |
| elle ait parlé | elle ait fini | elle ait attendu | elle soit partie |
| nous ayons parlé | nous ayons fini | nous ayons attendu | nous soyons parti(e)s |
| vous ayez parlé | vous ayez fini | vous ayez attendu | vous soyez parti(e)(s)(es) |
| ils aient parlé | ils aient fini | ils aient attendu | ils soient partis |
| elles aient parlé | elles aient fini | elles aient attendu | elles soient parties |

# REGULAR -ER VERBS WITH STEM SPELLING CHANGES

INFINITIVE

| **commencer**[1] | **manger**[2] | **appeler**[3] |
|---|---|---|
| *to begin* | *to eat* | *to call* |

PRESENT PARTICIPLE

| commençant | mangeant | appelant |
|---|---|---|

PAST PARTICIPLE

| commencé | mangé | appelé |
|---|---|---|

PRESENT

| je commence | je mange | j'appelle |
|---|---|---|
| tu commences | tu manges | tu appelles |
| il commence | il mange | il appelle |
| elle commence | elle mange | elle appelle |
| nous commençons | nous mangeons | nous appelons |
| vous commencez | vous mangez | vous appelez |
| ils commencent | ils mangent | ils appellent |
| elles commencent | elles mangent | elles appellent |

PRESENT SUBJUNCTIVE

| je commence | je mange | j'appelle |
|---|---|---|
| tu commences | tu manges | tu appelles |
| il commence | il mange | il appelle |
| elle commence | elle mange | elle appelle |
| nous commencions | nous mangions | nous appelions |
| vous commenciez | vous mangiez | vous appeliez |
| ils commencent | ils mangent | ils appellent |
| elles commencent | elles mangent | elles appellent |

IMPERFECT

| je commençais | je mangeais | j'appelais |
|---|---|---|
| tu commençais | tu mangeais | tu appelais |
| il commençait | il mangeait | il appelait |
| elle commençait | elle mangeait | elle appelait |
| nous commencions | nous mangions | nous appelions |
| vous commenciez | vous mangiez | vous appeliez |
| ils commençaient | ils mangeaient | ils appelaient |
| elles commençaient | elles mangeaient | elles appelaient |

[1] Verbs like *commencer*: dénoncer, menacer, prononcer, remplacer, tracer
[2] Verbs like *manger*: bouger, changer, dégager, engager, juger, loger, mélanger, nager, neiger, obliger, partager, voyager
[3] Verbs like *appeler*: épeler, jeter, (se) rappeler

| **commencer**[1] | **manger**[2] | **appeler**[3] |
| *to begin* | *to eat* | *to call* |

### FUTURE

| je commencerai | je mangerai | j'appellerai |
| tu commenceras | tu mangeras | tu appelleras |
| il commencera | il mangera | il appellera |
| elle commencera | elle mangera | elle appellera |
| nous commencerons | nous mangerons | nous appellerons |
| vous commencerez | vous mangerez | vous appellerez |
| ils commenceront | ils mangeront | ils appelleront |
| elles commenceront | elles mangeront | elles appelleront |

### CONDITIONAL

| je commencerais | je mangerais | j'appellerais |
| tu commencerais | tu mangerais | tu appellerais |
| il commencerait | il mangerait | il appellerait |
| elle commencerait | elle mangerait | elle appellerait |
| nous commencerions | nous mangerions | nous appellerions |
| vous commenceriez | vous mangeriez | vous appelleriez |
| ils commenceraient | ils mangeraient | ils appelleraient |
| elles commenceraient | elles mangeraient | elles appelleraient |

### LITERARY PAST

| je commençai | je mangeai | j'appelai |
| tu commenças | tu mangeas | tu appelas |
| il commença | il mangea | il appela |
| elle commença | elle mangea | elle appela |
| nous commençâmes | nous mangeâmes | nous appelâmes |
| vous commençâtes | vous mangeâtes | vous appelâtes |
| ils commencèrent | ils mangèrent | ils appelèrent |
| elles commencèrent | elles mangèrent | elles appelèrent |

### IMPERATIVE

| commence | mange | appelle |
| commençons | mangeons | appelons |
| commencez | mangez | appelez |

### CONVERSATIONAL PAST

| j'ai commencé | j'ai mangé | j'ai appelé |
| tu as commencé | tu as mangé | tu as appelé |
| il a commencé | il a mangé | il a appelé |
| elle a commencé | elle a mangé | elle a appelé |
| nous avons commencé | nous avons mangé | nous avons appelé |
| vous avez commencé | vous avez mangé | vous avez appelé |
| ils ont commencé | ils ont mangé | ils ont appelé |
| elles ont commencé | elles ont mangé | elles ont appelé |

INFINITIVE

| **essayer**[1] | **acheter**[2] | **préférer**[3] |
|---|---|---|
| *to try* | *to buy* | *to prefer* |

PRESENT PARTICIPLE

| essayant | achetant | préférant |
|---|---|---|

PAST PARTICIPLE

| essayé | acheté | préféré |
|---|---|---|

PRESENT

| j'essaie | j'achète | je préfère |
|---|---|---|
| tu essaies | tu achètes | tu préfères |
| il essaie | il achète | il préfère |
| elle essaie | elle achète | elle préfère |
| nous essayons | nous achetons | nous préférons |
| vous essayez | vous achetez | vous préférez |
| ils essaient | ils achètent | ils préfèrent |
| elles essaient | elles achètent | elles préfèrent |

PRESENT SUBJUNCTIVE

| j'essaie | j'achète | je préfère |
|---|---|---|
| tu essaies | tu achètes | tu préfères |
| il essaie | il achète | il préfère |
| elle essaie | elle achète | elle préfère |
| nous essayions | nous achetions | nous préférions |
| vous essayiez | vous achetiez | vous préfériez |
| ils essaient | ils achètent | ils préfèrent |
| elles essaient | elles achètent | elles préfèrent |

IMPERFECT

| j'essayais | j'achetais | je préférais |
|---|---|---|
| tu essayais | tu achetais | tu préférais |
| il essayait | il achetait | il préférait |
| elle essayait | elle achetait | elle préférait |
| nous essayions | nous achetions | nous préférions |
| vous essayiez | vous achetiez | vous préfériez |
| ils essayaient | ils achetaient | ils préféraient |
| elles essayaient | elles achetaient | elles préféraient |

FUTURE

| j'essaierai | j'achèterai | je préférerai |
|---|---|---|
| (j'essayerai) | | |
| tu essaieras | tu achèteras | tu préféreras |

[1] Verbs like *essayer: employer, payer* (In *essayer* and other verbs ending in *-ayer* [not *-oyer*], you may write *y* instead of *i* throughout. The forms are thus like any other regular *-er* verb, for example: *j'essuye, tu essayes,* etc.)

[2] Verbs like *acheter: achever, amener, (se) lever, (se) promener*

[3] Verbs like *préférer: célébrer, considérer, espérer, (s')inquiéter, pénétrer, posséder, répéter, révéler, suggérer*

| **essayer**[1] | **acheter**[2] | **préférer**[3] |
|---|---|---|
| *to try* | *to buy* | *to prefer* |

FUTURE

| | | |
|---|---|---|
| il essaiera | il achètera | il préférera |
| elle essaiera | elle achètera | elle préférera |
| nous essaierons | nous achèterons | nous préférerons |
| vous essaierez | vous achèterez | vous préférerez |
| ils essaieront | ils achèteront | ils préféreront |
| elles essaieront | elles achèteront | elles préféreront |

CONDITIONAL

| | | |
|---|---|---|
| j'essaierais | j'achèterais | je préférerais |
| (j'essayerais) | | |
| tu essaierais | tu achèterais | tu préférerais |
| il essaierait | il achèterait | il préférerait |
| elle essaierait | elle achèterait | elle préférerait |
| nous essaierions | nous achèterions | nous préférerions |
| vous essaieriez | vous achèteriez | vous préféreriez |
| ils essaieraient | ils achèteraient | ils préféreraient |
| elles essaieraient | elles achèteraient | elles préféreraient |

LITERARY PAST

| | | |
|---|---|---|
| j'essayai | j'achetai | je préférai |
| tu essayas | tu achetas | tu préféras |
| il essaya | il acheta | il préféra |
| elle essaya | elle acheta | elle préféra |
| nous essayâmes | nous achetâmes | nous préférâmes |
| vous essayâtes | vous achetâtes | vous préférâtes |
| ils essayèrent | ils achetèrent | ils préférèrent |
| elles essayèrent | elles achetèrent | elles préférèrent |

IMPERATIVE

| | | |
|---|---|---|
| essaie | achète | préfère |
| essayons | achetons | préférons |
| essayez | achetez | préférez |

CONVERSATIONAL PAST

| | | |
|---|---|---|
| j'ai essayé | j'ai acheté | j'ai préféré |
| tu as essayé | tu as acheté | tu as préféré |
| il a essayé | il a acheté | il a préféré |
| elle a essayé | elle a acheté | elle a préféré |
| nous avons essayé | nous avons acheté | nous avons préféré |
| vous avez essayé | vous avez acheté | vous avez préféré |
| ils ont essayé | ils ont acheté | ils ont préféré |
| elles ont essayé | elles ont acheté | elles ont préféré |

# IRREGULAR VERBS

In this list, the number at the right of each verb corresponds to the number of the verb, or of a similarly conjugated verb, in the table which follows. An asterisk (*) indicates that *être* is used as the auxiliary verb in the compound tenses. Verbs without an asterisk require *avoir* as the auxiliary verb.

| | | | | |
|---|---|---|---|---|
| *aller (*to go*) | 1 | falloir (*to be necessary*) | 18 |
| *s'en aller (*to go away*) | 1 | interdire (*to forbid*)[1] | 13 |
| apercevoir (*to perceive*) | 27 | lire (*to read*) | 19 |
| *apparaître (*to appear*) | 7 | maintenir (*to maintain*) | 33 |
| appartenir (*to belong*) | 33 | mettre (*to put*) | 20 |
| apprendre (*to learn*) | 26 | *mourir (*to die*) | 21 |
| *s'asseoir (*to sit down*) | 2 | *naître (*to be born*) | 22 |
| avoir (*to have*) | 3 | obtenir (*to obtain*) | 33 |
| battre (*to beat*) | 4 | offrir (*to offer*) | 30 |
| *se battre (*to fight*) | 4 | ouvrir (*to open*) | 30 |
| boire (*to drink*) | 5 | paraître (*to appear*) | 7 |
| comprendre (*to understand*) | 26 | permettre (*to permit*) | 20 |
| conduire (*to drive, to conduct*) | 6 | plaire (*to please*) | 23 |
| connaître (*to know*) | 7 | pleuvoir (*to rain*) | 24 |
| conquérir (*to conquer*) | 8 | pouvoir (*to be able*) | 25 |
| construire (*to construct*) | 6 | prendre (*to take*) | 26 |
| contenir (*to contain*) | 33 | produire (*to produce*) | 6 |
| contredire (*to contradict*)[1] | 13 | promettre (*to promise*) | 20 |
| convenir (*to agree*) | 36 | recevoir (*to receive*) | 27 |
| courir (*to run*) | 9 | reconnaître (*to recognize*) | 7 |
| couvrir (*to cover*) | 30 | recouvrir (*to cover completely*) | 30 |
| craindre (*to fear*) | 10 | reconstruire (*to rebuild*) | 6 |
| croire (*to believe*) | 11 | redécouvrir (*to rediscover*) | 30 |
| cuire (*to cook*) | 6 | *redevenir (*to become again*) | 35 |
| décevoir (*to deceive*) | 27 | remettre (*to postpone*) | 20 |
| découvrir (*to discover*) | 30 | retenir (*to reserve*) | 33 |
| décrire (*to describe*) | 14 | *revenir (*to come back*) | 35 |
| détruire (*to destroy*) | 6 | revoir (*to see again*) | 37 |
| *devenir (*to become*) | 35 | rire (*to laugh*) | 28 |
| devoir (*to owe, to have to*) | 12 | savoir (*to know*) | 29 |
| dire (*to say*) | 13 | souffrir (*to suffer*) | 30 |
| disparaître (*to disappear*) | 7 | sourire (*to smile*) | 28 |
| écrire (*to write*) | 14 | *se souvenir de (*to remember*) | 35 |
| entreprendre (*to undertake*) | 26 | suffire (*to suffice*) | 31 |
| envoyer (*to send*) | 15 | suivre (*to follow*) | 32 |
| être (*to be*) | 16 | *se taire (*to keep quiet*) | 23 |
| faire (*to do*) | 17 | tenir (*to hold*) | 33 |

[1] *Contredire* and *interdire* are like *dire* except for the *vous* form of the present tense. Compare: *vous dites, vous contredisez, vous interdisez.*

**INFINITIVE**

| **1. aller** | **2. s'asseoir** | **3. avoir** | **4. battre** |
|---|---|---|---|
| *to go* | *to sit down* | *to have* | *to beat* |

**PRESENT PARTICIPLE**

| allant | s'asseyant | ayant | battant |
|---|---|---|---|

**PAST PARTICIPLE**

| allé | assis | eu | battu |
|---|---|---|---|

**PRESENT**

| je vais | je m'assieds | j'ai | je bats |
|---|---|---|---|
| tu vas | tu t'assieds | tu as | tu bats |
| il va | il s'assied | il a | il bat |
| elle va | elle s'assied | elle a | elle bat |
| nous allons | nous nous asseyons | nous avons | nous battons |
| vous allez | vous vous asseyez | vous avez | vous battez |
| ils vont | ils s'asseyent | ils ont | ils battent |
| elles vont | elles s'asseyent | elles ont | elles battent |

**PRESENT SUBJUNCTIVE**

| j'aille | je m'asseye | j'aie | je batte |
|---|---|---|---|
| tu ailles | tu t'asseyes | tu aies | tu battes |
| il aille | il s'asseye | il ait | il batte |
| elle aille | elle s'asseye | elle ait | elle batte |
| nous allions | nous nous asseyions | nous ayons | nous battions |
| vous alliez | vous vous asseyiez | vous ayez | vous battiez |
| ils aillent | ils s'asseyent | ils aient | ils battent |
| elles aillent | elles s'asseyent | elles aient | elles battent |

**IMPERFECT**

| j'allais | je m'asseyais | j'avais | je battais |
|---|---|---|---|
| nous allions | nous nous asseyions | nous avions | nous battions |

**FUTURE**

| j'irai | je m'assiérai | j'aurai | je battrai |
|---|---|---|---|
| nous irons | nous nous assiérons | nous aurons | nous battrons |

**CONDITIONAL**

| j'irais | je m'assiérais | j'aurais | je battrais |
|---|---|---|---|
| nous irions | nous nous assiérions | nous aurions | nous battrions |

| **1. aller**<br>*to go* | **2. s'asseoir**<br>*to sit down* | **3. avoir**<br>*to have* | **4. battre**<br>*to beat* |
|---|---|---|---|

LITERARY PAST

| | | | |
|---|---|---|---|
| j'allai | je m'assis | j'eus | je battis |
| tu allas | tu t'assis | tu eus | tu battis |
| il alla | il s'assit | il eut | il battit |
| elle alla | elle s'assit | elle eut | elle battit |
| nous allâmes | nous nous assîmes | nous eûmes | nous battîmes |
| vous allâtes | vous vous assîtes | vous eûtes | vous battîtes |
| ils allèrent | ils s'assirent | ils eurent | ils battirent |
| elles allèrent | elles s'assirent | elles eurent | elles battirent |

IMPERATIVE

| | | | |
|---|---|---|---|
| va | assieds-toi | aie | bats |
| allons | asseyons-nous | ayons | battons |
| allez | asseyez-vous | ayez | battez |

CONVERSATIONAL PAST

| | | | |
|---|---|---|---|
| je suis allé(e) | je me suis assis(e) | j'ai eu | j'ai battu |
| nous sommes allé(e)s | nous nous sommes assis(es) | nous avons eu | nous avons battu |

INFINITIVE

| **5. boire**<br>*to drink* | **6. conduire**<br>*to lead* | **7. connaître**<br>*to know* | **8. conquérir**<br>*to conquer* |
|---|---|---|---|

PRESENT PARTICIPLE

| | | | |
|---|---|---|---|
| buvant | conduisant | connaissant | conquérant |

PAST PARTICIPLE

| | | | |
|---|---|---|---|
| bu | conduit | connu | conquis |

PRESENT

| | | | |
|---|---|---|---|
| je bois | je conduis | je connais | je conquiers |
| tu bois | tu conduis | tu connais | tu conquiers |
| il boit | il conduit | il connaît | il conquiert |
| elle boit | elle conduit | elle connaît | elle conquiert |
| nous buvons | nous conduisons | nous connaissons | nous conquérons |
| vous buvez | vous conduisez | vous connaissez | vous conquérez |
| ils boivent | ils conduisent | ils connaissent | ils conquièrent |
| elles boivent | elles conduisent | elles connaissent | elles conquièrent |

PRESENT SUBJUNCTIVE

| | | | |
|---|---|---|---|
| je boive | je conduise | je connaisse | je conquière |
| tu boives | tu conduises | tu connaisses | tu conquières |
| il boive | il conduise | il connaisse | il conquière |
| elle boive | elle conduise | elle connaisse | elle conquière |
| nous buvions | nous conduisions | nous connaissions | nous conquérions |
| vous buviez | vous conduisiez | vous connaissiez | vous conquériez |
| ils boivent | ils conduisent | ils connaissent | ils conquièrent |
| elles boivent | elles conduisent | elles connaissent | elles conquièrent |

| **5. boire**<br>*to drink* | **6. conduire**<br>*to lead* | **7. connaître**<br>*to know* | **8. conquérir**<br>*to conquer* |
|---|---|---|---|
| IMPERFECT | | | |
| je buvais | je conduisais | je connaissais | je conquérais |
| nous buvions | nous conduisions | nous connaissions | nous conquérions |
| FUTURE | | | |
| je boirai | je conduirai | je connaîtrai | je conquerrai |
| nous boirons | nous conduirons | nous connaîtrons | nous conquerrons |
| CONDITIONAL | | | |
| je boirais | je conduirais | je connaîtrais | je conquerrais |
| nous boirions | nous conduirions | nous connaîtrions | nous conquerrions |
| LITERARY PAST | | | |
| je bus | je conduisis | je connus | je conquis |
| tu bus | tu conduisis | tu connus | tu conquis |
| il but | il conduisit | il connut | il conquit |
| elle but | elle conduisit | elle connut | elle conquit |
| nous bûmes | nous conduisîmes | nous connûmes | nous conquîmes |
| vous bûtes | vous conduisîtes | vous connûtes | vous conquîtes |
| ils burent | ils conduisirent | ils connurent | ils conquirent |
| elles burent | elles conduisirent | elles connurent | elles conquirent |
| IMPERATIVE | | | |
| bois | conduis | connais | conquiers |
| buvons | conduisons | connaissons | conquérons |
| buvez | conduisez | connaissez | conquérez |
| CONVERSATIONAL PAST | | | |
| j'ai bu | j'ai conduit | j'ai connu | j'ai conquis |
| nous avons bu | nous avons conduit | nous avons connu | nous avons conquis |

INFINITIVE

| **9. courir**<br>*to run* | **10. craindre**<br>*to fear* | **11. croire**<br>*to believe* | **12. devoir**<br>*to have to* |
|---|---|---|---|
| PRESENT PARTICIPLE | | | |
| courant | craignant | croyant | devant |
| PAST PARTICIPLE | | | |
| couru | craint | cru | dû, due (f.) |
| PRESENT | | | |
| je cours | je crains | je crois | je dois |
| tu cours | tu crains | tu crois | tu dois |
| il court | il craint | il croit | il doit |
| elle court | elle craint | elle croit | elle doit |
| nous courons | nous craignons | nous croyons | nous devons |
| vous courez | vous craignez | vous croyez | vous devez |

| **9. courir**<br>*to run* | **10. craindre**<br>*to fear* | **11. croire**<br>*to believe* | **12. devoir**<br>*to have to* |
|---|---|---|---|
| PRESENT | | | |
| ils courent | ils craignent | ils croient | ils doivent |
| elles courent | elles craignent | elles croient | elles doivent |
| PRESENT SUBJUNCTIVE | | | |
| je coure | je craigne | je croie | je doive |
| tu coures | tu craignes | tu croies | tu doives |
| il coure | il craigne | il croie | il doive |
| elle coure | elle craigne | elle croie | elle doive |
| nous courions | nous craignions | nous croyions | nous devions |
| vous couriez | vous craigniez | vous croyiez | vous deviez |
| ils courent | ils craignent | ils croient | ils doivent |
| elles courent | elles craignent | elles croient | elles doivent |
| IMPERFECT | | | |
| je courais | je craignais | je croyais | je devais |
| nous courions | nous craignions | nous croyions | nous devions |
| FUTURE | | | |
| je courrai | je craindrai | je croirai | je devrai |
| nous courrons | nous craindrons | nous croirons | nous devrons |
| CONDITIONAL | | | |
| je courrais | je craindrais | je croirais | je devrais |
| nous courrions | nous craindrions | nous croirions | nous devrions |
| LITERARY PAST | | | |
| je courus | je craignis | je crus | je dus |
| tu courus | tu craignis | tu crus | tu dus |
| il courut | il craignit | il crut | il dut |
| elle courut | elle craignit | elle crut | elle dut |
| nous courûmes | nous craignîmes | nous crûmes | nous dûmes |
| vous courûtes | vous craignîtes | vous crûtes | vous dûtes |
| ils coururent | ils craignirent | ils crurent | ils durent |
| elles coururent | elles craignirent | elles crurent | elles durent |
| IMPERATIVE | | | |
| cours | crains | crois | dois |
| courons | craignons | croyons | devons |
| courez | craignez | croyez | devez |
| CONVERSATIONAL PAST | | | |
| j'ai couru | j'ai craint | j'ai cru | j'ai dû |
| nous avons couru | nous avons craint | nous avons cru | nous avons dû |

INFINITIVE

| **13. dire**<br>*to say* | **14. écrire**<br>*to write* | **15. envoyer**<br>*to send* | **16. être**<br>*to be* |
|---|---|---|---|

PRESENT PARTICIPLE

| disant | écrivant | envoyant | étant |
|---|---|---|---|

PAST PARTICIPLE

| dit | écrit | envoyé | été |
|---|---|---|---|

PRESENT

| je dis | j'écris | j'envoie | je suis |
|---|---|---|---|
| tu dis | tu écris | tu envoies | tu es |
| il dit | il écrit | il envoie | il est |
| elle dit | elle écrit | elle envoie | elle est |
| nous disons | nous écrivons | nous envoyons | nous sommes |
| vous dites | vous écrivez | vous envoyez | vous êtes |
| ils disent | ils écrivent | ils envoient | ils sont |
| elles disent | elles écrivent | elles envoient | elles sont |

PRESENT SUBJUNCTIVE

| je dise | j'écrive | j'envoie | je sois |
|---|---|---|---|
| tu dises | tu écrives | tu envoies | tu sois |
| il dise | il écrive | il envoie | il soit |
| elle dise | elle écrive | elle envoie | elle soit |
| nous disions | nous écrivions | nous envoyions | nous soyons |
| vous disiez | vous écriviez | vous envoyiez | vous soyez |
| ils disent | ils écrivent | ils envoient | ils soient |
| elles disent | elles écrivent | elles envoient | elles soient |

IMPERFECT

| je disais | j'écrivais | j'envoyais | j'étais |
|---|---|---|---|
| nous disions | nous écrivions | nous envoyions | nous étions |

FUTURE

| je dirai | j'écrirai | j'enverrai | je serai |
|---|---|---|---|
| nous dirons | nous écrirons | nous enverrons | nous serons |

CONDITIONAL

| je dirais | j'écrirais | j'enverrais | je serais |
|---|---|---|---|
| nous dirions | nous écririons | nous enverrions | nous serions |

LITERARY PAST

| je dis | j'écrivis | j'envoyai | je fus |
|---|---|---|---|
| tu dis | tu écrivis | tu envoyas | tu fus |
| il dit | il écrivit | il envoya | il fut |
| elle dit | elle écrivit | elle envoya | elle fut |
| nous dîmes | nous écrivîmes | nous envoyâmes | nous fûmes |
| vous dîtes | vous écrivîtes | vous envoyâtes | vous fûtes |
| ils dirent | ils écrivirent | ils envoyèrent | ils furent |
| elles dirent | elles écrivirent | elles envoyèrent | elles furent |

| **13. dire**<br>*to say* | **14. écrire**<br>*to write* | **15. envoyer**<br>*to send* | **16. être**<br>*to be* |
|---|---|---|---|

IMPERATIVE

| dis | écris | envoie | sois |
|---|---|---|---|
| disons | écrivons | envoyons | soyons |
| dites | écrivez | envoyez | soyez |

CONVERSATIONAL PAST

| j'ai dit | j'ai écrit | j'ai envoyé | j'ai été |
|---|---|---|---|
| nous avons dit | nous avons écrit | nous avons envoyé | nous avons été |

INFINITIVE

| **17. faire**<br>*to do, to make* | **18. falloir**<br>*to be necessary* | **19. lire**<br>*to read* | **20. mettre**<br>*to put* |
|---|---|---|---|

PRESENT PARTICIPLE

| faisant | — | lisant | mettant |
|---|---|---|---|

PAST PARTICIPLE

| fait | fallu | lu | mis |
|---|---|---|---|

PRESENT

| je fais | il faut | je lis | je mets |
|---|---|---|---|
| tu fais | | tu lis | tu mets |
| il fait | | il lit | il met |
| elle fait | | elle lit | elle met |
| nous faisons | | nous lisons | nous mettons |
| vous faites | | vous lisez | vous mettez |
| ils font | | ils lisent | ils mettent |
| elles font | | elles lisent | elles mettent |

PRESENT SUBJUNCTIVE

| je fasse | il faille | je lise | je mette |
|---|---|---|---|
| tu fasses | | tu lises | tu mettes |
| il fasse | | il lise | il mette |
| elle fasse | | elle lise | elle mette |
| nous fassions | | nous lisions | nous mettions |
| vous fassiez | | vous lisiez | vous mettiez |
| ils fassent | | ils lisent | ils mettent |
| elles fassent | | elles lisent | elles mettent |

IMPERFECT

| je faisais | il fallait | je lisais | je mettais |
|---|---|---|---|
| nous faisions | | nous lisions | nous mettions |

FUTURE

| je ferai | il faudra | je lirai | je mettrai |
|---|---|---|---|
| nous ferons | | nous lirons | nous mettrons |

| **17. faire**<br>*to do, to make* | **18. falloir**<br>*to be necessary* | **19. lire**<br>*to read* | **20. mettre**<br>*to put* |
|---|---|---|---|

CONDITIONAL

| je ferais | il faudrait | je lirais | je mettrais |
|---|---|---|---|
| nous ferions | | nous lirions | nous mettrions |

LITERARY PAST

| je fis | il fallut | je lus | je mis |
|---|---|---|---|
| tu fis | | tu lus | tu mis |
| il fit | | il lut | il mit |
| elle fit | | elle lut | elle mit |
| nous fîmes | | nous lûmes | nous mîmes |
| vous fîtes | | vous lûtes | vous mîtes |
| ils firent | | ils lurent | ils mirent |
| elles firent | | elles lurent | elles mirent |

IMPERATIVE

| fais | | lis | mets |
|---|---|---|---|
| faisons | | lisons | mettons |
| faites | | lisez | mettez |

CONVERSATIONAL PAST

| j'ai fait | il a fallu | j'ai lu | j'ai mis |
|---|---|---|---|
| nous avons fait | | nous avons lu | nous avons mis |

INFINITIVE

| **21. mourir**<br>*to die* | **22. naître**<br>*to be born* | **23. plaire**<br>*to please* | **24. pleuvoir**<br>*to rain* |
|---|---|---|---|

PRESENT PARTICIPLE

| mourant | naissant | plaisant | pleuvant |
|---|---|---|---|

PAST PARTICIPLE

| mort | né | plu | plu |
|---|---|---|---|

PRESENT

| je meurs | je nais | je plais | il pleut |
|---|---|---|---|
| tu meurs | tu nais | tu plais | |
| il meurt | il naît | il plaît | |
| elle meurt | elle naît | elle plaît | |
| nous mourons | nous naissons | nous plaisons | |
| vous mourez | vous naissez | vous plaisez | |
| ils meurent | ils naissent | ils plaisent | |
| elles meurent | elles naissent | elles plaisent | |

PRESENT SUBJUNCTIVE

| je meure | je naisse | je plaise | il pleuve |
|---|---|---|---|
| tu meures | tu naisses | tu plaises | |
| il meure | il naisse | il plaise | |
| elle meure | elle naisse | elle plaise | |

| **25. pouvoir**<br>*to be able* | **26. prendre**<br>*to take* | **27. recevoir**<br>*to receive* | **28. rire**<br>*to laugh* |
|---|---|---|---|

CONVERSATIONAL PAST

| | | | |
|---|---|---|---|
| j'ai pu | j'ai pris | j'ai reçu | j'ai ri |
| nous avons pu | nous avons pris | nous avons reçu | nous avons ri |

INFINITIVE

| **29. savoir**<br>*to know* | **30. souffrir**<br>*to suffer* | **31. suffire**<br>*to suffice* | **32. suivre**<br>*to follow* |
|---|---|---|---|

PRESENT PARTICIPLE

| | | | |
|---|---|---|---|
| sachant | souffrant | suffisant | suivant |

PAST PARTICIPLE

| | | | |
|---|---|---|---|
| su | souffert | suffi | suivi |

PRESENT

| | | | |
|---|---|---|---|
| je sais | je souffre | je suffis | je suis |
| tu sais | tu souffres | tu suffis | tu suis |
| il sait | il souffre | il suffit | il suit |
| elle sait | elle souffre | elle suffit | elle suit |
| nous savons | nous souffrons | nous suffisons | nous suivons |
| vous savez | vous souffrez | vous suffisez | vous suivez |
| ils savent | ils souffrent | ils suffisent | ils suivent |
| elles savent | elles souffrent | elles suffisent | elles suivent |

PRESENT SUBJUNCTIVE

| | | | |
|---|---|---|---|
| je sache | je souffre | je suffise | je suive |
| tu saches | tu souffres | tu suffises | tu suives |
| il sache | il souffre | il suffise | il suive |
| elle sache | elle souffre | elle suffise | elle suive |
| nous sachions | nous souffrions | nous suffisions | nous suivions |
| vous sachiez | vous souffriez | vous suffisiez | vous suiviez |
| ils sachent | ils souffrent | ils suffisent | ils suivent |
| elles sachent | elles souffrent | elles suffisent | elles suivent |

IMPERFECT

| | | | |
|---|---|---|---|
| je savais | je souffrais | je suffisais | je suivais |
| nous savions | nous souffrions | nous suffisions | nous suivions |

FUTURE

| | | | |
|---|---|---|---|
| je saurai | je souffrirai | je suffirai | je suivrai |
| nous saurons | nous souffrirons | nous suffirons | nous suivrons |

CONDITIONAL

| | | | |
|---|---|---|---|
| je saurais | je souffrirais | je suffirais | je suivrais |
| nous saurions | nous souffririons | nous suffirions | nous suivrions |

| **29. savoir** | **30. souffrir** | **31. suffire** | **32. suivre** |
|---|---|---|---|
| *to know* | *to suffer* | *to suffice* | *to follow* |

### LITERARY PAST

| | | | |
|---|---|---|---|
| je sus | je souffris | je suffis | je suivis |
| tu sus | tu souffris | tu suffis | tu suivis |
| il sut | il souffrit | il suffit | il suivit |
| elle sut | elle souffrit | elle suffit | elle suivit |
| nous sûmes | nous souffrîmes | nous suffîmes | nous suivîmes |
| vous sûtes | vous souffrîtes | vous suffîtes | vous suivîtes |
| ils surent | ils souffrirent | ils suffirent | ils suivirent |
| elles surent | elles souffrirent | elles suffirent | elles suivirent |

### IMPERATIVE

| | | | |
|---|---|---|---|
| sache | souffre | suffis | suis |
| sachons | souffrons | suffisons | suivons |
| sachez | souffrez | suffisez | suivez |

### CONVERSATIONAL PAST

| | | | |
|---|---|---|---|
| j'ai su | j'ai souffert | j'ai suffi | j'ai suivi |
| nous avons su | nous avons souffert | nous avons suffi | nous avons suivi |

### INFINITIVE

| **33. tenir** | **34. valoir** | **35. venir** | **36. vivre** |
|---|---|---|---|
| *to hold* | *to be worth* | *to come* | *to live* |

### PRESENT PARTICIPLE

| | | | |
|---|---|---|---|
| tenant | valant | venant | vivant |

### PAST PARTICIPLE

| | | | |
|---|---|---|---|
| tenu | valu | venu | vécu |

### PRESENT

| | | | |
|---|---|---|---|
| je tiens | je vaux | je viens | je vis |
| tu tiens | tu vaux | tu viens | tu vis |
| il tient | il vaut | il vient | il vit |
| elle tient | elle vaut | elle vient | elle vit |
| nous tenons | nous valons | nous venons | nous vivons |
| vous tenez | vous valez | vous venez | vous vivez |
| ils tiennent | ils valent | ils viennent | ils vivent |
| elles tiennent | elles valent | elles viennent | elles vivent |

### PRESENT SUBJUNCTIVE

| | | | |
|---|---|---|---|
| je tienne | je vaille | je vienne | je vive |
| tu tiennes | tu vailles | tu viennes | tu vives |
| il tienne | il vaille | il vienne | il vive |
| elle tienne | elle vaille | elle vienne | elle vive |
| nous tenions | nous valions | nous venions | nous vivions |

| 33. **tenir** | 34. **valoir** | 35. **venir** | 36. **vivre** |
| *to hold* | *to be worth* | *to come* | *to live* |

## PRESENT SUBJUNCTIVE

| | | | |
|---|---|---|---|
| vous teniez | vous valiez | vous veniez | nous viviez |
| ils tiennent | ils vaillent | ils viennent | ils vivent |
| elles tiennent | elles vaillent | elles viennent | elles vivent |

## IMPERFECT

| | | | |
|---|---|---|---|
| je tenais | je valais | je venais | je vivais |
| nous tenions | nous valions | nous venions | nous vivions |

## FUTURE

| | | | |
|---|---|---|---|
| je tiendrai | je vaudrai | je viendrai | je vivrai |
| nous tiendrons | nous vaudrons | nous viendrons | nous vivrons |

## CONDITIONAL

| | | | |
|---|---|---|---|
| je tiendrais | je vaudrais | je viendrais | je vivrais |
| nous tiendrions | nous vaudrions | nous viendrions | nous vivrions |

## LITERARY PAST

| | | | |
|---|---|---|---|
| je tins | je valus | je vins | je vécus |
| tu tins | tu valus | tu vins | tu vécus |
| il tint | il valut | il vint | il vécut |
| elle tint | elle valut | elle vint | elle vécut |
| nous tînmes | nous valûmes | nous vînmes | nous vécûmes |
| vous tîntes | vous valûtes | vous vîntes | vous vécûtes |
| ils tinrent | ils valurent | ils vinrent | ils vécurent |
| elles tinrent | elles valurent | elles vinrent | elles vécurent |

## IMPERATIVE

| | | | |
|---|---|---|---|
| tiens | vaux | viens | vis |
| tenons | valons | venons | vivons |
| tenez | valez | venez | vivez |

## CONVERSATIONAL PAST

| | | | |
|---|---|---|---|
| j'ai tenu | j'ai valu | je suis venu(e) | j'ai vécu |
| nous avons tenu | nous avons valu | nous sommes venu(e)s | nous avons vécu |

## INFINITIVE

| 37. **voir** | 38. **vouloir** |
| *to see* | *to want* |

## PRESENT PARTICIPLE

| voyant | voulant |

## PAST PARTICIPLE

| vu | voulu |

| **37. voir** | **38. vouloir** |
|---|---|
| *to see* | *to want* |

## PRESENT

| | |
|---|---|
| je vois | je veux |
| tu vois | tu veux |
| il voit | il veut |
| elle voit | elle veut |
| nous voyons | nous voulons |
| vous voyez | vous voulez |
| ils voient | ils veulent |
| elles voient | elles veulent |

## PRESENT SUBJUNCTIVE

| | |
|---|---|
| je voie | je veuille |
| tu voies | tu veuilles |
| il voie | il veuille |
| elle voie | elle veuille |
| nous voyions | nous voulions |
| vous voyiez | vous vouliez |
| ils voient | ils veuillent |
| elles voient | elles veuillent |

## IMPERFECT

| | |
|---|---|
| je voyais | je voulais |
| nous voyions | nous voulions |

## FUTURE

| | |
|---|---|
| je verrai | je voudrai |
| nous verrons | nous voudrons |

## CONDITIONAL

| | |
|---|---|
| je verrais | je voudrais |
| nous verrions | nous voudrions |

## LITERARY PAST

| | |
|---|---|
| je vis | je voulus |
| tu vis | tu voulus |
| il vit | il voulut |
| elle vit | elle voulut |
| nous vîmes | nous voulûmes |
| vous vîtes | vous voulûtes |
| ils virent | ils voulurent |
| elles virent | elles voulurent |

## IMPERATIVE

| | |
|---|---|
| vois | veuille |
| voyons | veuillons |
| voyez | veuillez |

**37. voir**
*to see*

**38. vouloir**
*to want*

CONVERSATIONAL PAST
j'ai vu
nous avons vu

j'ai voulu
nous avons voulu

# APPENDIX 3
# VOCABULAIRE

**à** to, at, in; **— moins que** unless; **— pied** on foot; **— présent** now, at present; **— travers** across

**abondance** *f.* abundance, plenty

**abonder** to be plentiful

*d'***abord** first, at first

**abricot** *m.* apricot

**absolument** absolutely

**académicien, -ne** *m. and .f* academician (member of the Académie française)

**accent** *m.* accent, emphasis

**accepter** to accept

**accès** *m.* access, approach; admittance

**accident** *m.* accident

**accompagner** to accompany

**accomplir** to accomplish; to carry out

*d'***accord** OK, in agreement

**accorder** to grant, to bestow

**accusation** *f.* accusation, charge

**achat** *m.* purchase; **faire des —s** to go shopping

**acheter** to buy

**achever** to end, to finish, to complete

**acteur** *m.* actor

**actif, -ive** active

**action** *f.* action, act

**activité** *f.* activity

**actrice** *f.* actress

**actuel, -elle** present, current

**adapter (s')** to adapt

**adjectif** *m.* adjective

**admirable** admirable

**admirateur** *m.* admirer

**admirer** to admire

**adopter** to adopt

**adresse** *f.* address

**affaire** *f.* matter; *pl.* business

**affirmatif, -ive** affirmative

**affirmativement** *adv.* affirmatively

**affirmer** to affirm

**affront** *m.* affront, slight, snub

**afin de** *prep.* in order to

**afin que** *conj.* in order that, so that

**africain** *n. and adj.* African

**âge** *m.* age; **Quel — avez-vous?** How old are you?

**âgé** old; **plus —** older; **les plus — oldest**

**agent de police** *m.* policeman

**agglomération** *f.* mass; cluster

**agir** to act; **s'— de** to be a question of

**agiter** to agitate, to debate

**agrandir** to enlarge

**agréable** pleasant, enjoyable

**agricole** agricultural

**aider** to aid, to help

**ailleurs** elsewhere; **d'—** besides

**aimer** to like, to love; **— mieux** to prefer

**aîné** elder, eldest

**ainsi** thus

**air** *m.* air; **avoir l'—** to seem, to look, to appear

**aisément** easily

**ajouter** to add

*s'***alarmer** to be frightened, to be alarmed

**alcoolisé** alcoholic

**alimentation** *f.* food

**Allemagne** *f.* Germany

**allemand** *n. and adj.* German

**aller** to go; **s'en —** to go away; **Comment allez-vous?** How are you? **Ces gants me vont bien.** These gloves look nice on me.

**aller** *m.* one-way ticket; **un — et retour** round-trip ticket

**alliés** *m. pl.* allies

**allumer** to light, to turn on (a light)

**allumette** *f.* match

**allusion** *f.* allusion

**alors** then; well; so; **Ça —!** That's a fine how-do-you-do! A fine thing!

**alpinisme** *m.* mountain climbing

**amateur** *m.* lover (of sport, of art)

**ambiance** *f.* atmosphere

**ambitieux, -euse** ambitious

**âme** *f.* soul

**aménager** to prepare

**amener** to bring, to lead

**américain** *n. and adj.* American

**américanisation** *f.* Americanization

*s'***américaniser** to become Americanized

**ami, -e** friend

**amical** (*plu.* **-aux, -ales**) friendly, amicable

**amitié** *f.* friendship, affection

**amour** *m.* love

**amoureux, -euse** *n.* lover; *adj.* in love

**amour-propre** *m.* self-pride

**amphithéâtre** *m.* lecture hall

**amusant** funny, amusing

**amusement** *m.* amusement, pastime

**amuser** to amuse; **s'—** to have a good time

**an** *m.* year; **avoir . . . ans** to be . . . years old

**ancestral** (*pl.* **-aux, -ales**) ancestral

**ancêtre** *m.* ancestor, forefather

**ancien, -enne** old, former

**ancrer** to anchor

**anglais** *n. and adj.* English person, English

**Angleterre** *f.* England

**anglophone** *m. and f.* person who speaks English

**animal** *m.* (*pl.* **-aux**) animal

**année** *f.* year

**anniversaire** *m.* anniversary

**annonce** *f.* announcement, advertisement

**antérieur** anterior; **futur —** future perfect

**antiquaire** *m.* antique dealer

**antiquité** *f.* antiquity

**antonyme** *m.* antonym

**août** *m.* August

**apercevoir** to perceive, to catch sight of

**à peu près** approximately

**apparaître** to appear

**appareil** *m.* instrument, array, display, apparatus

**apparence** *f.* appearance, look

**appartement** *m.* apartment

**appartenir** to belong

**appeler** to call; **s'—** to be named; **Comment vous appelez-vous?** What is your name?

**applaudir** to applaud

**appliquer** to apply

**apporter** to bring

**apprécier** to estimate; to value; to determine; to appreciate

**apprendre** to learn

**approprié** suitable; appropriate

**approuver** to approve

**approximativement** approximately

**après** *prep. and adv.* after, afterward; **— que** *conj.* after

**après-midi** *m.* afternoon

**arbre** *m.* tree

**architecte** *m.* architect

**architecture** *f.* architecture

**argent** *m.* money, silver

**argot** *m.* slang

**aride** dry, arid

**arme** *f.* weapon, arm

**armée** *f.* army

**armoire** *f.* closet

**arrêt** *m.* stop

**arrêter** to stop; **s'—** to stop (oneself)

**arrivée** *f.* arrival

**arriver** to arrive; to happen

**art** *m.* art

**artichaut** *m.* artichoke

**article** *m.* clause; article

**artiste** *m. and f.* artist, performer

**artistique** artistic

**aspect** *m.* sight; aspect

**asperges** *f. pl.* asparagus

**aspirateur** *m.* vacuum cleaner

**aspirine** *f.* aspirin

**s'asseoir** to sit down

**assez** enough, rather, quite

**assiette** *f.* plate

**assis** seated, sitting

**association** *f.* association

**assurer** to secure, to assure

**attachement** *m.* attachment

**attacher** to attach

**attaquer** to attack

**atteler** to harness

**attendre** to wait, to wait for

**attentif, -ive** attentive

**attention** *f.* attention; **faire —** to watch out, to be careful

**attirer** to attract

**attitude** *f.* attitude

**attrait** *m.* attraction

**attraper** to catch; **— un rhume** to catch a cold

**attrayant** attractive

**aube** *f.* dawn

**aucun, -e** no, not any; **aucun... ne** no, not any, no one

**aujourd'hui** today

**aussi** also, too, therefore; **aussi... que** as . . . as

**aussitôt que** as soon as

**autant de** as much as, as many as

**auteur** *m.* author

**autobus** *m.* bus (in the city)

**autocar** *m.* bus (from city to city)

**automne** *m.* autumn, fall

**automobile** *f.* automobile

**autorisation** *f.* authorization

**autoroute** *f.* freeway

**autre** other; **d'—s** some other (ones)

**autrefois** formerly

**autrement** otherwise

**avance** *f.* advance; **en —** early

**avancer** to advance

**avant** *adv. and prep.* before; **— que** *conj.* before

**avantage** *m.* advantage

**avare** stingy

**avec** with

**avenir** *m.* future

**aventure** *f.* adventure

**avenue** *f.* avenue

**aversion** *f.* aversion, dislike

**avion** *m.* airplane

**avis** *m.* opinion, view; **changer d'—** to change one's mind

**avocat** *m.* lawyer

**avoir** to have; **il y a** there is, there are; **il y a trois heures** three hours ago; **il y a... que** for (of time)

**avouer** to confess

**avril** *m.* April

**baguette** *f.* long loaf of bread

**baigneur, -euse** bather, swimmer

**bain** *m.* bath; **salle de —s** bathroom

**bal** *m. (pl. bals)* dance, ball

**ballet** *m.* ballet

**banane** *f.* banana

**banque** *f.* bank

**banquet** *m.* banquet

**barbare** *n. and adj.* barbarian

**barrière** *f.* fence, barrier

**bas, basse** low

**bas** *m.* stocking; **— de nylon** nylon stocking

**base-ball** *m.* baseball

**basketball** *m.* basketball

**basque** *n. and adj.* Basque

**basson** *m.* bassoon (instrument)

**bateau** *m. (pl. -eaux)* boat

**bâtiment** *m.* building

**bâtir** to build

**battre** to beat, to defeat; **se —** to fight

**bavarder** to chat

**beau, bel, beaux** *(f. belle, belles)* *adj.* beautiful, pretty, handsome

**beaucoup** much, very much, many, a great deal

**beau-fils** *m.* son-in-law

**beau-frère** *m.* brother-in-law

**beauté** *f.* beauty

**bébé** *m.* baby

**belge** *n. and adj.* Belgian

**Belgique** f. Belgium
**belle-mère** f. mother-in-law
**berceau** m. (pl. -eaux) cradle
**besoin** m. need; **avoir __ de** to need
**bête** adj. stupid; n.f. animal, beast
**beurre** m. butter
**Bible** f. Bible
**bibliothèque** f. library
**bicyclette** f. bicycle
**bien** fine, well, very; **vouloir __** to be willing; **eh __** well; **__ du, de la** much; **__ des** many; **__ que** although
**bientôt** soon; **à __** see you soon
**bienfaisant** benevolent
**bière** f. beer
**bifteck** m. steak; **__ frites** steak and French fries
**billet** m. ticket; **__ de quai** platform ticket
**bistro** m. café
**bizarre** odd, queer
**blanc, blanche** white
**blé** m. wheat
**bleu** blue
**blond** blond
**bloquer** to block, to stop, to jam
**blouse** f. smock; blouse
**bœuf** m. beef
**boire** to drink
**bois** m. wood, woods
**boisson** f. drink
**boîte** f. box, jar, can; **__ de conserves** canned goods; **__ de nuit** nightclub
**bon, bonne** good, nice (weather); **de bonne heure** early
**bonbon** m. (piece of) candy
**bonheur** m. happiness
**bonjour** hello (greeting for daytime)
**bonne** f. maid, servant
**bonsoir** hello (greeting for evening)
**bord** m. border, side, edge, bank (of river); **au __ de la mer** at the seashore
**bordé** lined, bordered
**bouche** f. mouth
**boucher, -ère** butcher

**boucherie** f. butcher shop
**bouger** to move; to budge
**boulanger, -ère** baker
**boulangerie** f. bakery
**boule** f. ball; **__s** game of bowls
**boulevard** m. boulevard
**bouleversement** m. upheaval; overthrow
**bouleverser** to upset, to overthrow
**bouteille** f. bottle
**boutique** f. shop, store
**bras** m. arm
**Brésil** m. Brazil
**brésilien, -enne** n. and adj. Brazilian
**brièvement** briefly
**brique** f. brick
**brouillard** m. fog; **faire du __** to be foggy
**brousse** f. brush
**bruit** m. noise
**brun** brown
**brunir** to brown, to tan, to polish
**brusquer** to be abrupt, to offend
**buffet** m. dresser, cupboard, buffet
**bulletin** m. bulletin, form, report
**bureau** m. (pl. -eaux) office, desk; **__ de tabac** tobacco shop; **__ de poste** post office

**ça** pron. that; **__ va?** OK? How are you?
**cabaret** m. tavern, cabaret
**cacao** m. cocoa
**cache** f. hiding place
**cacher** to hide
**cadeau** m. (pl. -eaux) gift
**cadet, -ette** m. or f. younger son or daughter
**café** m. coffee, café
**cahier** m. notebook
**calèche** f. light four-wheeled carriage
**calme** calm
**camarade** m. and f. friend
**camembert** m. a kind of cheese
**camion** m. truck
**campagne** f. country, campaign
**campeur** m. camper

**camping** m. camp site, camping; **faire du __** to go camping
**campus** m. campus
**Canada** m. Canada
**canadien, -ienne** n. and adj. Canadian
**canard** m. duck
**canon** m. gun, cannon
**canotage** m. boating; **faire du __** to go boating
**capitale** f. capital
**capter** to capture; to captivate
**car** conj. for, because
**car** m. bus (from city to city)
**caractère;** m. character
**carafe** f. water bottle; decanter
**cardinal** m. (pl. -aux) cardinal
**carnet** m. notebook
**carotte** f. carrot
**carrière** f. career
**carte** f. map; menu; playing card; **__ postale** postcard
**cas** m. case
**cassoulet** m. sort of casserole dish
**catastrophe** f. catastrophe
**cathédrale** f. cathedral
**catholique** n. and adj. Catholic
**cause** f. cause; **à __ de** because of
**causer** v. tr. to cause
**causer** v. intr. to talk, to chat
**causerie** f. short talk
**ce** pron. this, that, these, he, she, it, they
**ce, cet** (f. **cette**) adj. this, that; pl. **ces** these, those
**ceci** pron. this
**ceinture** f. belt
**cela** pron. that
**célèbre** famous, celebrated
**célébrer** to perform, to celebrate
**céleste** divine, celestial
**célibataire** n. and adj. celibate, unmarried
**celui** (f. **celle**) pron. the one; pl. **ceux, celles** the ones; **celui-là** that one, the former
**cent** hundred
**centaine** f. about a hundred
**centenaire** m. centenary (anniversary)

**centime** *m.* 1/100 part of a franc
**centre** *m.* center
**cependant** nevertheless
**cercle** *m.* circle
**céréale** *f.* cereal, grain
**cerise** *f.* cherry
**certain** certain, sure
**certes** most certainly
**cesser** to stop
**c'est-à-dire** that is to say
**chacun, -e** *pron.* each (one)
**chagrin** *m.* sorrow, grief
**chaise** *f.* chair
**chaleur** *f.* heat, warmth
**chambre** *f.* room, bedroom
**champ** *m.* field
**champagne** *m.* champagne
**chance** *f.* luck; **avoir de la —** to be lucky
**chandail** *m.* sweater
**changement** *m.* change
**changer** to change
**chanson** *f.* song
**chanter** to sing
**chanteur, -euse** singer
**chapeau** *m.* (*pl.* **-eaux**) hat
**chaque** *adj.* each
**charcuterie** *f.* pork butcher shop
**charcutier, -ière** pork butcher
**charmant** charming
**charme** *m.* charm
**chasse** *f.* hunt, hunting
**chasseur** *m.* hunter
**chat** *m.* cat
**château** *m.* (*pl.* **-eaux**) castle, chateau
**chaud** warm, hot; **avoir —** to be warm, hot (of persons); **faire —** to be warm, hot (of weather)
**chauffeur** *m.* driver
**chaussette** *f.* sock
**chaussure** *f.* shoe
**chef** *m.* chief, head, boss, chef
**chef-d'œuvre** *m.* masterpiece
**chemin** *m.* path, road; **— de fer** railroad; **en —** on the way
**chemise** *f.* shirt
**chemisier** *m.* blouse
**chèque** *m.* check
**cher, chère** expensive, dear

**chercher** to look for, to get, to fetch
**chéri** dear, darling
**cheval** *m.* (*pl.* **-aux**) horse, horsepower
**cheveux** *m. pl.* hair
**chez** (to, in) the house (office) of
**chien** *m.* dog
**chiffre** *m.* math, figure, number
**chimie** *f.* chemistry
**chimiste** *m. and f.* chemist
**Chine** *f.* China
**chinois** *n. and adj.* Chinese
**chocolat** *m.* chocolate
**choisir** to choose
**choix** *m.* choice
**chose** *f.* think; **quelque —** *m.* something
**chou** *m.* (*pl.* **choux**) cabbage; **— de Bruxelles** Brussels sprouts
**chou-fleur** *m.* (*pl.* **choux-fleurs**) cauliflower
**chrétienté** *f.* Christendom
**chute** *f.* fall
**cidre** *m.* cider
**ciel** *m.* (*pl.* **cieux**) sky, heaven
**cigarette** *f.* cigarette
**cinéma** *m.* movie theater
**cinq** five
**cinquante** fifty
**cinquième** fifth
**circonstance** *f.* circumstance
**circulation** *f.* traffic
**circuler** to circulate
**cité** *f.* city, housing development
**citer** to quote
**citoyen, -ne** *m. and f.* citizen
**citron pressé** *m.* lemonade
**civilisation** *f.* civilization
**civiliser** to civilize
**clair** clear
**clarinette** *f.* clarinet
**classique** classic
**clé** *f.* key
**clientèle** *f.* clientele
**climat** *m.* climate
**club** *m.* club
**Coca-Cola** *m.* Coca-Cola
**cocacolonisation** *f.* refers to the Americanization of France

**cochon** *m.* pig
**cochonnet** *m.* piglet; small wooden ball used in the game of bowls (*jeu de boules*)
**cocktail** *m.* cocktail, cocktail party
**cœur** *m.* heart
**coffre** *m.* chest, box, trunk (of a car)
**coin** *m.* corner
**colère** *f.* anger; **être en —** to be angry
**colis** *m.* package
**collaboration** *f.* collaboration
**collection** *f.* collecting, collection
**collectionner** to collect
**collègue** *m. and f.* colleague
**colon** *m.* colonist
**colonie** *f.* colony
**coloniser** to colonize
**combatif, -ive** combative
**combien** how many, how much
**comédie** *f.* comedy
**comique** comical, funny
**commander** to order (things)
**comme** like, as; **— d'habitude** as usual; **— ci, — ça** so-so
**commencement** *m.* beginning
**commencer** to begin
**comment** how
**commentaire** *m.* commentary, comment
**commenter** to comment on
**commerçant, -e** *m. and f.* merchant; *adj.* business, shopping
**commerce** *m.* trade, business
**commission** *f.* errand; **faire une —** to run an errand
**commun** common
**communauté** *f.* community
**communication** *f.* information, communication
**communion** *f.* communion
**communiquer** to communicate
**compagnie** *f.* company
**comparer** to compare
**complément** *m.* complement
**complet, -ète** complete
**complet** *m.* suit of clothes
**compléter** to complete
**compliqué** complicated

**composer** to compose

**compréhensible** understandable

**comprendre** to understand, to include

**compte** *m.* count; **se rendre __ de** to realize; **tenir __ de** to take into account

**compter** to count

**comptoir** *m.* bar, counter; **__ commercial** trading post

**concert** *m.* concert

**concurrence** *f.* competition

**condamner** to sentence, to condemn

**condition** *f.* condition

**conditionner** to condition

**conduire** to lead, to drive

**conférence** *f.* lecture, conference

**confiance** *f.* confidence

**confidence** *f.* secret

**confier** to trust, to confide

**confiserie** *f.* candy shop

**confort** *m.* comfort

**confortable** comfortable

**confrère** *m.* colleague

**congé** *m.* leave, holidays

**conjuguer** to conjugate

**connaissance** *f.* knowledge, acquaintance; **faire la __ de** to meet, to make the acquaintance of

**connaisseur, -euse** expert

**connaître** to know, to be acquainted with

**conquérir** to conquer

**consacrer** to consecrate, to devote

**conscience** *f.* consciousness, conscience; **prise de __** awareness

**conserver** to conserve, to retain, to preserve

**conserves** *f. pl.* preserves; **boîte de __** canned goods

**considérable** substantial

**considération** *f.* consideration

**considérer** to consider, to respect

**consommation** *f.* drink, consummation

**constituer** to construct, to compose, to constitute

**construction** *f.* construction

**construire** to build, to construct

**contacter** to contact

**conte** *m.* story, tale; **__ de fée** fairy tale

**contemporain** contemporary

**contenir** to contain

**content** happy, glad

*se* **contenter** to be content

**continent** *m.* continent

**continuer** to continue

**continuité** *f.* continuity

**contradiction** *f.* contradiction

**contraire** *m.* contrary; **au __** on the contrary

**contrairement** in contrast

**contre** against; **par __** on the other hand

**contredire** to contradict

**contrée** *f.* region, country

**convenable** appropriate

**convenir** to suit, to be agreeable

**convention** *f.* agreement

**conventionnel, -elle** conventional

**conversation** *f.* conversation, talk

**copier** to copy

**coq** *m.* rooster

**coquette** *n.f. and adj.* coquettish

**cor** *m.* horn

**corps** *m.* troupe, body

**correct** correct

**corriger** to correct, to punish, to cure

**cosmopolite** cosmopolitan

**côte** *f.* coast; **__ à __** side by side

**côté** *m.* side; **de l'autre __ de** on the other side of; **à __ de** next to

**côtelette** *f.* chop, cutlet

**cou** *m.* neck

*se* **coucher** to go to bed, to set (of the sun)

**coucher** *m.* setting; **__ du soleil** sunset

**couleur** *f.* color

**couloir** *m.* corridor, passage

**coup** *m.* blow, stroke; **tout à __** suddenly

**couper** to cut

**cour** *f.* court, yard; **faire la __** to court

**courage** *m.* courage; **__!** Be brave!

**courir** to run

**courrier** *m.* mail

**cours** *m.* class, course; **au __ de** during; **salle de __** classroom

**course** *f.* race; **faire des __s** to go shopping; **__ de taureaux** bullfight

**court** short

**cousin, cousine** cousin

**couteau** *m.* (*pl.* **-eaux**) knife

**coûter** to cost

**coutume** *f.* custom

**couvert** covered; **le ciel est __** it's cloudy

**couvrir** to cover

**craindre** to fear, to be afraid

**cravate** *f.* necktie

**crayon** *m.* pencil

**créer** to create

**crème** *f.* cream; *m.* coffee with cream

**crier** to cry, to scream

**crise** *f.* crisis

**critique** *adj.* critical; *n.m.* critic

**critiquer** to criticize

**croire** to believe, to think

**croisade** *f.* crusade

**croissant** *m.* crescent roll

**cru** *adj.* raw, uncooked; *n.m.* vintage

**cruel, -elle** cruel

**cubiste** cubist (painting)

**cuillère** *f.* spoon

**cuire** to cook

**cuisine** *f.* cooking

**cuisinier, -ière** cook, chef

**cultivé** cultivated, cultured

**cultiver** to cultivate, to till

**culture** *f.* agriculture, culture

**culturel, -le** cultural

**curieux, -euse** strange, curious

**dame** *f.* lady

**dangereux, -euse** dangerous

**dans** into, in

**danser** to dance

**date** *f.* date

**davantage** more

**de** of, about, from; **— peur que** for fear that

**débarquer** to land, to disembark

*se* **débrouiller** to get along, to handle a situation

**début** *m.* beginning

**décembre** *m.* December

**décevoir** to deceive

**décider** to decide

**décoration** *f.* decoration

**décorer** to decorate

**découvrir** to discover, to uncover

**décrire** to describe

**défi** *m.* challenge

**définir** to define

**définition** *f.* definition

**dégager** to radiate, to emit

**déjà** already

**déjeuner** to have breakfast, to have lunch

**déjeuner** *m.* lunch; **petit —** breakfast

**délabré** dilapidated

**délicieux, -euse** delicious, delightful

**demain** tomorrow; **à —** see you tomorrow

**demander** to ask, to ask for; **se — to wonder**

**demeurer** to live, to dwell, to remain

**demi** half; **—-kilo** a half kilo, a pound

**demi-heure** *f.* half hour

**démonstratif, -ive** demonstrative

**déneigement** *m.* snow removal

**dénoncer** to denounce; to declare

**dent** *f.* tooth

**dentiste** *m. and f.* dentist

**départ** *m.* departure

**dépasser** to pass

*se* **dépêcher** to hurry

**dépendre** to depend

**dépenser** to spend

**déplorer** to deplore

**dépositaire** *m. and f.* depositary

**depuis** for, since

**dernier, -ère** last; **ce —** the latter

*se* **dérouler** to take place

**derrière** in back of, behind

**dès** as long ago as; **— que** as soon as

**désagréable** unpleasant

**descendre** to go (come) down, to get out, to stay (at a hotel)

**description** *f.* description

**déserté** deserted

**déshonorer** to dishonor

**désir** *m.* desire

**désirer** to want

**désolé** very sorry; **être —** to regret, to be sorry

**dessert** *m.* dessert, sweet

**déterminer** to determine

**détester** to hate, to detest

**détruire** to destroy

**deux** two

**deuxième** second

**devant** in front of

**dévaster** to devastate

*se* **développer** to open out; to develop

**devenir** to become

**devoir** to have to, to owe

**devoir** *m.* duty, homework

**diabolique** diabolic

**dialecte** *m.* dialect

**dialogue** *m.* dialogue

**Dieu** *m.* God

**différent** different, distinct

**difficile** difficult

**difficulté** *f.* difficulty

**diffusion** *f.* diffusion

**dimanche** *m.* Sunday

**dindon** *m.* turkey

**dîner** to have dinner, to dine

**dîner** *m.* dinner

**diplomatique** diplomatic

**dire** to say, to tell; **vouloir —** to mean; **c'est-à-—** that is to say

**direct, -e** through (train)

**directeur** *m.* director

**direction** *f.* direction

**discours** *m.* speech

**discrètement** discreetly

**discussion** *f.* discussion

**discuter** to discuss

**disparaître** to disappear

**disque** *m.* record

**distance** *f.* distance, interval

**distinguer** to distinguish

**district** *m.* district

**divan** *m.* couch

**diversité** *f.* variety

**diviser** to divide

**dix** ten

**dix-huit** eighteen

**dixième** tenth

**dix-neuf** nineteen

**dix-sept** seventeen

**dizaine** about ten

**doigt** *m.* finger

**dollar** *m.* dollar

**domaine** *m.* domain

**dominer** to dominate

**dommage: Quel —!** What a shame! That's too bad!

**donc** then, so; **Dites —.** Say.

**donner** to give; **— sur** to look out on

**dont** of whom, of which, whose

**dorénavant** henceforth

**dormir** to sleep

**dortoir** *m.* dormitory

**dos** *m.* back

**douceur** *f.* sweetness; pleasantness

**douche** *f.* shower

**douer** to endow; **être doué pour** to have a gift for

**douloureux, -euse** painful, mournful

**doute** *m.* doubt; **sans —** probably, surely

**douter** to doubt; **se — de** to suspect

**doux, douce** sweet

**douzaine** *f.* dozen

**douze** twelve

**dramaturge** *m.* dramatist, playwright

**drame** *m.* drama

**droit** *m.* right, law

**droit** right, straight; **tout __** straight ahead; **à __e** to the right

**drôle** funny

**dû, due** owing, due

**dur** hard; tough

**durer** to endure, to last

**eau** *f.* (*pl.* **eaux**) water

**échapper** to escape

**écharpe** *f.* scarf

**éclairer** to light, to illuminate

**école** *f.* school

**économie** *f.* economy

**écouter** to listen, to listen to

**écrire** to write

**écrivain** *m.* writer, author

**édifice** *m.* building

**éducation** *f.* education, training

**effet** *m.* effect; **en __** yes (indeed)

**s'effondrer** to fall in; to break down

**effort** *m.* effort, exertion, attempt

**égal** (*pl.* **-aux, -ales**) equal; **Ça leur est __**. That's OK with them.

**égalité** *f.* equality

**église** *f.* church

**égoïste** *n. and adj.* selfish (person)

**élection** *f.* election

**électrique** *f.* electric

**élégance** *f.* elegance

**éléphant** *m.* elephant

**élève** *m. and f.* student

**élever** to raise; **s'__** to rise

**élision** *f.* elision

**elle** she, it, her; *pl.* **elles** they, them (*f.*)

**émancipation** *f.* emancipation

**émanciper** to emancipate

**embellir** to beautify, to embellish

**embrasser** to hug, to embrace

**employer** to use, to employ

**en** in, to, by, while, some, any, of it, of them, from there

**enchanté** happy (to meet you, in introductions)

**encore** yet, still, more; **__ une fois** again; **__ du vin** some more wine

**encre** *f.* ink

**s'endormir** to fall asleep

**endroit** *m.* place

**endurer** to endure, to bear

**énergique** energetic

**enfant** *m. and f.* child

**enfin** finally, at last

**s'engager** to begin; **__ dans** to enter (a street); **__ sur** to enter (an avenue)

**énigme** *f.* riddle, puzzle

**ennui** *m.* boredom, dullness

**énorme** huge, enormous

**s'enrichir** to grow rich

**enseignement** *m.* teaching

**enseigner** to teach

**ensemble** *m.* whole; *adv.* together

**ensuite** them, after that

**entendre** to hear, to undertand

**entier, -ère** entire, whole; **tout __** entirely

**entourer** to surround

**entre** between, among

**entrecouper** to interrupt; to intersperse

**entrée** *f.* entrance; admittance; main course (food)

**entreprendre** to undertake

**entrer dans** to enter, to come (go) in

**entretien** *m.* upkeep

**envahir** to invade

**envahisseur** *m.* invader; *adj.* invading

**envelopper** to wrap up

**envers** towards

**envers** *m.* back, reverse

**envie** *f.* envy; **avoir __ de** to feel like, to want

**environ** *adj.* about

**environner** to surround, to encompass

**environs** *m. pl.* vicinity; **dans les __s** in the vicinity

**envoyer** to send

**épais, -aisse** thick

**épatant** delightful, amazing, great

**épeler** to spell

**épicerie** *f.* grocery store

**épicier, -ère** grocer

**épinards** *m. pl.* spinach

**épopée** *f.* epic (poem)

**époque** *f.* time, period, age

**épouser** to marry

**époux, -se** spouse

**équivalent** equivalent

**escalier** *m.* flight of stairs

**escargot** *m.* snail

**espace** *m.* space, area

**Espagne** *f.* Spain

**espagnol** *n. and adj.* Spaniard, Spanish

**espérer** to hope

**espoir** *m.* hope

**esprit** *m.* spirit, mind, intellect, sense, wit

**essai** *m.* essay

**essayer** to try, to try on

**essence** *f.* gasoline; **être en panne d'__** to be out of gas

**essentiel, -elle** essential

**est** *m.* east

**estimer** to estimate, to value

**estomac** *m.* stomach

**et** and

**établir** to establish

**étage** *m.* floor, story (of a building)

**étape** *f.* lap (of a race)

**état** *m.* state

**États-Unis** *m. pl.* United States

**été** *m.* summer

**s'étendre** to extend

**étincelle** *f.* spark

**étonner** to surprise, to astonish; **s'__** to be surprised, to be astonished

**étranger, -ère** *n. and adj.* foreigner, stranger, foreign; **à l'__** abroad

**être** to be

**étude** *f.* study

**étudiant, -e** *m. and f.* student

**étudier** to study

**européen, -enne** *n. and adj.* European

**eux** they, them

**événement** *m.* event, happening

**évidemment** evidently, clearly

évident   obvious
éviter   to avoid
évoluer   to evolve
évoquer   to evoke, to conjure up
exact   precise, exact
exactement   exactly, punctually
examen *m.*   exam, examination
examiner   to examine, to scrutinize
exceller   to excel
excessif, -ive   excessive, exaggerated
exclusif, -ve   exclusive, sole
excursion *f.*   excursion, outing
exécution *f.*   execution
exemple *m.*   example
exercé   experienced, trained
exercer   to exercise
exercice *m.*   exercise
exister   to exist, to be
exorbitant   exorbitant, costly
exotique   exotic
expédier   to dispatch
explication *f.*   explanation
expliquer   to explain
exploit *m.*   exploit, feat, prowess
exploiter   to exploit
exploration *f.*   exploration
explorer   to explore
exporter   to export
exposition *f.*   exhibition, show
expression *f.*   expression
exprimer   to express; s'__   to express oneself
exquis   exquisite
extension *f.*   extension
extraordinaire   rare, uncommon

fabriquer   to manufacture
face *f.*   face; en __ de   opposite, across the street; faire __ à   to face
fâcher   to anger; se __   to get angry
facile   easy
façon *f.*   way, manner
facteur *m.*   letter carrier
faible   weak
faim *f.*   hunger; avoir __   to be hungry

faire   to do, to make; Cela fait 3 francs.   That comes to (will be) 3 francs.
falloir   to be necessary
famille *f.*   family
farce *f.*   joke, farce
farine *f.*   flour
fatigue *f.*   tiredness, weariness
fatigué   tired
faute *f.*   error, mistake
fauteuil *m.*   armchair
faux, fausse   false
favori, -ite   favorite
femme *f.*   woman, wife; __ de chambre   maid
fenêtre *f.*   window
fermer   to close
fertilité *f.*   fertility
fête *f.*   festival
fêter   to feast, to celebrate
feu *m.* (*pl.* feux)   fire; donner du __   to give a light
février *m.*   February
fier, -ère   proud
*se* fier à   to trust
fièvre *f.*   fever
figure *f.*   face; mathematical figure
fil *m.*   thread, wire
filet *m.*   net
fille *f.*   daughter; jeune __   girl
film *m.*   film, motion picture
fils *m.*   son
fin *f.*   end; __ mars   the end of March
finalement *adv.*   at last, finally
financier, -ère *n.m. and adj.*   financier; financial
finir   to finish, to end
fixer   to fasten; __ rendez-vous   to arrange a meeting, to make a date
flagrant   flagrant, glaring
fleur *f.*   flower
fleuve *m.*   river
flute *f.*   musical flute
foi *f.*   faith
fois *f.*   time, occasion; une __ once; à la __   at the same time
foncé   dark; vert __   dark green
fonder   to found, to start

football *m.*   soccer
force *f.*   strength, power
forêt *f.*   forest
forme *f.*   shape, form
former   to form, to shape
formidable   terrific, formidable
fort   strong
fortifier   to strengthen
fou, fol, folle   crazy, insane
fouiller   to rummage, to look for
foule *f.*   crowd; une __ de   many
four à micro-ondes *m.*   microwave oven
fourchette *f.*   fork
fourrure *f.*   fur; skin
foyer *m.*   hearth, fireplace, home
frais, fraîche   fresh, cool, cold; faire frais   to be cool (weather)
fraise *f.*   strawberry
franc *m.*   franc
français *n. and adj.*   French person, French
France *f.*   France
francophone *n. and adj.*   French-speaking; French speaker
franglais *m.*   use of English words in French
fréquenter   to frequent, to visit often
frère *m.*   brother
fricassée *f.*   fricassee
frigidaire *m.*   refrigerator
frites *f. pl.*   French fried potatoes
froid   cold; avoir __   to be cold (of persons); faire __   to be cold (of weather)
fromage *m.*   cheese
front *m.*   forehead, brow
frontière *f.*   frontier, boundary
fruit *m.*   fruit
fruitier, -ère   fruit merchant
fumer   to smoke
futur *n.m. and adj.*   future

gagner   to win, to gain, to earn
gai   cheerful, gay
gant *m.*   glove
garagiste *m.*   garage employee
garçon *m.*   boy; waiter; petit __ boy
garder   to keep, to maintain

**garderie** *f.* day nursery
**gare** *f.* railway station
**garer** to park
**gâteau** *m.* (*pl.* **-eaux**) cake
**gauche** *n.f. and adj.* left; **à __** to the left
**gendarme** *m.* gendarme, member of the police militia
**général** (*pl.* **-aux, -ales**) general, universal
**génération** *f.* generation
**généreux, -euse** generous
**génie** *m.* demon
**genou** *m.* (*pl.* **-oux**) knee
**genre** *m.* kind, family
**gens** *m. pl.* people
**gentil, -ille** nice, kind, pleasant
**gentiment** nicely, sweetly
**géographie** *f.* geography
**géologie** *f.* geology
**gérant** *m.* manager, director
**gigot** *m.* leg of lamb
**gin** *m.* gin
**glace** *f.* mirror; ice; ice cream
**globe** *m.* globe, sphere
**gloire** *f.* glory
**glorieux, -euse** glorious
**glorifier** to glorify, to praise
**golf** *m.* golf
**gomme** *f.* eraser
**gorge** *f.* throat; **avoir mal à la __** to have a sore throat
**gothique** Gothic
**goût** *m.* taste
**goûter** to taste
**gouvernement** *m* government
**gouverner** to direct, to manage
**grammarien, -ne** *m. and f.* grammarian
**grand** big, tall, great
**grandiose** majestic, imposing
**grandir** to grow (up)
**grand-mère** *f.* grandmother
**grand-père** *m.* grandfather
**gratte-ciel** *m. invar.* skyscraper
**gravité** *f.* solemnity, seriousness
**grelot** *m* small round bell; sleighbell
**griot** *m.* storyteller of African tales and legends
**gris** gray

**gros, grosse** fat (of persons)
**grossir** to enlarge, to grow bigger
**grotte** *f.* cave
**groupe** *m.* group
**guère: ne . . . __** scarcely, hardly
**guerre** *f.* war
**guichet** *m.* window (for tickets or stamps)
**guide** *m.* guidebook
**guider** to conduct, to direct
**guirlande** *f.* garland; wreath
**guitare** *f.* guitar
**gymnastique** *f.* gymnastics

* An asterisk denotes an aspirate *h*.

*s'***habiller** to get dressed
**habitant** *m.* inhabitant
**habiter** to live, to dwell
**habitude** *f.* habit; **d' __** usually; **avoir l' __ de** to be in the habit of
**habituer** to accustom; **s' __ à** to become accustomed to
*****haricot** *m.* bean; **__s verts** green beans
**harmonie** *f.* harmony
*s'***harmoniser** to harmonize
*****hâte** *f.* haste; **avoir __** to be in a hurry, to be eager
*****haut** high
*****hautbois** *m.* oboe
**hawaïen, -enne** *n. and adj.* Hawaiian
**héroïne** *f.* heroine
*****héros** *m.* hero
**hésiter** to hesitate; to waver
**heure** *f.* hour, time; **à l' __** on time; **de bonne __** early
**heureux, -euse** happy
**hexagone** *m.* hexagon
**hier** yesterday; **__ soir** last night
**histoire** *f.* story, history
**hiver** *m.* winter
*****hollandais** *n. and adj.* Dutch person, Dutch
*****Hollande** *f.* Holland
**homme** *m.* man
**honneur** *m.* honor

**honorer** to honor, to respect
*****honte** *f.* shame; **avoir __** to be ashamed
**hôpital** *m.* hospital
**horloge** *f.* clock
*****hors** out of, outside
*****hors-d'œuvre** *m. invar.* hors d'œuvre
**hôtel** *m.* hotel
**huile** *f.* oil
**huit** eight (aspirate *h* except when *huit* is preceded by another figure)
**huitième** eighth (aspirate *h* except when preceded by another figure)
**humain** human
**humaniste** *m.* humanist
**humanité** *f.* mankind
**humeur** *f.* humor, mood
**humoriste** *n. and adj.* humoristic, comedian

**ici** here
**idée** *f.* idea
**identifier** to identify
**identique** identical
**il** he, it; *pl.* **ils** they (*m.*)
**île** *f.* island
**illustrer** to make famous; to illustrate
**image** *f.* picture
**imaginaire** imaginary
**imaginer** to imagine, to invent
**immeuble** *m.* building
**immortel, -elle** immortal
**impair** odd (number)
**imparfait** *m.* imperfect
**impératif** *m.* imperative
**important** important, weighty
**importer** to matter; **n'importe qui** anyone; **n'importe quoi** anything; **n'importe où** anywhere
**imposer** to impose
**impressionnisme** *m.* impressionism
**impressionniste** *m. and f.* impressionist
**imprimerie** *f.* printing; printing press

**impulsif, -ive** impulsive
**incendie** *m.* fire
**incisif, -ive** sharp; cutting
**incompétence** *f.* incompetence
**inconnu** unknown
**inconscient** unconscious
**indéfini, -e** indefinite
**indéniable** undeniable
**indépendance** *f.* independence
**indéterminé** undetermined
**indication** *f.* indication, information, sign, token
**indigène** native
**indiquer** to point out, to show
**indirect, -e** indirect, underhand
**indispensable** indispensable; essential
**individualité** *f.* individuality
**industriel, -elle** industrial
**infiltrer** to infiltrate
**ingénieur** *m.* engineer
**inhumain** inhuman
**injustice** *f.* injustice
**inquiet, -ète** worried
**inquiéter** to worry; **s'___** to be worried
**inscription** *f.* inscription
**insister** to insist
**insolent** haughty
**inspecteur** *m.* inspector
**inspiration** *f.* inspiration
**inspirer** to inspire
**installation** *f.* installation, furnishing
**installer** to set, to furnish; **s'___** to settle
**instant** *m.* instant, moment
**institution** *f.* institution
**instrument** *m.* instrument
**insuccès** *m.* lack of success, failure
**intangible** intangible
**intelligent** smart, intelligent
**intention** *f.* intention; **avoir l'___ de** to intend
**interdire** to forbid, to prohibit
**interdit** forbidden
**intéressant** interesting
**s'intéresser à** to be interested in
**interminable** never-ending
**interrogatif, -ive** interrogative

**interrompre** to interrupt
**interview** *f.* interview
**inutile** useless
**invasion** *f.* invasion
**invention** *f.* invention, discovery
**inversion** *f.* inversion
**invitation** *f.* invitation
**inviter** to invite
**ironie** *f.* irony
**irriter** to irritate
**Italie** *f.* Italy
**italien, -enne** *n. and adj.* Italian
**italique** *n.m.* **en ___** *adj.* italic

**jaloux, -ouse** jealous
**jamais** never, ever; **ne. . . ___** never
**jambe** *f.* leg
**jambon** *m.* ham
**janvier** *m.* January
**Japon** *m.* Japan
**japonais** *n. and adj.* Japanese
**jardin** *m.* garden
**jaune** yellow
**je** I
**jeter** to throw
**jeton** *m.* token
**jeu** *m.* (*pl.* **jeux**) game
**jeudi** *m.* Thursday
**jeune** young
**jeunesse** *f.* youth
**joli** pretty
**jongleur** *m.* juggler, troubadour
**jouer** to play; **___ au tennis** to play tennis; **___ du piano** to play the piano
**joueur** *m.* player
**jour** *m.* day; **huit ___s** a week; **quinze ___s** two weeks; **un ___** some day
**journal** *m.* (*pl.* **-aux**) newspaper
**journée** *f.* day
**jugement** *m.* judgment
**juger** to judge
**juillet** *m.* July
**juin** *m.* June
**jupe** *f.* skirt
**jus** *m.* juice; **___ d'orange** orange juice
**jusqu'à** *prep.* until, up to, to

**jusqu'à ce que** *conj.* until
**juste** exact, just, right
**justement** properly, rightly
**justesse** *f.* exactness, soundness; **de ___** just barely

**kilo** *m.* kilo
**kilogramme** *m.* kilogram

**la** *f. art.* the; *pron.* her, it
**là** there; **___-bas** over there
**lac** *m.* lake
**laid** ugly
**laisser** to allow, to let, to leave
**lait** *m.* milk
**laiterie** *f.* dairy, creamery
**laitier, -ère** salesperson in a dairy
**lamentable** lamentable, pitiful
**lampe** *f.* lamp, light
**lancer** to throw, to fling, to hurl
**langue** *f.* language, speech, tongue
**lapin** *m.* rabbit
**large** wide
**latin** *n.m. and adj.* Latin
**laver** to wash: **se ___** to wash (oneself)
**le** *m. art.* (*f.* **la**, *pl.* **les**) the; *pron.* him, it
**leçon** *f.* lesson
**lecteur** *m.* reader
**lecture** *f.* reading
**légende** *f.* legend, fable
**léger, -ère** *adj.* light
**légume** *m.* vegetable
**lendemain** *m.* next day
**lent** slow
**lentement** slowly
**lequel** *rel. pron.* (*f.* **laquelle**, *pl.* **lesquels**, **lesquelles**) who, whom, which; *adj. and interr. pron.* which
**les** *pl. art.* the; *pron.* them
**lettre** *f.* letter
**leur** *poss. adj.* (*pl.* **leurs**) their; **le leur, la leur, les leurs** *poss. pron.* theirs
**se lever** to get up, to stand up, to rise (of the sun)
**lever** *m.* rising; **___ du soleil** sunrise

**lèvre** *f.* lip
**liaison** *f.* liaison, linking
*se* **libérer** to free oneself
**liberté** *f.* liberty
**libraire** *m. and f.* bookseller
**librairie** *f.* bookstore
**libre** free, vacant
**lieu** *m.* place; **au \_\_ de** instead of; **avoir \_\_** to take place, to happen
**ligne** *f.* line
**lion** *m.* lion
**lire** to read
**lit** *m.* bed
**litre** *m.* liter
**littéraire** literary
**littérature** *f.* literature
**livre** *m.* book
**locomotive** *f.* locomotive, engine
**loger** to lodge
**loi** *f.* law
**loin** far; **au \_\_** in the distance; **de \_\_** from afar
**loisir** *m.* leisure (time)
**long, -ue** long
**long** *m.* length; **le \_\_ de** all along
**longtemps** (for) a long time
**lors** then; **\_\_ de** during
**lorsque** when
**louer** to rent
**loup** *m.* wolf
**lourd** heavy
**lucide** lucid, clear
**lui** *pers. pron.* he, him, her, it
**lumière** *f.* light
**lundi** *m.* Monday
**lutin** *m.* elf, goblin
**luxe** *m.* luxury
**luxueux, -se** luxurious
**lycée** *m.* secondary school
**lyrique** lyrical

**madame** *f.* Mrs., Madam
**mademoiselle** *f.* Miss
**magasin** *m.* store
**magnifique** magnificent, wonderful
**mai** *m.* May
**maigre** skinny
**maigrir** to grow thin
**main** *f.* hand

**maintenant** now
**maintenir** to maintain; **se \_\_** to hold together
**mais** but
**maison** *f.* house; **à la \_\_** at home
**majorité** *f.* majority; greater part
**mal** *m.* (*pl.* **maux**) pain, harm, trouble; **avoir \_\_ à** to hurt (ache) in; **faire \_\_ à** to harm
**mal** *adv.* badly; **aller \_\_** to be sick
**malade** *n.* patient, sick person; *adj.* sick, ill
**maladroit** awkward
**malgré** in spite of
**malheureusement** unfortunately
**malheureux, -euse** unlucky
**maman** *f.* mama
**manger** to eat; **salle à \_\_** dining room
**manier** to feel, to handle
**manière** *f.* manner, way; *pl.* manners, mannerisms
**manifestation** *f.* public demonstration
**manifester** to manifest, to show
**manquer** to miss, to lack
**manteau** *m.* (*pl.* **-eaux**) coat
**manuel, -elle** manual
**marchand, -e** *m. and f.* merchant
**marchandise** *f.* merchandise
**marché** *m.* market, transaction; **bon \_\_** cheap, inexpensive; **faire le \_\_** to do the marketing
**marcher** to walk, to get along, to work, to step, to function
**mardi** *m.* Tuesday
**mari** *m.* husband
**mariage** *m.* marriage
**marier** to marry; **se \_\_** to get married; **se \_\_ avec quelqu'un** to marry someone
**marque** *f.* mark, stamp, kind
**marquer** to mark, to show
**mars** *m.* March
**martyr, -e** *m. and f.* martyr
**masquer** to mask, to cover up
**masse** *f.* heap, bulk, mass
**match** *m.* match (sports)
**matériel** *m.* material, equipment
**mathématiques** *f. pl.* mathematics

**matière** *f.* material, subject, matter
**matin** *m.* morning
**matinée** *f.* morning, forenoon
**mauvais** bad
**méchant** mean, naughty
**médaille** *f.* medal
**médecin** *m.* doctor (of medicine)
**médicament** *m.* medicine
**Méditerranée** *f.* Mediterranean
**meilleur** better; **le \_\_** the best
**mélancolie** *f.* melancholy, gloom
**mélanger** to mix, to blend
**mélange** *m.* mixture
*se* **mêler à** to mix with, to blend with
**même** *adv.* even; *adj. and pron.* same, self, very
**mémoire** *f.* memory
**menacer** to threaten
**ménagère** *f.* homemaker
**mentionner** to mention
**mentir** to (tell a) lie
**menton** *m.* chin
**mer** *f.* sea
**merci** thank you, thanks
**mercredi** *m.* Wednesday
**mère** *f.* mother
**mériter** to merit, to deserve
**merveilleux, -euse** marvelous, wonderful
**mesdames** *f. pl. of* **madame** ladies
**mesurer** to measure
**métallique** metallic
**météo** *f.* weather report
**méthode** *f.* method, system, way
**métier** *m.* trade, professional skill
**métro** *m.* subway
**mettre** to place, to put; **se \_\_ à** to begin
**meuble** *m.* piece of furniture
**Mexique** *m.* Mexico
**midi** *m.* noon; **le Midi** the south of France
*le* **mien** (*f.* **la mienne**, *pl.* **les miens, les miennes**) *poss. pron.* mine
**mieux** better; **le \_\_** best; **aimer \_\_** to prefer
**milieu** *m.* middle, midst, milieu; **au \_\_ de** in the middle of

**mille** thousand
**million** *m.* million
**minier, -ère** *adj.* mining
**minuit** *m.* midnight
**minuscule** tiny
**miroir** *m.* mirror
**misère** *f.* misery, poverty
**missionnaire** *m.* missionary
**mixer** *m.* blender
**mobiliser** to mobilize
**modèle** *m.* model
**modération** *f.* moderation
**moderne** modern
**moderniser** to modernize
**modique** reasonable (price)
**moelleux, -euse** soft
**moi** I, me
**moindre** *comp.* less; *superl.* **le —** the least
**moins** less; **le —** least; **au —** at least; **à — que** unless
**mois** *m.* month
**moitié** *f.* half
**moment** *m.* moment, instant
**mon** (*f.* **ma,** *pl.* **mes**) my
**monde** *m.* world; **tout le —** everyone; **le — entier** the whole world
**mondial, -e** (*pl.* **-aux, -ales**) *adj.* world
**monnaie** *f.* change
**monsieur** *m.* Mr., sir, gentleman
**monstruosité** *f.* monstrosity
**montagne** *f.* mountain
**montagneux, -euse** mountainous
**monter** to go (come) up; **— à cheval** to ride a horse; **— dans** to board a vehicle
**montre** *f.* watch
**montrer** to show
**monument** *m.* memorial, monument
**moral** (pl. **-aux, -ales**) moral
**morceau** *m.* (*pl.* **-eaux**) piece
**mort** *f.* death
**mot** *m.* word
**motocyclette** *f.* motorcycle
**mouchoir** *m* handkerchief
**mourir** to die

**mouton** *m.* sheep, mutton
**mouvement** *m.* motion, movement
**multiplier** to multiply
**multitude** *f.* crowd
**municipalité** *f.* town council
**mur** *m.* wall
**muraille** *f.* high wall, thick wall
**musée** *m.* museum
**musique** *f.* music
**mutuel, -elle** mutual
**mythologie** *f.* mythology

**nager** to swim
**naître** to be born
**nation** *f.* nation
**nationalité** *f.* nationality
**naturel, -elle** natural
**ne . . . pas** not; **ne . . . que** only; **ne . . . jamais** never; **ne . . . aucun** no, not any, no one; **ne . . . plus** no longer, no more; **ne . . . ni . . . ni** neither . . . nor; **ne . . . pas du tout** not at all; **ne . . . personne** no one; **ne . . . nul (nulle)** no one (none) at all; **ne . . . rien** nothing; **ne . . . guère** hardly
**nécessaire** necessary
**nécessité** *f.* necessity, need
**négativement** negative
**négritude** pride in the black race
**neige** *f.* snow
**neiger** to snow
**nettoyer** to clean, to clear
**neuf** nine
**neuf, neuve** new
**neuvième** ninth
**neveu** *m.* (*pl.* **-eux**) nephew
**nez** *m.* (*pl.* **nez**) nose
**ni . . . ni** neither . . . nor (*ne* before verb)
**nièce** *f.* niece
**niveau** (*pl.* **-eaux**) level; **— de vie** standard of living
**nocturne** *adj.* night, nocturnal
**Noël** *m.* Christmas
**noir** black
**nom** *m.* name, noun
**nombre** *m.* number, quantity

**nombreux, -euse** numerous
**nommer** to name; **se —** to be named
**non** no, not
**nord** *m.* north
**nord-est** *m.* northeast
**nord-ouest** *m.* northwest
**nostalgie** *f.* nostalgia
**notamment** notably, particularly
**note** *f.* bill, grade, note
**noter** to remark
**notre** (*pl.* **nos**) *poss. adj.* our
**le nôtre** (*f.* **la nôtre,** *pl.* **les nôtres**) *poss. pron.* ours
**nouille** *f.* noodle
**nous** we, us, ourselves
**nouveau, nouvel, nouveaux** (*f.* **nouvelle, nouvelles**) new, different; **de nouveau** again
**nouvelle** *f.* (piece of) news
**novembre** *m.* November
**nuit** *f.* night
**nul, -lle** no, no one
**numéro** *m.* number

**objectivement** objectively
**objet** *m.* object
**obligatoire** required
**obligé: être — de** to have to
**obstiné** stubborn
**obtenir** to obtain
**occasion** *f.* occasion, opportunity; **avoir l'— de** to have the chance to
**occidental** (*pl.* **-aux, -ales**) western
**occuper** to occupy; **s'— de** to take care of
**octobre** *m.* October
**œil** *m.* (*pl.* **yeux**) eye
**œuf** *m.* egg
**œuvre** *f.* work; **chef-d'—** *m.* masterpiece
**officiel, -elle** official
**offrir** to offer
**oignon** *m.* onion
**oiseau** *m.* (*pl.* **-eaux**) bird
**omelette** *f.* omelette
**on** *pron.* (*third person sing.*) one, we, you, they, people
**oncle** *m.* uncle

**onze** eleven
**onzième** eleventh
**opéra** *m.* opera
**opinion** *f.* opinion
**opposé** opposed
**optimiste** *n. and adj.* optimistic, optimist
**oral** (*pl.* **-aux, -ales**) oral
**orange** *f.* orange (fruit); **jus d'__** orange juice
**orange** *adj.* orange (color)
**orchestre** *m.* orchestra
**ordinaire** ordinary, customary
**ordre** *m.* order, sequence
**oreille** *f.* ear
**organiser** to organize, arrange
**orgueil** *m.* pride
**origine** *f.* origin
**orphelin, -e** *n. and adj.* orphan
**orthographe** *f.* spelling
**oser** to dare
**ou** or; **ou . . . ou** either . . . or
**où** where; **n'importe __** anywhere
**où** *rel. adj.* when
**oublier** to forget
**ouest** *m.* west
**oui** yes
**ouvrier, -ère** *n. and adj.* worker
**ouvrir** to open

**pacifier** to pacify, to calm
**pain** *m.* bread
**pair** even (in numbers)
**paisible** peaceful, quiet
**paix** *f.* peace
**palais** *m.* palace
**panier** *m.* basket
**panne** *f.* breakdown; **être en __** to have a breakdown; **être en __ d'essence** to be out of gas
**panorama** *m.* panorama
**pantalon** *m.* pants, trousers
**papa** *m.* dad, daddy
**papier** *m.* paper; **__ à lettres** stationery
**par** by, through; **__ suite de** owing to; **__ contre** on the other hand
**paradis** *m.* paradise

**paraître** to appear, to seem
**parc** *m.* park
**parce que** because
**pardessus** *m.* overcoat
**pardon** *m.* pardon; *interj.* **__!** Pardon me!
**pareil, -eille** similar
**parent** *m.* parent, relative
**paresseux, -euse** lazy, idle
**parfait** perfect
**parfois** sometimes
**parisien, -enne** *n. and adj.* Parisian
**parler** to speak
**partager** to divide, to share; **se __** to divide
**parterre** *m.* bed (of flowers)
**parti** *m.* (political) party
**participer** to participate
**particulier, -ère** particular, peculiar
**partie** *f.* part, game
**partir** to leave, to go away; **à __ de** from . . . on
**partitif** *m.* partitive
**partout** everywhere
**pas** not; *n.m.* step; **__ mal** not bad
**passé** *n.m. and adj.* past, last; **__ composé** conversational past
**passer** to pass, to spend (time); **__ un examen** to take an exam; **se __** to happen; **Par où veux-tu __?** Which way do you want to go? **se __ de** to do without
**patience** *f.* patience, endurance
**pâtisserie** *f.* pastry, pastry shop
**patrie** *f.* fatherland
**patrimoine** *m.* heritage
**patron, -nne** owner
**pauvre** poor
**pavillon** *m.* pavilion
**payer** to pay
**pays** *m.* country
**paysage** *m.* landscape, scenery
**paysan, -anne** farmer, peasant
**pêche** *f.* peach
**pêche** *f.* fishing
**pêcheur** *m.* fisherman
**peine** trouble; **à __** scarcely

**peintre** *m.* painter
**peinture** *f.* painting
**pelote** *f.* pelota (jai alai) game played by Basques
**pendant** *prep.* during; **__ que** *conj.* while
**pénétrer** to penetrate
**pénicilline** *f.* penicillin
**penser** to think; **__ à** to think about; **__ de** to think of; **__** *inf.* to intend
**pensif, -ive** thoughtful, pensive
**pension** *f.* boarding house
**pente** *f.* slope; incline; **être en __** to slope up
**perdre** to lose; **se __** to be (get) lost
**père** *m.* father
**période** *f.* time, period
**permettre** to permit, to allow, to let
**permission** *f.* permission
**perpétuer** to perpetuate
**perplexe** perplexed, puzzled
**persister** to persist
**personnage** *m.* personage, person of rank; character (in play or novel)
**personnalité** *f.* personality
**personne** *f.* person; **__ ne** nobody, no one
**personnel, -elle** personal, private
**perspective** *f.* view, perspective
**pessimiste** pessimist, pessimistic
**petit** little, small; **mon (ma) __ (e)** dear
**petite-fille** *f.* granddaughter
**petit-fils** *m.* grandson
**peu** little; **__ de** few; **un __** a little
**peuple** *m.* people
**peur** *f.* fear; **avoir __** to be afraid; **de __ que** for fear that
**peut-être** perhaps
**phare** *m.* headlight
**pharmacie** *f.* pharmacy, drugstore
**phénomène** *m.* phenomenon

**philosophie** *f.* philosophy
**photo** *f.* photograph
**phrase** *f.* sentence
**physique** *adj.* physical; *n.f.* physics
**piaf** *m.* sparrow
**pianiste** *m. and f.* pianist, piano player
**piano** *m.* piano
**pièce** *f.* play, room, coin, article
**pied** *m.* foot; **à __** on foot; **au __ de** at the foot of
**pilote** *m.* pilot
**pique-nique** *m.* picnic
**piste** *f.* dance floor
**pittoresque** picturesque
**place** *f.* (public) square; seat
**placer** to place
**plafond** *m.* ceiling
**plage** *f.* beach
**plaine** *f.* plain
**plaire** to please, to be pleasing
**plaisanter** to joke
**plaisanterie** *f.* joke, jesting
**plaisir** *m.* pleasure
**plan** *m.* plane
**plancher** *m.* floor
**planter** to set up (a tent); to plant
**plastique** plastic
**plat** *m.* dish (food)
**plein** full, filled
**pleurer** to cry, to weep
**pleuvoir** to rain
**pluie** *f.* rain
**plupart** *f.* majority, most
**pluriel** *m.* plural; *adj.* (*f.* **-elle**) plural
**plus** more; **le __** the most; **ne . . . plus** no more, no longer
**plusieurs** several
**plutôt** rather, instead
**pneu** *m.* tire; **__ crevé** flat tire
**poche** *f.* pocket
**poème** *m.* poem
**poésie** *f.* poetry, poem
**poète** *m.* poet
**poignet** *m.* wrist
**point** *m.* point, place
**poire** *f.* pear
**pois** *m.* pea; **petits __** green peas
**poisson** *m.* fish
**poitrine** *f.* chest

**poivre** *m.* pepper
**police** *f.* police (force)
**poliment** politely
**politique** political
**polonais** Polish
**polycopié** *m.* duplicate
**pomme** *f.* apple; **__ de terre** potato; **__s frites** French fried potatoes
**pompe** *f.* pump; **__ à essence** gas pump
**pont** *m.* bridge
**populaire** popular
**population** *f.* population
**port** *m.* harbor
**porte** *f.* door
**porter** to carry, to wear
**portion** *f.* part, share
**portrait** *m.* portrait, likeness, picture
**portugais** *n. and adj.* Portuguese
**Portugal** *m.* Portugal
**poser** to put, to place; **__ une question** to ask a question
**posséder** to possess
**possessif, -ive** possessive
**possession** *f.* possession, property
**possible** possible
**poste** *m.* job, position, set; **__ de radio (de télévision)** radio, television set
**poste** *f.* postal service; **bureau de __** post office
**potage** *m.* soup
**poule** *f.* hen
**poulet** *m.* chicken
**pour** for, in order to, to; **__ que** in order that
**pourboire** *m.* tip
**pourpre** purple
**pourquoi** why
**pourtant** yet
**pouvoir** to be able (can); **Il se peut** It is possible
**prairie** *f.* grassland, prairie
**pratiquer** to practice
**précis** accurate, exact; **à cinq heures __es** at five o'clock sharp
**précision** *f.* precision, accuracy
**précurseur** *m.* forerunner

**préférence** *f.* preference, special liking
**préférer** to prefer
**préhistorique** prehistoric
**préjugé** *m.* prejudice
**premier, -ère** first
**prendre** to take, to eat, to drink
**préparation** *f.* preparation
**préparer** to prepare
**préposition** *f.* preposition
**près** near
**présentation** *f.* presentation
**présenter** to introduce, to present
**préserver** to preserve
**presque** almost
**pressé** in a hurry; **être __** to be in a hurry
**presser** to clasp; **se __** to be in a hurry
**prestige** *m.* prestige, glamour
**prêt** ready
**prêter** to lend, to loan
**preuve** *f.* proof, evidence
**primaire** primary, elementary
**primitif, -ive** primitive
**primordial** (*pl.* **-aux, -ales**) primeval, original
**prince** *m.* prince
**principal** (*pl.* **-aux, -ales**) principal, main
**printemps** *m.* spring; **au __** in the spring
**prise** *f.* grasp, hold; **__ de conscience** awareness
**probablement** probably
**problème** *m.* problem
**prochain** *adj.* next, following; *n.m.* neighbor
**proche** near
**procrastination** *f.* procrastination
**produire** to produce
**produit** *m.* product
**professeur** *m.* professor, teacher
**profond** profound, deep
**programme** *m.* program
**progrès** *m.* improvement, progress
**progressif, -ive** progressive
**projet** *m.* project, plan
**promenade** *f.* walk, ride; **faire une __** to take a walk (ride)

*se* **promener** to take a walk (ride); to travel

**promesse** *f.* promise, assurance

**promettre** to promise

**pronom** *m.* pronoun

**prononcer** to pronounce, to utter

**prononciation** *f.* pronunciation

**prophète** *m.* prophet

**proposer** to propose

**propre** *adj.* own, clean

**protection** *f.* protection

**protestant** Protestant

**prouver** to prove

**provençal** (*pl.* **-aux, -ales**) Provençal

**proverbe** *m.* proverb

**province** *f.* province

**prudent** prudent, cautious

**psychologie** *f.* psychology

**public** *n.m. and adj.* (*f.* **publique**) public

**publier** to publish

**puis** then

**puisque** since

**pull** *m.* sweater, pullover

**pull-over** *m.* pullover

**purement** purely, merely

**purifier** to purify, to cleanse, to refine

**puriste** purist

**pyjama** *m.* pajamas


**quai** *m.* platform, pier

**quand** when

**quand même** anyway

**quantité** *f.* quantity

**quarante** forty

**quart** *m.* quarter, a fourth; **un __ d'heure** a quarter of an hour

**quartier** *m.* quarter, neighborhood, section (of a city)

**quatorze** fourteen

**quatre** four

**quatre-vingt-dix** ninety

**quatre-vingts** eighty

**quatrième** fourth

**que** *rel. pron.* whom, which, that; *interr. pron.* what; *conj.* that, than; **ne . . . que** only

**quel, quelle** *adj.* what, which

**quelque, quelques** some, a few; **quelque chose** something

**quelquefois** sometimes

**quelques-uns, quelques-unes** some, a few

**quelqu'un** somebody, someone

**question** *f.* question

**questionnaire** *m.* questionnaire

**qui** *rel. pron.* who, whom, which; *interr. pron.* who, whom

**quiche lorraine** *f.* cheese, ham pie

**quinze** fifteen; **__ jours** two weeks

**quitter** to leave

**quoi** what

**quoique** *conj.* though, although

**quotidien, -nne** daily


**race** *f.* ancestry, lineage, race

**raconter** to tell, to relate

**radiateur** *m.* radiator

**radio** *f.* radio

**rafraîchissements** *m. pl.* refreshments

**ragoût de mouton** *m.* mutton stew

**raisin** *m.* grapes

**raison** *f.* reason; **avoir __** to be right

**rangée** *f.* row

**râpé** grated

**rapide** rapid, fast

**rappeler** to recall, to remind; **se __** to remember

**rapporter** to bring in, to bring back

*se* **raser** to shave

**rasoir** *m.* razor

**réalité** *f.* reality; **en __** in fact

**rebours, à __** against the grain

**récapitulation** *f.* recapitulation

**récent** recent, new

**recette** *f.* receipt, returns, recipe

**recevoir** to receive

**réciter** to recite

**réclamer** to call for, to demand

**reconnaître** to recognize

**recouvrir** to cover completely

**reculé** distant, remote

**reculer** to push back, to draw back

**redécouvrir** to rediscover

**redevenir** to become again

**refaire** to remake, to do again

**réflecteur** *m.* reflecting mirror, reflector, flood light

**réflexion** *f.* reflection

**refuser** to refuse, to decline

**réfuter** to refute, to disprove

**regarder** to look (at); **__ de travers** to look angrily at

**région** *f.* region, section, vicinity

**règlement** *m.* settlement, adjustment, rule

**règne** *m.* reign

**régner** to reign, to rule

**regretter** to be sorry, to regret, to miss

**rejeter** to throw back; to reject

**relaxer** to relax

**remarque** *f.* remark, note, landmark

**remarquer** to notice, to remark

**remettre** to postpone; **se __** to start again

**remonter** to go up (a street); to go back (in time)

**rempart** *m.* rampart

**remplacer** to replace

**remplir** to fill

**renard** *m.* fox

**rencontre** *f.* encounter, chance meeting

**rencontrer** to meet by chance

**rendre** to give back, to return, to render; **__ visite à** to visit; **se __ compte de** to realize; **se __ à** to go to

**renfermer** to shut or lock up (again)

**renommé** renowned, famous

**renseignements** *m. pl.* information

**rentrer** to go (come) back in, to return (home)

**renverser** to reverse; to invert; to tip, to turn over

**réparer** to mend, to fix, to repair

**repas** *m.* meal

**répéter** to repeat

**répondre** to answer, to respond

**réponse** *f.* answer, reply

**repos** *m.* rest

*se* **reposer** to rest

**représentation** *f.* representation, presentation

**représenter** to represent, to present

**réputé** well-known

**ressembler à** to resemble

**restaurant** *m.* restaurant

**reste** *m.* rest, remainder; *pl.* remains

**rester** to remain, to stay

**résultat** *m.* result

**retard** *m.* delay; **en __** late

**retenir** to reserve

**retour** *m.* return; **être de __** to be back (at home)

**retourner** to return, to go back

**rétrograder** to retrogress

**retrouver** to find again, to meet; **se __** to meet (each other)

**réunion** *f.* reunion, meeting

**réunir** to gather, to assemble; **se __** to meet, to gather

**réussir** to succeed

**réussite** *f.* success

*se* **réveiller** to wake up

**révéler** to reveal

**revendiquer** to claim

**revenir** to come back, to return

**rêverie** *f.* dreaming, musing

**révision** *f.* revision, review

**revoir** to see again; **au __** goodbye

**révolte** *f.* revolt

**révolutionnaire** revolutionary

**rez-de-chaussée** *m.* ground floor

**rhume** *m.* cold (illness)

**riche** rich

**richesse** *f.* wealth, richness

**rien** nothing; **ne . . . __** nothing; **de __.** you're welcome; **Cela ne fait __.** It doesn't matter.

**riposter** to counter, to retort

**rire** to laugh

**rivage** *m.* bank, shore

**rivaliser** to compete with, to rival

**rive** *f.* bank (of a river)

**rivière** *f.* river, stream

**robe** *f.* dress

**rocheux, -euse** rocky

**roi** *m.* king

**rôle** *m.* role, part, list

**romain** *n. and adj.* Roman

**roman** *m.* novel; *adj.* Romanesque (architecture)

**romancier** *m.* novelist

**romanesque** romantic

**romantique** romantic (art, literature, music)

**rompre** to break

**rosbif** *m.* roast beef

**rose** *f.* rose; *adj.* pink

**rôti** *m.* roast; **__ de veau** veal roast

**rouge** red

**roussir** to brown

**route** *f.* road, way, route; **en __** on the way

**routine** *f.* routine

**roux, -sse** reddish-brown (hair)

**royal** (*pl.* **-aux, -ales**) royal

**rude** rough

**rue** *f.* street

**ruine** *f.* ruin

**russe** *n. and adj.* Russian

**Russie** *f.* Russia

**rythme** *m.* rhythm

**sac** *m.* bag, pouch, purse

**sacrilège** *adj.* sacrilegious; *n.m.* sacrilege

**sage** good, wise

**sagesse** *f.* wisdom, understanding

**saint** *adj.* holy; *n.* saint

**saison** *f.* season

**salade** *f.* salad; lettuce

**salaire** *m.* salary, wages

**salle** *f.* room; **__ à manger** dining room; **__ de bains** bathroom

**salon** *m.* living room, drawing room

**saluer** to bow to, salute

**salut** *m.* salutation, greeting

**samedi** *m.* Saturday

**sandwich** *m.* sandwich

**sans** *prep.* without; **__ doute** probably; **__ que** *conj.* without

**santé** *f.* health

**satisfait** satisfied, pleased

**saupoudrer** to sprinkle

**sauvage** savage, wild

**sauver** to save, to preserve

**saveur** *f.* flavor, taste

**savoir** to know, to know how to

**saxophone** *m.* saxophone

**scandinave** *n. and adj.* Scandinavian

**scène** *f.* stage, scene

**science** *f.* science; **__s naturelles** natural science; **__s sociales** social science

**sec, sèche** dry

**second** second

**seize** sixteen

**séjour** *m.* stay

**séjourner** to stay; to stop

**sel** *m.* salt

**self-service** *m.* cafeteria

**selon** according to

**semaine** *f.* week

**semblable** similar

**sembler** to seem

**semestre** *m.* half-year, semester

**sénateur** *m.* senator

**sentier** *m.* path

**sentir** to smell; to feel; **se __** to feel

**séparer** to separate, part

**sept** seven

**septembre** *m.* September

**septième** seventh

**série** *f.* series

**sérieux, -euse** serious

**serpent** *m.* serpent, snake

**service** *m.* service, assistance

**serviette** *f.* briefcase, napkin, towel

**servir** to serve; **se __ de** to use; **ne __ à rien** to be of no use

**seul** only, alone, single

**seulement** only

**si** *conj.* if, whether; *adv.* so; yes (answering a negative question)

**siècle** *m.* century

*le* **sien** (*f.* **la sienne,** *pl.* **les siens, les siennes**) *poss. pron.* his, hers, its

**signifier** to signify, to declare

**simple** simple, easy

**singe** *m.* monkey, ape

**site** *m.* site, spot, landscape

**situation** *f.* situation

**six** six

**sixième** sixth

**ski** *m.* ski, skiing; **faire du __** to ski, to go skiing

**smoking** *m.* tuxedo, dinner jacket

**snob** fashionable, snobbish

**snobisme** *m.* snobbery

**social** *pl.* **-aux, -ales** social

**sœur** *f.* sister

**soif** *f.* thirst; **avoir __** to be thirsty

**soin** *m.* care; **prendre __ de** to take care of

**soir** *m.* evening

**soirée** *f.* evening, evening party

**soixante** sixty

**soixante-dix** seventy

**sol** *m.* soil, earth

**soldat** *m.* soldier

**soleil** *m.* sun, sunshine; **Il fait du __** It is sunny.

**sombre** dull, overcast, dark

**somme** *f.* sum; **en __** in summary

**sommeil** *m.* sleep; **avoir __** to be sleepy

**somptuosité** *f.* sumptuousness

**son** (*f.* **sa,** *pl.* **ses**) his, her, its

**sonner** to sound, to ring

**sort** *m.* lot (in life)

**sortie** *f.* going, coming out, exit

**sortir** to go (come) out, to leave

**souci** *m.* worry; **avoir __ de** to be troubled, to be worried

*se* **soucier** to worry

**soucoupe** *f.* saucer

**souffrir** to suffer

**souhaiter** to wish

**soulier** *m.* shoe

**souper** *m.* supper

**source** *f.* source, spring (water)

**sourd** deaf

**sourire** to smile

**sourire** *m.* smile

**sous** under

**sous-sol** *m.* subsoil; basement

*se* **souvenir de** to remember

**souvent** often, frequently

**souverain** *m.* sovereign

**spécifique** *n. or adj.* specific

**spectacle** *m.* sight

**splendide** splendid, radiant, brilliant

**spontanément** spontaneously

**sport** *m.* sport

**square** *m.* square

**stabilité** *f.* stability, firmness

**stade** *m.* stadium

**stationner** to park (a car)

**station-service** *f.* service station

**statue** *f.* statue

**strictement** strictly, precisely

**structure** *f.* structure

**stupéfait** stupefied, amazed

**stupide** silly, idiotic, stupid

**style** *m.* style

**stylo** *m.* fountain pen

**subconscient** subconscious

**subsister** to subsist, exist

**substituer** to substitute

**succès** *m.* success, result

**sucre** *m.* sugar

**sud** *m.* south; **sud-est** southeast; **sud-ouest** southwest

**suffire** to suffice

**suffrage** *m.* suffrage, approbation

**suggérer** to suggest

**Suisse** *f.* Switzerland

**suisse** *n. and adj.* Swiss

**suivant** following

**suivre** to follow, to take (a class)

**sujet** *m.* subject

**supérieur** higher, upper

**supermarché** *m.* supermarket

**superstition** *f.* superstition

**sur** on, upon; **__ cinq** out of five

**sûr** sure, certain; **bien __** of course, certainly

**surprendre** to surprise, astonish

**surréalisme** *m.* surrealism (arts)

**surtout** especially, above all

**suspect** suspicious, doubtful

**syllabication** *f.* syllabication

**symbole** *m.* symbol

**sympathique** likable, attractive

**symptome** *m.* symptom

**synonyme** *m.* synonym

**tabac** *m.* tobacco; **bureau de __** tobacco shop

**table** *f.* table

**tableau** *m., pl.* **-eaux** painting, blackboard; **__ de bord** instrument panel

**tabouret** *m.* stool

**tâche** *f.* task, job

**tacher** to try

*se* **taire** to be quiet, to be silent

**talent** *m.* talent

**tamiser** to sift, sieve, strain, filter

**tant** so, so much, so many; **__ que** so long as; **__ pis** too bad

**tante** *f.* aunt

**taquiner** to tease

**tard** late

**tarte** *f.* tart, pie

**tasse** *f.* cup

**taudis** *m.* hovel; *pl.* slums

**taxi** *m.* taxi

**technique** *f.* technique

**technologie** *f.* technology

**tel, telle** such, certain; **M. Untel** Mr. So-and-so

**télégramme** *m.* telegram

**téléphone** *m.* telephone

**télévision** *f.* television, TV

**tellement** so, so much

**temps** *m.* time, weather; **en même __** at the same time; **de __ en __** sometimes

**tendance** *f.* tendency

**tenir** to hold; **__ à** to insist on, to be anxious to

**tente** *f.* tent

**terminer** to bound, to limit, to finish

**terrasse** *f.* terrace

**terre** *f.* ground, earth

**terrible** terrible, dreadful, frightful

**territoire** *m.* territory

**tête** *f.* head; **avoir mal à la __** to have a headache

**texte** *m.* text

**thé** *m.* tea

**théâtre** *m.* theater

**thème** *m.* theme, subject, topic

**tiens!** well! oh dear! oh!

**tiers** *m.* third

**tigre** *m.* tiger

**timbre** *m.* stamp

**timide** shy, bashful, timid

**titre** *m.* title

**toi** you

**tomate** *f.* tomato

**tomber** to fall; **__ bien** to come just right

**ton** (*f.* **ta,** *pl.* **tes**) your

**tort** *m.* wrong; **avoir __** to be wrong; **à __** wrongly

**tôt** early

**total** (*pl.* **-aux, -ales**) entire, whole

**toucher** to touch

**toujours** always

**tourbillon** *m.* whirlwind

**touriste** *m. and f.* tourist

**tournée** *f.* round (of drinks)

**tourner** to turn

**tout, -e** (*m. pl.* **tous,** *f. pl.* **toutes**) *adj.* every, all; **__ le monde** everyone; **tout** *pron.* everything, all; **tous** *pron.* all, everybody

**tout** *adv.* very, quite; **__ de suite** right away; **__ à coup** suddenly; **__ à fait** completely; **__ à l'heure** a little while ago, in a while

**toutefois** nevertheless, yet, however

**tracer** to trace

**tradition** *f.* tradition

**traditionnel, -elle** traditional, customary

**traduction** *f.* translation

**traduire** to translate, interpret

**train** *m.* train, **être en __ de** to be (doing something)

**traineau** *m.* (*pl.* **-eaux**) sleigh

**traiter** to treat, to deal with

**trancher** to slice

**tranquille** calm, still

**transformation** *f.* transformation

**transmettre** to forward, to transmit

**transparent** transparent, clear

**transport** *m.* transport, conveyance

**transporter** to transport

**travail** *m.* (*pl.* **-aux**) work

**travailler** to work

**travailleur, -euse** *n. and adj.* worker, hardworking

**traverser** to cross

**treize** thirteen

**trembler** to tremble, shake, quiver

**trente** thirty

**très** very

**triangle** *m.* triangle

**tricot** *m.* sweater

**triompher** to triumph

**triste** sad

**tristesse** *f.* sadness

**trois** three

**troisième** third

**trombone** *m.* trombone

**tromper** to deceive, cheat; **se __** to be wrong, make a mistake

**trompette** *f.* trumpet

**trop** too; **__ de** too much, too many

**trottoir** *m.* sidewalk

**troubadour** *m.* troubadour

**trouble** *m.* discord, commotion, trouble

**troubler** to disturb, interrupt

**trouver** to find, to think; **se __** to be (located)

**turbulent** turbulent, unruly

**typiquement** typically

**un, une** one, a

**unième: vingt et __** twenty-first

**uniforme** *adj.* uniform, even

**universel, -elle** universal

**universitaire** *adj.* university

**université** *f.* university

**uranium** *m.* uranium

**urbanisation** *f.* town development

**usage** *m.* use

**usine** *f.* factory

**utile** useful

**utiliser** to use, to utilize

**vacances** *f. pl.* vacation

**vache** *f.* cow

**vaguement** vaguely

**vaincre** to conquer

**valeur** *f.* value, worth

**valise** *f.* suitcase, valise

**vallée** *f.* valley

**valoir** to be worthy, **__ mieux** to be better

**vapeur** *m.* steam

**variable** variable, changeable

**varié** varied

**variété** *f.* variety

**veau** *m.* (*pl.* **veaux**) calf, veal

**vedette** *f.* (movie) star

**veiller** to stay or sit up, remain or lie awake, keep vigil

**vélo** *m.* bike

**vendeur, vendeuse** salesman; saleswoman

**vendre** to sell

**vendredi** *m.* Friday

**venir** to come; **__ de** *inf.* to have just

**vent** *m.* wind; **Il fait du __** It is windy.

**ventre** *m.* stomach, abdomen

**verbe** *m.* verb

**verifier** to verify

**véritable** true

**vérité** *f.* truth

**verre** *m.* glass

**vers** toward

**verser** to pour

**vert** green; **__ foncé** dark green

**vertu** *f.* virtue

**veston** *m.* suit coat

**vêtement** *m.* garment; *pl.* clothes

**vexer** to worry, to vex

**viande** *f.* meat

**vice** *m.* corruption

**vide** empty

**vie** *f.* life; **__ au grand air** outdoor life

**vieillard** *m.* old man

**vieux, vieil** (*f.* **vieille, vieilles**) old; **mon vieux** pal, buddy, chum

**village** *m.* village

**ville** *f.* city, town; **en —** downtown

**ville-lumière** *f.* city of light (Paris)

**vin** *m.* wine

**vingt** twenty

**vingtaine** *f.* about twenty

**vingtième** twentieth

**violoncelle** *m.* cello

**visage** *m.* face

**visible** visible

**vision** *f.* vision

**visite** *f.* visit; **faire une —** à, **rendre —** à to visit (people)

**visiter** to visit (places)

**vital** (*pl.* **-aux, -ales**) vital

**vite** quickly, fast

**vitesse** *f.* speed, quickness

**vivre** to live

**vocabulaire** *m.* vocabulary

**voici** here is, here are

**voilà** there is, there are

**voir** to see

**voisin** *n. and adj.* neighbor, neighboring

**voiture** *f.* car, automobile

**voix** *f.* voice; **à haute —** aloud

**voter** to vote

**votre** (*pl.* **vos**) *poss. adj.* your

*le* **vôtre** (*f.* **la vôtre,** *pl.* **les vôtres**) *poss. pron.* yours

**vouloir** to want, to wish; **— bien** to be willing; **— dire** to mean

**vous** you

**voyage** *m.* trip, voyage; **faire un —** to take a trip

**voyager** to travel

**voyageur, -euse** traveler

**voyelle** *f.* vowel

**vrai** true, real

**vraiment** really, truly

**vue** *f.* sight, view

**week-end** *m.* weekend

**whisky** *m.* whiskey

**y** there, in it, on it

**yeux** *m. pl.* eyes (*sing.* **œil**)

**zéro** *m.* zero; **C'est un zéro!** He's terrible.

**zodiaque** *m.* zodiac

**zoologie** *f.* zoology

# Index

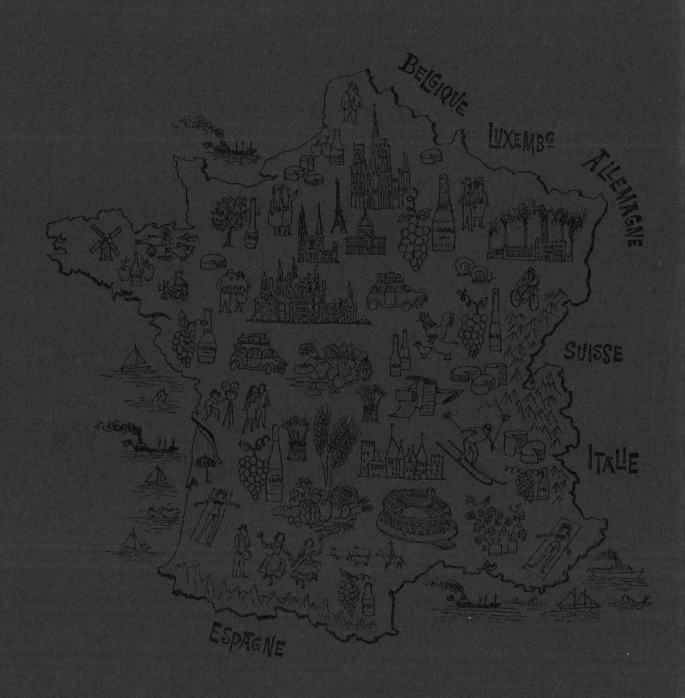